DUMONT

WANDERZEIT IM ALLGÄU

Herrlich entspannte Touren zum Abschalten & Genießen

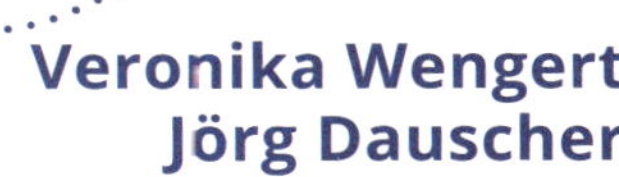

Veronika Wengert
Jörg Dauscher

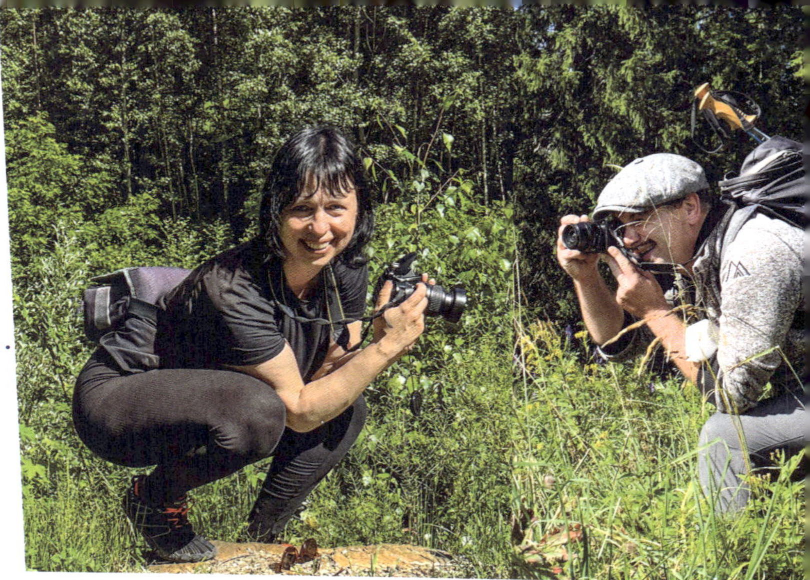

VERONIKA WENGERT JÖRG DAUSCHER

ÜBER UNS

Wir steigen in Augsburg und im mittelfränkischen Weißenburg in die Regionalbahn. Unser Ziel: das Allgäu. Bald schon geraten die Hügel in Bewegung und schwingen sich dann zum Allgäuer Hauptkamm auf. Allzu sportlich nehmen wir es nicht, vielmehr geht es uns um den Genuss. Die gesammelten Höhenmeter führen uns nicht nur zu traumhaften Ausblicken, sondern auch zu einer Portion Kässpatzen samt Radler. Hauptsache ganz entspannt wandern und genießen!

Unsere persönliche Wanderweisheit:

» **Runter kommt man immer.**

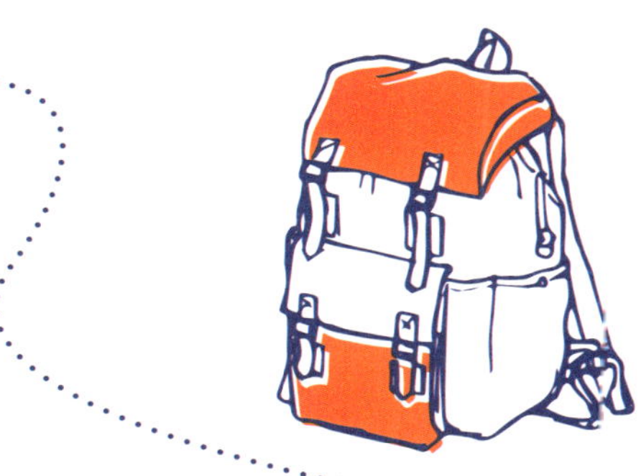

LIEBE LESERIN, LIEBER LESER,

sanfte Hügel, rauschende Wasserfälle und immer wieder Kühe vor erhabener Alpenkulisse – das macht das Allgäu aus. Bayerns südwestlichstes Eck verheißt reichlich Genuss – zumindest wird die Urlaubsregion so beworben. Genau so sind die beschriebenen Wanderungen zu verstehen: Unsere persönlichen Lieblingstouren führen kreuz und quer durch alle Winkel dieses wunderbaren Landstrichs. Mal geht es zu Moorseen, mal an Wildbächen entlang, immer wieder auch bergauf und zu gemütlichen Berghütten – nicht jedoch ohne am Wegrand innezuhalten. Denn dafür sind die Pausen da: um am Seeufer durchzuschnaufen oder in einer Alpenwirtschaft einzukehren. Zudem sind die Strecken vergleichsweise kurz gehalten und oftmals um Varianten ergänzt, sodass man sich genau das aussuchen kann, was einem passt.

Eine herrlich entspannte Wanderzeit wünschen

Veronika Wengert *und*

Jörg Pauscher

INHALT

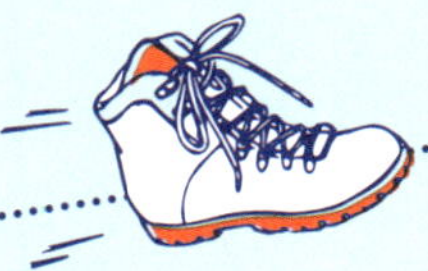

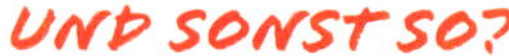

UNTERWEGS AUF DEN SCHÖNSTEN STRECKEN …

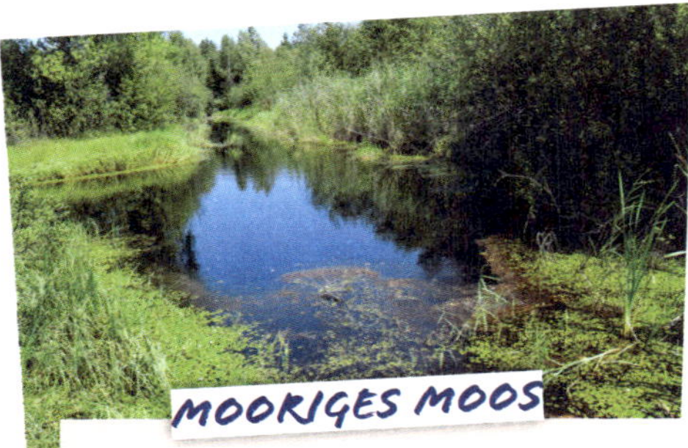

MOORIGES MOOS

» Watteweich ist der Boden, der das Werdensteiner Moos einmal umrundet – und im Moorwasser nebenan blubbert und quakt es. Tour 15, Rundweg im Werdensteiner Moos, unweit der Erlebnisstation Schlange, Seite 154

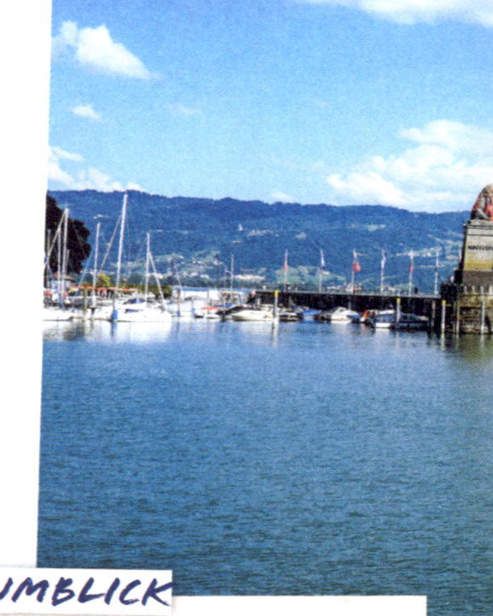

RUNDUMBLICK

» Die letzte Etappe zur Insel Lindau führt über den Damm und bietet damit echtes 360-Grad-Panorama: auf den See, die Ufer und die Insel. Tour 1, auf der Lindauer Insel, unweit vom Bahnhof, Seite 14

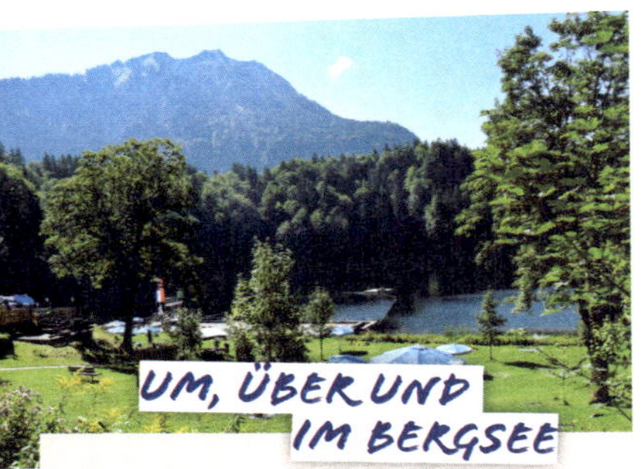

UM, ÜBER UND IM BERGSEE

» Vom Ufer, aus der Vogelperspektive und am Schluss vom See aus: Der grünblaue Freibergsee bei Oberstdorf macht aus jedem Winkel was her. Tour 19, zwischen Skischanze und Zugang zum See, Seite 194

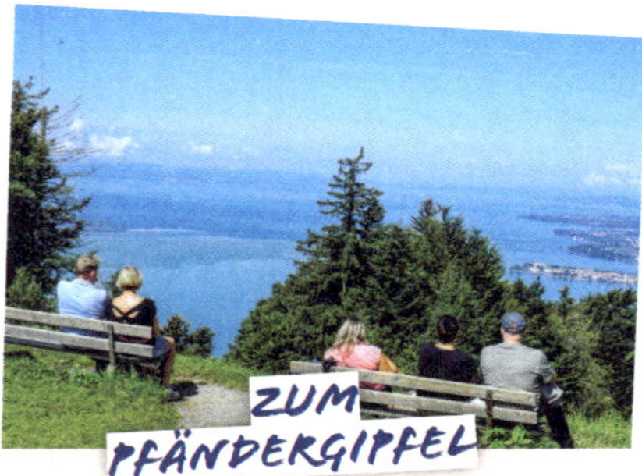

ZUM PFÄNDERGIPFEL

» Die wohl einfachste Gipfeltour ever, wetten? Und trotzdem fast die ganze Zeit über mit phänomenalen Weitblicken über den Bodensee gesegnet. Tour 2, zwischen der Bergstation der Seilbahn und dem Höhenweg nach Scheidegg, Seite 24

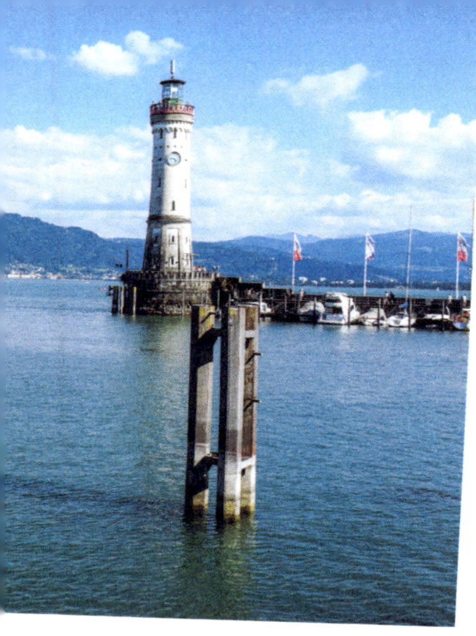

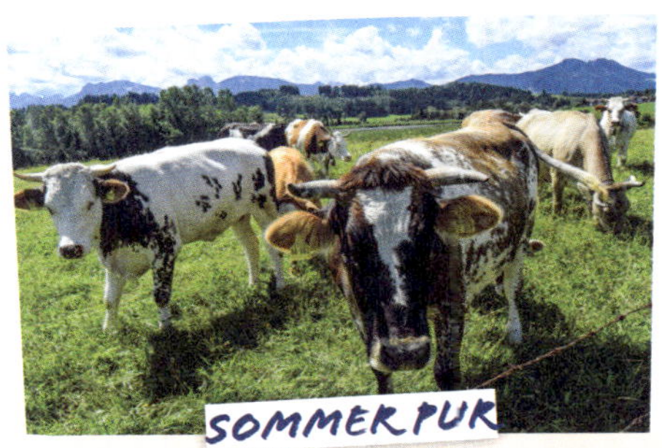

SOMMER PUR

» Einfach einmal quer über die grüne Wiese, an freundlichen Kühen und einem kleinen Bach vorbei, der hindurchplätschert. Weit und breit kein Mensch, nur Wiesenidylle. Tour 11, unweit vom Schwaltenbach und Seeweiler, Seite 114

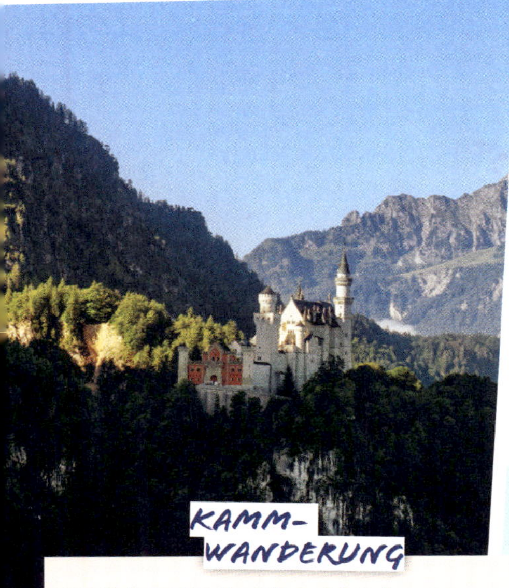

KAMM-WANDERUNG

» Schwer ist der Weg nicht, denn vom Tegelberg geht es sanft bergab – großartig aber die Natur und die Entrücktheit sowie der Blick auf die Tannheimer Berge. Tour 7, zwischen der Bergstation und Hochtal, Seite 74

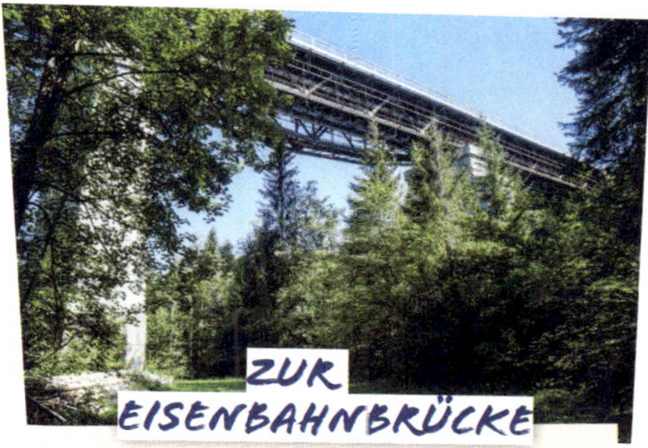

ZUR EISENBAHNBRÜCKE

» Wie ein Dschungel kommt einem der Ellhofer Tobel vor, grün, nass, zugewuchert – dann überbrückt auf einmal ein monumentales Bauwerk den Tobeleinschnitt: die Eisenbahnbrücke. Tour 3, hinter Röthenbach im Tobel, Seite 34

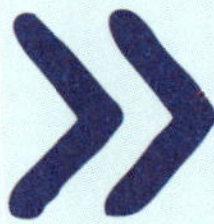

ALLE TOUREN IM ÜBERBLICK

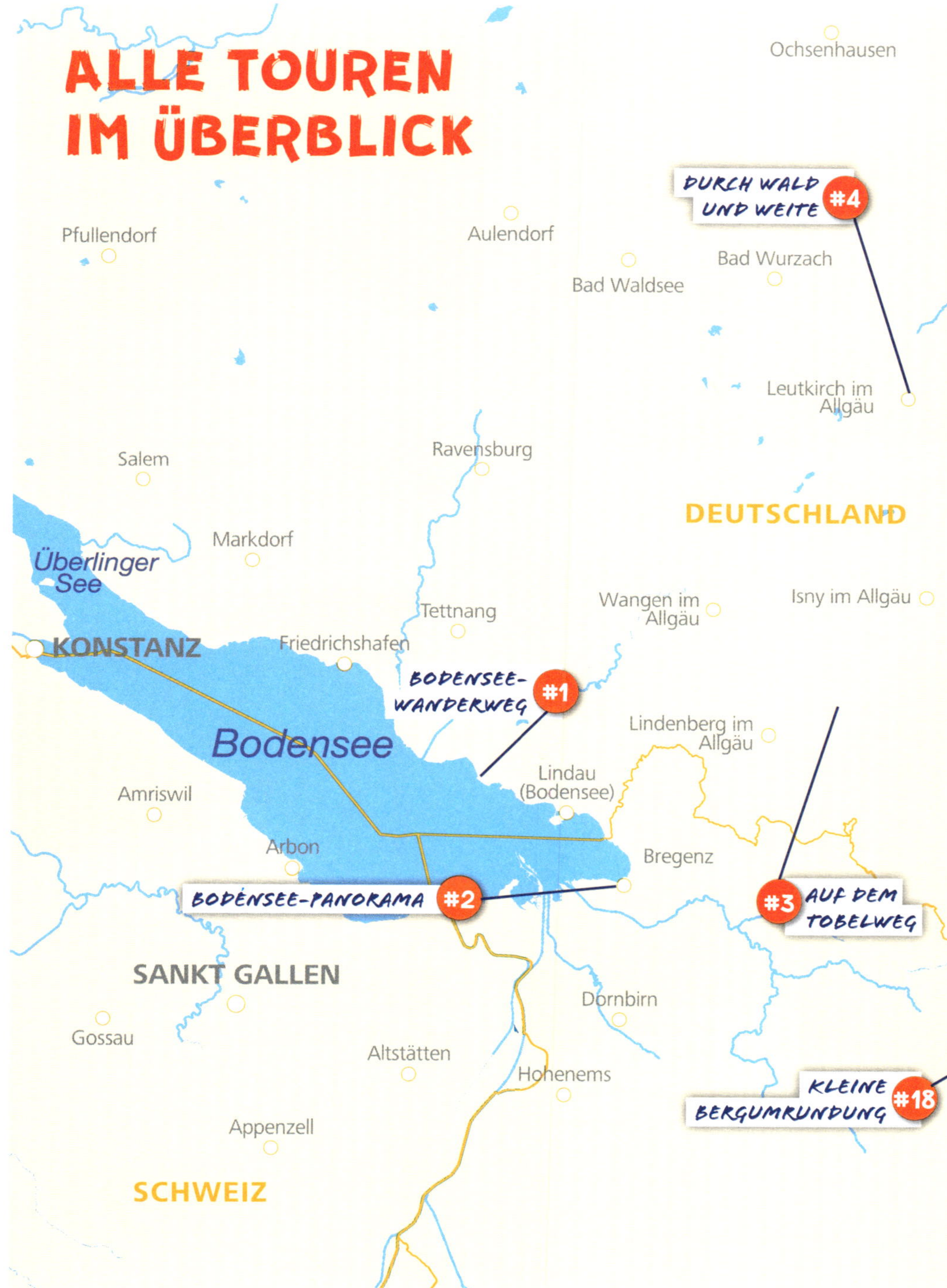

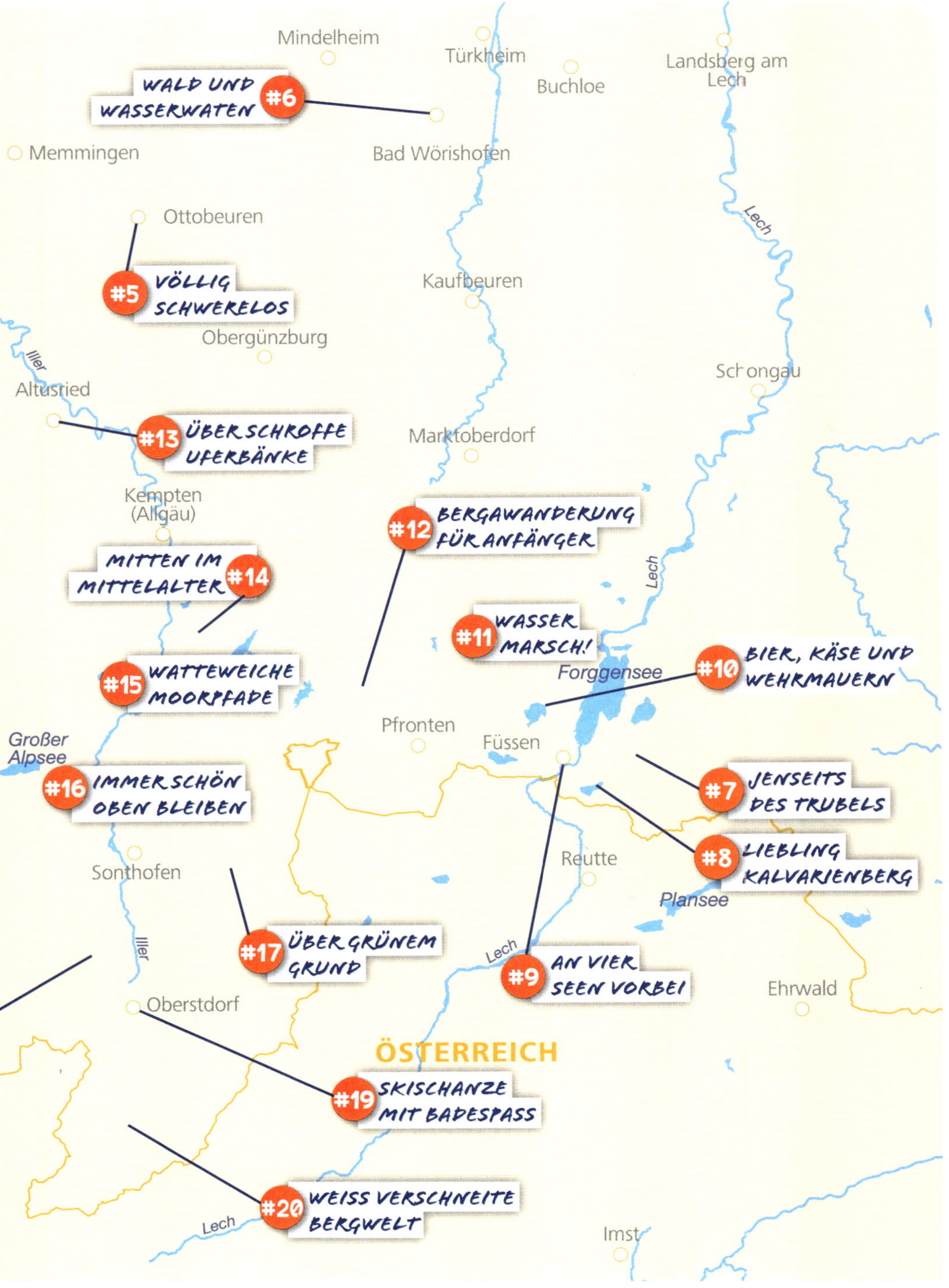

Mindelheim
Türkheim
Buchloe
Landsberg am Lech
#6 WALD UND WASSERWATEN
Memmingen
Bad Wörishofen
Ottobeuren
Lech
#5 VÖLLIG SCHWERELOS
Kaufbeuren
Obergünzburg
Iller
Altusried
Schongau
#13 ÜBER SCHROFFE UFERBÄNKE
Marktoberdorf
Kempten (Allgäu)
#12 BERGAWANDERUNG FÜR ANFÄNGER
#14 MITTEN IM MITTELALTER
Lech
#11 WASSER MARSCH!
#15 WATTEWEICHE MOORPFADE
Forggensee
#10 BIER, KÄSE UND WEHRMAUERN
Großer Alpsee
Pfronten
Füssen
#16 IMMER SCHÖN OBEN BLEIBEN
#7 JENSEITS DES TRUBELS
Reutte
#8 LIEBLING KALVARIENBERG
Sonthofen
Plansee
Iller
#17 ÜBER GRÜNEM GRUND
Lech
#9 AN VIER SEEN VORBEI
Ehrwald
Oberstdorf
ÖSTERREICH
#19 SKISCHANZE MIT BADESPASS
#20 WEISS VERSCHNEITE BERGWELT
Lech
Imst

... UND AUCH PAUSE MACHEN NICHT VERGESSEN

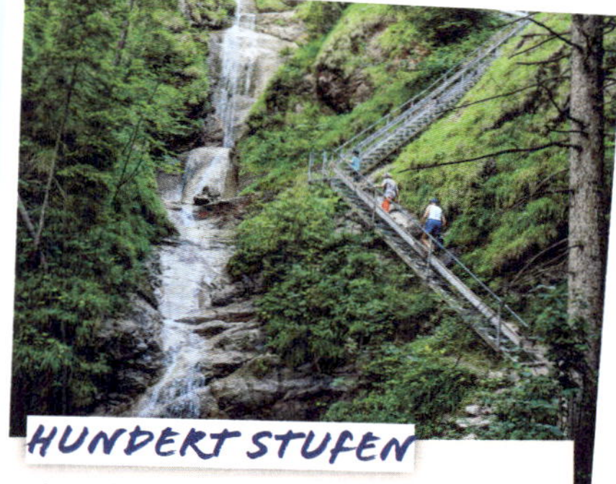

HUNDERT STUFEN

» Mächtig fällt die Stahltreppe hinab am Wasserfallweg. Oben wie unten ein Hingucker und toller Rastplatz mit Berieselung im Wortsinne. Tour 12, Stopp 4, Wasserfall, Seite 130

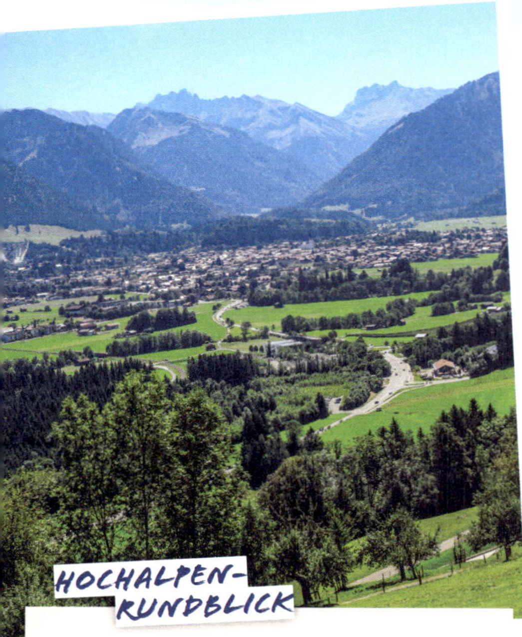

HOCHALPEN-RUNDBLICK

» Ganz viel Panorama für nur wenige Höhenmeter: Vom Scheitelpunkt des Ochsenbergs aus übersieht man ganz Oberstdorf und die Berge ringsum. Tour 18, Stopp 2, Auf der Höhe, Seite 189

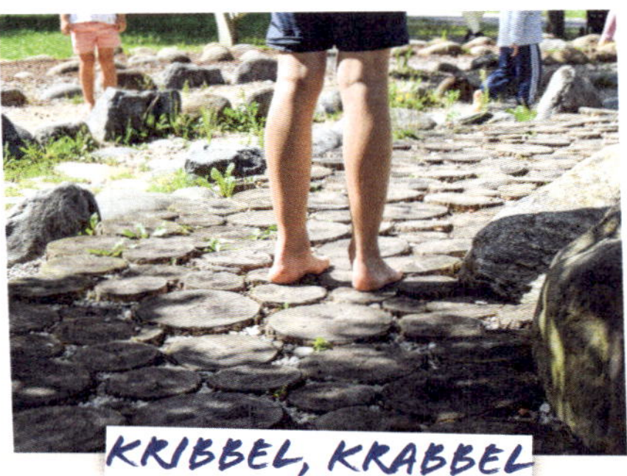

KRIBBEL, KRABBEL

» Zuerst pikt, zwickt und zwackt es ein wenig, doch dann haben die Fußsohlen ihren Spaß – auf Tannenzapfen, im Matsch oder Sand in Bad Wörishofen. Tour 6, Stopp 6, Barfußpfad im Kurpark, Seite 71

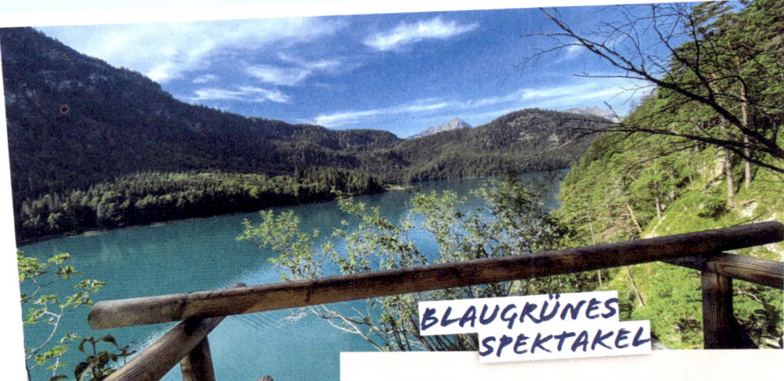

BLAUGRÜNES SPEKTAKEL

» Wie eine drachengrüne Fototapete breitet sich der Alpsee unterhalb der Aussichtsplattform Pindarplatz aus – ein wunderbares Farbenspiel! Tour 8, Stopp 1, Pindarplatz, Seite 88

EINFACH MALERISCH

» Zauberhaft, sobald die Halbinsel Wasserburg vor einem erscheint. Noch zauberhafter, dass das Bodenseeufer just dort zugänglich ist und man baden kann! Tour 1, Stopp 2, Malerwinkel, Seite 19

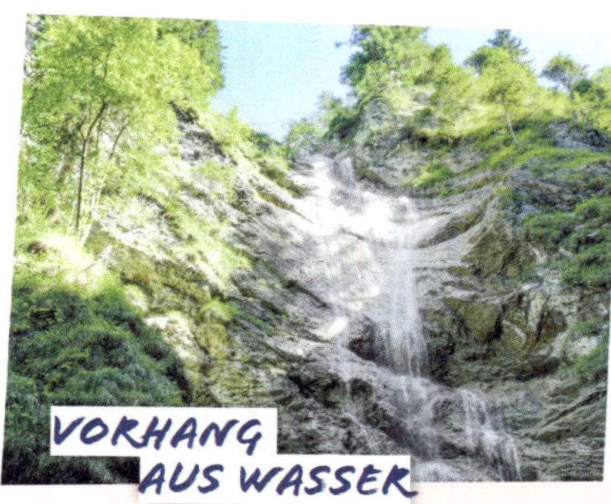

VORHANG AUS WASSER

» Die Schleierfälle beeindrucken nicht durch Kraft, sondern durch ihre Feinheit. Versteckt oben am Berg kühlen sie im Sommer das Gemüt. Tour 17, Stopp 4, Schleierfall, Seite 180

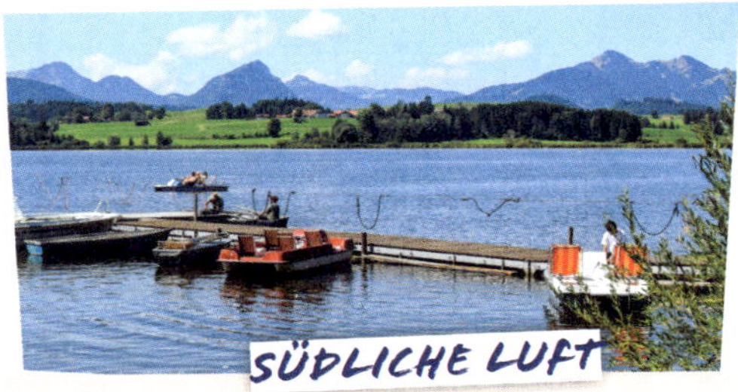

SÜDLICHE LUFT

» Fast schon südliches Ambiente verströmen Tretboote, Eiscreme und ein mediterraner Kräutergarten an der Uferpromenade von Hopfen. Tour 10, Stopp 1, Hopfensee, Seite 108

EINFACH LOSWANDERN

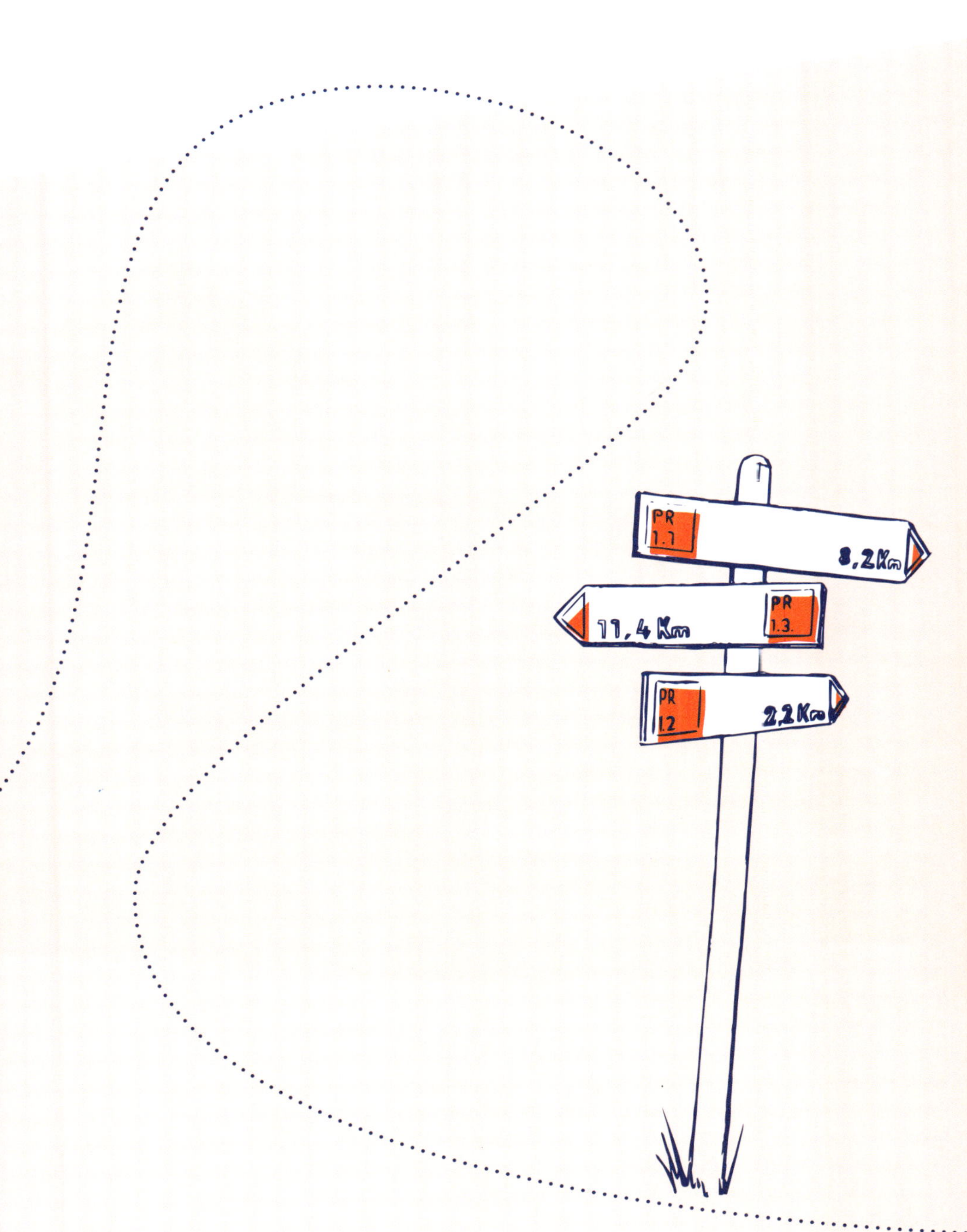
PR
1.1
8,2Km
11,4Km
PR
1.3.
PR
1.2
2,2Km

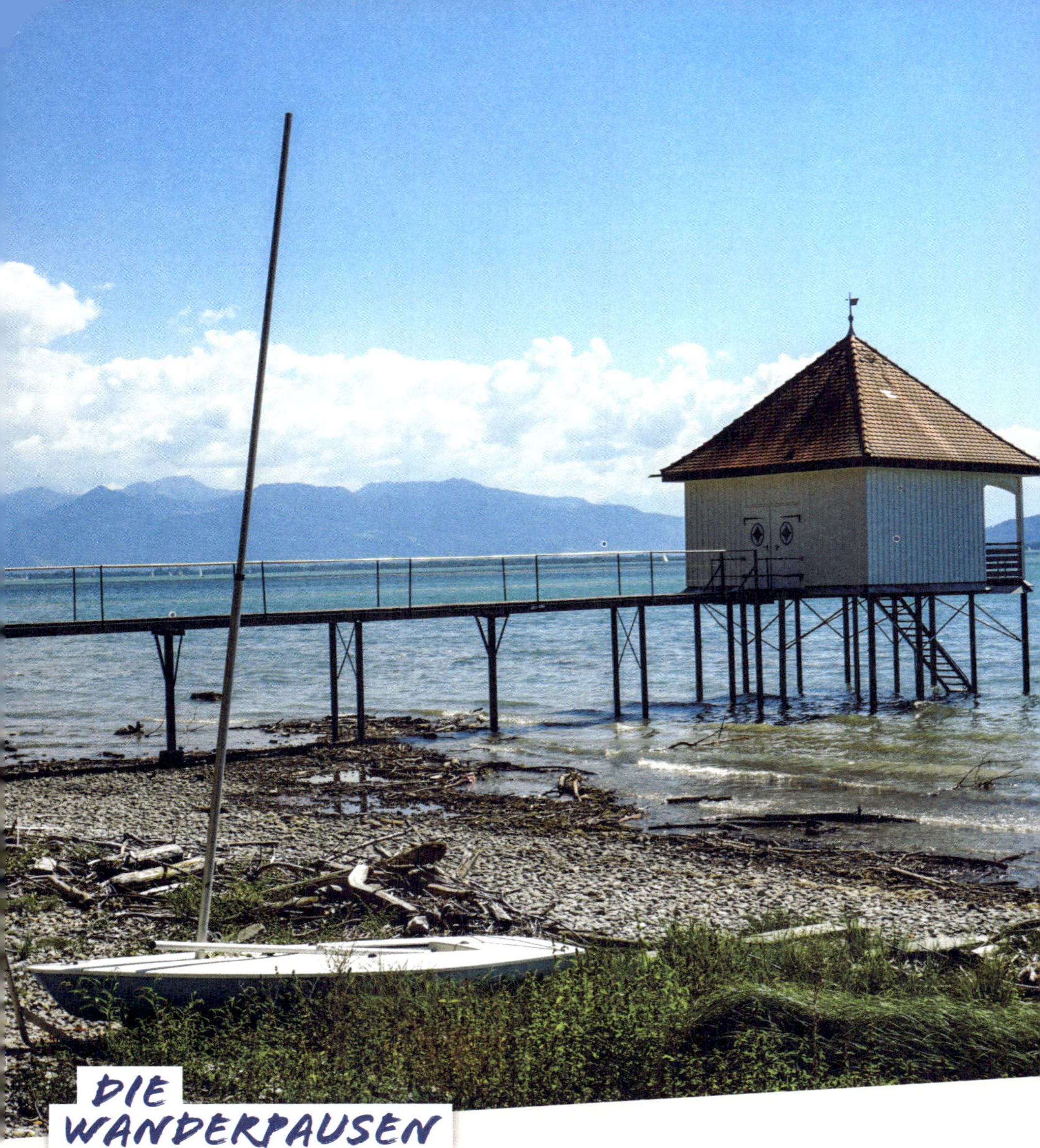

DIE WANDERPAUSEN

» START
Bahnhof Nonnenhorn

KM 0,4
1 Der Torkel
Frühschoppen, sozusagen …

KM 1,7
2 Im Malerwinkel
Wasserburg bewundern

KM 5,9
3 Lindenhofpark
Unter uralten Bäumen wandeln

1

BODENSEE-WANDERWEG

Von Nonnenhorn bis zur Insel Lindau

Durch Landschaftsparks, Obst- und Weinberge, an Villen und Strandbädern vorbei führt dieser schöne Spazierweg bis auf die Insel Lindau – die Berge und den Bodensee immer wieder vor Augen!

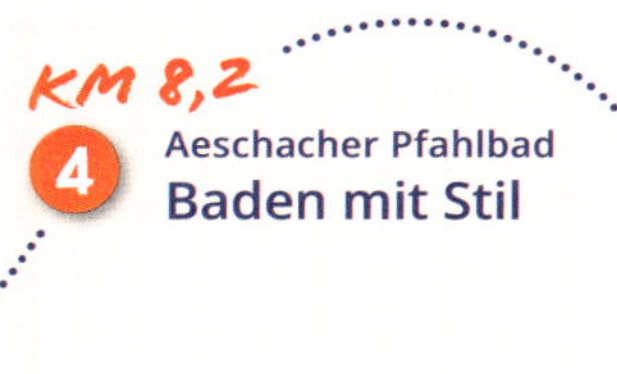

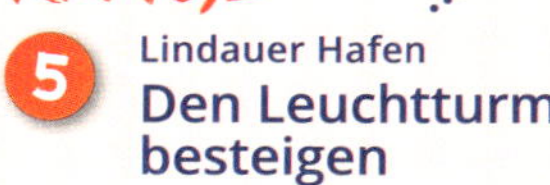

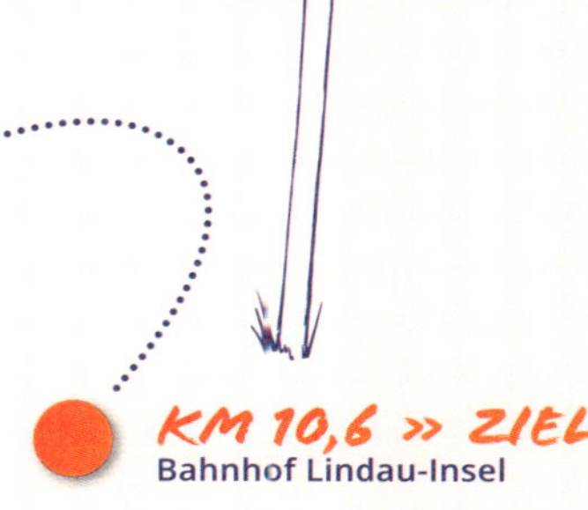

SPEKTAKULÄR ABWECHSLUNGSREICH …

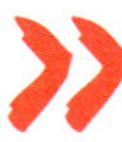

… zeigt sich der Weg von Nonnenhorn bis auf die Lindauer Insel, sodass man trotz der über zehn Kilometer gar nicht in den Wandermodus verfällt, eher bleibt es beim kurzweiligen Spazierengehen. Nach wenigen Hundert Metern schon stößt man auf den Nonnenhorner **Torkel,** eine urtümlich riesenhafte Weinpresse unmittelbar am Wegrand.

Ein Wermutstropfen sei aber erwähnt, denn der Weg führt auch nach Nonnenhorn nur abschnittsweise direkt am Ufer entlang: Immer wieder muss Privatbesitz umgangen werden, doch gerade daraus ergibt sich eine große Abwechslung und der See wie der Blick übers Wasser auf Wolken und Berge bleibt ein ständiger Begleiter.

BESONDERS SCHÖN IST ES, WENN SICH SICHTACHSEN ÜBER DEN SEE ERGEBEN – ALSO ZIEMLICH HÄUFIG

Es sind die Perspektivwechsel, die das Herz erfreuen: Wenn sich am **Malerwinkel** die Halbinsel von Wasserburg in den Blick schiebt, wenn die Allee des **Lindenhofparks** einen mächtigen Kontrast setzt und überhaupt der Damm und damit die Lindauer Insel immer näher kommen. Auch das schafft die Fläche des Sees: Überblick und Weitsicht.

Eigentlich wandelt man nicht durch die Natur, sondern vielmehr durch eine Kulturlandschaft: Erst sind es die Weinberge von Nonnenhorn, im allerletzten Winkel Bayerns, die das sanfte Klima des Bodensees nutzen. Dann kommt Spalierobst und, bevor es über den Damm geht, kommen die Gärten und Parks samt der Villen vor Lindau und das spektakuläre **Aeschacher Pfahlbad** zum Vorschein. Der sonnenverwöhnte Seeabschnitt vor Lindau und dem Damm ist so schön, dass es genau dorthin einst die Reichen und Wohlhabenden zog. Nur ganz wenige Uferabschnitte sind daher naturbelassen und vermitteln einen Eindruck von der schieren Menge an Treibholz, die es über den Rhein aus den Bergen bis an das Nordufer schafft – ganze Häuser könnte man damit bauen. Verpflegung und Einkehr sind nie weiter als ein paar Hundert Meter entfernt, der Weg ist größtenteils asphaltiert, wird teils von Radwanderern genutzt und eignet sich daher auch für den Kinderwagen.

«

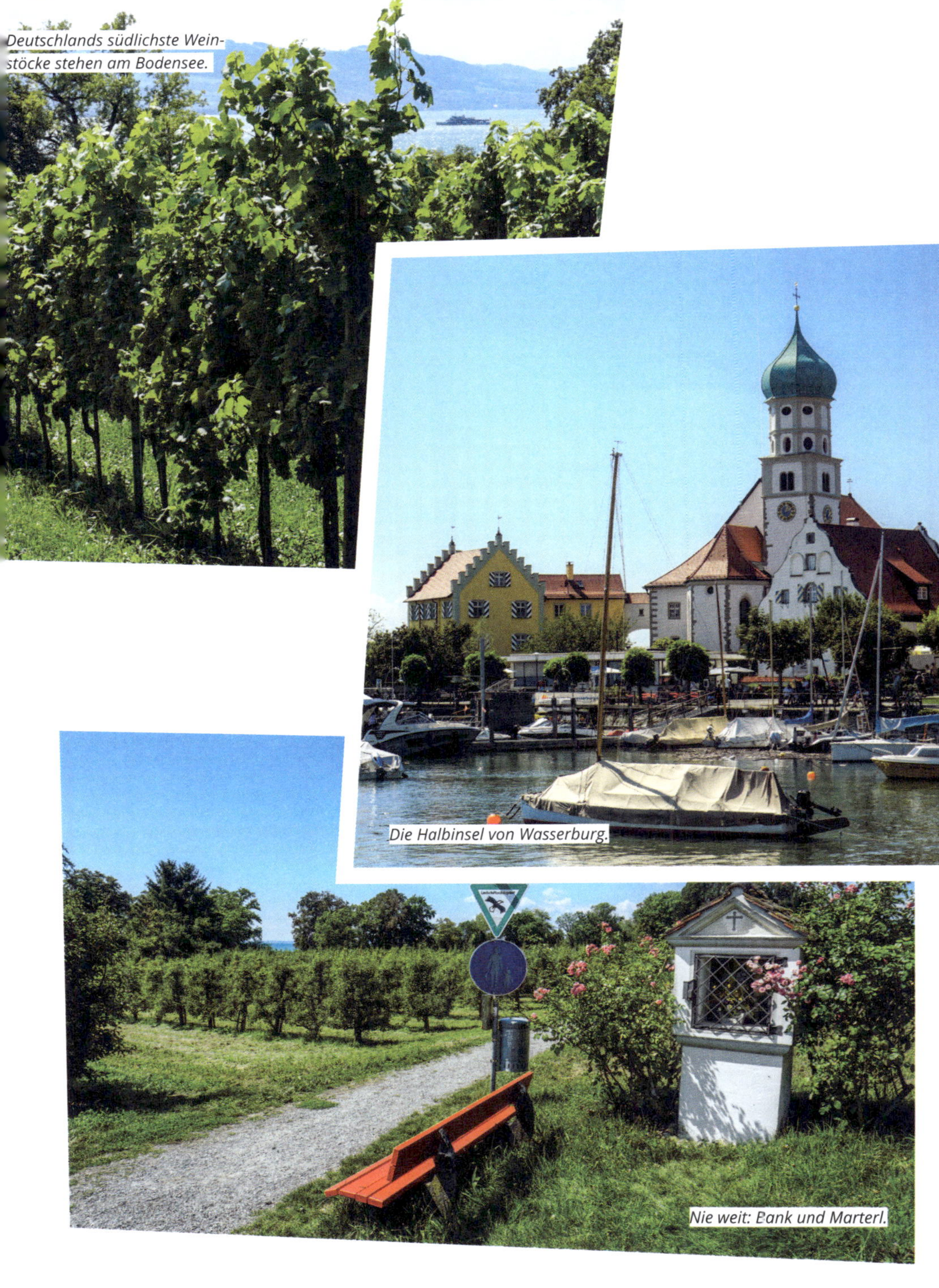

Deutschlands südlichste Weinstöcke stehen am Bodensee.

Die Halbinsel von Wasserburg.

Nie weit: Bank und Marterl.

WANDERN & GENIESSEN

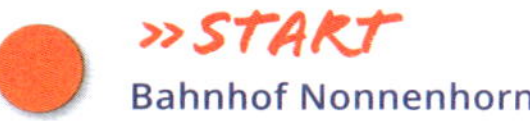

Bahnhof Nonnenhorn

Vom Bahnhof nach links gehen und den Schneckenwinkel hinunterlaufen.

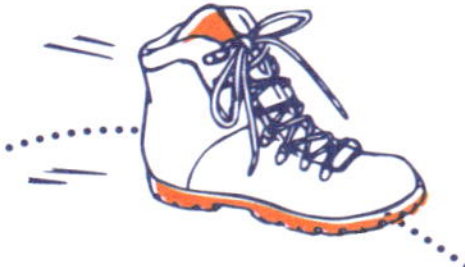

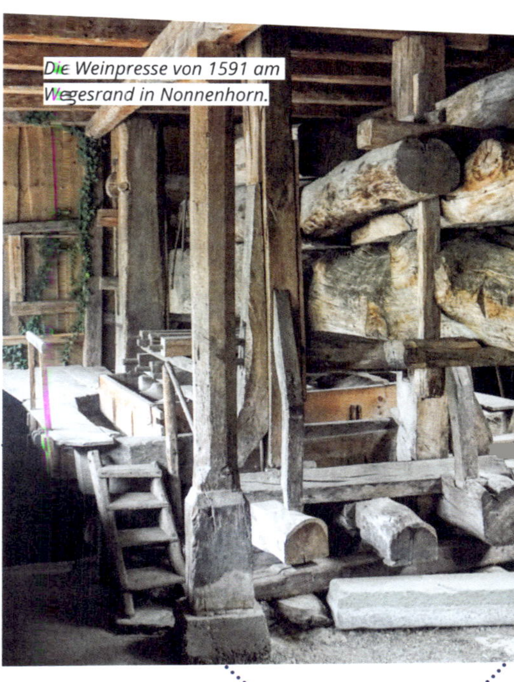

Die Weinpresse von 1591 am Wegesrand in Nonnenhorn.

KM 0,4

1 Der Torkel

Frühschoppen, sozusagen ...

Am Ende des Schneckenwinkels, gleich um die Ecke in der Conrad-Forster-Straße 38, stößt man auf eine Art Minifreilichtmuseum: Eine riesige Weinpresse von 1591, der sogenannte Torkel, steht überdacht, aber frei einzusehen, direkt am Gehsteig. Das Lateinische »torculum« bedeutet Weinpresse und davon leitet sich das Verb »torkeln« ab. Nur sieben Betriebe bereiten heute noch Bayerischen Bodensee-Landwein, der größtenteils vor Ort ausgeschenkt wird – und zwar in den sogenannten Rädles. Diese Schankwirtschaften dürfen pro Jahr nur zweimal zwei Monate lang öffnen und außer Wein nur Brotzeit anbieten. Weinbau hat eine lange Tradition in Nonnenhorn und geht auf eine Klostergründung im 9. Jahrhundert zurück: Das Gemeindewappen wird deshalb von einem Füllhorn mit goldener Weintraube auf einer Seite und einer Nonne auf der anderen geschmückt.

Anschließend die Straße weiterlaufen und rechts in die Wasserburger Straße abbiegen, diese führt direkt zur Bucht.

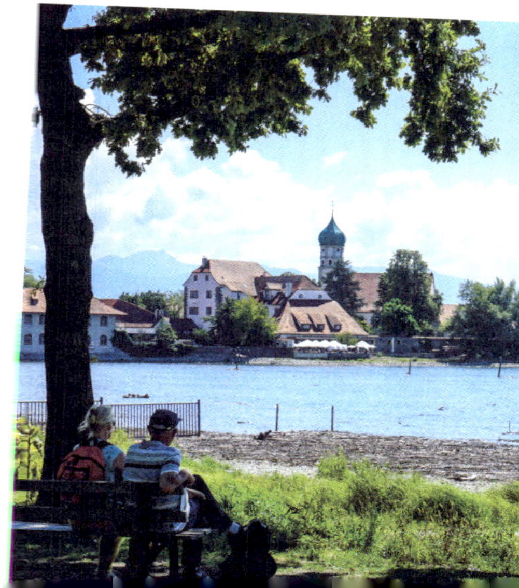

KM 1,7

2 Im Malerwinkel
Wasserburg bewundern

Die Wasserburger Bucht steht seit 1985 unter Naturschutz und zwar sowohl die Uferzone als auch der Schilfgürtel und die Feuchtwiese dahinter. Zwischen Letzteren verläuft der Weg – abgesehen von der Liegewiese am Malerwinkel sind die knapp sechs Hektar des Naturschutzgebietes nicht weiter zugänglich: ein Grund, genau dort eine Pause einzulegen und den Blick zu genießen. Der Name Malerwinkel entstand weit vorher und bezieht sich auf die Silhouette der Halbinsel Wasserburg, die man von hier aus sieht. Im Mittelalter hatten die Grafen von Sankt Gallen dort eine Klosterburg als Zufluchtsort errichtet – auf einer Insel wohlgemerkt, der Damm zum Festland wurde erst im 18. Jahrhundert aufgeschüttet. Malerisch ist das Ensemble allemal, allerdings ist kein namhafter Maler bekannt, der dort Quartier genommen hätte.

Der Weg führt einmal um die ganze Bucht und bis direkt vor das Schloss, das heute ein Hotel beherbergt, biegt dann aber auf die Uferstraße ab.

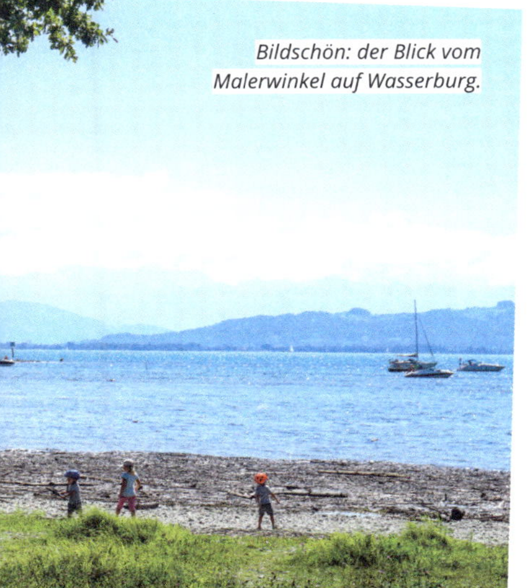

Bildschön: der Blick vom Malerwinkel auf Wasserburg.

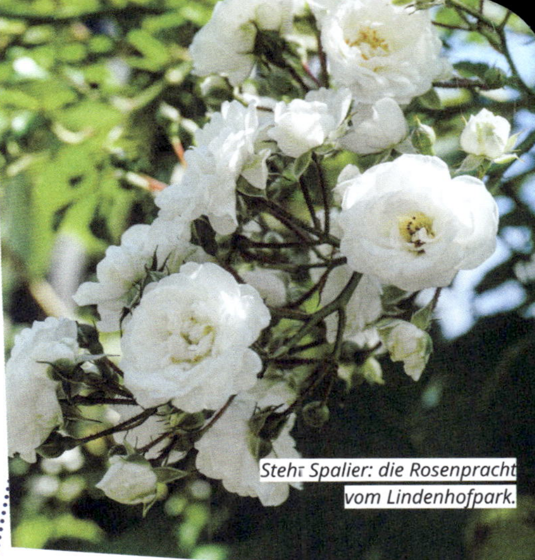

Steht Spalier: die Rosenpracht vom Lindenhofpark.

KM 5,9

3 Lindenhofpark
Unter uralten Bäumen wandeln

Je näher man Lindau kommt, desto mondäner wird es. Am sogenannten Sonnenufer kauften sich einst die Neureichen der Industrialisierung ein. Villa Lindenhof, Seeschlössle und Schweizerhaus lauten die sehenswerten Residenzen, denen jedoch der Lindenhofpark die Schau stiehlt: Die uralten Alleebäume sind nur eine der Attraktionen, denn hier stehen Riesenmammutbäume, Weihrauchzedern, Schwarzkiefern und Lebensbäume auf acht Hektar Parkgelände dicht an dicht und ragen bis zu 30 Meter in die Höhe! Die Parkanlage gehört seit den 1950er-Jahren der Stadt Lindau und ist frei zugänglich, über die Treppenstufen kommt man zum Wasser und darf hier sogar baden. Die zentrale Wiese dient nicht wenigen Lindauern als erweitertes Wohnzimmer und sonntägliches Lieblingsziel.

Der Weg durchquert den Park in voller Länge, läuft am Strandbad von Bad Schachen erst am Ufer weiter, um dann doch der Bebauung landeinwärts auszuweichen.

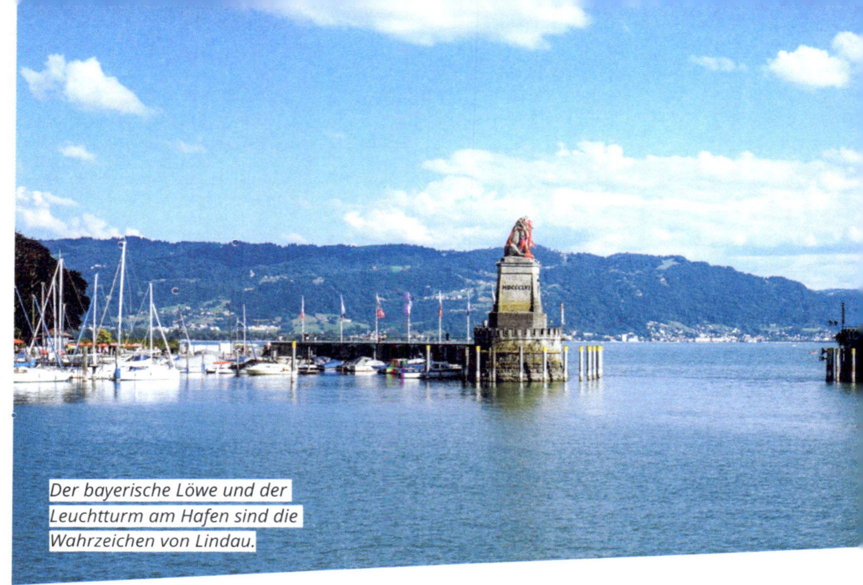

Der bayerische Löwe und der Leuchtturm am Hafen sind die Wahrzeichen von Lindau.

KM 8,2

4 Aeschacher Pfahlbad

Baden mit Stil

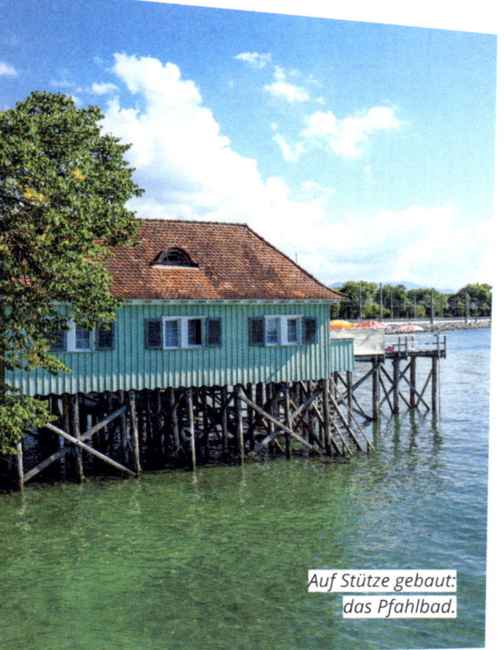

Auf Stütze gebaut: das Pfahlbad.

Um es gleich zu sagen: Das Aeschacher Bad ist in Betrieb. Als eines von nur noch drei erhaltenen Pfahlbädern rund um den Bodensee zeugt es von einer Zeit, als es unschicklich war, beim Sonnen oder Baden gesehen zu werden. Deshalb wurden die Badeanstalten mitten in den See gebaut und ins Wasser ging man über Stiegen und Stege. Sonnen war auf einer vom Ufer nicht einzusehenden Terrasse möglich. Immerhin galten Badegänge und Lichtkuren seit Mitte des 19. Jahrhunderts als gesund und wurden ärztlich empfohlen, sodass zahlreiche Badeanstalten rund um den See entstanden. Mit veränderten Moralvorstellungen wurden diese jedoch bald wieder abgerissen, um moderneren Betrieben Platz zu machen. In Lindau aber sorgten die Proteste der Anwohner dafür, dass das Aeschacher Bad bis heute betrieben wird.

Unmittelbar hinter dem Bad geht es auf den Damm und hinüber zur Insel.

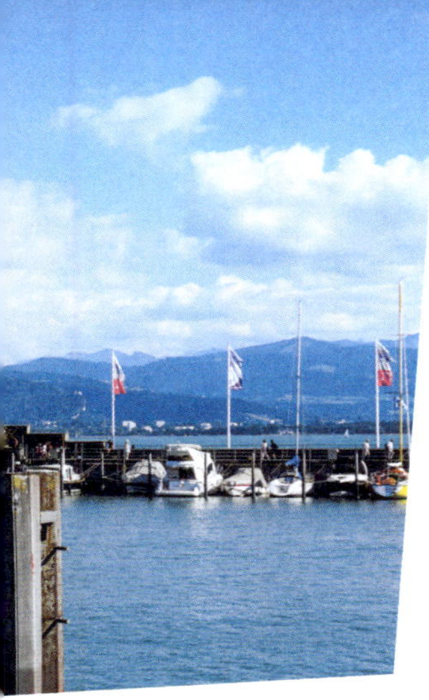

EXTRA INFOS:

Vor allem zum Baden bieten sich noch mehr als die bereits erwähnten Stellen an: zum einen das ● **Freibad Aquamarin** gleich hinter Wasserburg, zum anderen der ganz schmale Strandstreifen ● **Rosstränke**, der von der Uli-Wieland-Straße in Reutenen zwischen Wohnhäusern hindurch zugänglich ist.

Das ● **Strandcafé Lindenhof** gleich zu Beginn des Parks bietet zudem eine nette Einkehrmöglichkeit.

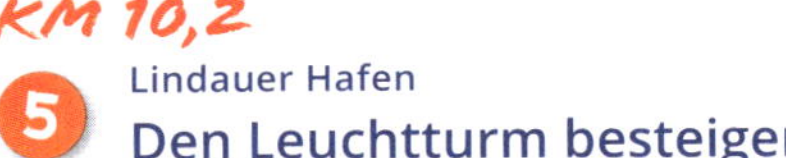

5 Lindauer Hafen

Den Leuchtturm besteigen

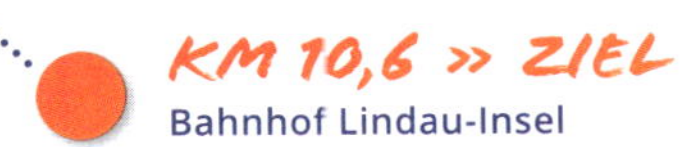

Bahnhof Lindau-Insel

Es gibt zwei Möglichkeiten, hinter dem Damm zum Hafen und Bahnhof zu kommen: entweder geradeaus mitten durch die Altstadt oder aber rechts halten und am Ufer entlang über Pulverschanze und Schützinger Weg bis zur Mole. Lindaus ikonische Hafeneinfahrt wird auf der gegenüberliegenden Seite von einem bayerischen Löwen, auf unserer von einem Leuchtturm flankiert. Der Leuchtturm ist zugänglich und bietet von oben einen wirklich sagenhaften Rundumblick – nicht nur bis Bregenz und Vorarlberg, sondern eben auch über die Insel. In der Nazizeit bot der Hafen eine Fluchtmöglichkeit in die Schweiz und einen Schmuggelweg für Zeitungen und Informationen in das Reich – daran erinnert heute der Lindauer Gedenkweg, dessen erste Station sich direkt am Bahnhofsplatz, also gegenüber dem Leuchtturm, findet.

Und gleich hinter dem Leuchtturm befindet sich der Bahnhof und damit das Ziel der Tour.

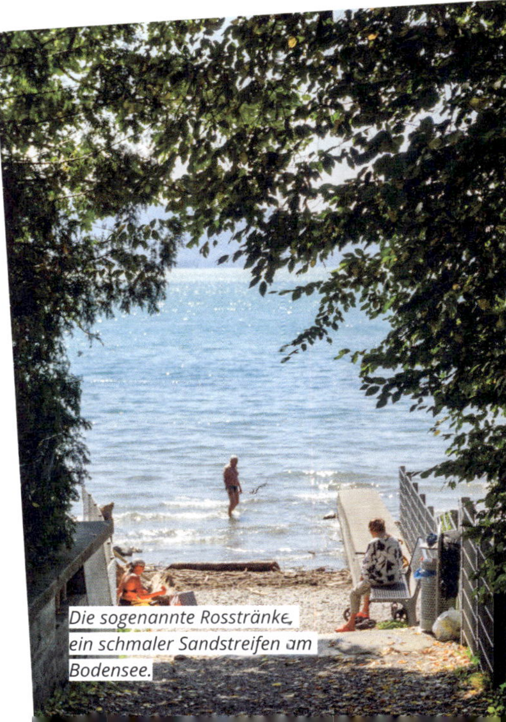

Die sogenannte Rosstränke, ein schmaler Sandstreifen am Bodensee.

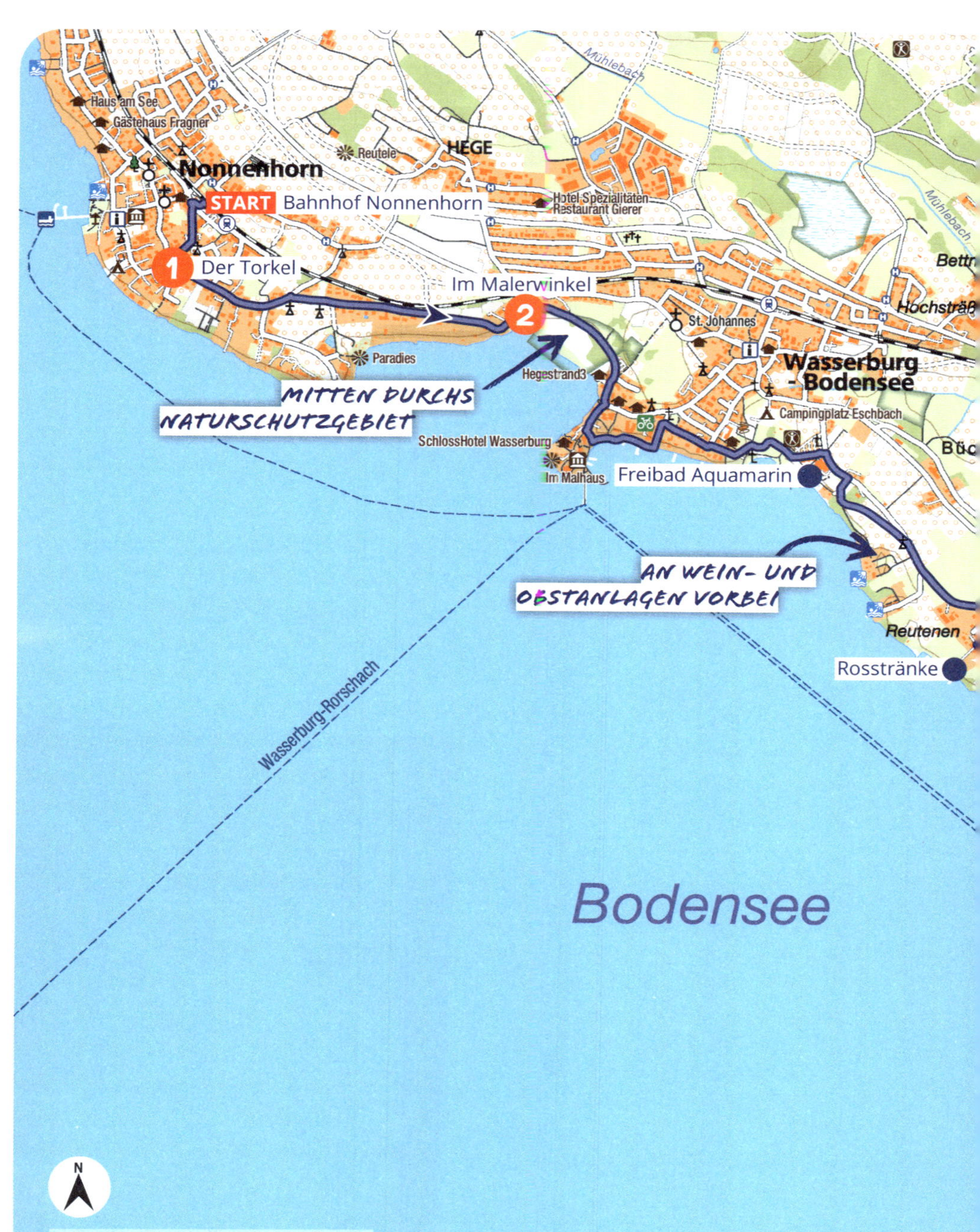

Haus am See
Gästehaus Fragner
Reutele
HEGE
Nonnenhorn
Mühlebach
START Bahnhof Nonnenhorn
Hotel Spezialitäten-Restaurant Gierer
1 Der Torkel
Im Malerwinkel
2
Bettn
Hochsträß
St. Johannes
Paradies
Hegestrand3
Wasserburg - Bodensee
MITTEN DURCHS NATURSCHUTZGEBIET
Campingplatz Eschbach
SchlossHotel Wasserburg
Im Malhaus
Freibad Aquamarin
AN WEIN- UND OBSTANLAGEN VORBEI
Reutenen
Rossstränke
Wasserburg-Rorschach
Bodensee
N
0
0,5
1 KM

AUF EINEN BLICK

- **Start:** Bahnhof Nonnenhorn (mit dem Auto P&R-Parkplatz am Bahnhof nutzen, ab Insel Lindau mit der Bahn zurück)
- **Ziel:** Bahnhof Lindau-Insel
- **Strecke:** 10,6 km (Streckentour)
- **Reine Wanderzeit:** 2,5–3 Std.
- **Höhenmeter:** ↗ 4 m ↘ 17 m
- **Wegbeschaffenheit:** Größtenteils Asphalt.
- **Beste Zeit:** Frühling bis Herbst.
- **Ausrüstung:** Badezeug.

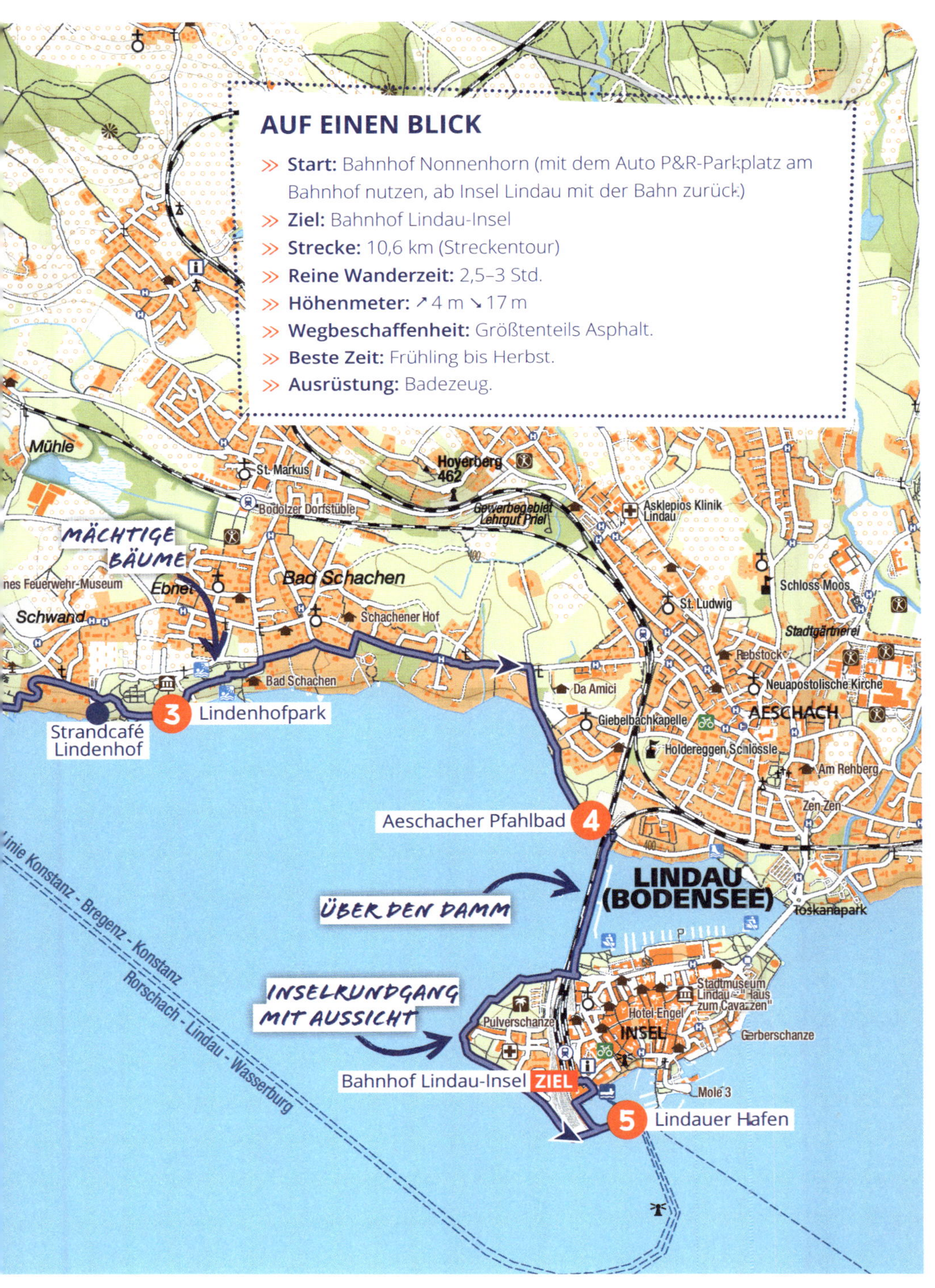

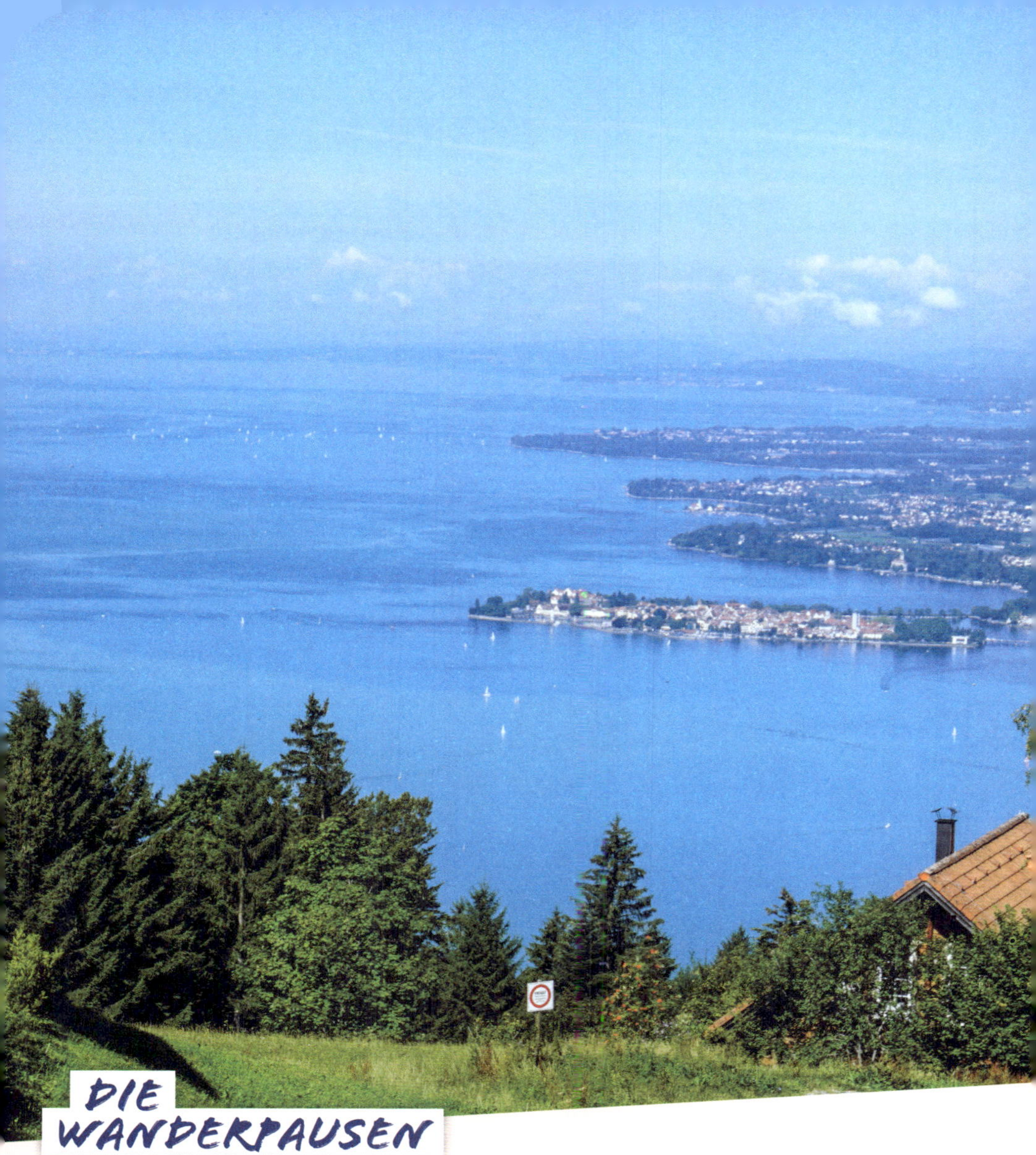

DIE WANDERPAUSEN

» START
Talstation Pfänderbahn

KM 0,1

1 Bergstation Pfänderbahn
Hoch über dem schwäbischen Meer

KM 0,4

2 Pfändergipfel
Besuch beim Klushund

KM 4,9

3 Trögerhof
Verpflegungsstation

2

BODENSEE-PANORAMA

Auf dem Höhenweg nach Scheidegg

Der Höhenweg ab der Bergstation der Pfänderbahn bietet sagenhafte Blicke auf den Bodensee und führt über 13 Kilometer bis nach Scheidegg: Größtenteils recht einfaches Spazierengehen, doch der Abstieg zieht sich.

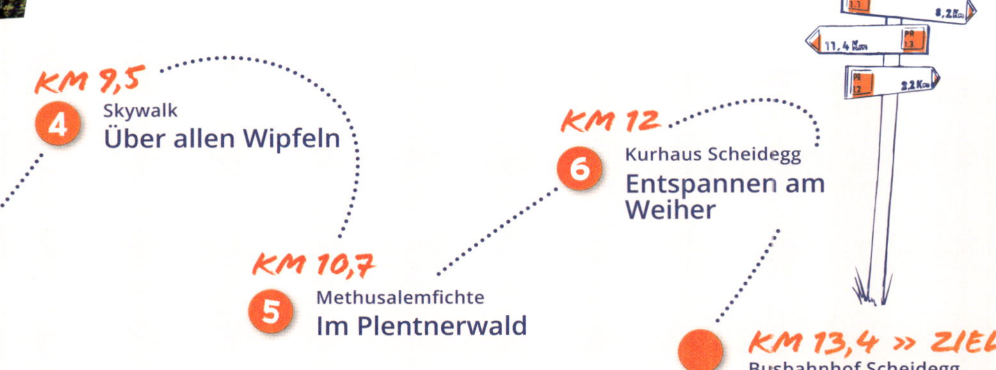

ELEGANTER HINAUF …

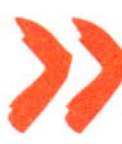

… kommt man kaum: Von Bregenz aus trägt einen die Pfänderbahn 600 Höhenmeter bergan bis fast zum Gipfel. Das Gröbste ist also schon geschafft und die Steigungen werden sich auf dem weiteren Höhenweg sehr in Grenzen halten – nicht aber der Blick.

Näher als auf den ersten Kilometern kommt man dem Bodensee nicht mehr, deshalb gilt es, bereits vor dem Einstieg in die Route die **Aussichtsplattform** an der Bergbahn ausgiebig zu genießen. Und gleich im Anschluss die Bänke unterhalb des **Pfändergipfels** zu nutzen, falls die nicht schon besetzt sind. Rund um die Bergstation ist recht viel los, aber das wird mit jedem Kilometer weniger: Kaum jemand geht bis nach Scheidegg hinüber, obwohl die neun Kilometer Höhenweg wirklich nicht schwierig sind. Im Gegenteil: Der Weg wird zum Spaziergang oberhalb der Alpwirtschaften und führt durch alle erdenklichen Arten von Bergwald. Zwischendrin und lange bevor die Landesgrenze erreicht ist, wartet ein **Hofladen** mit Verpflegung und Erfrischungsmöglichkeiten auf. Die grüne Grenze liegt dann tatsächlich mitten im Wald, schon fast auf dem Abstieg nach Scheidegg.

WÄHREND DIE KABINENBAHN NACH OBEN SCHWEBT, WIRD DER BODENSEE GRÖSSER UND GRÖSSER

Ein kleiner Schlenker aber führt noch einmal leicht bergan zum beeindruckenden Naturerlebnispark des **Allgäuer Skywalks.** Stunden könnte man dort verbringen, wenn man denn für den Trubel Nerven hat und den Kitzel der Hängebrücken und des Aussichtsturms über den Wipfeln sucht. Sich stattdessen mit dem ruhigen **Plentnerwald** und seinem uralten Kiefernbestand zu begnügen, ist sicherlich auch nicht verkehrt. Der Abstieg nach Scheidegg gerät länger als erwartet und das verwundert – dachte man doch bislang, die kleine Ortschaft läge hoch über dem Bodensee. Weit gefehlt. Der Weg kommt von oben! Und bevor man in die Zivilisation zurückkehrt, wird noch einmal eine letzte Rast am **Kurhaus** eingelegt. Um ein bisschen Kraft zu tanken, denn den Schlenker über den Scheidegger Panoramaweg sollte niemand auslassen!

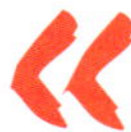

WANDERN & GENIESSEN

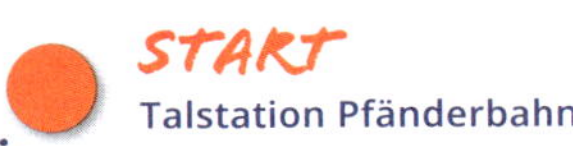

Talstation Pfänderbahn

Mit der Pfänderbahn geht es bequem innerhalb von wenigen Minuten auf den Gipfel.

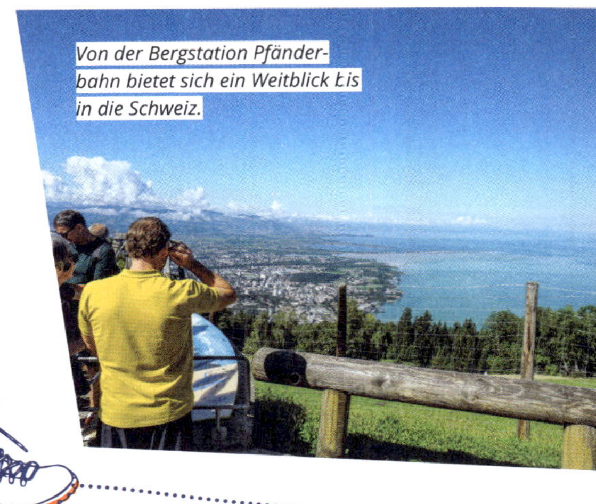

Von der Bergstation Pfänderbahn bietet sich ein Weitblick bis in die Schweiz.

KM 0,1

1 Bergstation Pfänderbahn

Hoch über dem schwäbischen Meer

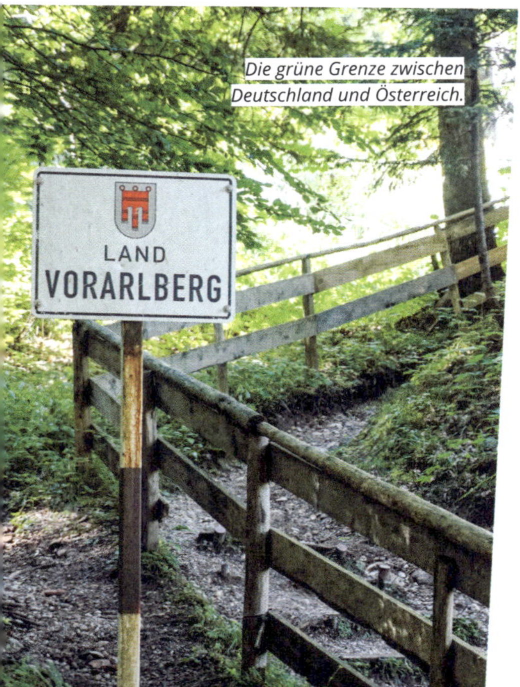

Die grüne Grenze zwischen Deutschland und Österreich.

Gleich zwei Aussichtsplattformen gibt es direkt an der Bergstation: einmal mit Blick über den Bodensee, der von oben betrachtet seinem Beinamen »schwäbisches Meer« alle Ehre macht, denn endlos breit und lang erstreckt sich die Wasserfläche. Ein zweiter Ausblick geht zur anderen Seite hin mit dem Bergpanorama der österreichischen Hochalpen: Angeblich sollen es 240 Gipfel sein, die man von dort im Blick hat ... Für den Fachverband der Seilbahnen stellt die Pfänderbahn die »beste österreichische Sommerbergbahn« dar, was sowohl den Panoramagondeln geschuldet ist als auch dem Angebot am Berg. Übrigens lohnt sich der Ausflug auch bei Schlechtwetter: Oftmals hängt ein Nebelmeer über Lindau und Bregenz, während auf dem über 1000 Meter hohen Pfänder schönster Sonnenschein herrscht.

Weiter zum Pfändergipfel geht es gleich links von der zweiten Aussichtsplattform – der Weg ist ausgeschildert und führt über einen kurzen Waldweg nach oben.

KM 0,4

2 Pfändergipfel
Besuch beim Klushund

Der Gipfelpunkt wird über ein paar Stiegen erreicht. Allerdings ist der höchste Punkt etwas zugewachsen, der Blick daher nicht so brillant wie ein paar Meter weiter auf einem Vorsprung. Dort lichtet sich der Wald, Bänke wurden aufgestellt und spätestens jetzt leuchtet ein, warum der Pfänder als beliebtester Aussichtspunkt der Region gilt. Der Vorsprung liegt oberhalb des sogenannten Schwedenhangs: Im Dreißigjährigen Krieg hatten die Schweden Bregenz vom Pfänder aus angegriffen und die dortige Schanze umgangen: Ein Verräter wies den Weg und wurde wegen dieses Frevels der Sage nach in Hundsgestalt verwandelt. Heute noch soll er hier umherspuken und nachts als Klushund im Gasthof Schwedenschanze (schwedenschanz.at) mitunter noch zu hören sein. Tagsüber ist die Einkehr urig und direkt auf der Route.

Am Gasthof und der Theresienkapelle vorbei bis zur nächsten Wegkreuzung, immer geradeaus weiter, bis sich der Weg teilt. Nicht nach Jungholz absteigen, sondern der Beschilderung nach Scheidegg folgen.

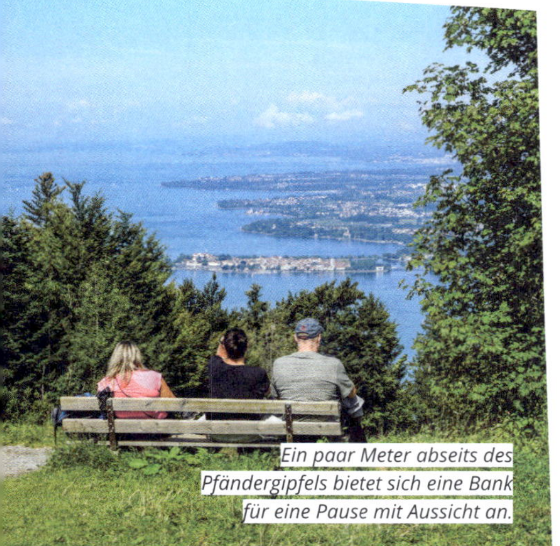

Ein paar Meter abseits des Pfändergipfels bietet sich eine Bank für eine Pause mit Aussicht an.

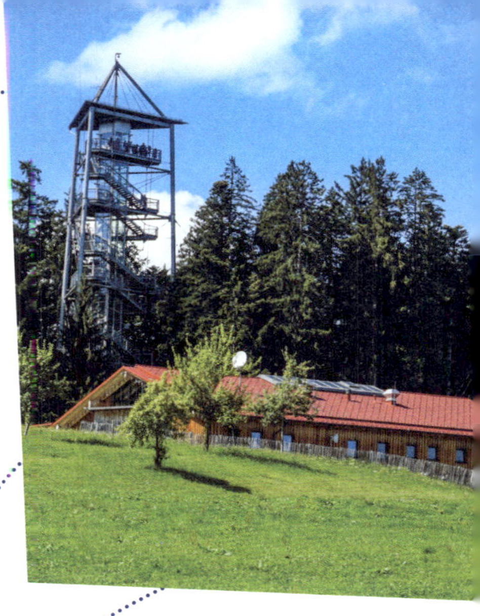

KM 4,9

3 Trögerhof
Verpflegungsstation

Etwas überraschend führt der Pfad auf einen Wirtschaftsweg nach rechts an der Hangkante entlang. Goldrichtig, wie sich hinter der Biegung zeigt: wegen des Panoramas, der Trögener Kapelle und des Trögerhofs, der dort einen Hofladen eingerichtet hat. Vor allem Kinder können sich darauf freuen, denn der Laden kommt ohne Personal aus und wer könnte es einem versagen, den Softeis-Automaten einmal auszuprobieren. Gleiches gilt auch für die Limonade (hausgemacht), die man selbst zapft. Käse und Knacker entnimmt man dem Kühlschrank, Brot allerdings sollte man haben. Zwar eignen sich die weiteren Waren als Mitbringsel, aber erst knapp die Hälfte des Weges ist zurückgelegt.

Weiter geht es über Waldwege. Scheidegg ist ausgeschildert, hinter Möggers jedoch scheiden sich die Wege am Hang. Keiner davon ist falsch, aber wer den rechten wählt, nimmt noch eine Waldkapelle mit. Anschließend links halten und den Hinweisen auf den Skywalk folgen.

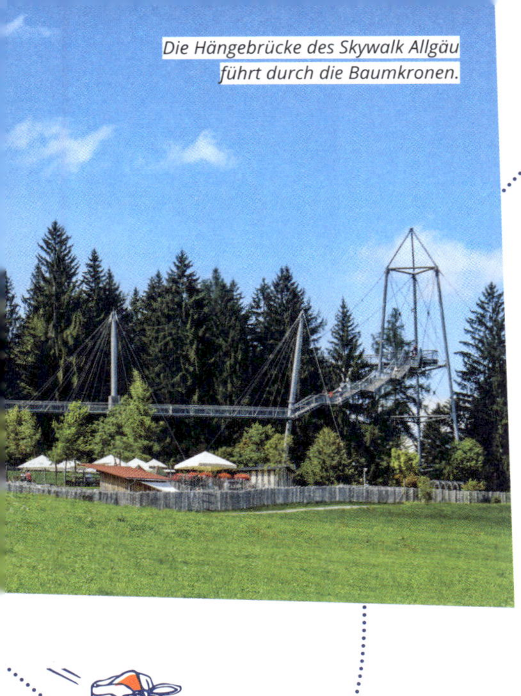

Die Hängebrücke des Skywalk Allgäu führt durch die Baumkronen.

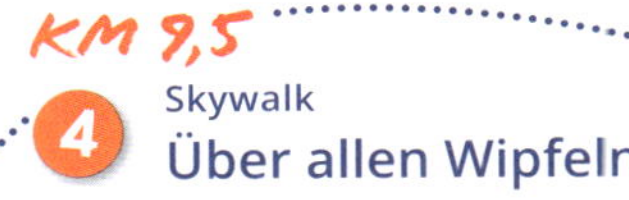

4 Skywalk

Über allen Wipfeln

Der Eintritt in den Naturerlebnispark (skywalk-allgaeu.de) ist deftig, aber man bekommt dafür etwas geboten: von Spielplätzen und Gastronomie über Streichelzoo bis hin zu den weithin sichtbaren Hängebrücken durch die Baumkronen und den 40 Meter hohen Aussichtsturm. Das Besondere ist die Lage auf über 1000 Metern und das bewaldete Terrain – ein intakter Bergmischwald mit Weißtannen, Rotbuchen und Lärchen, wie er selten geworden ist. Zudem führen zwei Lehrpfade durch den Hochwald. Eingerichtet wurde der Park erst 2010 und erfreut sich seither großer Beliebtheit, weshalb Wochenenden und Schulferien dem Naturgenuss etwas abträglich sein können. Aber auch außerhalb des Parkgeländes lässt es sich gut rasten: auf den Bänken des Bienenlehrpfads.

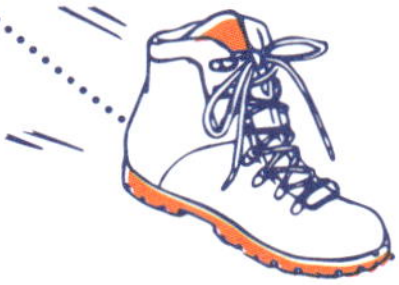

Über die Fahrstraße geht es anschließend bergab, an den Parkplätzen und in einer Kurve an der Klinik vorbei, bis am Waldrand links der Pfad durch den Plentnerwald beginnt.

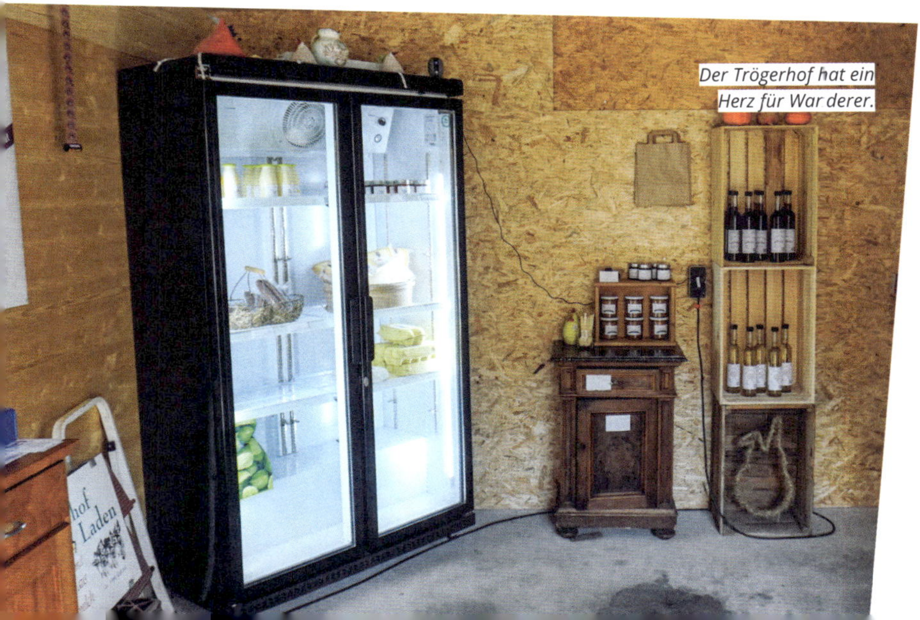

Der Trögerhof hat ein Herz für Wanderer.

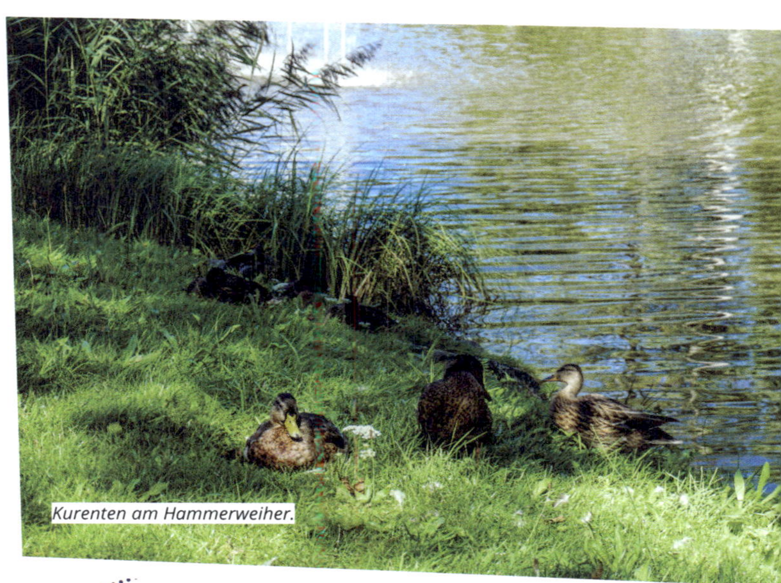
Kurenten am Hammerweiher.

KM 10,7

5 Methusalemfichte

Im Plentnerwald

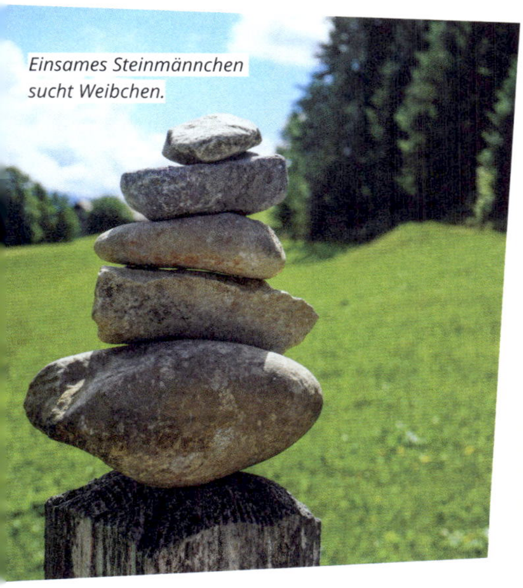
Einsames Steinmännchen sucht Weibchen.

Unter Plentnerwald versteht man einen bewirtschafteten Hochwald, der sich von selbst verjüngt. Das gelingt, wenn jeweils nur einzelne Bäume geschlagen und nie ganze Flächen gerodet werden. So haben die jungen Bäume ausreichend Schutz, um in Ruhe nachzuwachsen. Dem Wald ist daher kaum anzusehen, dass er beschlagen wird, so dicht ist er. Und deshalb haben selbst die flachwurzelnden Fichten hier eine Chance, alt zu werden. Ein solches Methusalemexemplar steht nur ein paar Schritte abseits vom Weg, ein Schild weist darauf hin – sonst würde man die Stelle übersehen und den Uraltbaum vor lauter Wald gar nicht sehen: ungefähr 150 Jahre alt und 46 Meter hoch. Der Baum gilt als Kraftquelle, ganz umarmen lässt er sich mit einem Durchmesser von 115 Zentimeter allerdings nicht mehr.

Am Ausgang aus dem Plentnerwald geht es auf der Straße Richtung Kurhaus weiter.

KM 12

6 Kurhaus Scheidegg
Entspannen am Weiher

Das Kurhaus ist Veranstaltungsort und beherbergt ein italienisches Restaurant, dessen Pizzen einen guten Ruf haben. Darüber hinaus bietet der benachbarte Hammerweiher eine Gelegenheit, um durchzuschnaufen oder die Füße zu kühlen. Picknicken lässt es sich auch auf dem Halbrund des Open-Air-Theaters. Scheidegg ist aufgrund der Höhenlage ein Kurort und gleich acht Sanatorien, Kurhäuser und Rehakliniken sind dort beheimatet. Auch deshalb wurden ortsnah asphaltierte Spazierwege angelegt, von denen einer den letzten Höhepunkt der Route darstellt. Der Panoramaweg verschafft noch einmal Überblick: Fünfländerblick heißt der Aussichtspunkt, da von hier aus neben Österreich, Liechtenstein und der Schweiz auch Baden-Württemberg und Bayern zu sehen sind. Eine Schautafel benennt die einzelnen Gipfel.

Der Einstieg in den Panoramaweg liegt rechts der Straße und ist ausgeschildert. Zunächst geht es auf den Kreuzberg, dann über das Jesuskreuz mitten in den Dorfkern.

EXTRA INFOS:

Viele Stellen entlang des Höhenwegs eignen sich für eine Pause, bei heißem Sommerwetter auch die Grenzlinie, denn die liegt hinter einer Kapelle mitten im Wald. Zuvor schon ergibt die ● **St.-Ulrich-Kirche** von Möggers mit dem Bodensee im Hintergrund ein schönes Panorama, um zumindest ein paar Minuten zu verweilen.

Wer am Ende in Scheidegg noch Zeit hat, kann im Café Engel seine Tanks füllen.

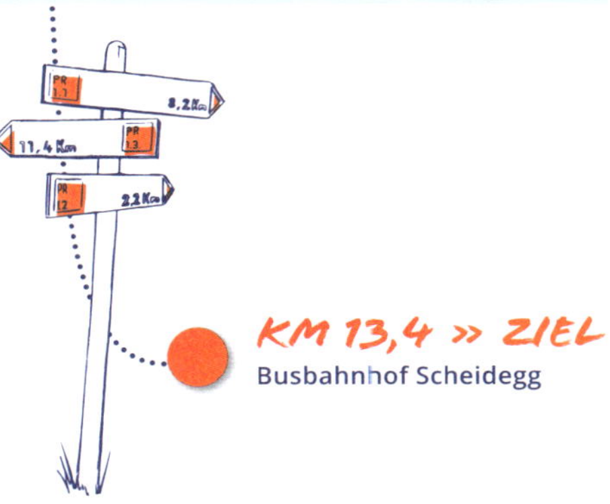

KM 13,4 » ZIEL
Busbahnhof Scheidegg

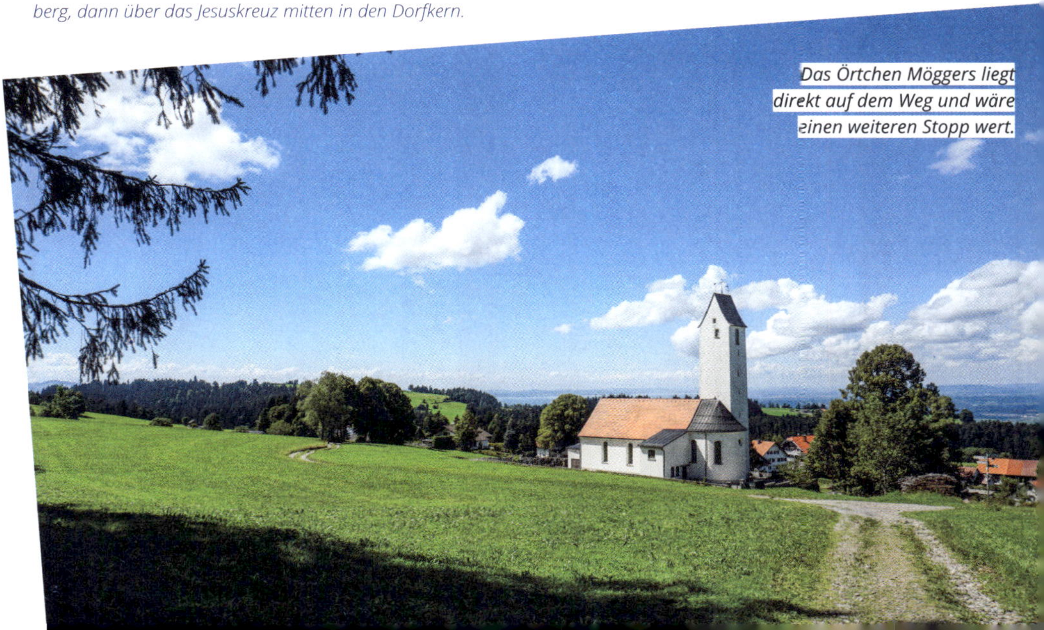

Das Örtchen Möggers liegt direkt auf dem Weg und wäre einen weiteren Stopp wert.

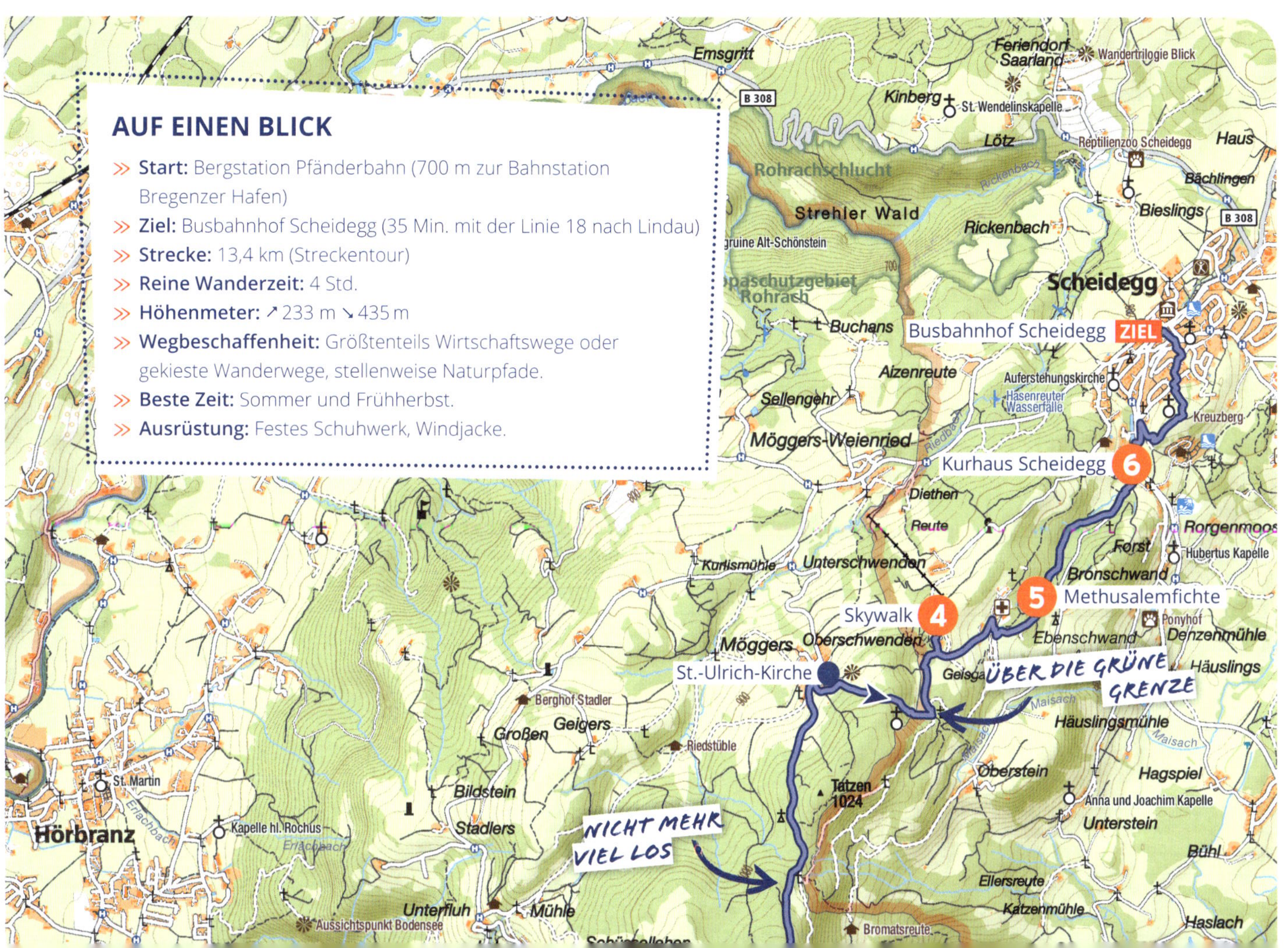

AUF EINEN BLICK

» **Start:** Bergstation Pfänderbahn (700 m zur Bahnstation Bregenzer Hafen)

» **Ziel:** Busbahnhof Scheidegg (35 Min. mit der Linie 18 nach Lindau)

» **Strecke:** 13,4 km (Streckentour)

» **Reine Wanderzeit:** 4 Std.

» **Höhenmeter:** ↗233 m ↘435 m

» **Wegbeschaffenheit:** Größtenteils Wirtschaftswege oder gekieste Wanderwege, stellenweise Naturpfade.

» **Beste Zeit:** Sommer und Frühherbst.

» **Ausrüstung:** Festes Schuhwerk, Windjacke.

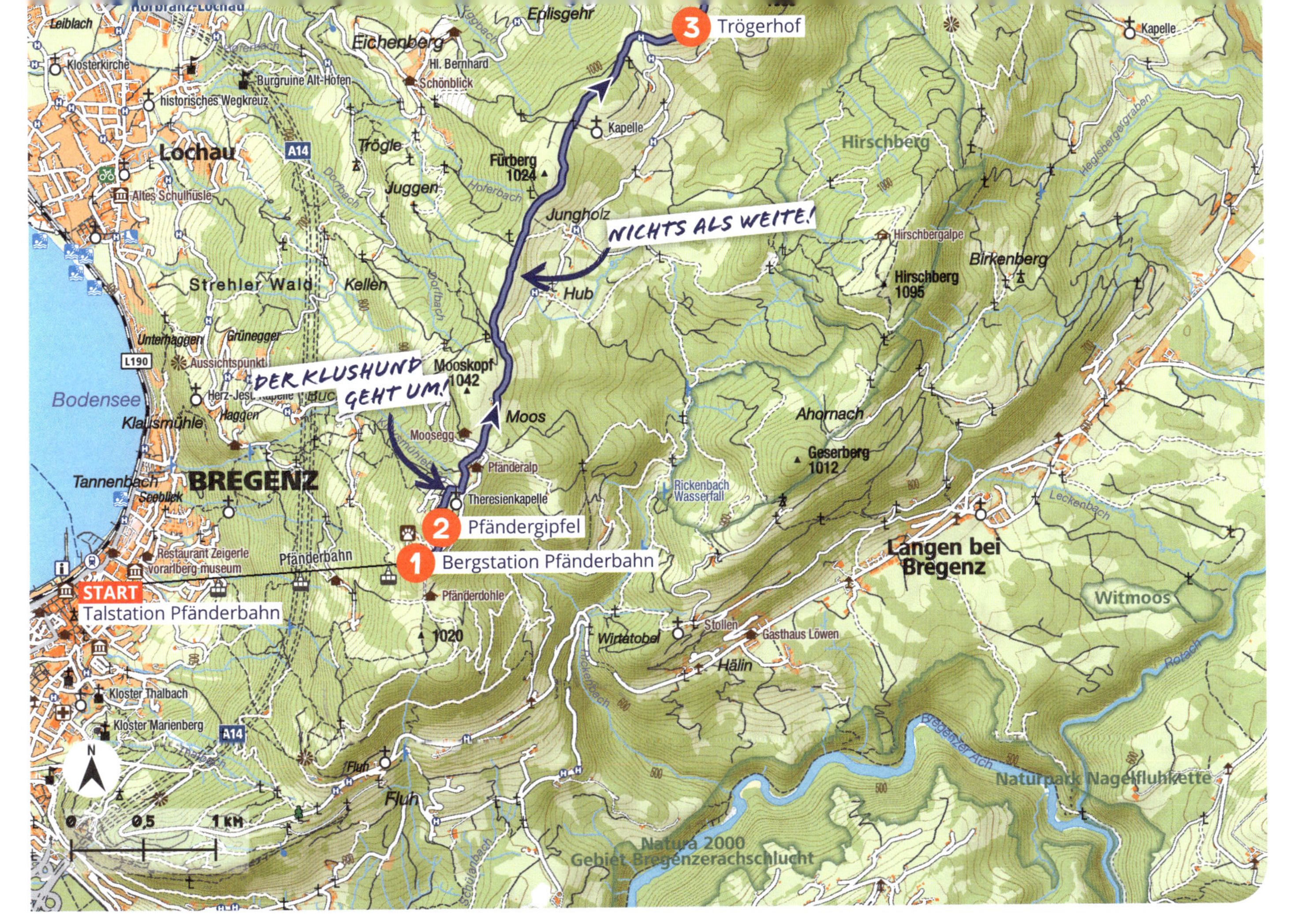
START
Talstation Pfänderbahn
1 Bergstation Pfänderbahn
2 Pfändergipfel
3 Trögerhof
DER KLUSHUND GEHT UM!
NICHTS ALS WEITE!
BREGENZ
Lochau
Bodensee
Langen bei Bregenz
Eichenberg
Hirschberg
Hirschberg 1095
Geserberg 1012
Fürberg 1024
Mooskopf 1042
Moos
Hub
Jungholz
Kapelle
Theresienkapelle
Pfänderalp
Pfänderdohle
Moosegg
Witmoos
Naturpark Nagelfluhkette
Natura 2000 Gebiet Bregenzerachschlucht
Fluh
Kloster Thalbach
Kloster Marienberg
Leiblach
Klosterkirche
Burgruine Alt-Hofen
historisches Wegkreuz
Altes Schulhüsle
Strehler Wald
Kellen
Trögle
Juggen
Unterhaggen
Grünegger
Aussichtspunkt
Haggen
Klausmühle
Tannenbach
Seeblick
Restaurant Zeigerle
Vorarlberg museum
Pfänderbahn
Hl. Bernhard
Schönblick
Eplisgehr
Hirschbergalpe
Birkenberg
Ahornach
Rickenbach Wasserfall
Wirtatobel
Stollen
Gasthaus Löwen
Hälin
Leckenbach
Bregenzer Ach
Rotach
A14
L190
0 0,5 1 KM
N

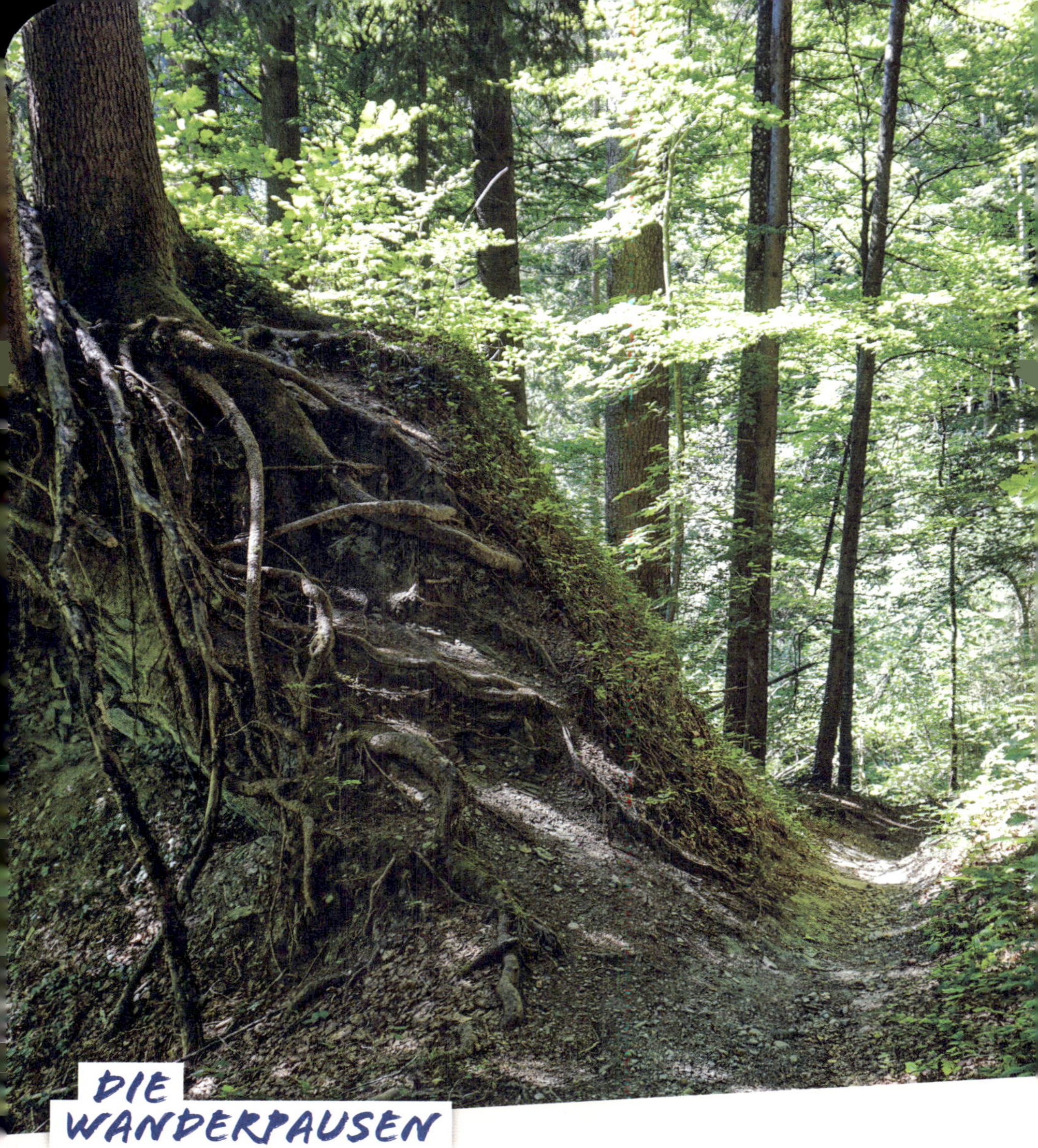

DIE WANDERPAUSEN

»START
Bahnhof Röthenbach

KM 1,7
1 Röthenbacher Moor
In die Natur versinken

KM 2,6
2 Dorfplatz Röthenbach
Verschnaufen am Brunnen

KM 4,8
3 Eisenbahnbrücke
Technische Pionierleistung

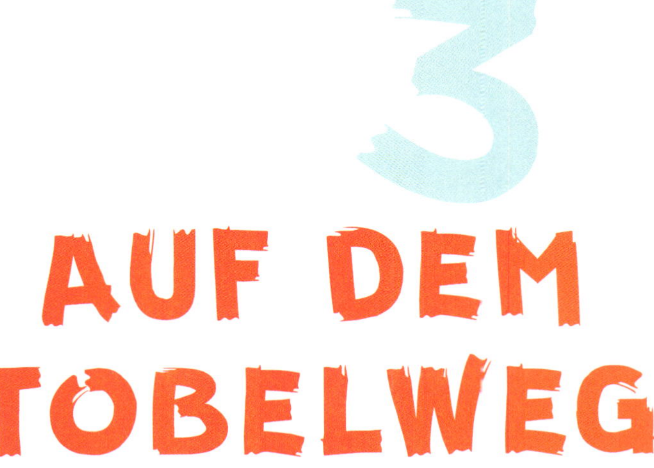

3 AUF DEM TOBELWEG

Von Röthenbach nach Ellhofen

Ein Kleinod: Der Tobelweg liegt jenseits der Touristenströme und führt gerade deswegen direkt in das Herz des Allgäus. Weitblick, schluchtartige Passagen, üppiges Grün, Einsiedlerhöfe, Mühle … nichts fehlt!

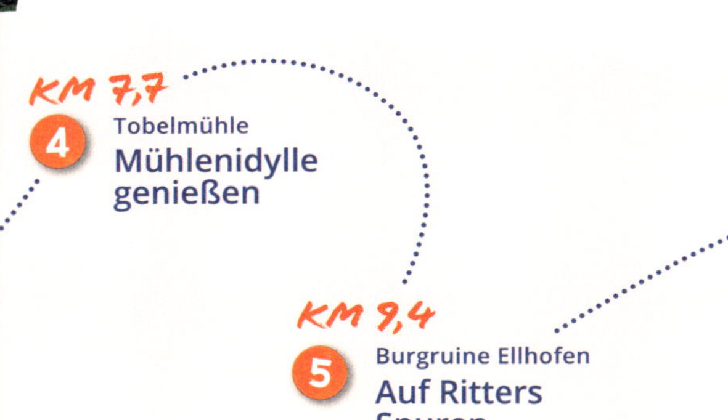

KM 13,3 » ZIEL
Bahnhof Röthenbach

ÜBERRASCHUNGEN …

… sind dicht gestreut auf dieser Tour. Das beginnt schon damit, dass der Bahnhof Röthenbach keineswegs im Ort liegt, sondern in einem Ausleger namens Oberhäuser – kilometerweit außerhalb des Ortskerns. Öffentlicher Nahverkehr? Vielleicht zweimal am Tag. Egal, los geht's und schon findet sich eine Fußgängerabkürzung den Hang hinunter. Auf Asphalt geht es weiter, da weist ein Schild einen Weg durchs **Moor** aus – wohlan! Hinter dem Moor weiter über Felder, Röthenbachs Kirchturm vor sich und das Allgäu zeigt sich jetzt schon genau so, wie man es sich wünscht.

PLÖTZLICH ERSCHEINT ÜBER DEN KÖPFEN DIE ALTE EISENBAHNBRÜCKE AUS DEM DSCHUNGEL – PHÄNOMENAL!

Vom **Dorfplatz** aus, der samt Gasthof, Kirche und riesiger Linde wie aus dem Bilderbuch ausgeschnitten aussieht, geht es schnurstracks auf den Tobelweg, der sich über Wurzelwerk und auf Waldpfaden schnell von jeglicher Zivilisation wegzubewegen scheint – wäre da nicht erst der Damm und wenig später die monumentale **Eisenbahnbrücke** von 1853.

Anschließend geht es unvermittelt hoch zum Tobelrand, über Wurzeln wieder hinunter an genau die Stelle, wo sich einst – man glaubt es kaum – eine Flussbadeanstalt befand. Die nächste Überraschung ist dann, dass nach dem Uferwechsel nicht alle kartierten Passagen wirklich begehbar sind – Dschungel halt. Aber sei's drum, der kurze Umweg über die Straße bis zur **Tobelmühle** ist es schon wegen der Idylle am Einsiedlerhof wert.

Geschichte der Tobelmühle in Kurzform.

Es folgt der schönste, weil wildeste Abschnitt, der von einem Wiesenweg abgelöst wird. Die **Burgruine** kurz vor Ellhofen nimmt man dann so hin: Klar, dass noch eine mittelalterliche Ruine zu guter Letzt folgen muss – auf einem Weg, der alles bietet, was man sich vom Allgäu verspricht. Wirklich alles? Na ja, mit Einkehr sieht es unterwegs etwas schlecht aus.

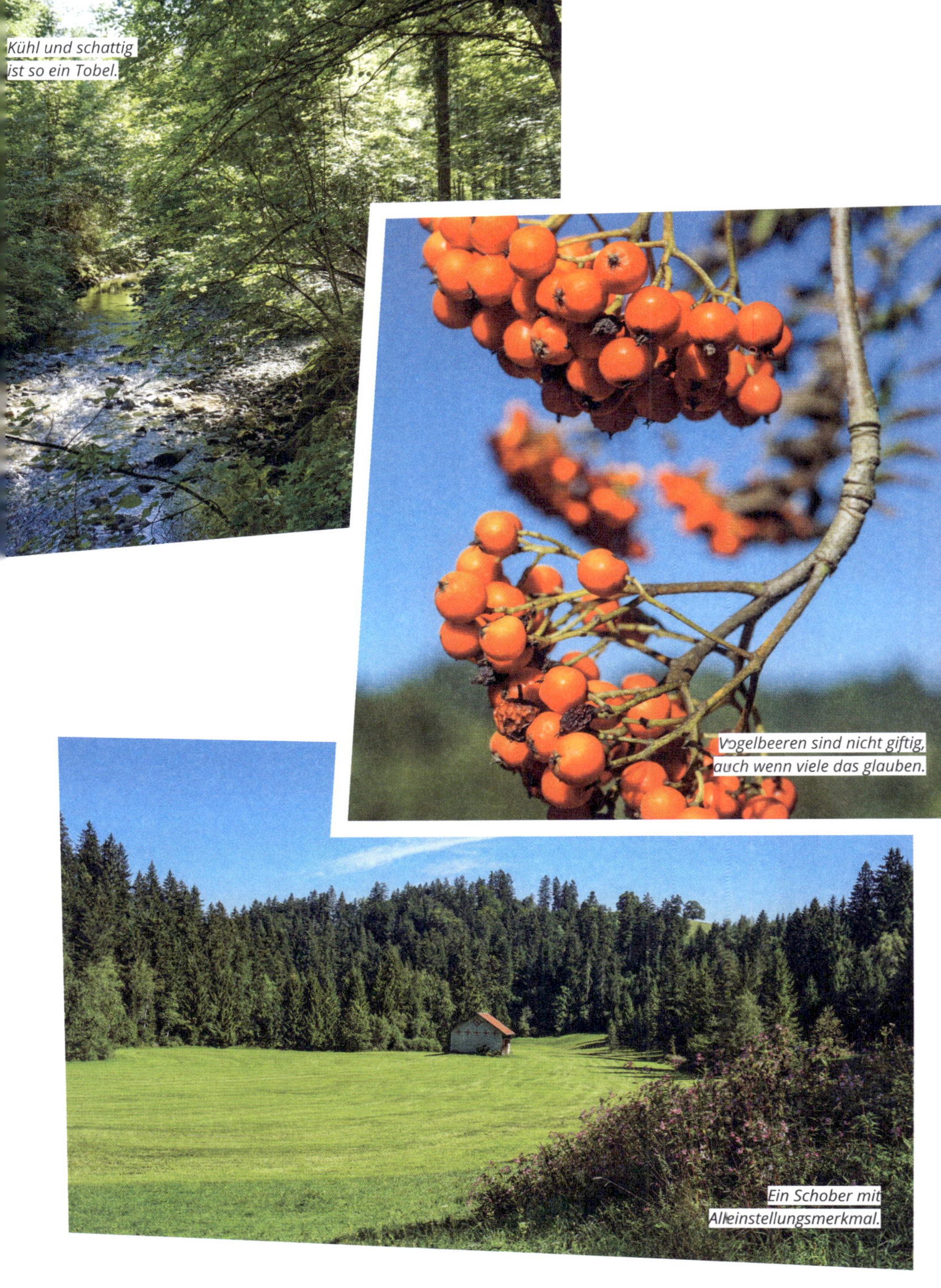

Kühl und schattig ist so ein Tobel.

Vogelbeeren sind nicht giftig, auch wenn viele das glauben.

Ein Schober mit Alleinstellungsmerkmal.

WANDERN & GENIESSEN

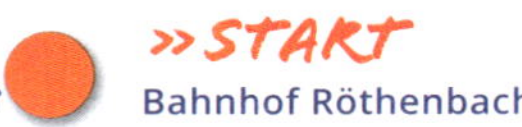

Bahnhof Röthenbach

Auf der Bahnhofstraße nach Süden laufen, vor der Kurve nach links auf den Fußweg und die Abkürzung durch die Unterführung nehmen. Unten angekommen geht es auf der Straße weiter.

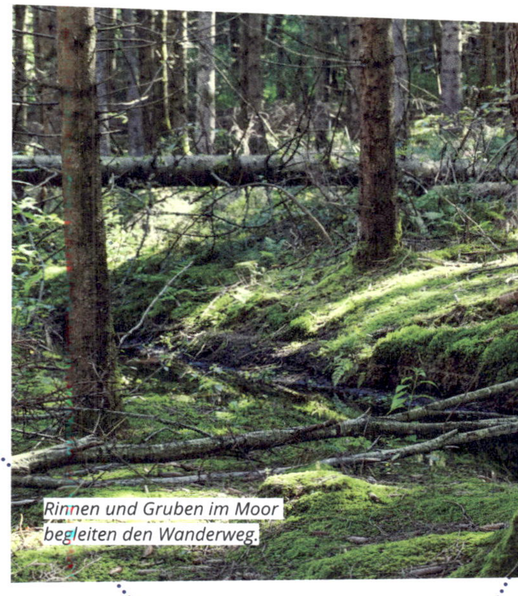

Rinnen und Gruben im Moor begleiten den Wanderweg.

KM 1,7

1 **Röthenbacher Moor**

In die Natur versinken

Gerade als es entlang des Asphaltbandes langweilig zu werden droht, stellt sich die Abkürzung durch das vermeintliche Wäldchen als Weg durchs Moor heraus, besser gesagt, als verbliebenes Kernstück eines umfassenden Moorbodens, denn die angrenzenden Nasswiesen und Zwischenmoore gehören dazu. Dieses wurde durch den Torfabbau und die Landwirtschaft sukzessive entwässert und so immer kleiner. Die Röthenbacher besaßen einst je einen Streifen Land im Moor – jedes Jahr zog die Dorfbevölkerung gemeinsam ins Moor, um Torf zu stechen. Doch bei Röthenbach war der Torf so feucht, dass er gar nicht gestochen werden konnte, sondern in Holzgittern gepresst werden musste. Die Torfstücke wurden dann zu Pyramiden geschichtet, später auf dem Dachboden weiter getrocknet, um im Winter verfeuert zu werden.

Erst dem Pfad durch das Waldstück, dann auf der anderen Seite den Schildern nach rechts über die Wiesen bis zum Feldweg folgen. Auf diesem weiter bis zum Dorfplatz.

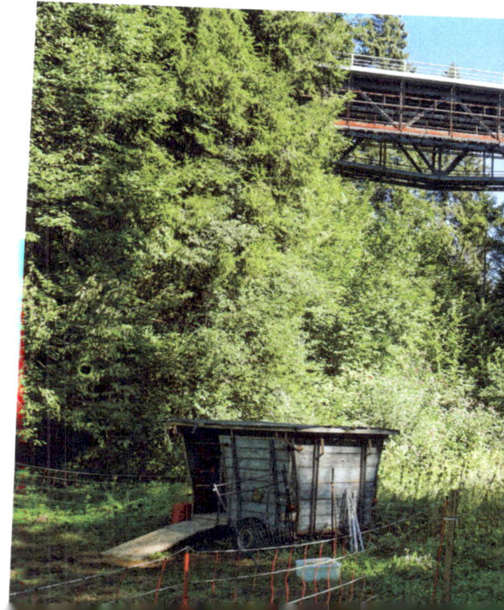

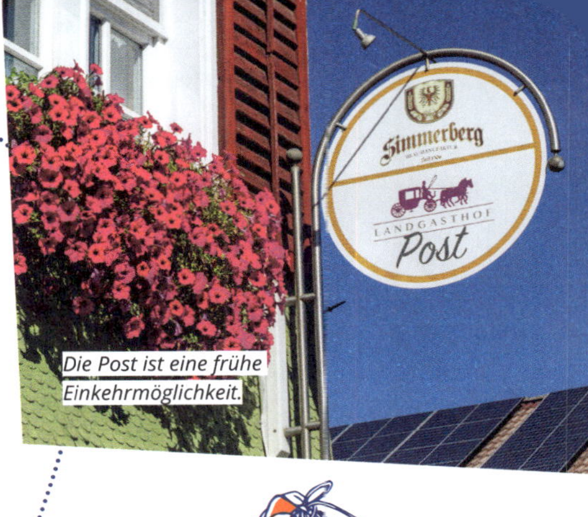

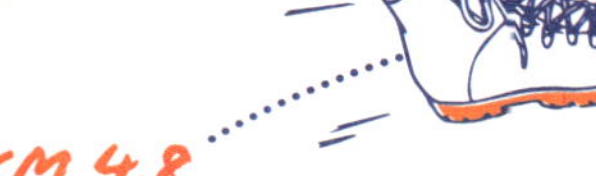
Die Post ist eine frühe Einkehrmöglichkeit.

KM 2,6

2 Dorfplatz Röthenbach
Verschnaufen am Brunnen

Den Dorfplatz muss man nicht suchen, der findet einen schon. Hier beeindruckt die riesige Linde, direkt am ebenso riesigen Landgasthof Post, dem man seine jahrhundertealte Geschichte ablesen kann, nicht jedoch die Öffnungszeiten. Für Einkehr ist es eh noch zu früh, schließlich geht es erst noch in den Tobelweg. Die leicht erhöhte Pfarrkirche verweist auf die ehemaligen Herren der Gegend: das Kloster Mehrerau bei Bregenz und die Grafen von Montfort. Diese fungierten als Grundherren, den Bauern blieb nicht viel. Erst der Bau der Eisenbahnstrecke brachte Lohnarbeit und damit ein bescheidenes Auskommen. Teils sieht man Röthenbach die vergangene Armut noch an – über die unrenovierten Häuser kann auch der blumendekorierte Brunnen nicht hinwegtäuschen.

Den Kirchweg hinter dem Brunnen bis zur Gabelung nehmen, dort rechts in den Tobelweg.

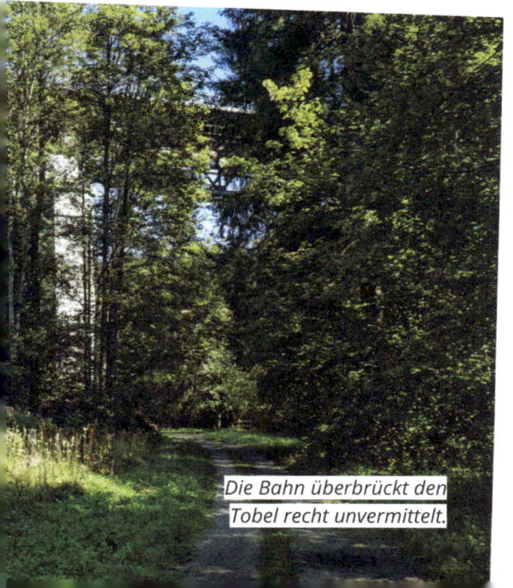
Die Bahn überbrückt den Tobel recht unvermittelt.

KM 4,8

3 Eisenbahnbrücke
Technische Pionierleistung

Wie aus dem Nichts taucht plötzlich die Eisenbahnbrücke vor einem auf – wer aus der Richtung Oberstaufen kam, fuhr eben noch drüber, hat den Tobel aber höchstwahrscheinlich keines Blickes gewürdigt. Um die Kirche im Dorf zu lassen: Die Brücke von 1853 ist weder besonders monumental noch lang oder hübsch. Spektakulär ist aber der Kontrast aus verwunschenem Tobelweg und dem jähen Einbruch der Moderne. Die Brücke ist Teil der wichtigen Ludwig-Nord-Süd-Bahn von München nach Lindau, Baubeginn 1846 unter König Ludwig I. Die Strecke hätte auf einem Viadukt bis Oberhäuser weitergeführt werden sollen, was sich als technisch nicht machbar herausstellte – wegen des morastigen Bodens. Stattdessen wurden gewaltige Massen Erde aufgeschüttet und ein Damm errichtet, über den uns später der Rückweg führt.

Hinter der Eisenbahnbrücke steigt der Weg erst sanft, dann rasant an: Es geht hinauf zum Tobelrandweg.

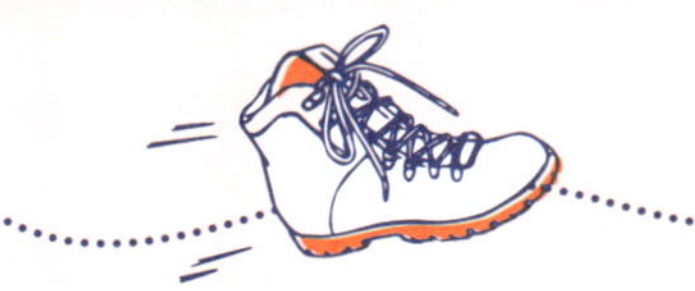

KM 7,7

4 Tobelmühle

Mühlenidylle genießen

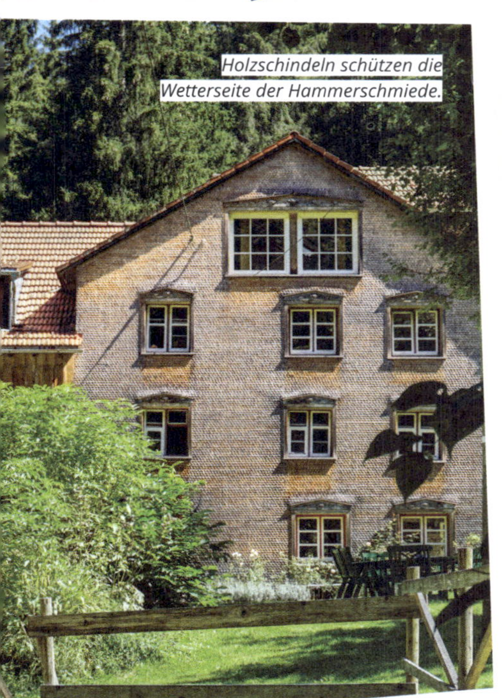

Holzschindeln schützen die Wetterseite der Hammerschmiede.

Der Weg zur Mühle führt wieder hinab zum Bachverlauf – zu einer einstigen Badeanstalt, die 1944 durch ein Hochwasser völlig zerstört wurde. Dann geht es zur anderen Seite hinauf und die Vegetation zwingt den Wanderer dazu, bis zur Straße zu laufen, die zur Tobelmühle führt – ein kleiner, aber wegen des Einsiedlerhofs lohnender Umweg. Die Tobelmühle ist in Privatbesitz, also ergibt sich keine Einkehr. Das ändert aber nichts an deren idyllischer Lage im Tobelgrund und ihrer Bedeutung: Einst handelte es sich um die Burgmühle der Ritter von Ellhofen, später um ein Lehen des Deutschen Ordens. Die Kraft des Tobels wurde genutzt, um Mehl zu mahlen. Im 19. Jahrhundert aber wandelte sich das Allgäu tiefgreifend, der Getreideanbau wurde zugunsten von Vieh- und Weidewirtschaft aufgegeben und die Mühle verlor an Bedeutung. 1890 wurde der Betrieb eingestellt, dafür ein Sägewerk eingerichtet.

Bei der Mühle hat man die Wahl: Entweder rechts abbiegen und hinauf nach Ellhofen oder weiter den Tobel entlang und noch eine Schleife über die Hammerschmiede zur Burgruine laufen.

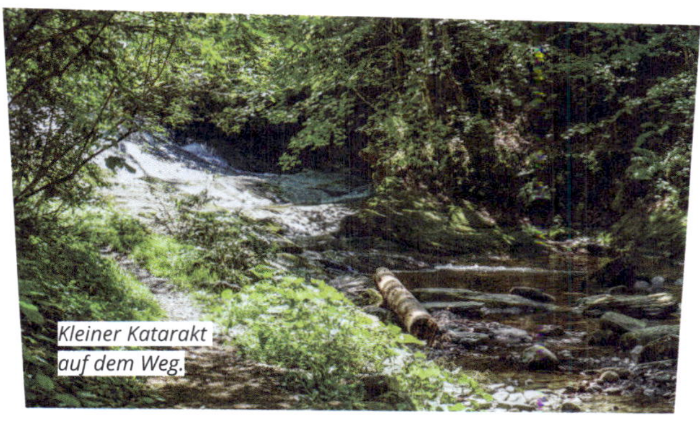

Kleiner Katarakt auf dem Weg.

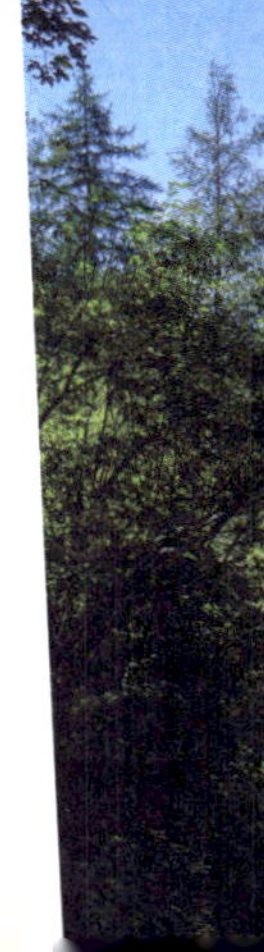

KM 9,4

5 Burgruine Ellhofen
Auf Ritters Spuren

Ein letztes Mal geht es bergaufwärts, dann tritt man aus dem Wald und blickt über Allgäuer Weiden- und Hügelweite. Die Burgruine versteckt sich hinter einem Bauernhof und wird von allerlei landwirtschaftlichem Gerät belagert. Viel ist nicht übrig, das Gemäuer verfallen und überwuchert, doch legt es Zeugnis von der Herrschaft über die Gegend ab. Erst waren es die Ellhofer Ritter, dann brannte die Burg in den Bauernkriegen nieder, wurde aber von neuen Herren wiederaufgebaut, die auch die Tobelmühle übernahmen: dem Deutschen Orden. 1806 fiel die Burg, oder was von ihr übrig war, an die bayerische Krone, doch die residierte in München und war hinfort mehr mit Eisenbahnbau (Ludwig I.), dann mit dem Neubau einiger Schlösser (Ludwig II.) beschäftigt – die Burg verfiel und wird heute einzig vom Wald beherrscht.

Am Waldrand weiter und hinunter nach Ellhofen, dort entweder den Bus nehmen oder auf dem schnurgeraden Bahndamm bis nach Oberhäuser und immer den Gleisen folgend zum Bahnhof zurückgehen.

EXTRA INFOS:

Hinter der Hammermühle folgt ein kleiner Katarakt – ideal, um die Füße ins Nass zu halten und auf den sonnenbeschienenen Steinen eine Pause einzulegen, bevor es an den letzten Anstieg geht. Beim Loswandern ist er uns gar nicht aufgefallen, später kommt er wie gerufen: der Getränkemarkt direkt beim Bahnhof!

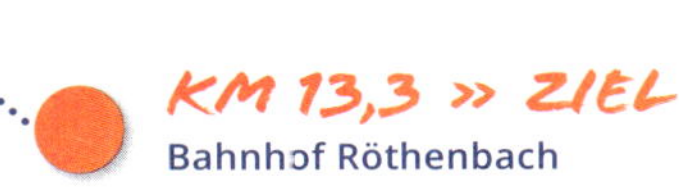

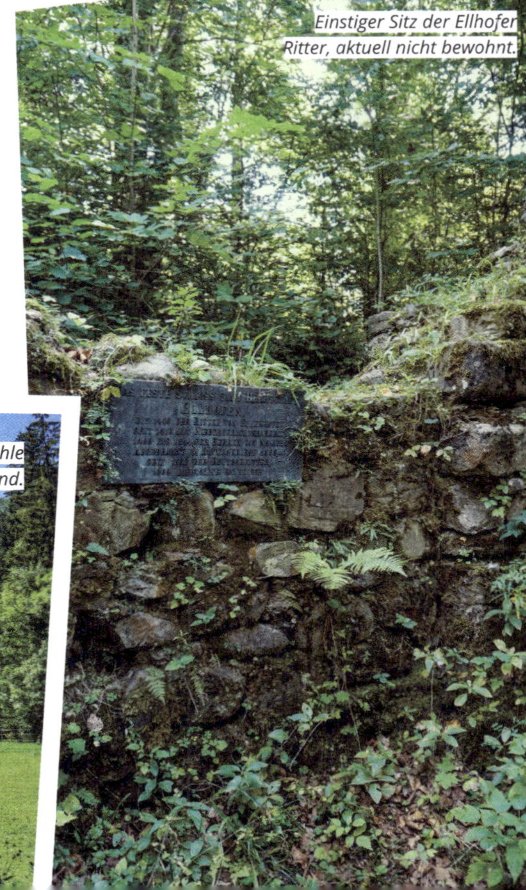

Einstiger Sitz der Ellhofer Ritter, aktuell nicht bewohnt.

Die ehemalige Mühle im Tobelgrund.

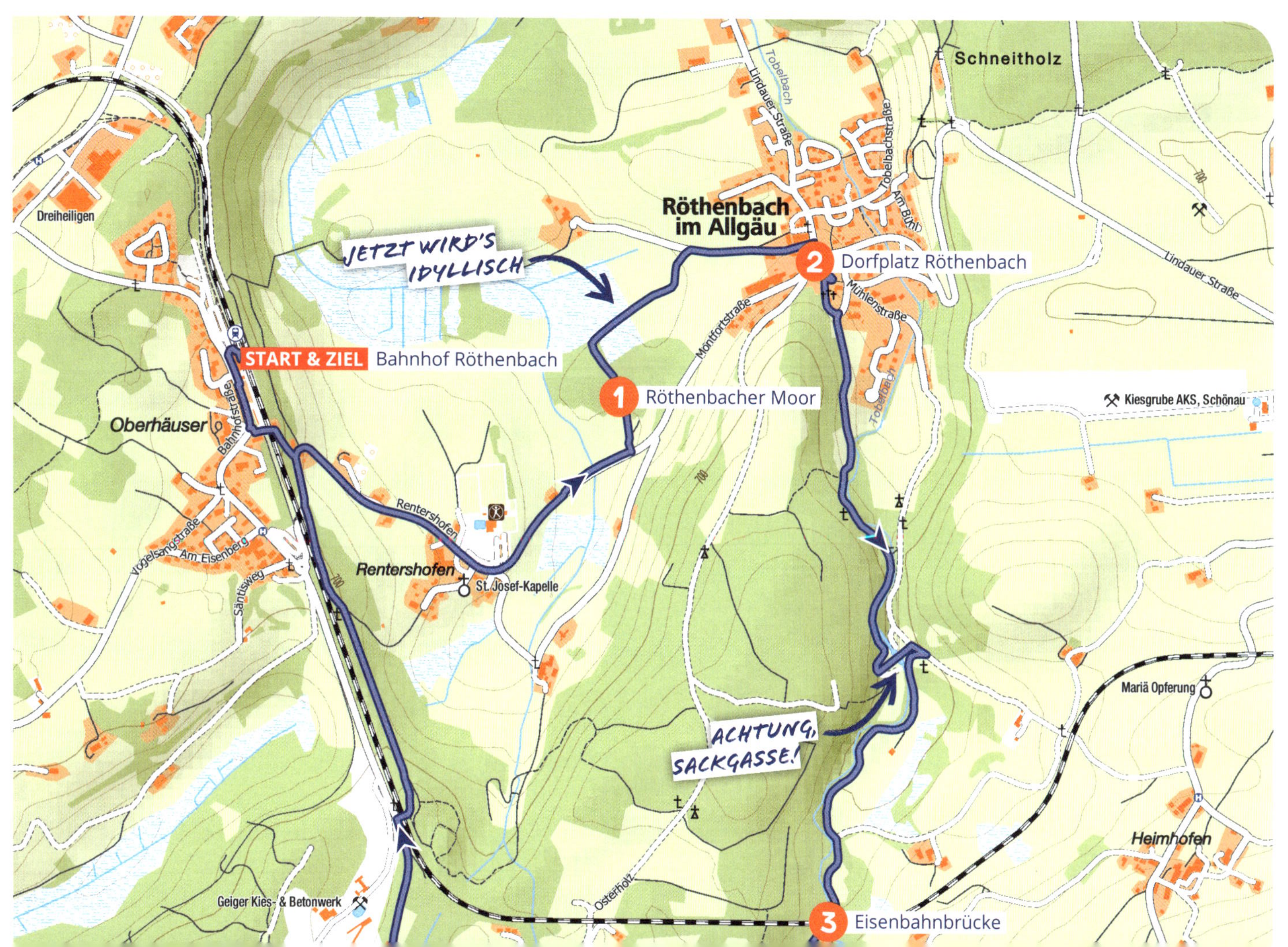
Schneitholz
Röthenbach im Allgäu
Dorfplatz Röthenbach
Jetzt wird's idyllisch
START & ZIEL
Bahnhof Röthenbach
Röthenbacher Moor
Kiesgrube AKS, Schönau
Dreiheiligen
Oberhäuser
Rentershofen
St. Josef-Kapelle
Achtung, Sackgasse!
Mariä Opferung
Heimhofen
Geiger Kies- & Betonwerk
Eisenbahnbrücke
Lindauer Straße
Tobelbach
Tobelbachstraße
Am Bühl
Mühlenstraße
Montfortstraße
Bahnhofstraße
Vogelsangstraße
Am Eisenberg
Säntisweg
Osterholz
700

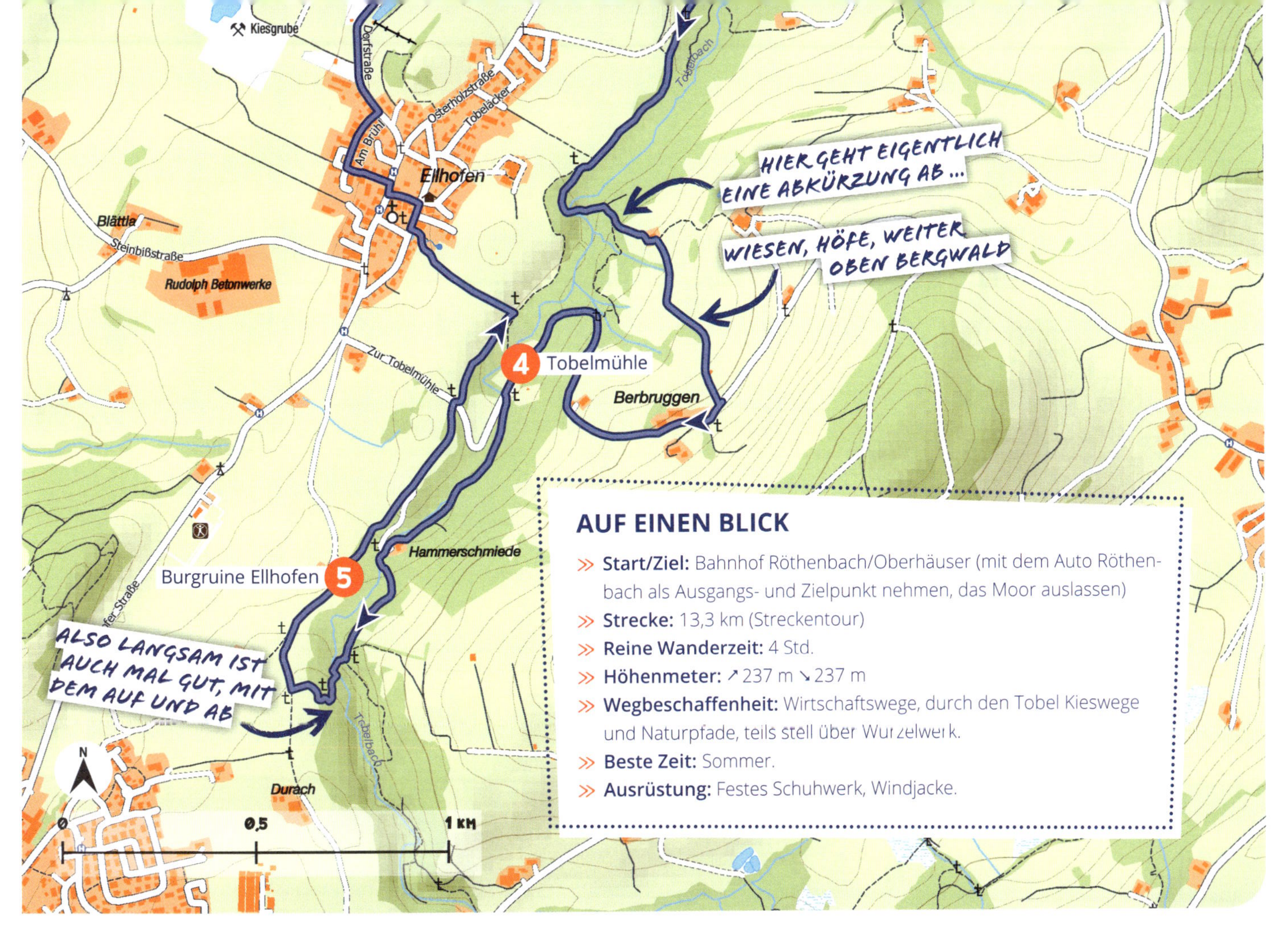

AUF EINEN BLICK

» **Start/Ziel:** Bahnhof Röthenbach/Oberhäuser (mit dem Auto Röthenbach als Ausgangs- und Zielpunkt nehmen, das Moor auslassen)

» **Strecke:** 13,3 km (Streckentour)

» **Reine Wanderzeit:** 4 Std.

» **Höhenmeter:** ↗ 237 m ↘ 237 m

» **Wegbeschaffenheit:** Wirtschaftswege, durch den Tobel Kieswege und Naturpfade, teils stell über Wurzelwerk.

» **Beste Zeit:** Sommer.

» **Ausrüstung:** Festes Schuhwerk, Windjacke.

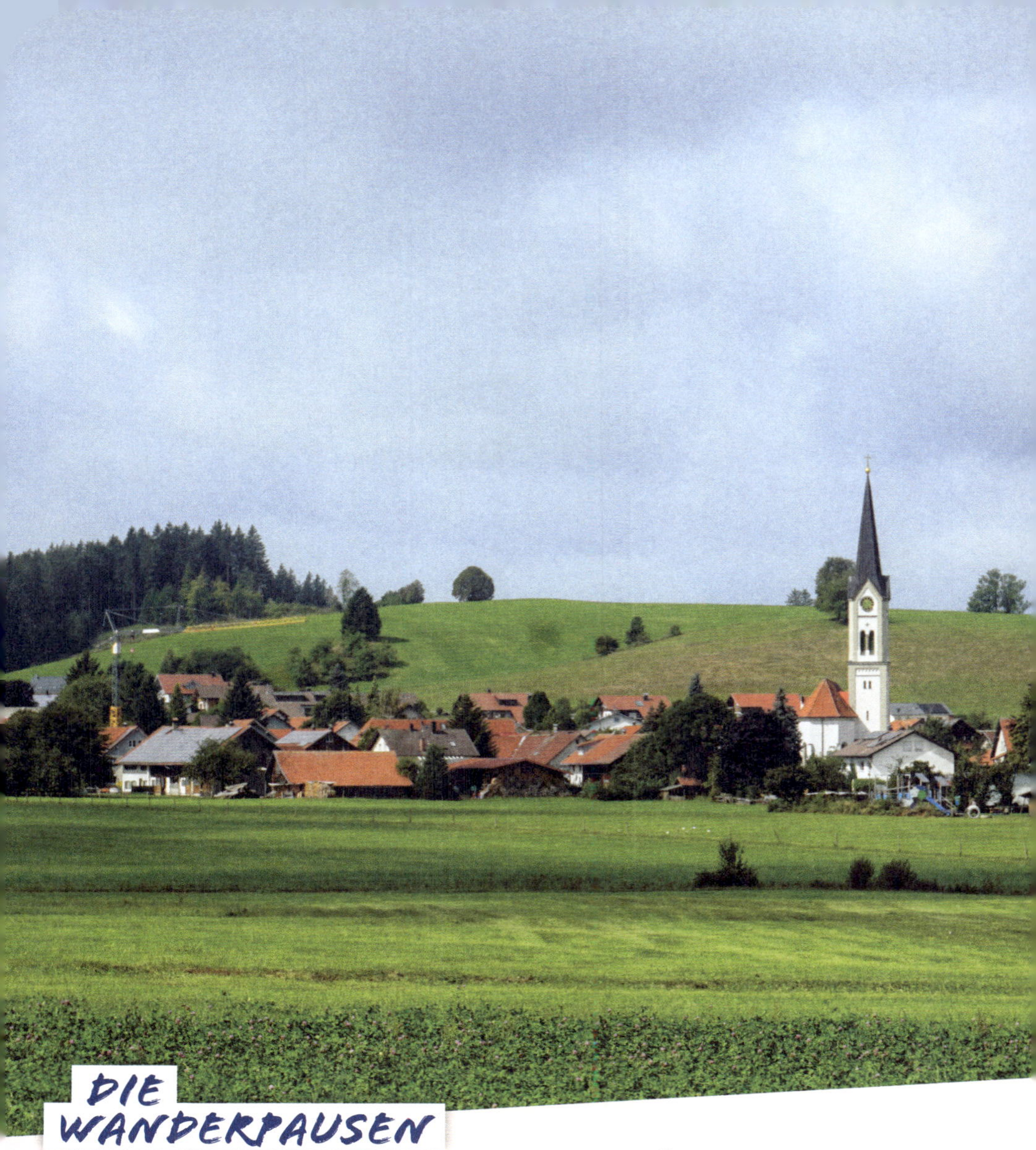

DIE WANDERPAUSEN

»START
Bahnhof Leutkirch

KM 0,7
1 Gänsbühl
Das Herz Leutkirchs

KM 1,6
2 Thingstätte
Alpenblick

KM 2,2

3 Stadtweiher
Auenlandschaft durchqueren

4

DURCH WALD UND WEITE

In und um Leutkirch herum

Die ehemalige Reichsstadt ist Ausgangspunkt einer abwechslungsreichen Runde mit Aussicht, Auenlandschaft, veritablem Waldbaden und einer langen Geraden als krönendem Abschluss: dem Bahndammweg.

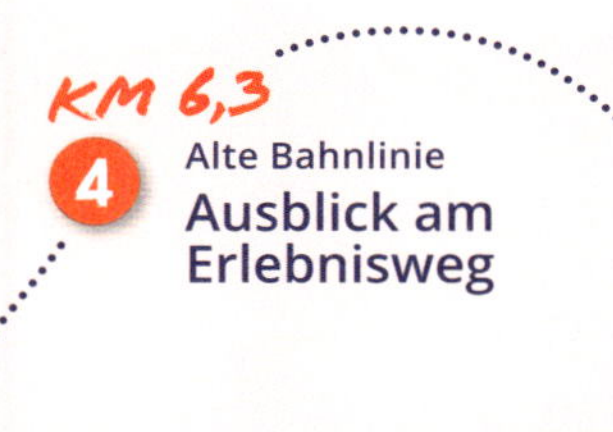

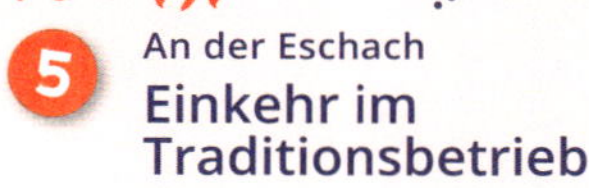

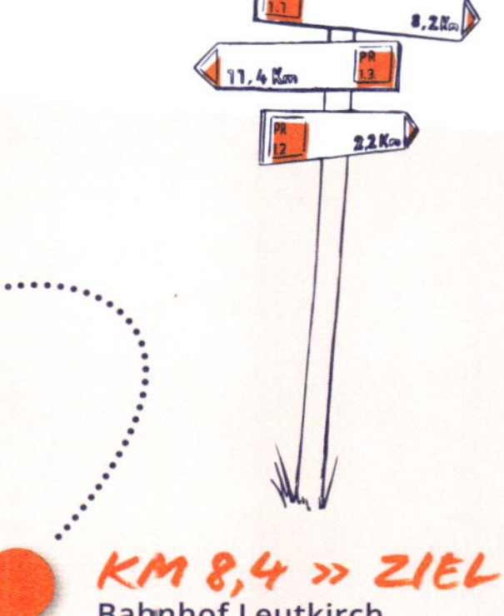

DIE EHEMALIGE REICHSSTADT LEUTKIRCH ...

... hat städtischen Charme und unterscheidet sich vorteilhaft von Oberallgäuer Dörfern, die zu reinen Kur- und Berhergungsbetrieben ausgebaut wurden. Leutkirch ist also viel mehr als ein Ausgangspunkt für eine Wanderung, das ahnt man schon angesichts der kompakten Altstadt und vor allem deren unbestrittenem Zentrum, dem sanft ansteigenden **Gänsbühl.**

Leutkirch schmiegt sich an die sogenannte Wilhelmshöhe, binnen Minuten spaziert man aus der Stadt hinaus, in den Wald hinein und an der Hangkante entlang – Blicke über Leutkirch und das Hügelland inklusive, auch von der ehemaligen **Thingstätte.** Kurz ist der Abstieg zum Leutkircher **Stadtweiher** – eigentlich ein Understatement, denn der See ist mit Badebetrieb auf der einen und verwilderten Stellen zur anderen Seite gesegnet.

BIEGT MAN AUF DIE SCHNURGERADE BAHNSTRECKE EIN, HAT MAN LEUTKIRCH IMMER IM BLICK

Nach ein paar Hundert Metern auf Asphalt geht es einmal quer durch den Stadtwald – also Waldbaden, wenn man so will, mit großer Wahrscheinlichkeit, ohne dabei auf weitere Badegäste zu stoßen. Der Mischwald liegt auf einer Hügelkuppe, von der es alsdann wieder hinuntergeht Richtung Überlandstraße und kleinere Gehöfte. Eines von diesen liegt direkt an der ehemaligen **Bahnstrecke** und hat sich die Schranken einverleibt.

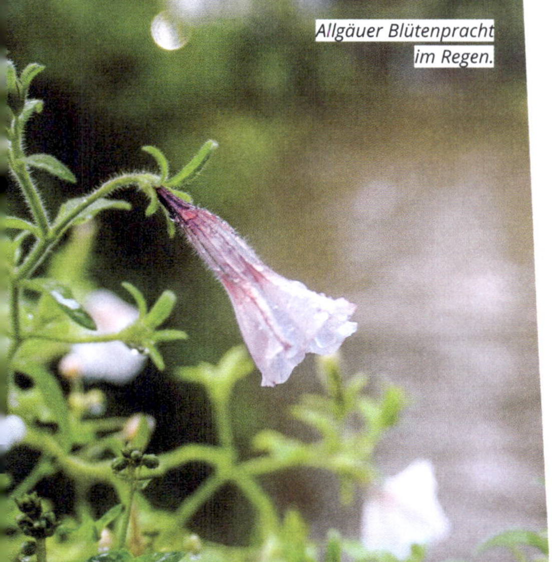

Allgäuer Blütenpracht im Regen.

Auf den nächsten Kilometern zurück in die Stadt kann man sich wirklich nicht verlaufen, so konsequent führt der Bahnweg in das Stadtzentrum zurück. Ein kurzer Schlenker zum schmucken **Stadtbach** sei abschließend noch erlaubt. Wer noch Zeit hat, kann Altstadtbummel und Einkehr hinten dranhängen.

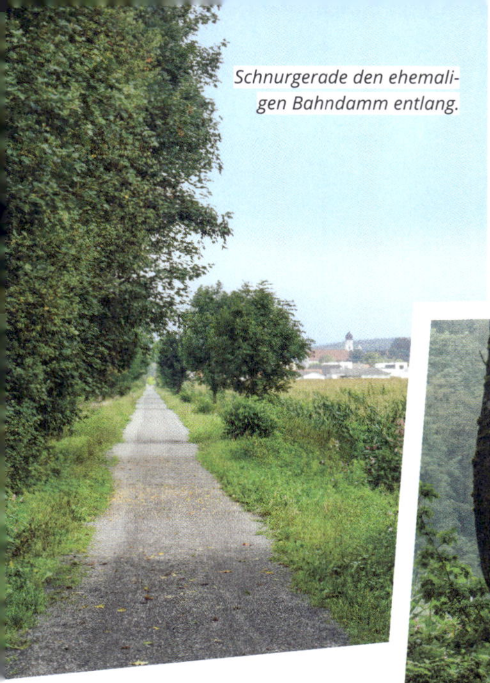

Schnurgerade den ehemaligen Bahndamm entlang.

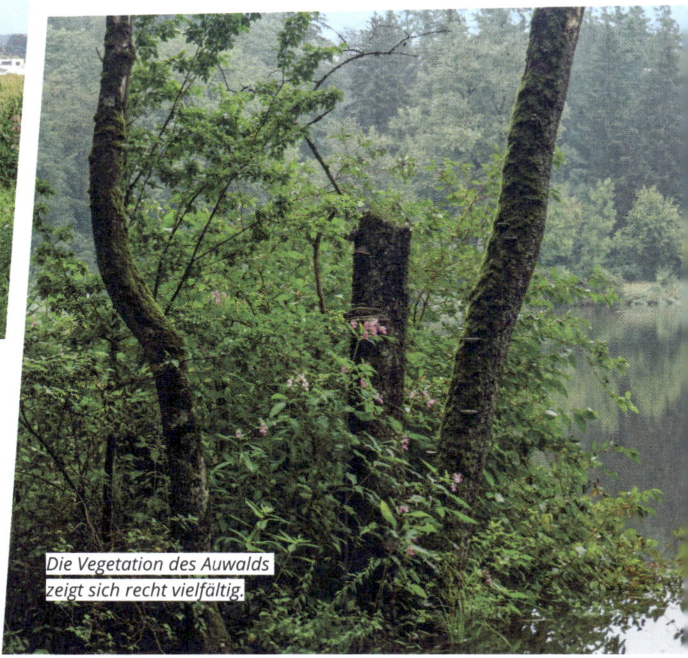

Die Vegetation des Auwalds zeigt sich recht vielfältig.

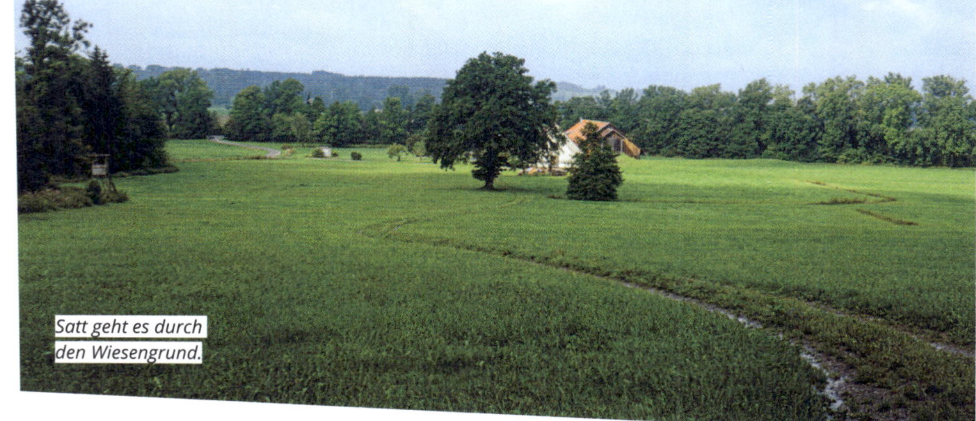

Satt geht es durch den Wiesengrund.

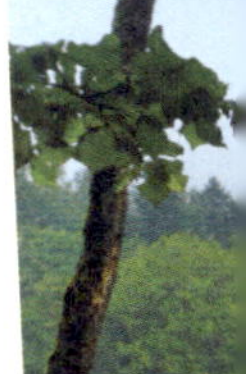

WANDERN & GENIESSEN

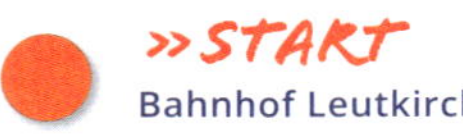

Bahnhof Leutkirch

Geradeaus über die Poststraße, dann in die Lindenstraße und direkt durch das Stadtzentrum.

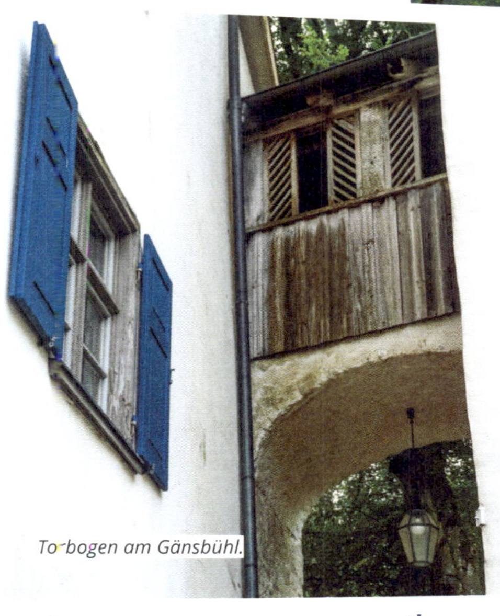

Torbogen am Gänsbühl.

KM 0,7

1 Gänsbühl

Das Herz Leutkirchs

Der sogenannte Gänsbühl ist der zentrale kleine Platz Leutkirchs. Noch heute steht hier das Rathaus und der Trinkwasserbrunnen, der einst Menschen und Vieh versorgte – angeblich wurden hier einst Gänse durchgetrieben. Der Brunnen samt Gänseliesldenkmal ist zwar heute das Wahrzeichen Leutkirchs, aber nicht unumstritten: Der Platz soll umgebaut und die Figuren versetzt werden, sodass diese nicht mehr wie ein Riegel vor dem Gänsbühl stehen. Als die Skulptur Ende der 1960er-Jahre aufgestellt wurde, ließ man sich wohl vom Namen des Platzes leiten, der jedoch in Wahrheit mit Gänsen gar nichts gemein hat: »Bühl« bedeutet Hügel oder Anhöhe, das altdeutsche »geins« heißt »gegen« oder »gegenüber«.

Im obersten Haus am Platz ist das Heimatmuseum untergebracht, unter dem Torbogen geht es zum Oberen Graben hindurch, ein paar Meter nach rechts, dann wieder links zwischen den letzten Häusern bergan, anschließend rechts abbiegen.

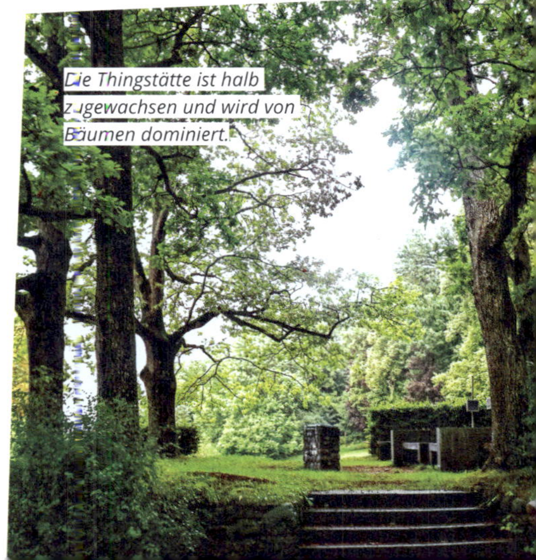

Die Thingstätte ist halb zugewachsen und wird von Bäumen dominiert.

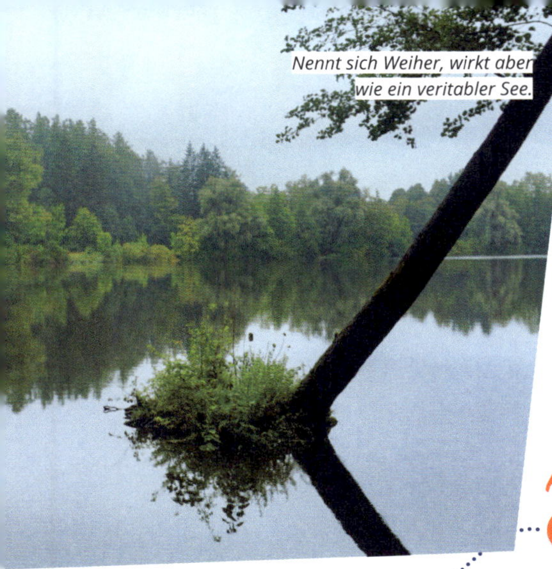

KLEINSTE INSEL SÜDDEUTSCHLANDS

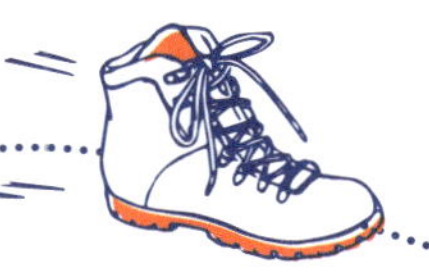

KM 1,6

2 Thingstätte
Alpenblick

Die Thingstätte, von der wenig mehr als ein baumbestandenes Rondell erhalten ist, hat nichts mit der namensgebenden germanischen Gerichtsstätte zu tun. In Leutkirch hatte es nie eine gegeben, als die Nationalsozialisten begannen, eine Art Amphitheater in den Hang zu bauen. Zunächst waren die Freilichtbühnen für sogenannte Thingspiele vorgesehen, später für die Zusammenkünfte der Parteiorgane. Über 60 dieser Aufmarschplätze hätten deutschlandweit gebaut werden sollen – stets in Naturnähe, möglichst mit Ausblick auf die Alpen, wie im Falle von Leutkirch. Der Rohbau wurde zwar 1940 vollendet, die Anlage jedoch nie benutzt; das Material wurde nach dem Krieg größtenteils abgetragen. Was übrig blieb, ist ein schönes Fleckchen Erde und ein erklärungsbedürftiges Steinrondell mit mächtigen Bäumen.

Auf dem Waldweg weiter, rechts zur Kneipp-Anlage absteigen und von dort aus weiter hinunter, über die Straße und rechtsherum um den Stadtweiher.

KM 2,2

3 Stadtweiher
Auenlandschaft durchqueren

»Weiher« ist ein bisschen untertrieben, der See ist immerhin 14 Hektar groß, das Freibad am Südufer weist beheizte Becken auf und ermöglicht zugleich das Naturbaden. Das Gewässer wurde schon im 14. Jahrhundert künstlich angelegt, ist heute stellenweise dicht bewachsen und kann auf einem Pfad umrundet werden (2,2 Kilometer). Hier führt ein Weg am südwestlichen Ufer durch eine Auenlandschaft. Noch immer wird der Weiher befischt und alle vier Jahre über den Winter abgelassen, dadurch reduziert sich der Schlamm und der Grund wird so belüftet. Gespeist wird der See im Osten an der Moosmühle vom Neumühlenbach, entwässert über den Stadtbach.

Hinter dem Weiher auf der Kemptener Straße nach rechts, dann links in den Krählohweg bis zum Ende weiter: Dort geht es geradeaus in den Wald. An den Trimm-Dich-Pfaden vorbei und hinter dem Krählohweiher rechts halten und absteigen. Die Isnyer Straße überqueren und bei dem Weiler Ziegelhütte auf den Weg entlang der Bahnlinie einbiegen.

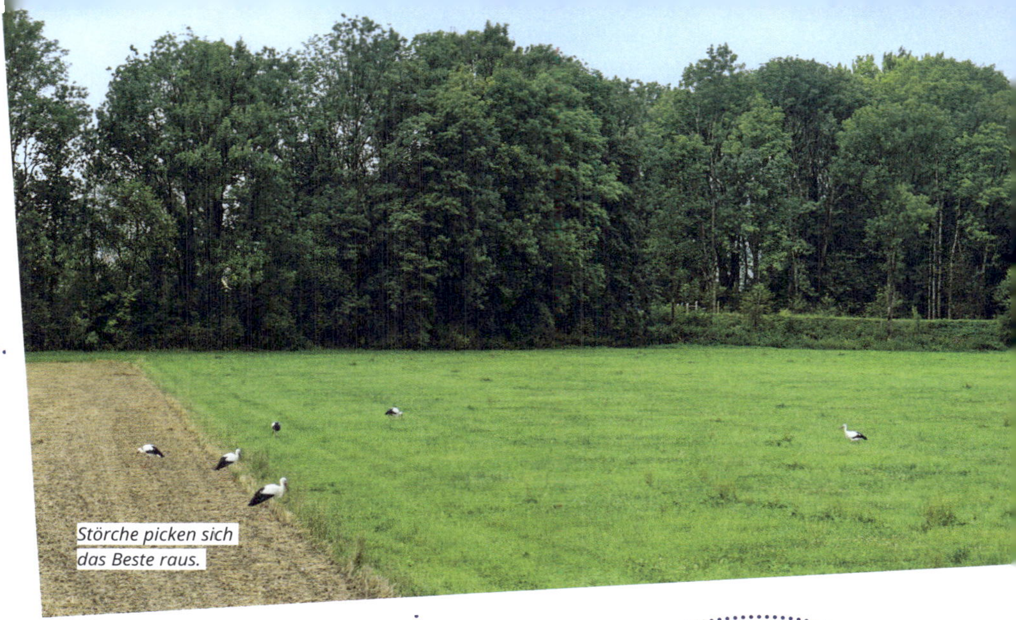

Störche picken sich das Beste raus.

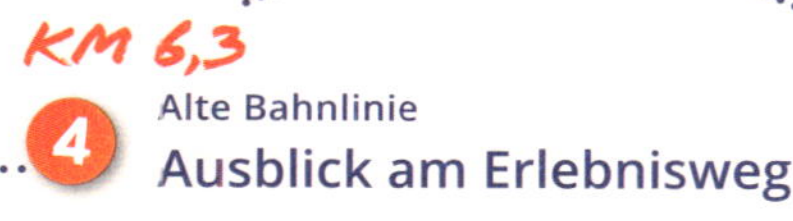

Alte Bahnlinie

4 Ausblick am Erlebnisweg

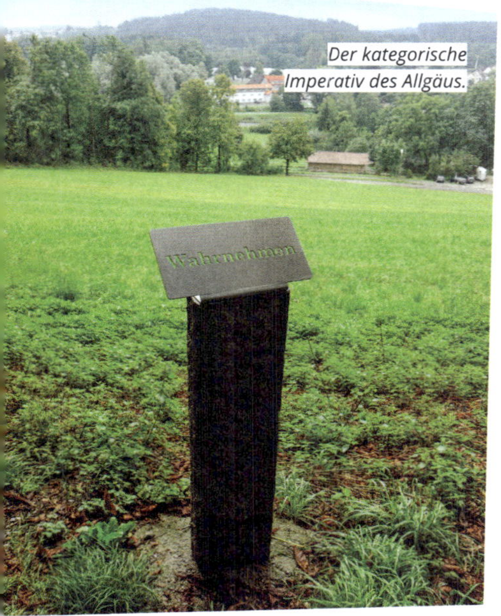

Der kategorische Imperativ des Allgäus.

Ursprünglich sollte das Königreich Württemberg mit Wasserstraßen statt mit Dampflokomotiven erschlossen werden. Isny und Leutkirch wären aber an den Kanal von Ulm bis an den Bodensee nicht angeschlossen worden, deswegen setzte sich ein lokaler Verein früh für den Eisenbahnbau ein. Der Kanal wurde nie gebaut, die sogenannte Südbahn von Memmingen schon und zusätzlich sogar eine Abzweigung nach Isny, die aber 1983 eingestellt wurde. Mittlerweile wurde der Streckenverlauf zu einem Rad- und Wanderweg, dem »Erlebnisweg Bahndamm«, umgebaut, der sich durch die Einrichtung dreier Stationen familienfreundlich zeigt. Die Station Weitblick auf dem Moränenhügel Winterberg liegt auf der Route. Hier wurden im Jahr 2000 eine neue Kapelle sowie eine Aussichtsplattform gebaut.

Der schnurgeraden Strecke stadteinwärts folgen und erst am Kreisverkehr rechts abbiegen.

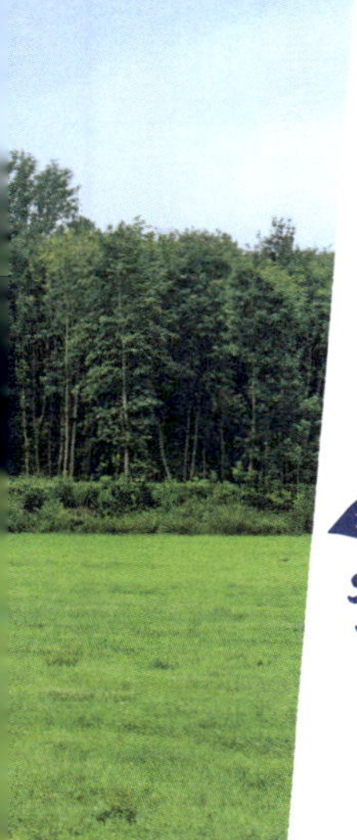

STÖRCHE OHNE TELEOBJEKTIV!

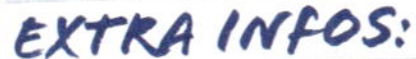

EXTRA INFOS:

Das ● **Freibad** liegt nur wenige Meter vom Routenverlauf und bietet sich an sommerlich heißen Tagen natürlich geradezu an – auch für eine Einkehr.

In der ● **Allgäufinca** (allgaeufinca.de) in Ziegelhütte kann man Pferde auf der Koppel sehen und findet auch die ehemaligen Bahnschranken wieder.

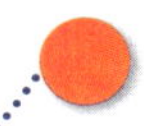

KM 8,4 » ZIEL

Bahnhof Leutkirch

KM 7,7

5

An der Eschach

Einkehr im Traditionsbetrieb

Der Stadtbach tangiert die Altstadt Leutkirchs nur und fließt schon an der Isnyer Straße in die größere Eschach. Insbesondere die kleinen Fußgängerbrücken mit dem Blumenschmuck sind charmant, vom grünen Dach der Bäume ganz zu schweigen. Aber der Bahndamm war dann doch Durststrecke genug, um jetzt einkehren zu wollen: Den Brauereigasthof Mohren (haerle-brauereigasthof-mohren.de) direkt an der Wangener Straße gibt es schon seit 1897. Die Gaststube im Originalzustand ist schon den Besuch wert – ganz abgesehen von der saisonalen Küche! Traditionsbewusstsein geht hier Hand in Hand mit Verantwortung: Der Betrieb arbeitet klimaneutral. Die nötige Energie stammt aus regenerativen Quellen, was das Bier umso mehr zum Genuss macht.

Nach dem Schmaus noch kurz die Füße vertreten und an der Eschach bis zum Kronengässle, von diesem rechts in die Poststraße abbiegen und zurück zum Bahnhof.

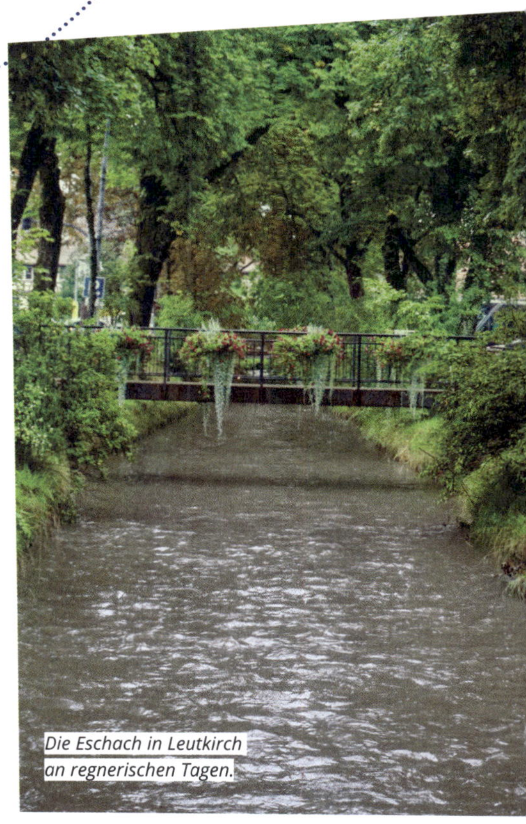

Die Eschach in Leutkirch an regnerischen Tagen.

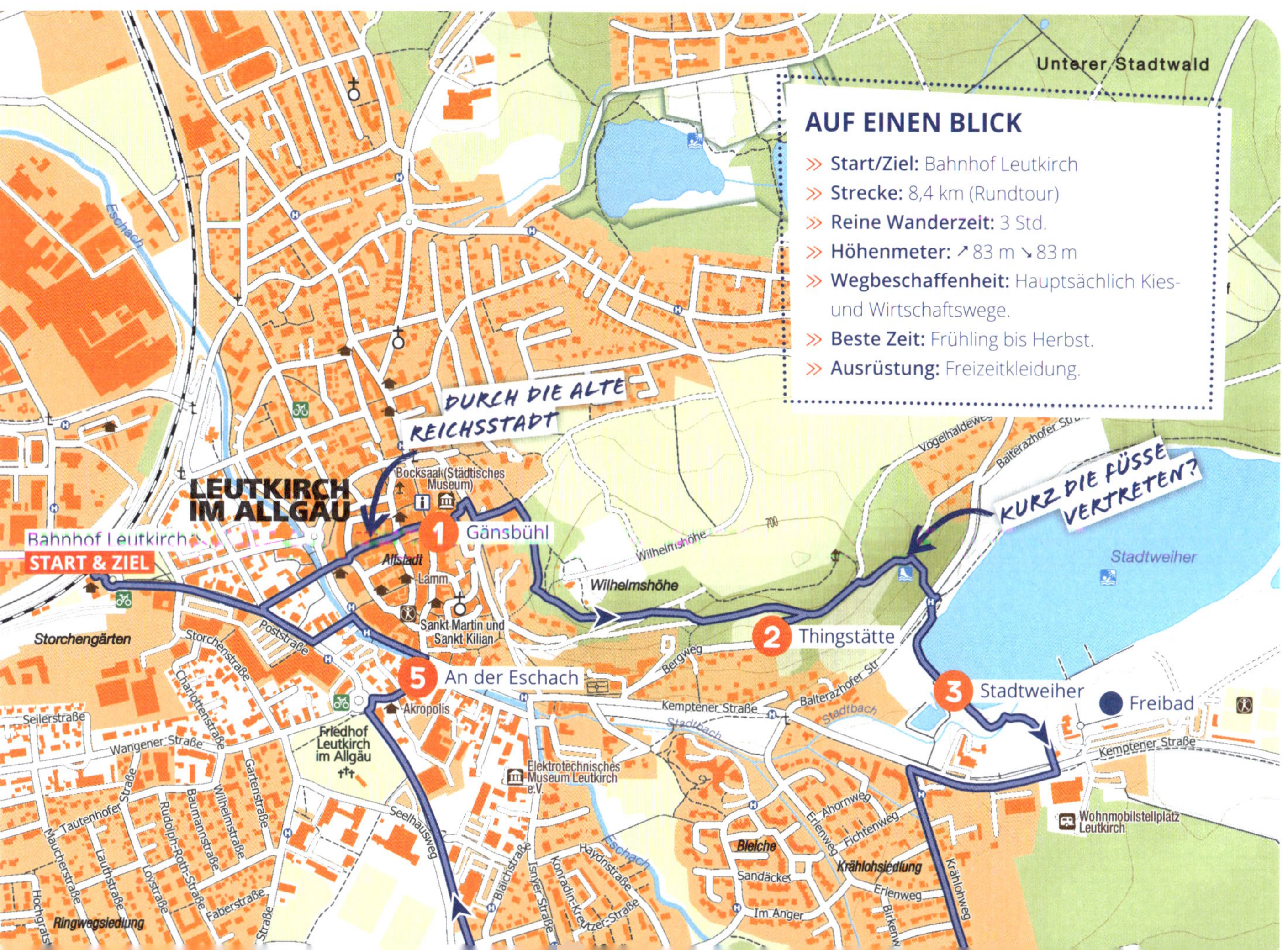

AUF EINEN BLICK
» Start/Ziel: Bahnhof Leutkirch
» Strecke: 8,4 km (Rundtour)
» Reine Wanderzeit: 3 Std.
» Höhenmeter: ↗83 m ↘83 m
» Wegbeschaffenheit: Hauptsächlich Kies- und Wirtschaftswege.
» Beste Zeit: Frühling bis Herbst.
» Ausrüstung: Freizeitkleidung.
DURCH DIE ALTE REICHSSTADT
KURZ DIE FÜSSE VERTRETEN?
LEUTKIRCH IM ALLGÄU
Bahnhof Leutkirch
START & ZIEL
1 Gänsbühl
2 Thingstätte
3 Stadtweiher
5 An der Eschach
Freibad
Unterer Stadtwald
Stadtweiher
Wilhelmshöhe
Bocksaal (Städtisches Museum)
Altstadt
Lamm
Sankt Martin und Sankt Kilian
Akropolis
Friedhof Leutkirch im Allgäu
Elektrotechnisches Museum Leutkirch e.V.
Wohnmobilstellplatz Leutkirch
Storchengärten
Ringwegsiedlung
Krählohsiedlung
Bleiche
Eschach
Stadtbach
Kemptener Straße
Balterazhofer Str.
Vogelhaldeweg
Bergweg
Poststraße
Storchenstraße
Charlottenstraße
Wangener Straße
Seilerstraße
Gartenstraße
Wilhelmstraße
Baumannstraße
Rudolph-Roth-Straße
Loystraße
Faberstraße
Lauthstraße
Maucherstraße
Tautenhofer Straße
Seelhausweg
Blaichstraße
Isnyer Straße
Konradin-Kreutzer-Straße
Haydnstraße
Erlenweg
Ahornweg
Fichtenweg
Sandäcker
Im Anger
Krählohweg

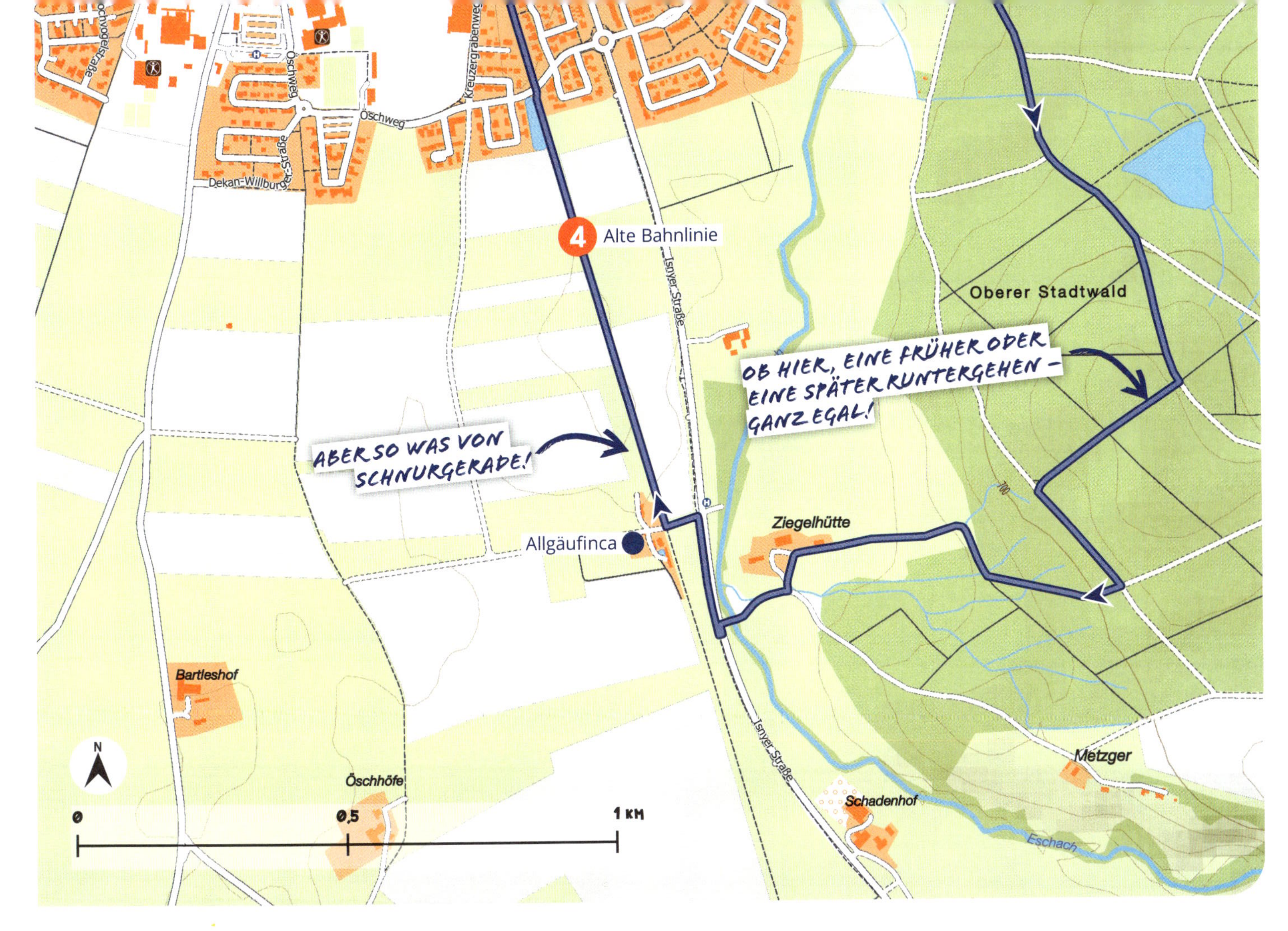
Alte Bahnlinie
Oberer Stadtwald
OB HIER, EINE FRÜHER ODER EINE SPÄTER RUNTERGEHEN – GANZ EGAL!
ABER SO WAS VON SCHNURGERADE!
Allgäufinca
Ziegelhütte
Isnyer Straße
Öschweg
Kreuzergrabenweg
Dekan-Willburger-Straße
Bartleshof
Öschhöfe
Schadenhof
Metzger
Eschach
N
0
0,5
1 KM

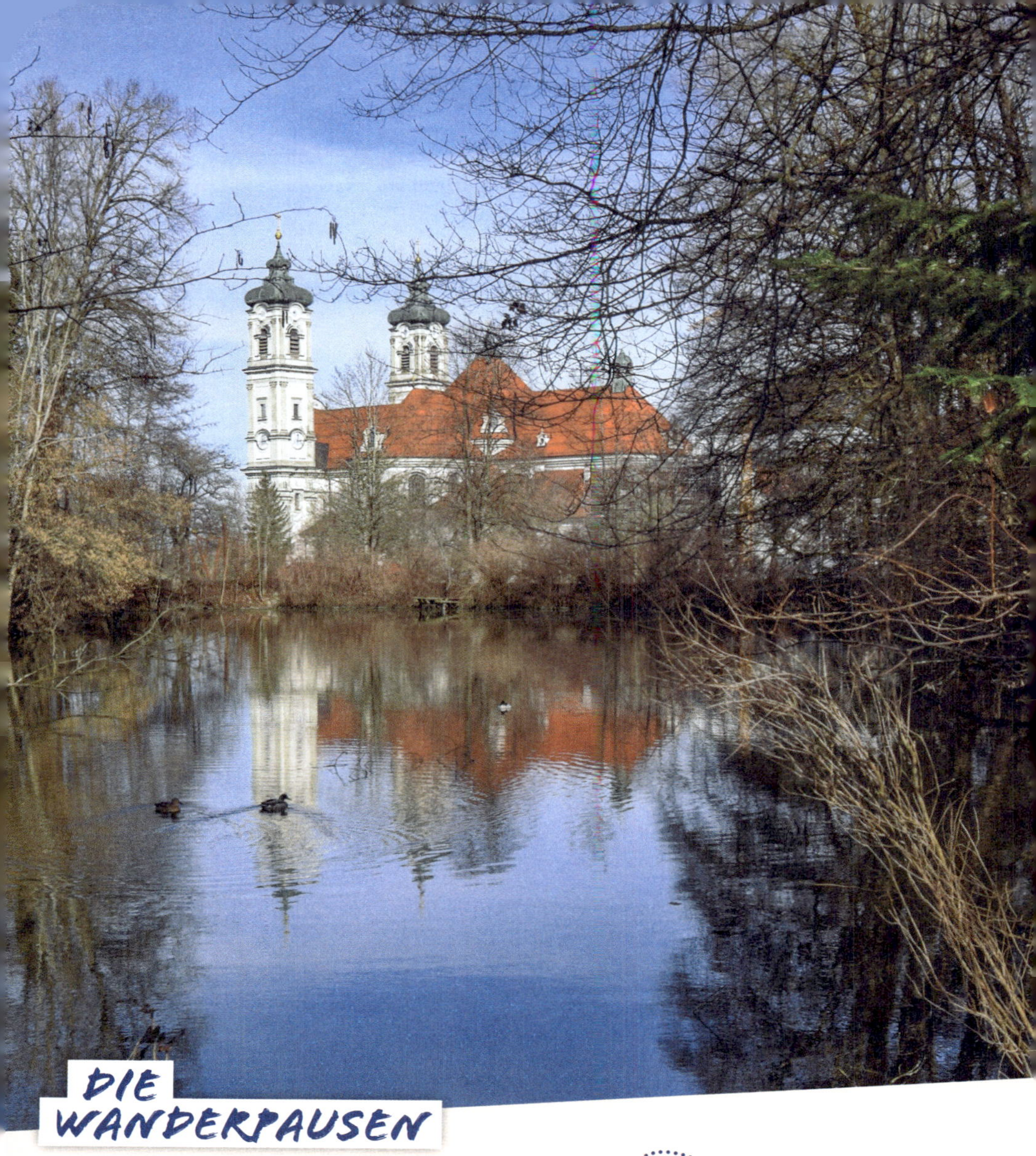

DIE WANDERPAUSEN

» START
Bushaltestelle Basilika Ottobeuren

KM 1,4
1 Sonnenskulptur
150 Millionen Kilometer auf der Wiese

KM 2,1
2 Kneipp-Aktiv-Park
Madonna in der Felsengrotte

KM 3,3
3 Aussichtsbank
Die Basilika im Blick

VÖLLIG SCHWERE-LOS

5

Planetenweg und Bannwald bei Ottobeuren

Sonne und Erde teilen sich eine grüne Wiese, gleich hinter der barocken Basilika von Ottobeuren, im sanfthügeligen Unterallgäu. Durch den Bannwald hindurch durchquert man Milliarden von Weltallkilometern – auf dem Planetenweg. Das Stöckchenboot muss mit!

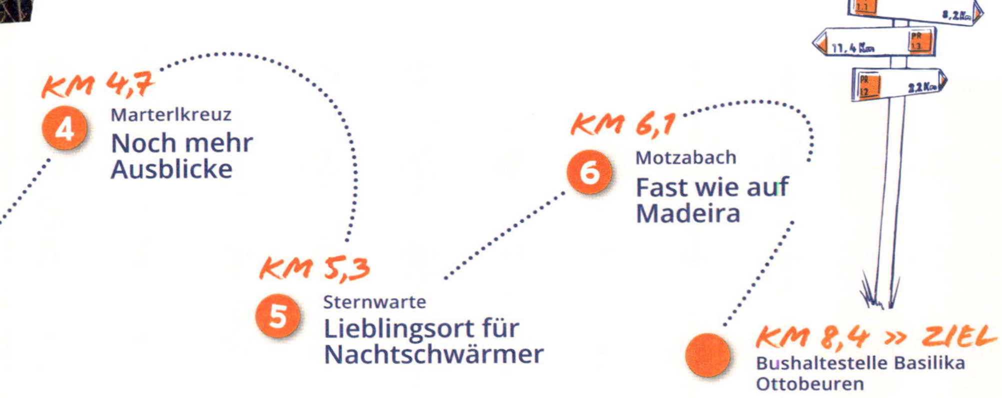

KLICK, KLACK …

… wenn anderswo noch die Schneeschuhe angeschnallt werden, lugen hier schon die ersten Frühlingsboten aus der Erde: Weiße Schneeglöckchen, zartlila Krokusse und feinblättrige Gänseblümchen verpassen den Wiesen rund um die Marktgemeinde Ottobeuren die ersten bunten Farbtupfen des Jahres. Warmwandern nach dem Winter? Das geht im Unterallgäu, das schon früh im Jahr schneefrei ist, prima. Höhenmeter? Zuweilen geht es im Wald stramm bergauf, stellenweise durch Holzstufen abgemildert. Mit dem Kinderwagen kommt man hier nicht durch, dafür mit wanderlustigem Nachwuchs – denn am Ende der Tour wird das mitgebrachte Stöckchenboot gestartet.

Doch von vorne. Wer sein Auto auf dem Wanderparkplatz am Waldrand abstellt, nähert sich Ottobeuren in wenigen Fußminuten von seiner schönsten Seite: auf dem Wiesenweg, mit frontalem Blick auf die **Basilika,** die einen die ganze Tour über wie ein Leuchtturm begleiten wird. Wer mit dem Bus anreist, muss sich bis zum Ende der Tour gedulden und steigt direkt an der Basilika ein. Vorher kann man sich noch göttlichen Beistand holen oder einfach nur die wunderbaren Deckengemälde einer der bedeutendsten Barockkirchen Bayerns besichtigen, die den Heiligen Alexander und Theodor geweiht ist.

ERHEBT SICH DIE BASILIKA HINTER DER GRÜNEN WIESE, SCHEINT SIE GANZ NAH

Geht man dann über den Marktplatz – mit Kaffeetischen in der Frühlingssonne – an der weiß getünchten Klostermauer und der Stillach entlang, bekommt man einen Eindruck, wie riesig das Anwesen der Benediktinerabtei ist! Direkt dahinter beginnt der **Planetenweg,** das Herzstück der Wanderung, mit Sonne, Mond und Sternen. Dieser zieht sich über den **Kneipp-Aktiv-Park** quer durch den Bannwald. Ein Abschnitt an der alten Silberfuchsfarm vorbei führt eine Weile weg vom Planetenweg. Unterwegs bieten sich immer wieder **Picknickbänke** mit Ausguck auf die beiden Kirchtürme an. Im Frühjahr kann man die Füße noch nicht in die vielen Kneipp-Becken am Wegrand eintauchen. Nach der **Volkssternwarte** geht es an der Uranus-Stele vorbei, rechter Hand in die Eichenallee mit ihren Sonnenbankplätzen und einem **Steineberg-Biotop,** der zum Walderlebnisweg gehört. Dann der vielleicht schönste Abschnitt des Bannwalds, in dem sich der **Motzabach** rauschend durch den Wald zieht. Stöckchenbootzeit! «

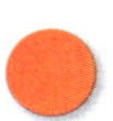

» START

Bushaltestelle Basilika Ottobeuren

Von der Basilika die Stufen bergab, über den Marktplatz, dann rechts entlang der Klostermauer gehen und fast einmal außen rum.

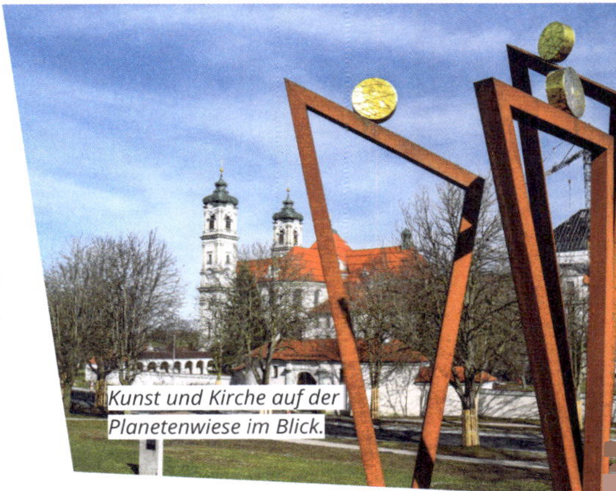

Kunst und Kirche auf der Planetenwiese im Blick.

KM 1,4

Sonnenskulptur

150 Millionen Kilometer auf der Wiese

Herrschaftlich, fast wie ein Schloss, wirkt das ehemalige Beamtengebäude des Klosters. Auf der kleinen Parkwiese mit Weiher unterhalb thront die modern interpretierte Büste des Wasserdoktors Sebastian Kneipp. Hier beginnt auch der Planetenweg: Die Hobby-Astronomen der örtlichen Volkssternwarte haben den Themenwanderweg 2021 eingerichtet, zu Ehren von Kneipps 200. Geburtstag: insgesamt elf Nagelfluhstelen mit spannender Infos zu den Planeten. Die Sonne leuchtet hier als kreisrunde Skulptur auf der Wiese. Gleich daneben – die Erde auf einer Stele. Pardon, das »Nebeneinander« scheint nur so: Jeder Meter auf dem sechs Kilometer langen Planetenweg entspricht nämlich einer Million Kilometer im Weltall. In diesem Fall sind es »echte« 1,5 Meter. Um sich nicht in Raum und Zeit zu verlieren, kann man hier noch einen Blick auf die Sonnenuhr werfen.

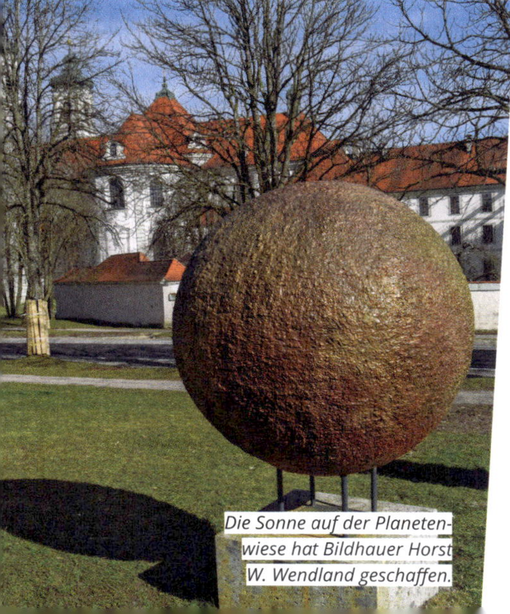

Die Sonne auf der Planetenwiese hat Bildhauer Horst W. Wendland geschaffen.

Den Weg durch die Grünanlage wieder zurück, rechts abbiegen und in den Kneipp-Aktiv-Park hineinlaufen.

KM 2,1

2

Kneipp-Aktiv-Park

Madonna in der Felsengrotte

Eiskaltes Wasser? Das ist das Erste, woran man bei der Behandlungskur von Pfarrer Kneipp denkt. Die umfasst jedoch fünf Säulen, neben Wasser sind das Bewegung, Ernährung, Heilpflanzen und Balance. Das beschreiben die Infotafeln am Eingang in den Kneipp-Aktiv-Park, der sich hier erstreckt, Ulrichsweiher inklusive. An sieben Stationen wird die Kneipp'sche Kur erklärt, im Sommer sind die Arm- und Fußbecken mit Wasser gefüllt, auf der Gymnastikwiese geht es dem Winterspeck an den Kragen. Jetzt, im Frühjahr, blüht noch die winterliche Erika im kleinen Meditationsgarten oberhalb am Hang, doch schon nebenan auf der Wiese läuten Schneeglöckchen den Frühling ein. Der kurze Höhenweg führt an Heiligenskulpturen und einer Bank mit Alpenblick vorbei zur Mariengrotte, die sich auf der anderen Hangseite unterhalb der Holzstufen versteckt.

Von der Mariengrotte rechts in den Bannwald hineinlaufen, an der Kreuzung »Jupiter« rechts und kurz darauf links bergauf laufen, über den Erlebnisweg dann dem Weg bis zum Waldrand mit einer Bank neben einem Stall folgen.

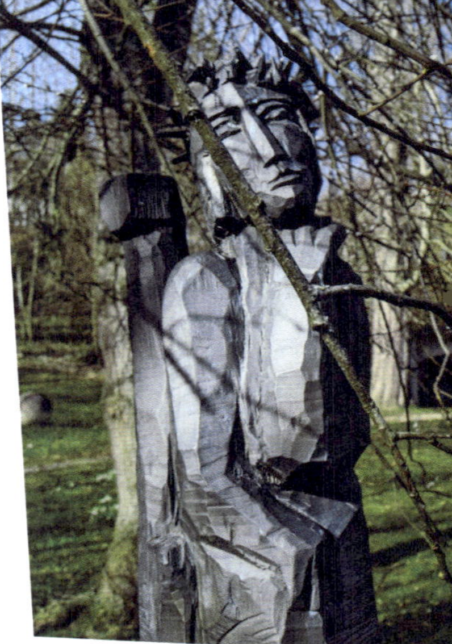

KM 3,3

3

Aussichtsbank

Die Basilika im Blick

Biete Sitzbank mit Aussicht! Suche Brotzeit! Die sollte mit in den Rucksack, denn die nächste Einkehr ist noch ein paar Milliarden Weltallkilometer entfernt, am Ende der Tour, in Ottobeuren. Daher: Den dampfenden Kräutertee und ein paar Frühlingsvitamine auspacken und einfach den Augenblick genießen. Das geht auch bei Schnee, Sommerhitze oder Herbstfarbrausch. Der Ausblick auf die 82 Meter hohen Kirchtürme ist auch von hier, südlich der Ortschaft, grandios. Das Gute in Ottobeuren ist ja – man kann es gar nicht oft genug sagen –, dass man sich hier kaum verlaufen kann, im Zweifel immer an der Basilika orientieren!

Dem Wanderweg am Waldrand ein Stück in Richtung Ottobeuren zurück folgen, die nächste Weggabelung rechts, über die Autostraße, am Waldrand rechts halten, der Beschriftung »Sternwarte« folgen, immer rechts halten, dann links die Autostraße überqueren, über die Stufen – nicht für Kinderwagen geeignet – und oben rechts bis zum Flurkreuz.

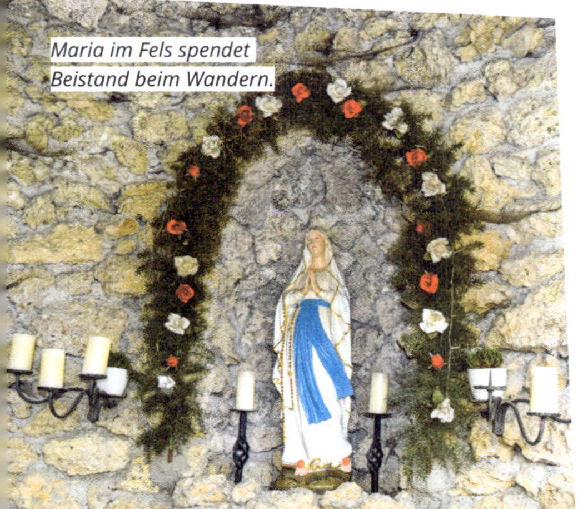

Maria im Fels spendet Beistand beim Wandern.

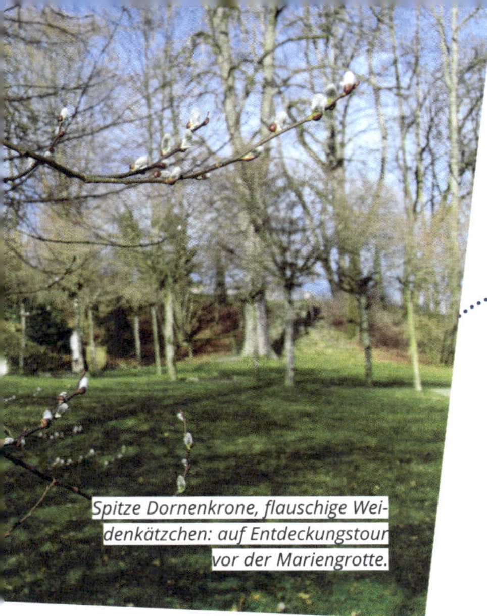

Spitze Dornenkrone, flauschige Weidenkätzchen: auf Entdeckungstour vor der Mariengrotte.

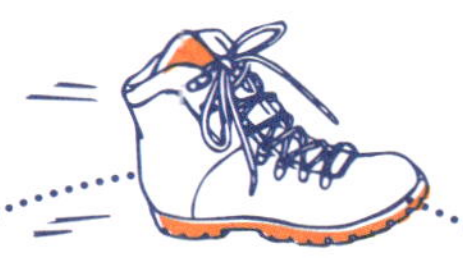

KM 4,7

Marterlkreuz

Noch mehr Ausblicke

Daumen hoch für alle, die nach diesem Abschnitt nicht schnaufen müssen: Die Holzstufen, die für Riesen konzipiert wurden, sind nach der Winterwanderpause zugegebenermaßen doch eine kleine Herausforderung. Daher kommt das Marterl, das Flurkreuz, mit der Panoramabank oben am Ackerrand sehr gelegen. Die letzte Teepause ist schon ein Weilchen her, Zeit für ein wenig flüssige Kräuter. Und wieder sind sie da, die beiden alten Bekannten, die aus den roten Ziegeldächern der Marktgemeinde herausragen: die Kirchtürme der Basilika. Hello again!

Die Sternwarte fest im Blick, dem schmalen Weg auf der gegenüberliegenden Seite des Feldes folgen: rechts, über den Parkplatz, dann noch mal rechts abbiegen.

Erste Frühlingsboten im Park.

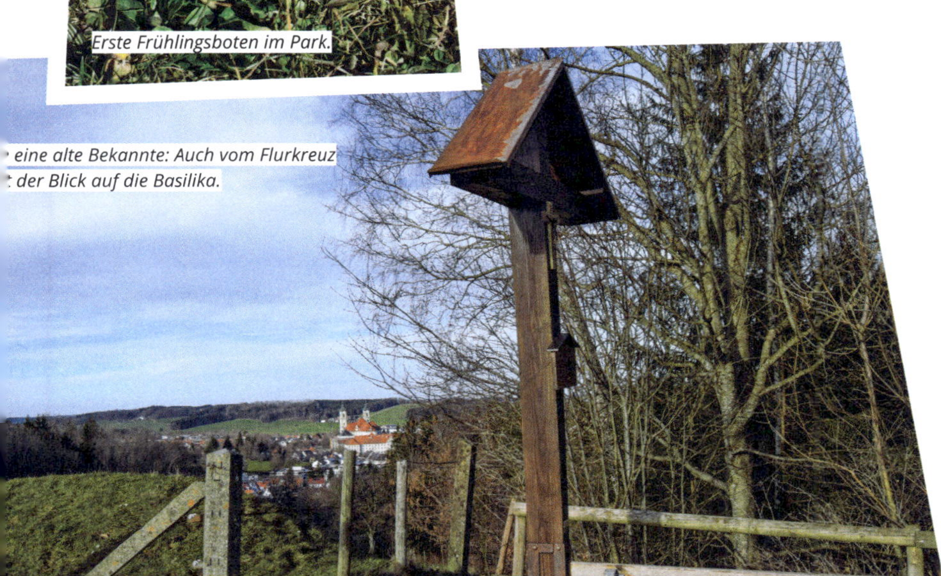

eine alte Bekannte: Auch vom Flurkreuz der Blick auf die Basilika.

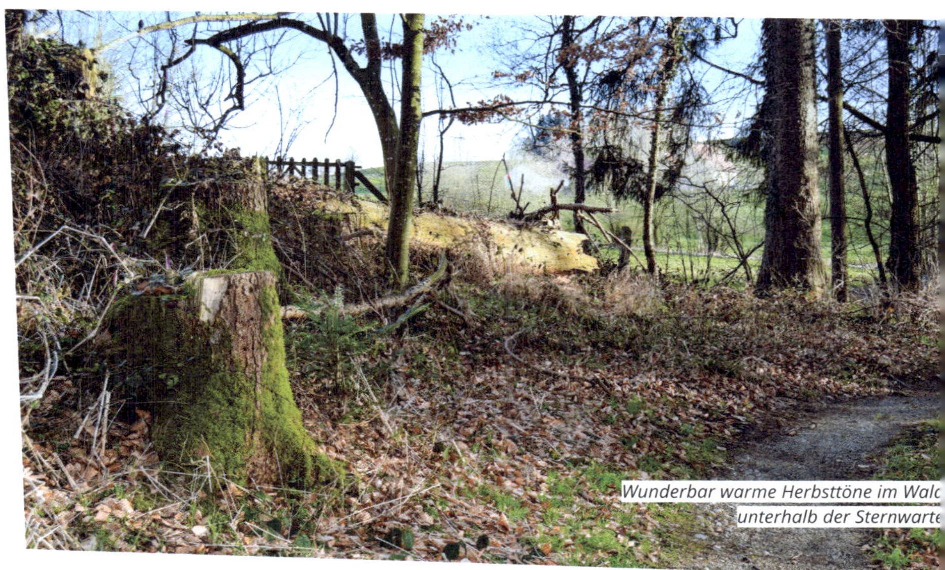

Wunderbar warme Herbsttöne im Wald unterhalb der Sternwarte

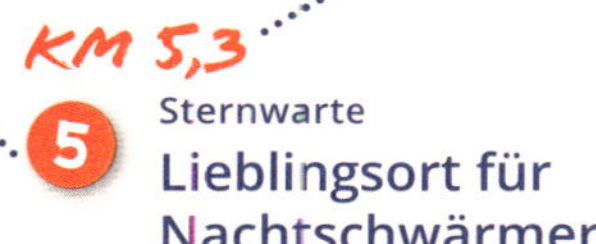

5 Sternwarte

Lieblingsort für Nachtschwärmer

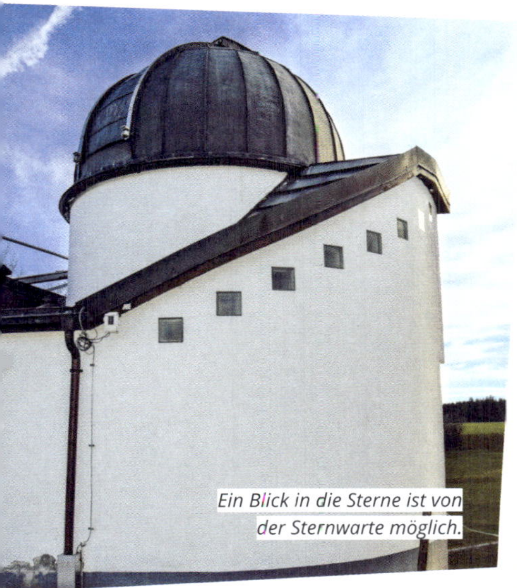

Ein Blick in die Sterne ist von der Sternwarte möglich.

Die Allgäuer Volkssternwarte (avso.de), südlich von Ottobeuren, sieht man schon von Weitem. Das gilt auch umgekehrt: Von dem weiß getünchten kleinen Observatorium mit Kuppeldach hat man freie Sicht in alle Himmelsrichtungen. Hier oben gibt es nur wenig Streulicht – perfekt für einen möglichst dunklen Nachthimmel ohne Lichtverschmutzung. 1969 bauten Hobby-Astronomen die Volkssternwarte, die einem breiten Publikum die Welt der Planeten näherbringen sollte. Das tut sie auch, jeden Freitagabend um 19.30 Uhr. Für Gruppen auch an anderen Tagen. Im Lauf der Jahre wurde der Bau immer wieder erweitert, etwa durch eine kleine Aussichtsplattform. Das Hauptinstrument, mit dem der Nachthimmel beobachtet wird, ist ein 60-Zentimeter-Spiegelteleskop.

Dem Weg folgen (Abstecher zum Steineberg-Biotop und Sitzbänken rechts) und links in den Wald einbiegen, dort auf dem kurvenreichen Weg hinab links halten, bis der Motzabach unten auftaucht.

KM 6,1

6 Motzabach

Fast wie auf Madeira

Auf Madeira sind sie ein beliebtes Wanderziel: die Levadas, künstliche Bewässerungskanäle, kaum einen Meter breit, neben den Fußwegen. Für eine Levada-Wanderung muss man aber gar nicht so weit reisen, denn der Motzabach, im nördlichen Teil des Ottobeurer Bannwalds, erinnert ein wenig an diese Wasserläufe: ein mit Natursteinen befestigtes Ufer, kleine Brücken mit Handlauf, ein Minimühlrad und Sitzbänke. Hier kann man das Stöckchenboot Hunderte von Metern treiben lassen. Bleibt es mal am Wurzelwerk hängen oder gewinnt zu schnell an Fahrt, lässt es sich mit einem Stock wieder antreiben. Der Motzabach ist zwar schmal und flach, hat jedoch die nötige Power für Miniboote.

Immer dem Motzabach folgen, erst die zweite Beschilderung zum Wanderparkplatz Ottostraße nehmen. Wer mit dem Bus angereist ist, überquert den Parkplatz rechter Hand und hält sich links über die Wiese in Richtung Basilika – einer der schönsten Anblicke der Tour.

EXTRA INFOS:

Unterhalb der Basilika ist der ● **Hirsch** (hirsch-ottobeuren.de) eine gute Adresse für hausgebrautes Bier, aber ebenfalls als Frühstückscafé, Bar und Restaurant mit Marktplatz-Terrasse.

Zum Walderlebnisweg gehören auch ein ● **Steineberg-Biotop** mit Sitzbänken, die man nach der Sternwarte über einen kleinen Schlenker erreicht.

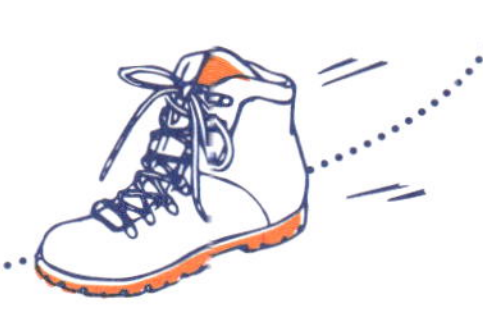

KM 8,4 » ZIEL

Bushaltestelle Basilika Ottobeuren

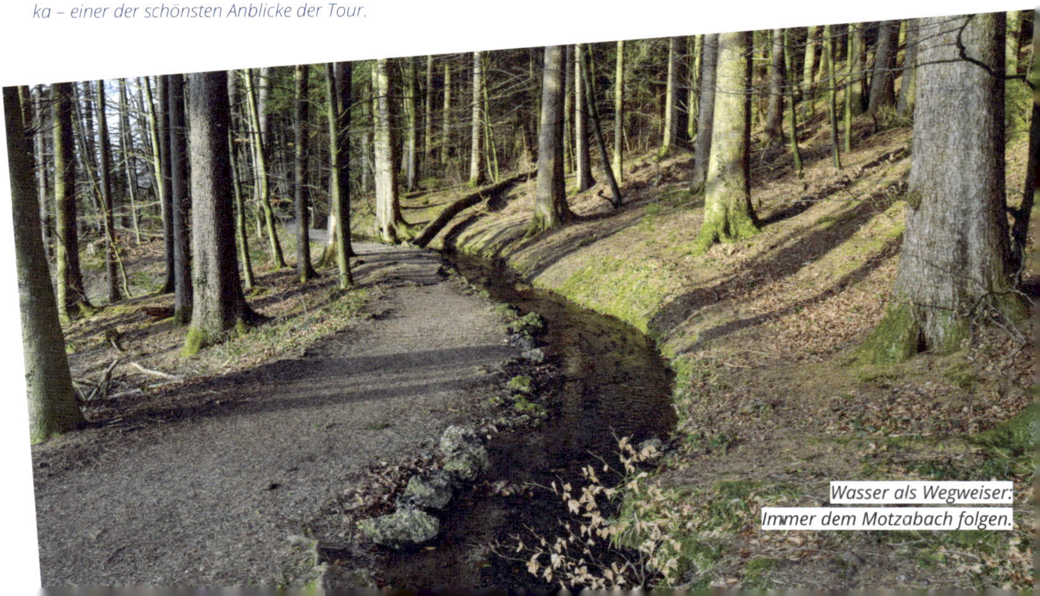

Wasser als Wegweiser: Immer dem Motzabach folgen.

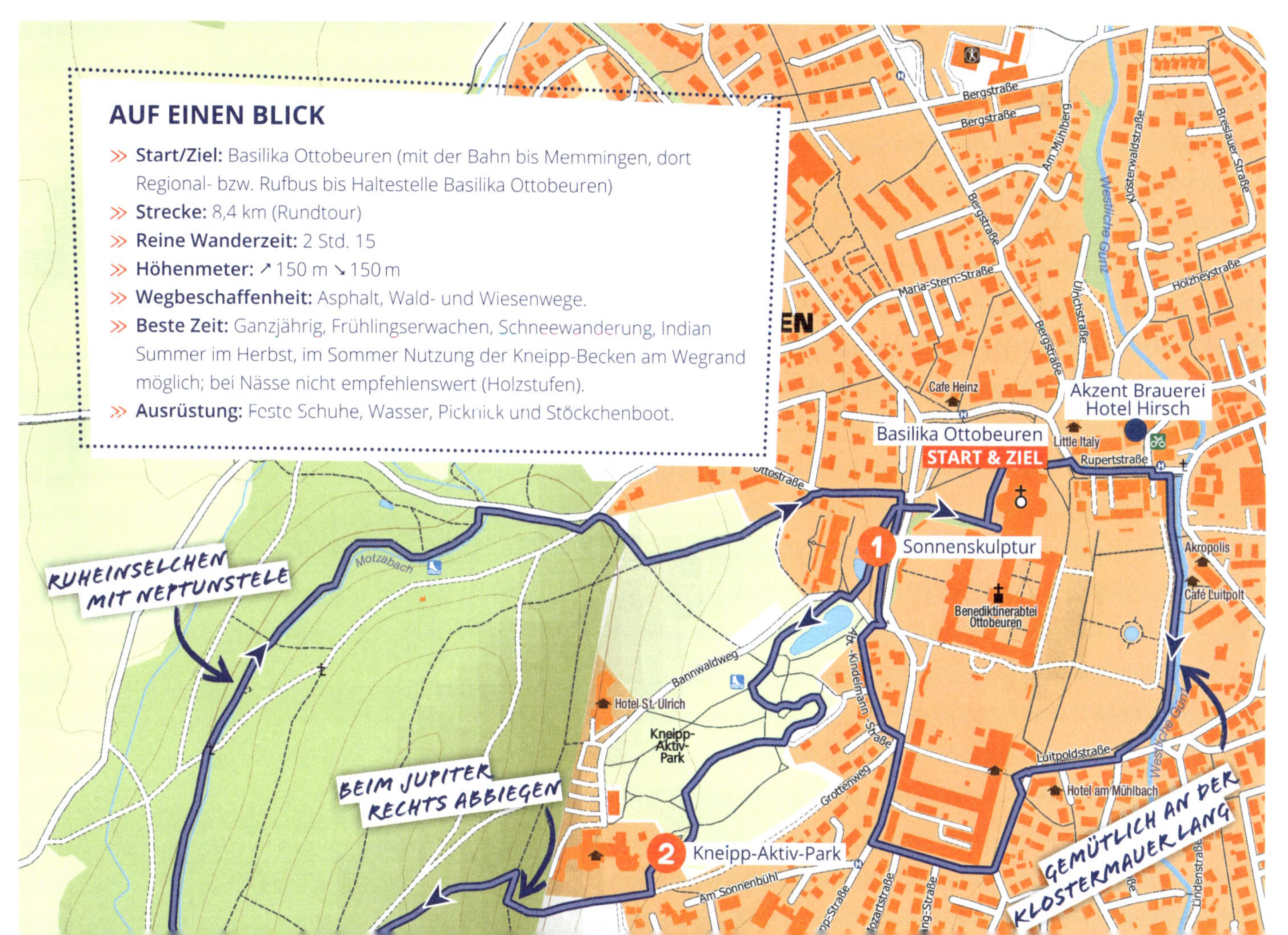

AUF EINEN BLICK

- » **Start/Ziel:** Basilika Ottobeuren (mit der Bahn bis Memmingen, dort Regional- bzw. Rufbus bis Haltestelle Basilika Ottobeuren)
- » **Strecke:** 8,4 km (Rundtour)
- » **Reine Wanderzeit:** 2 Std. 15
- » **Höhenmeter:** ↗ 150 m ↘ 150 m
- » **Wegbeschaffenheit:** Asphalt, Wald- und Wiesenwege.
- » **Beste Zeit:** Ganzjährig, Frühlingserwachen, Schneewanderung, Indian Summer im Herbst, im Sommer Nutzung der Kneipp-Becken am Wegrand möglich; bei Nässe nicht empfehlenswert (Holzstufen).
- » **Ausrüstung:** Feste Schuhe, Wasser, Picknick und Stöckchenboot.

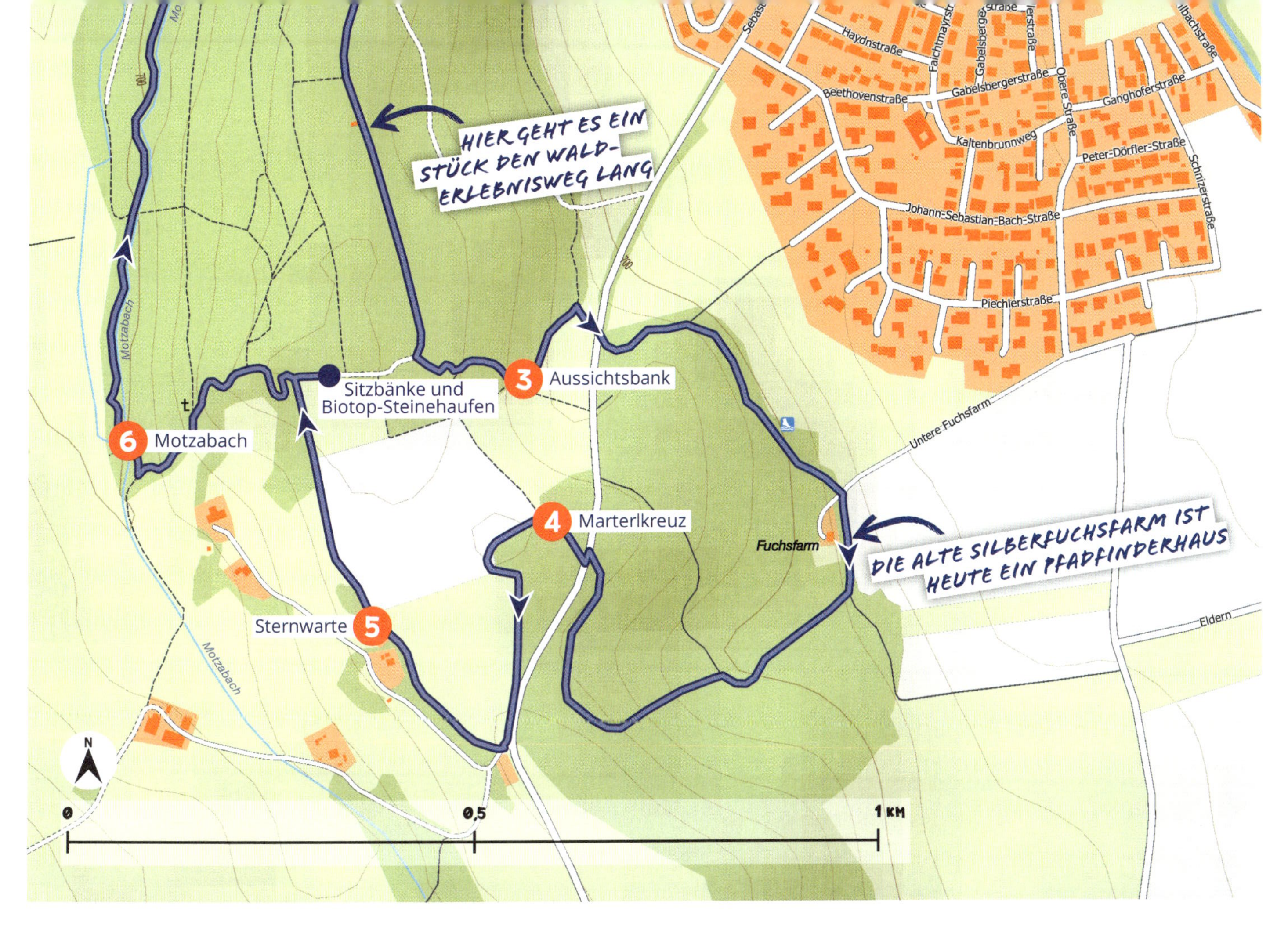
HIER GEHT ES EIN STÜCK DEN WALD-ERLEBNISWEG LANG
3 Aussichtsbank
Sitzbänke und Biotop-Steinehaufen
6 Motzabach
4 Marterlkreuz
5 Sternwarte
Fuchsfarm
DIE ALTE SILBERFUCHSFARM IST HEUTE EIN PFADFINDERHAUS
Motzabach
Untere Fuchsfarm
Eldern
Haydnstraße
Beethovenstraße
Gabelsbergerstraße
Kaltenbrunnweg
Obere Straße
Ganghoferstraße
Peter-Dörfler-Straße
Schnizerstraße
Johann-Sebastian-Bach-Straße
Piechlerstraße
N
0
0,5
1 KM

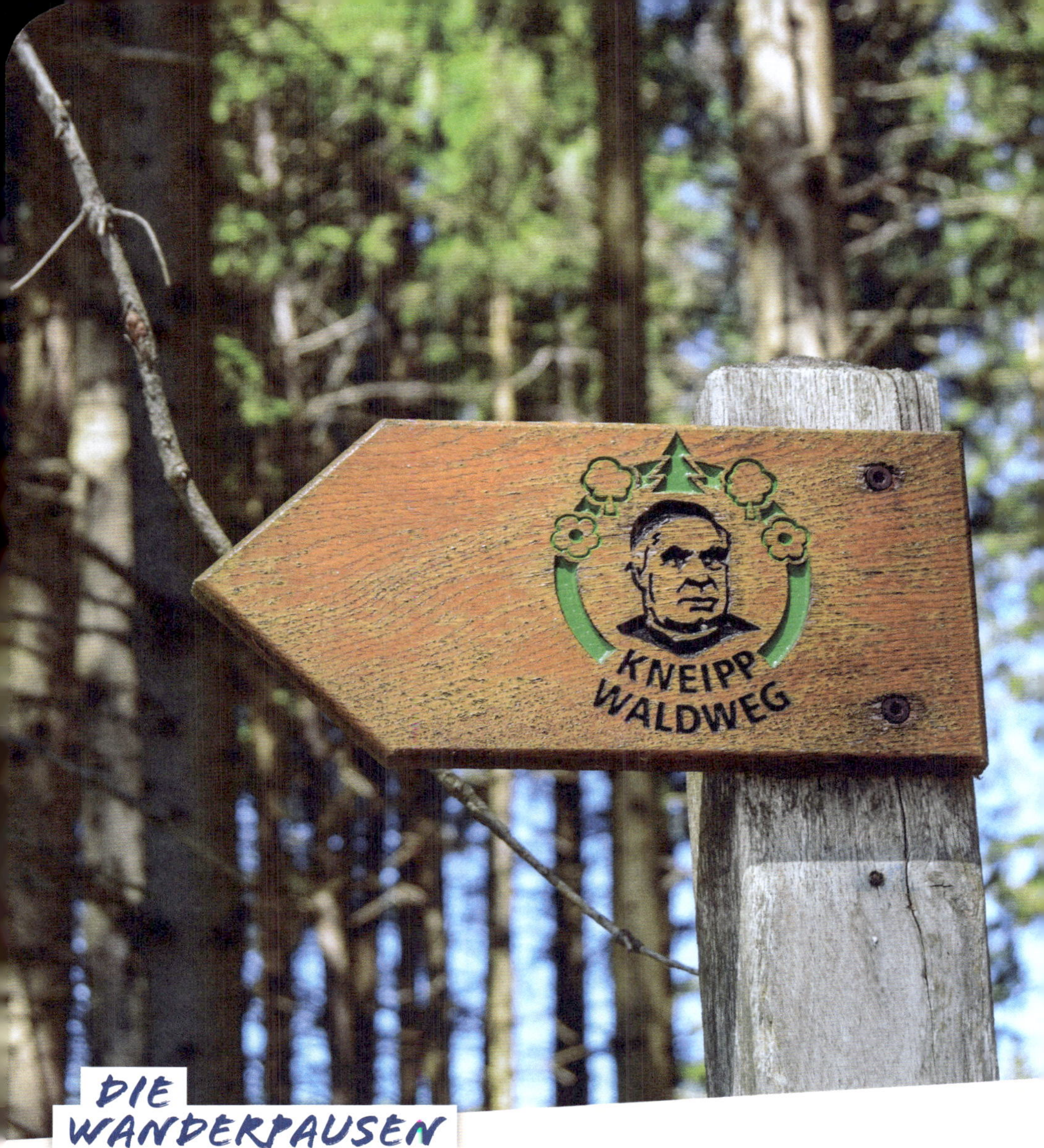

DIE WANDERPAUSEN

» START
Bahnhof Bad Wörishofen

KM 2,3
1 Bewegungsinsel am Waldsee
Muckis straffen mit Tannenblick

KM 3,4
2 Allee der Jahrhundertbäume
Baumwissen updaten

KM 4,9
3 Ort der Naturgeister
Trinkpause beim Lindwurm

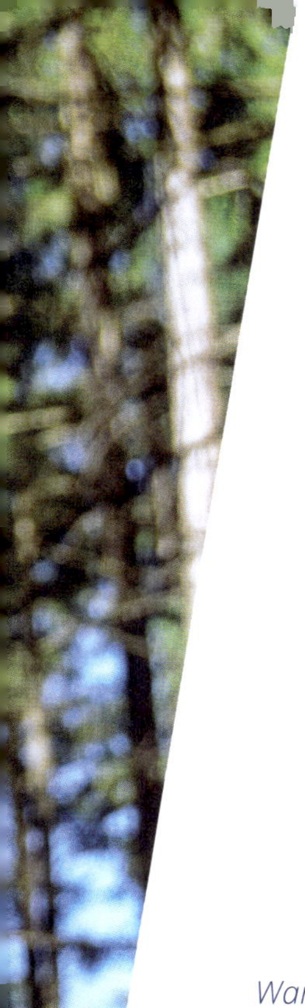

6

WALD UND WASSER-WATEN

In und um Bad Wörishofen

Wandern ohne Berge? Flachlandfans fühlen sich im Unterallgäu pudelwohl! Haushoch sind die Waldwipfel, ein wenig höher die Weidehügel bei Bad Wörishofen. Die nackten Füße haben hier ihren Spaß: In eiskalte Kneipp-Becken getaucht, dürfen sie als Krönung dieser Tour über einen Barfußpfad tänzeln.

KM 5,7

4 Gasthof Hartenthaler Hof
Windbeutel mit Bergblick

KM 9,7

5 Versunkenes Schloss
Erdwälle erkunden

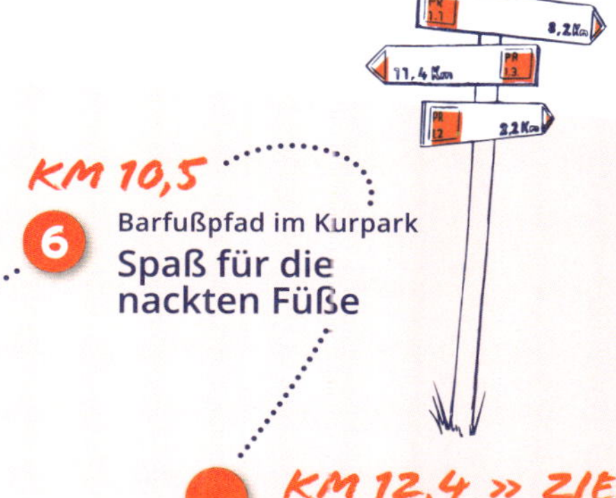

KM 10,5

6 Barfußpfad im Kurpark
Spaß für die nackten Füße

KM 12,4 » ZIEL
Bahnhof Bad Wörishofen

ES KRIBBELT, ES PRICKELT …

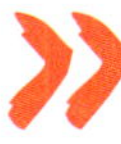

… doch schon bald fühlt sich das eiskalte Wasser an den Füßen wohlig an. Was wie ein alter Schuh klingt, gehört in der Kurstadt Bad Wörishofen irgendwie dazu, auch beim Wandern: Kneipp-Tretbecken, die hier vor 150 Jahren ihren Ursprung hatten. Einfach mal ausprobieren: Erste Gelegenheit auf dieser Tour ist die Kneipp-Anlage in der Mühlstraße, auf halbem Weg vom Bahnhof zum Waldsee.

Kaum lässt man kurz darauf die letzten Wohnhäuser hinter sich, taucht man sofort in die Natur ein. Erst mal einen Baum umarmen? Dazu lädt ein kleiner Eichenhain mit bunten Vogelkästen und Lesebank ein. An Acker und Wiese vorbei, alles ganz flach, taucht erst der Waldsee und dann fast nebenan die **Bewegungsinsel** auf. Dort führt eine Etappe des Kneipp-Wanderwegs durch den weitläufigen Wörishofener Wald mit Infotafeln rund ums Kneippen.

Genau das macht die gut zwölf Kilometer lange Wanderung, die streckenweise wie ein langer Spaziergang anmutet, so abwechslungsreich: die vielen kleinen Dinge am Wegrand, die es zu entdecken gibt – Wissenstafeln, Panoramabänke, Biotope und immer wieder Kneipp-Tretanlagen. Auf der **Allee der Jahrhundertbäume** erlebt man heimische Baumsorten neu. Viele Beschilderungen machen neugierig, etwa der **Ort der Naturgeister.** Immer wieder trifft man auf solche ausgeschilderten Orte: Nach dem **Hartenthaler Hof** zwischen Weidehügel und Waldrand wandert man zum »Ort des Ausblicks«, mit hölzernem Ausguck. Der »Ort des Geschehens« ist eine rote Blitzskulptur im Wald und steht dort, wo die Stürme Vivian und Wiebke besonders viele Bäume entwurzelt haben. Ein besonderer Ort ist auch – alleine oder unter Anleitung – die »Oase der Ruhe«, ein mit Rindenmulch aufgeschütteter Platz zum Waldbaden. Mystisch wird es beim **»Versunkenen Schloss«,** stolz hingegen in der Birkenallee, wo die Bäume Spalier stehen. Das Sahnehäubchen kommt im Kurpark: Dort hüpfen die nackten Füße über den **Barfußpfad** – und haben hier so richtig Spaß an ziependen Tannenzapfen, bevor es durch ein Duft- und Blütenmeer zum Bahnhof zurückgeht.

EIN WOHLIGES SCHAUDERN, WENN MAN DIE FÜSSE INS EISKALTE WASSER TAUCHT

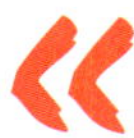

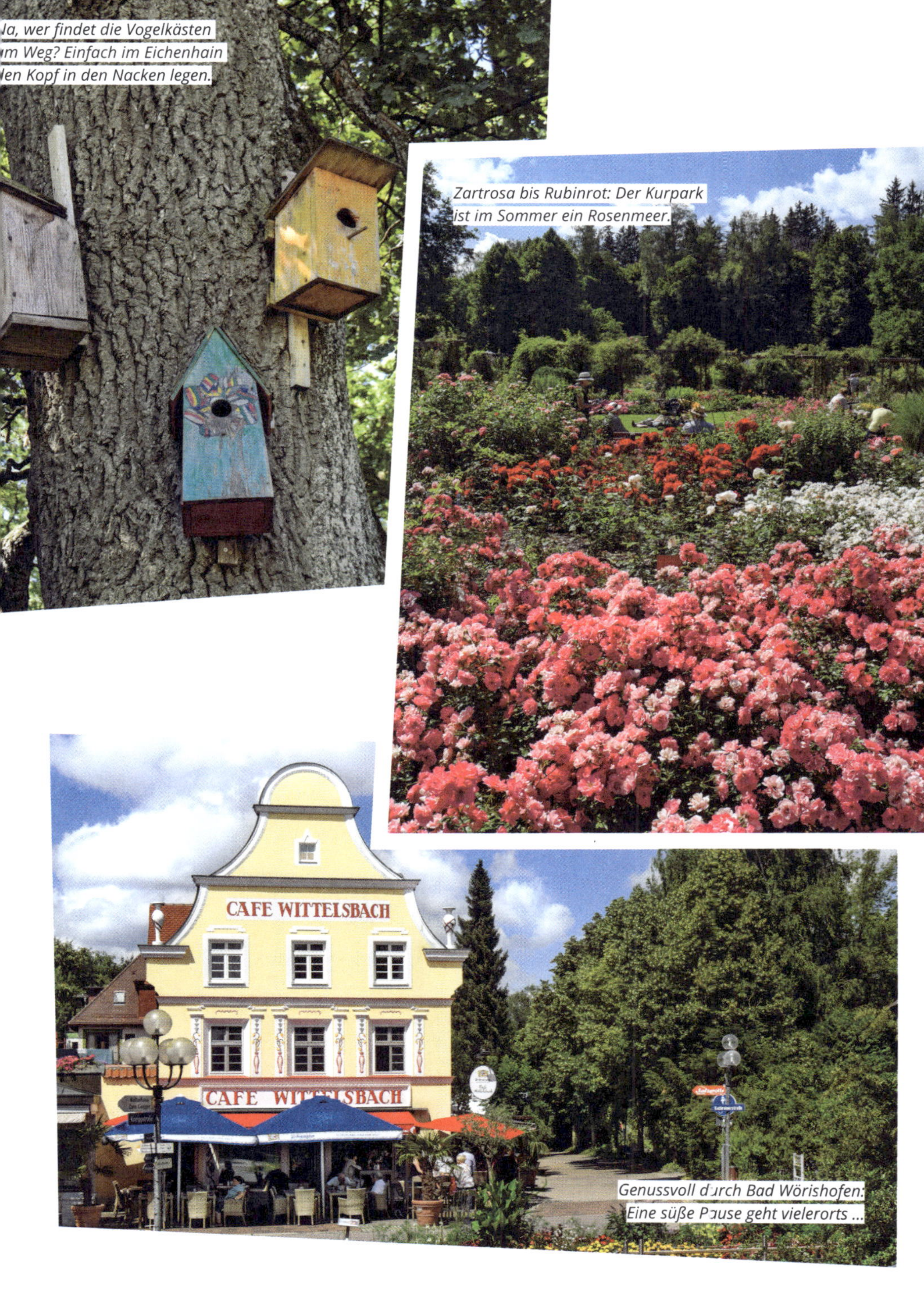

Ja, wer findet die Vogelkästen im Weg? Einfach im Eichenhain len Kopf in den Nacken legen.

Zartrosa bis Rubinrot: Der Kurpark ist im Sommer ein Rosenmeer.

Genussvoll durch Bad Wörishofen: Eine süße Pause geht vielerorts …

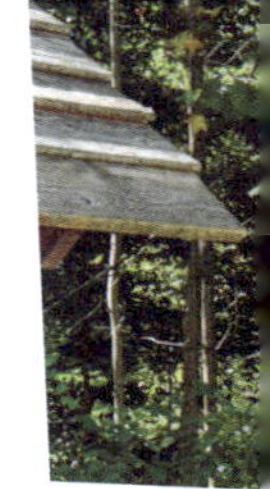

WANDERN & GENIESSEN

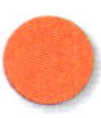

» START

Bahnhof Bad Wörishofen

Der blühende Bahnhofsvorplatz stimmt auf die herausgeputzte Kurstadt ein. Schnurgerade führt die Bahnhofstraße am Kurhaus vorbei, bei der Sommerbühne links biegt man in die nach Sebastian Kneipp benannte Fußgängerzone ein und geht geradeaus bis zum verwunschenen Waldsee.

KM 2,3

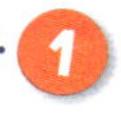

Bewegungsinsel am Waldsee

Muckis straffen mit Tannenblick

Es ist schon eine ganze Weile her, dass es hier mal »sechs größere und kleinere Kähne« gab. Immerhin weiß die Infotafel, dass der Waldsee 1898 ein beliebtes Ausflugsziel war. Heute dagegen wirkt der baumbestandene See, den gar 135 Quellen speisen sollen, ziemlich verwunschen. Die Enten, die dort ihre Bahnen ziehen, kann man nur über den Drahtzaun begrüßen. Geht man ein paar Meter zurück, über die Kreuzung hinweg, führt der Weg zur Bewegungsinsel am Waldsee: Dort bringen stählerne Outdoor-Fitnessgeräte die Bizeps und Bauchmuskeln zum Juchzen. Nach ein paar Sit-ups mit Blick auf die hohen Tannenwipfel taucht man die Füße zur Abkühlung in den kühlen Bach nebenan.

Über die kleine Brücke, dann links halten in Richtung Jagdhäusle und Allee der Jahrhundertbäume.

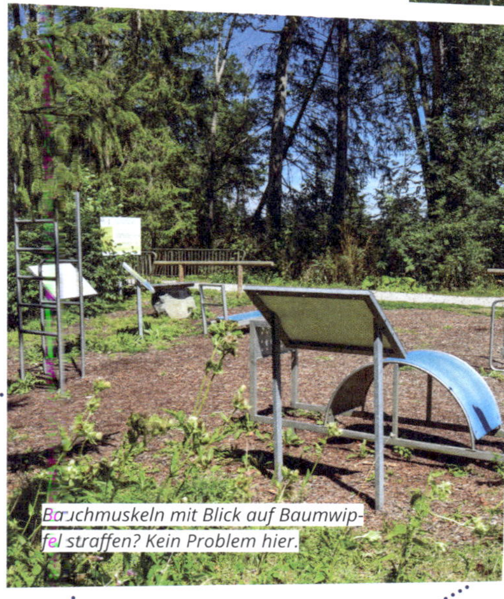

Bauchmuskeln mit Blick auf Baumwipfel straffen? Kein Problem hier.

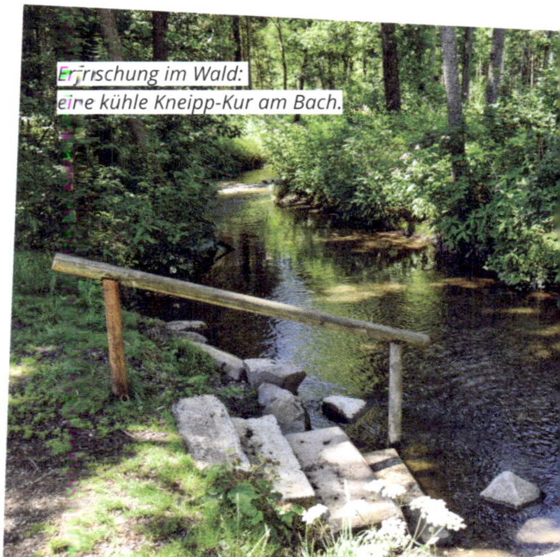

Erfrischung im Wald: eine kühle Kneipp-Kur am Bach.

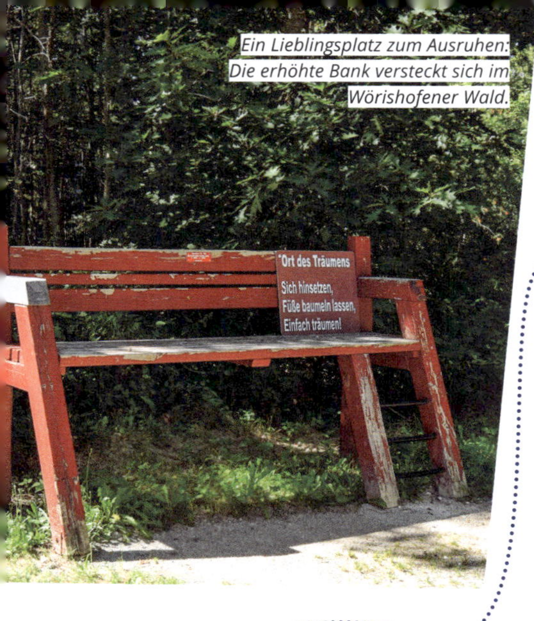

Ein Lieblingsplatz zum Ausruhen: Die erhöhte Bank versteckt sich im Wörishofener Wald.

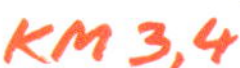

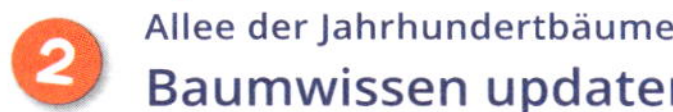

2 Allee der Jahrhundertbäume

Baumwissen updaten

Woran erkennt man eine Eibe? Oder eine Sandbirke? Der Sachkundeunterricht in der Schule liegt schon ein paar Jahre zurück – allerdings lässt sich das Waldwissen auf der Allee der Jahrhundertbäume prima auffrischen. Alljährlich wird ein Baum, der schon hier wächst oder neu angepflanzt wird, zum »Baum des Jahres« erkoren. Den Anfang machte 1990 die Buche. Wer findet sie zuerst, unweit ihrer Infotafel? Das Spiel lässt sich beliebig ausbauen … Ein kurzer Schlenker (80 Meter, Schild) führt zu einem Feuchtbiotop, über dem rote und blaue Libellen surren. Hier stehen, wie überall im Wörishofener Wald, nummerierte Bänke, falls man mal Hilfe rufen muss. Entlang der geteerten Baumallee sammelt ein Minirufbus müde Wanderer auf. Die Kurstadt lässt grüßen …

Dem Weg weiter folgen.

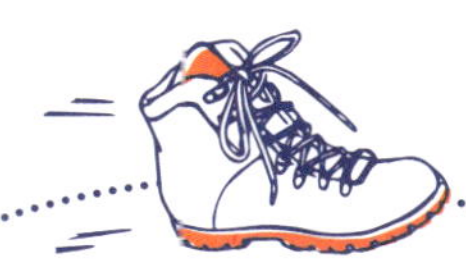

KM 4,9

3 Ort der Naturgeister

Trinkpause beim Lindwurm

Ein steinerner Lindwurm ragt aus dem Boden, im Sandkasten darf nach Gnomen gebuddelt werden und ein Troll hat alles im Blick. Nur was für die Kleinen? Keinesfalls! Am »Ort der Wald- und Naturwesen«, der unterwegs auch als »Ort der Naturgeister« ausgeschildert ist, haben alle ihren Spaß beim Bestaunen der fotogenen Skulpturen oder bei einer kurzen Trinkpause auf den Brotzeitbänken. Die kleine Lichtung wurde ausgewählt, da der Wald eine Brücke zu den Welten der Naturgeister sein soll.

Am Waldrand entlang, dann der schattenlosen Asphaltstraße linker Hand bergauf in einen kleinen Weiler folgen.

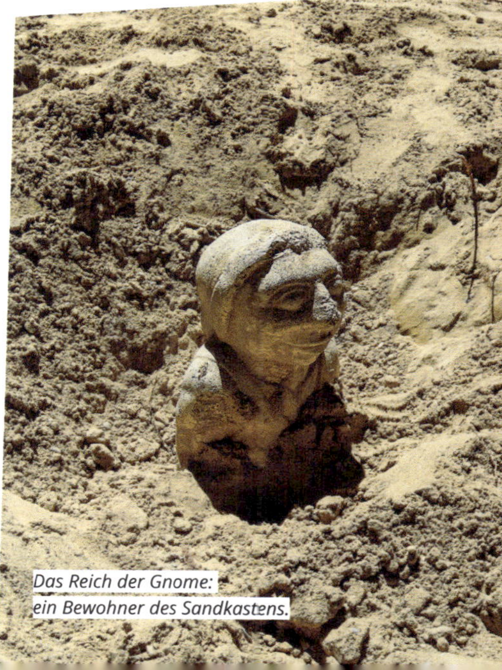

Das Reich der Gnome: ein Bewohner des Sandkastens.

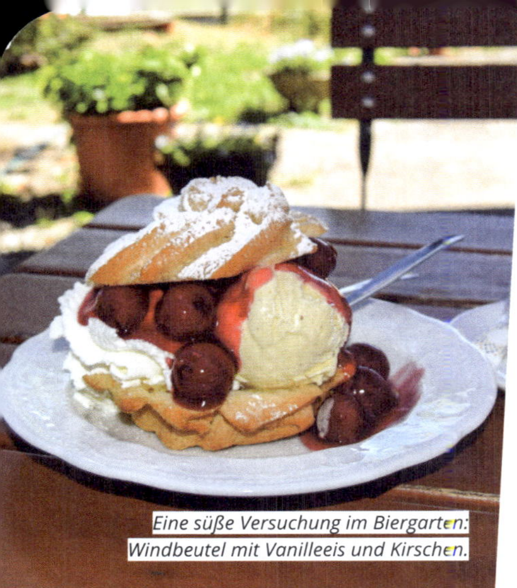

Eine süße Versuchung im Biergarten: Windbeutel mit Vanilleeis und Kirschen.

KM 5,7

4

Gasthof Hartenthaler Hof

Windbeutel mit Bergblick

Es gibt Gäste, die kommen von weit her, um hier (hartenthaler-hof.de) einzukehren – das verraten zumindest die Autokennzeichen auf dem Parkplatz. Ein Grund dafür liegt auf der Hand, pardon, steht auf fast jedem Tisch im Biergarten: Riesenwindbeutel mit Eis, Sahnehaube und Sauerkirschen getoppt. Zum Niederknien. Ein kurzes Päuschen danach muss sein: Auf den wellenförmigen Holzliegen am Parkplatz gegenüber lässt man den besten Ausblick der Tour auf sich wirken, Grünten und Zugspitze zeichnen sich bei schönem Wetter in der Ferne ab. Die Sitzbank nebenan wurde für Riesen gebaut: Sie ist so hoch, dass beim Sitzen selbst die Beine der Längsten noch in der Luft baumeln – da fühlt man sich gleich ein wenig leichter …

Rechts vom Gasthof den Teerweg hinaufgehen, dann rechts der Beschilderung »Ort des Ausblicks« zwischen den Weiden und später dem Schild »Versunkenes Schloss« folgen.

KM 9,7

5

Versunkenes Schloss

Erdwälle erkunden

Burgfräulein oder Burgherr auf Zeit? Auf die neue Rolle könnte man sich ja schon mal mit einem rituellen Kneipp-Fußbad mitten im Wald vorbereiten. Gleich ein paar Meter weiter könnte man dann das neue Domizil beziehen. Wenn es denn da wäre. Denn vom »Versunkenen Schloss« sind weder Zinnen, Zugbrücke noch Zofen zu sehen. Wie der Name schon erahnen lässt, ist der Bau heute verschwunden. Vermutlich war er aus Holz und nahm den gerade mal vier Meter hohen Hügel ein. Spannend ist, dass man heute noch die Erdwälle und Gräben, die das Schloss umgaben, gut erkennen kann – auch nach vielen Jahrhunderten.

Den Weg am Waldrand entlang nehmen, dann rechts in die Birkenallee einbiegen und bald darauf links in den Kurpark hinein.

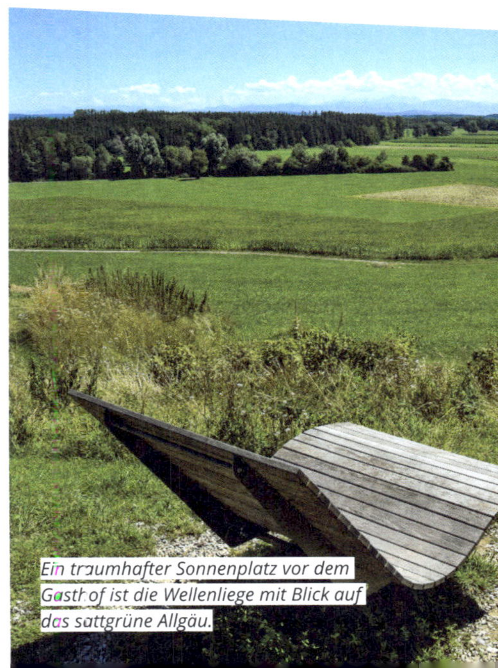

Ein traumhafter Sonnenplatz vor dem Gasthof ist die Wellenliege mit Blick auf das sattgrüne Allgäu.

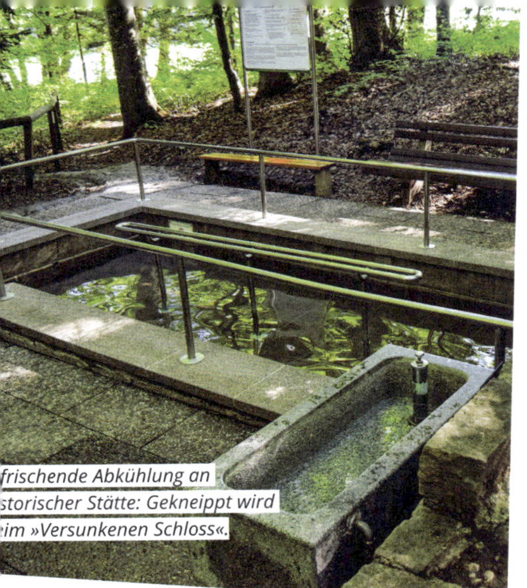

frischende Abkühlung an storischer Stätte: Gekneippt wird im »Versunkenen Schloss«.

EXTRA INFOS:

In der Heimat des »Wasserdoktors« Sebastian Kneipp gibt es an jeder Ecke klirrendkalte Wassertretbecken. Die Anlagen in der ● **Kurhaus-Pergola** oder jene mit Edelsteinlauf zwischen Kurpark und Innenstadt sind sogar überdacht – gut, um einen Regenschauer zu überbrücken.

Die ● **Gradieranlage** zwischen Kurpark und Innenstadt erinnert außen an einen japanischen Pavillon. Innen wird hingegen feinster Salzdampf versprüht. Einfach hinsetzen, Sole einatmen und entspannen!

KM 10,5

6 Barfußpfad im Kurpark

Spaß für die nackten Füße

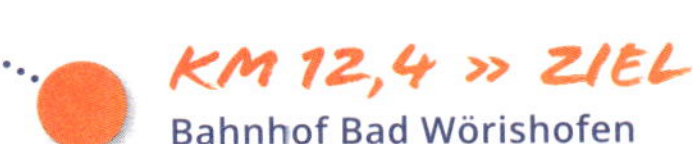

KM 12,4 » ZIEL

Bahnhof Bad Wörishofen

Schuhe aus, Socken abstreifen und eine Runde über den sinnlichen Barfußpfad hüpfen! Eigentlich beginnt der mit 1,5 Kilometer extralange Weg ja am anderen Ende des Parks, mit Kneipp-Fuß- und Armbecken sowie Schließfächern. Wer den Park jedoch von Süden her betritt, hat die Highlights gleich vor der Nase: ein spiralförmiges Bodenlabyrinth mit piksenden Zapfen und Steinchen (erstaunlich angenehm!), eine Matschgrube (der Gartenschlauch hängt nebenan!) und ein Stück weiter den Jakobsweiher mit Hängematte und feinstem Sand (wie am Meer!). Auf dem Weg zum Parkausgang schnuppert man sich noch durch Duft- und Heilkräuter, tiefrote Rosengärten und bunte Blumenbeete – ein schöner Ausklang.

Am Warmen Damm vorbei den Radwegen Richtung »Wiesbaden Bahnhof« folgen.

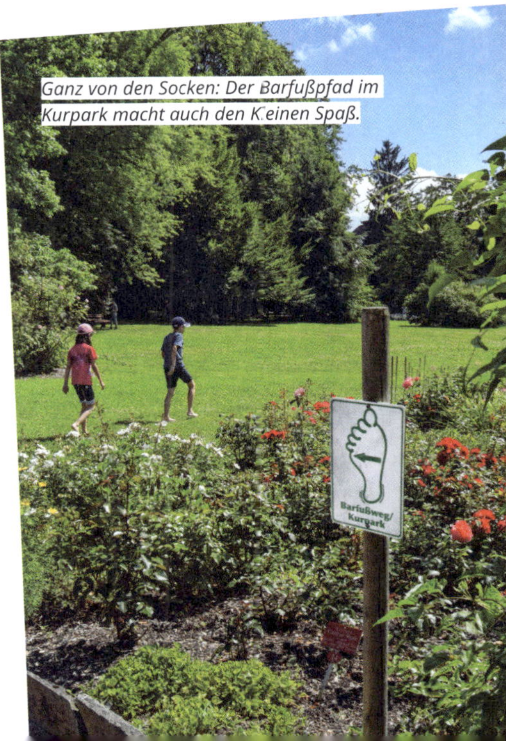

Ganz von den Socken: Der Barfußpfad im Kurpark macht auch den Kleinen Spaß.

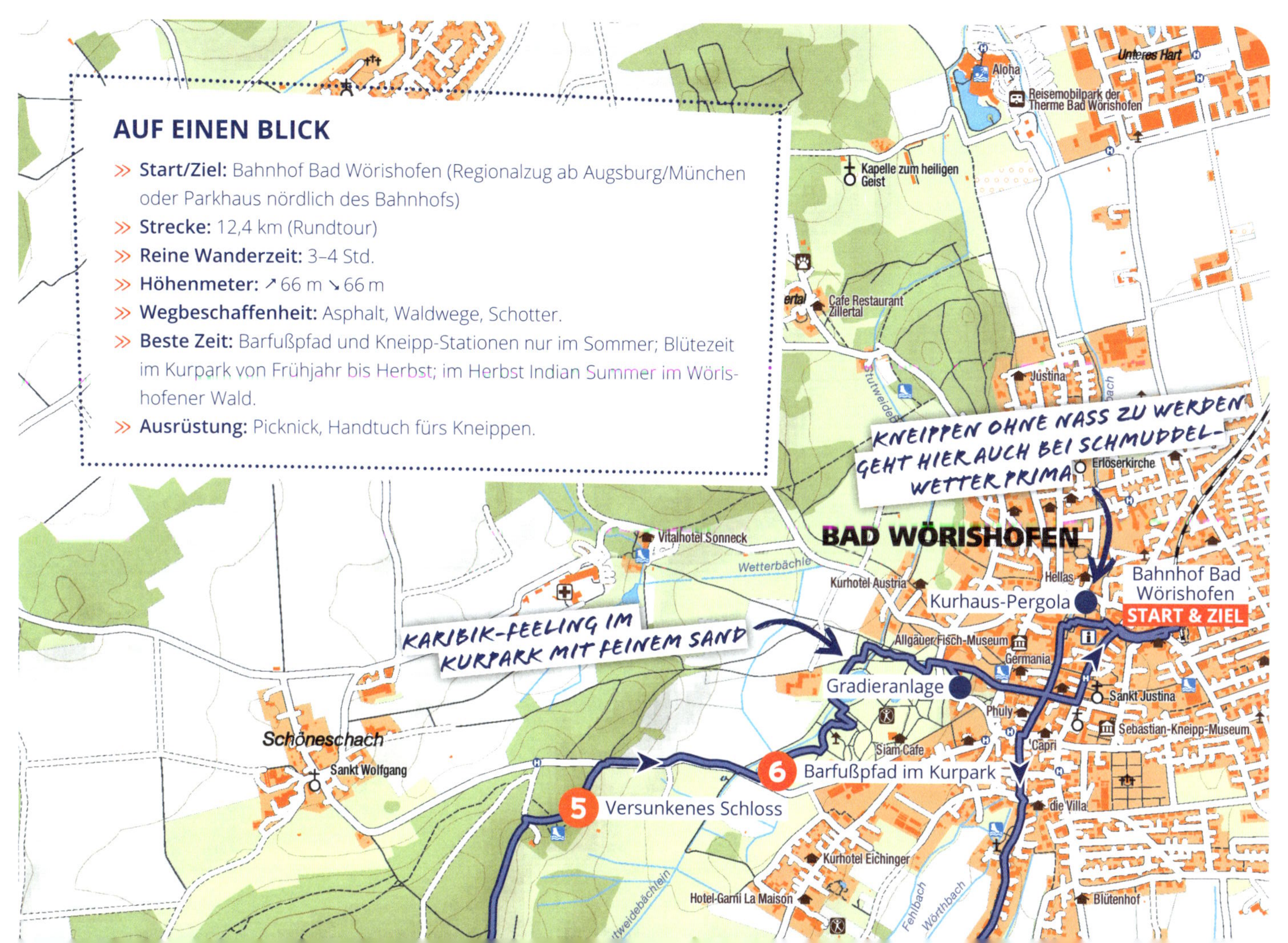

AUF EINEN BLICK

- » **Start/Ziel:** Bahnhof Bad Wörishofen (Regionalzug ab Augsburg/München oder Parkhaus nördlich des Bahnhofs)
- » **Strecke:** 12,4 km (Rundtour)
- » **Reine Wanderzeit:** 3–4 Std.
- » **Höhenmeter:** ↗ 66 m ↘ 66 m
- » **Wegbeschaffenheit:** Asphalt, Waldwege, Schotter.
- » **Beste Zeit:** Barfußpfad und Kneipp-Stationen nur im Sommer; Blütezeit im Kurpark von Frühjahr bis Herbst; im Herbst Indian Summer im Wörishofener Wald.
- » **Ausrüstung:** Picknick, Handtuch fürs Kneippen.

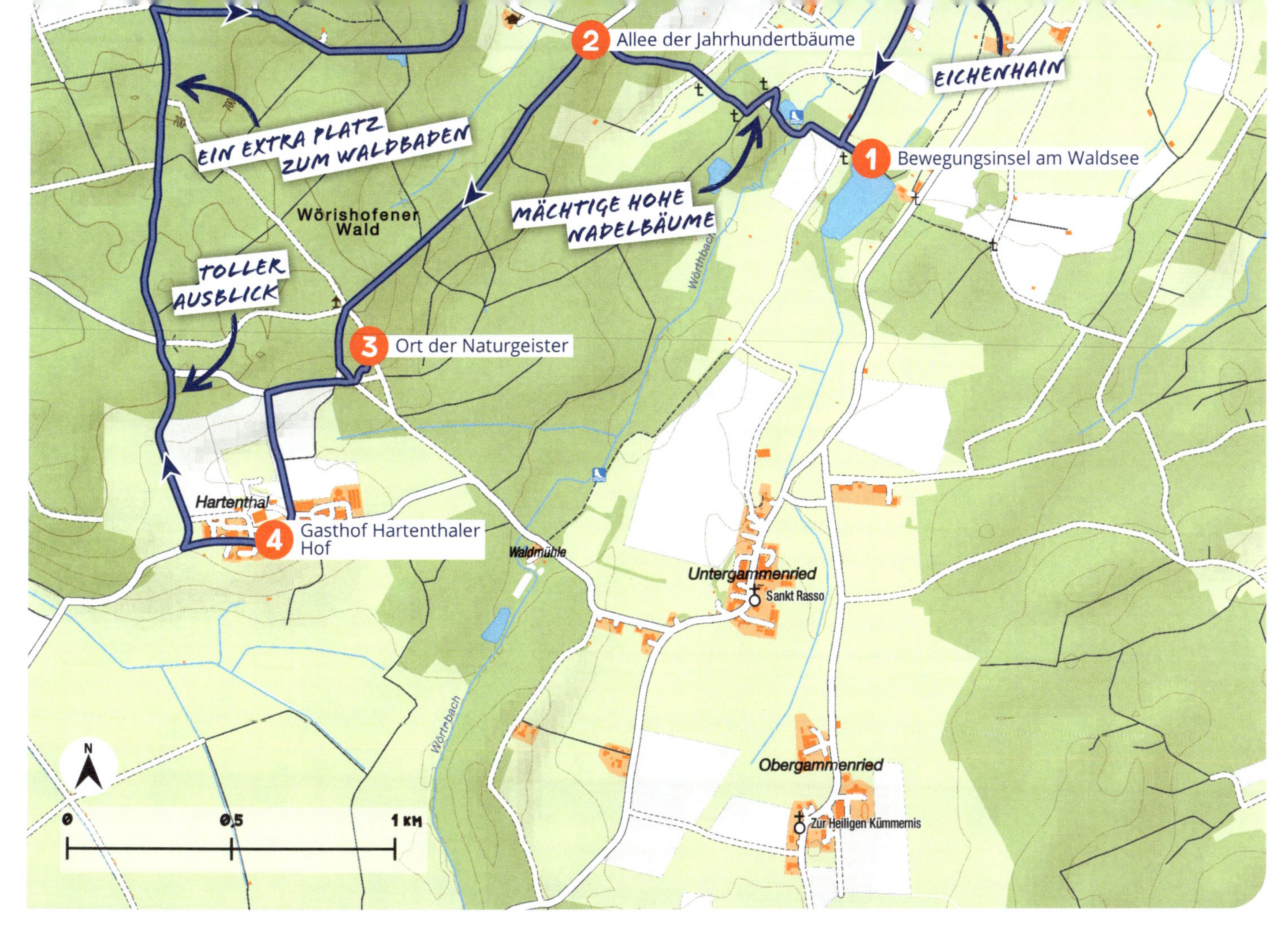

2 Allee der Jahrhundertbäume
EICHENHAIN
1 Bewegungsinsel am Waldsee
EIN EXTRA PLATZ ZUM WALDBADEN
MÄCHTIGE HOHE NADELBÄUME
Wörishofener Wald
Wörthbach
TOLLER AUSBLICK
3 Ort der Naturgeister
Hartenthal
4 Gasthof Hartenthaler Hof
Waldmühle
Untergammenried
Sankt Rasso
Obergammenried
Zur Heiligen Kümmernis
N
0
0,5
1 KM

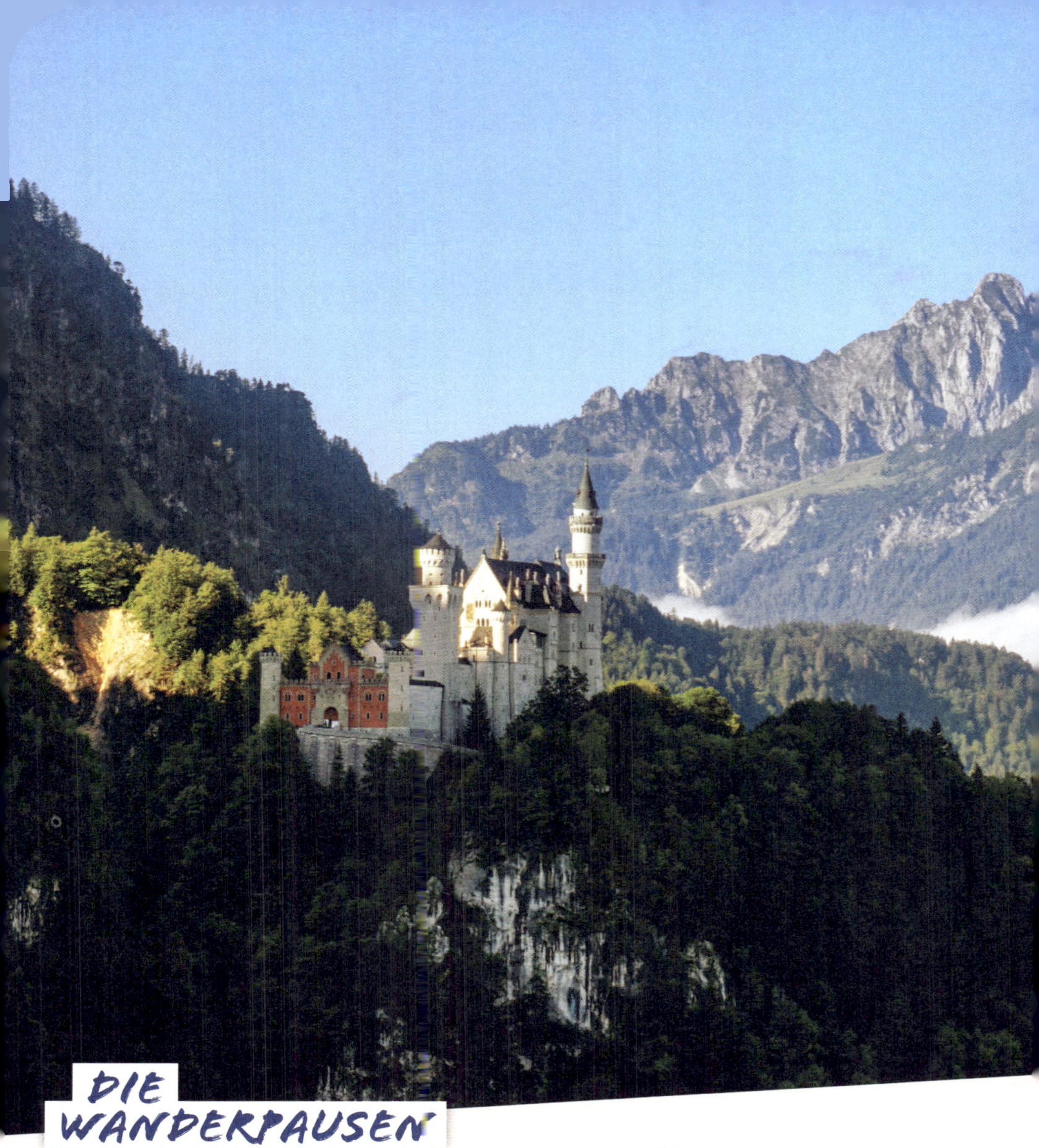

DIE WANDERPAUSEN

»START
Talstation Tegelbergbahn

KM 0,1
1 Aussichtspunkt Bergstation
Phänomenales Panorama

KM 1,2
2 Auf dem Kamm
Gämsen-Spotting

KM 8,6

Marienbrücke
Der Foto-Hotspot schlechthin

7

JENSEITS DES TRUBELS

Über den Tegelberg zum Schloss Neuschwanstein

Schloss Neuschwanstein ist das meistbesuchte Ausflugsziel Deutschlands, da kann es also ein rechtes Gedränge geben. Allerdings nicht, wenn man sich vom Tegelberg aus auf Bergpfaden dem Schloss von hinten nähert – schönste Ausblicke inklusive.

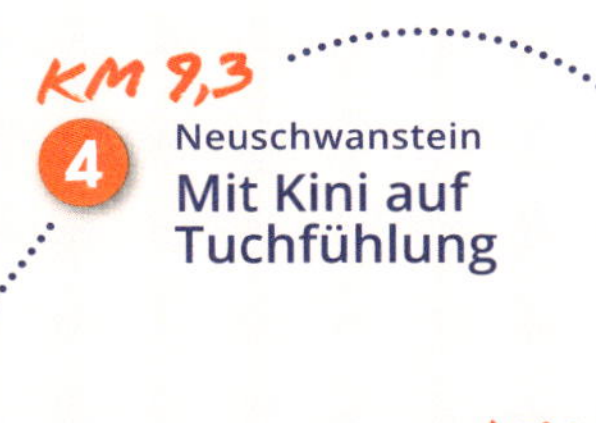

KM 9,3

4 Neuschwanstein
Mit Kini auf Tuchfühlung

KM 12,2

5 Reith-Alpe
Urige Einkehr

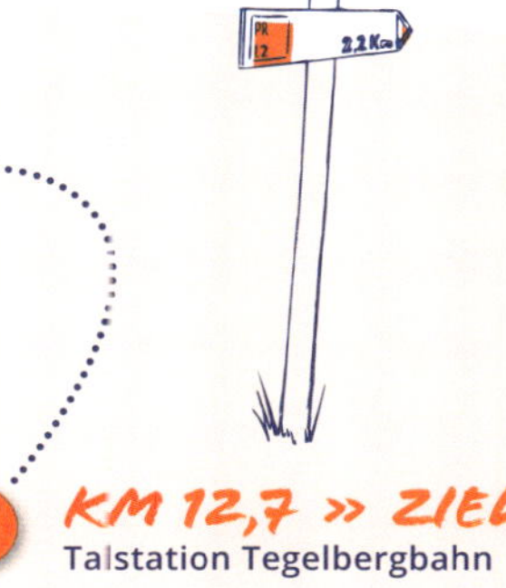

KM 12,7 » ZIEL
Talstation Tegelbergbahn

GEWALTIGE AUSSICHTEN …

… über Neuschwanstein, Hohenschwangau, den Alpsee und die Tannheimer Berge ermöglicht schon die Bergfahrt. Knapp 900 Meter gewinnt man mit der Tegelbergbahn an Höhe und am **Aussichtspunkt** gleich hinter der Bergstation blickt man in der anderen Richtung auf Füssen und den Forggensee. Mit den Holzbänken ist der Ort ideal für ein zweites Frühstück oder den mitgebrachten Kaffee.

Aber das Panorama ist nur das eine, das andere die Bergwelt selbst – denn sobald man auf dem schmalen Pfad in einer großen Kurve zum **Kammvorsprung** hinabwandert, ist es, als würde man von Bergen und Natur verschluckt. Mitwanderer gibt es, aber es sind zu wenige, um die Kulisse zu stören. Der Naturpfad zieht an der Hangkante leicht, aber stetig bergab, von den Steinen und dem Wurzelwerk lassen sich viele abschrecken. Völlig zu Unrecht, denn erst wo der Asphalt endet, beginnt der Zauber. Kaum ein Mensch nimmt einen derartigen Umweg nach Neuschwanstein in Kauf, also lässt sich die Ruhe umso mehr genießen.

ÜBER EINEN EINSAMEN NATURPFAD TAUCHT MAN IN DEN ZAUBER DER BERGWELT EIN

Bald schon erlebt man Schritt für Schritt, wie die alpine Flora sich ändert, schließlich in Bergwald übergeht, der dichter und dichter wird. Im Talboden angekommen hat man die Welt in Form eines Asphaltbands wieder. Doch die Bleckenaustraße ist lediglich ein Zubringer für die gleichnamige Hütte und nicht öffentlich. Geruhsam geht es an der Pöllat entlang in Richtung Schloss, von dem jedoch absolut nichts zu sehen ist – bis die **Marienbrücke** erreicht ist. Dort ist es mit der Ruhe unwiderruflich zu Ende, denn hier stehen die Menschen Schlange, um Selfies von sich und dem Schloss anzufertigen. Ein kurzes Stück rund um das Schloss **Neuschwanstein** herrscht richtig Betrieb, dann aber geht eine Abkürzung von der Straße ab und rechts an Hohenschwangau vorbei, bis die Pöllat wieder erreicht ist. Gekieste Spazierwege führen sanft hinüber zur **Reith-Alpe,** wo neben einer Brotzeit erneut Schlosspanorama wartet – besonders schön am Abend, wenn Neuschwanstein beleuchtet wird. «

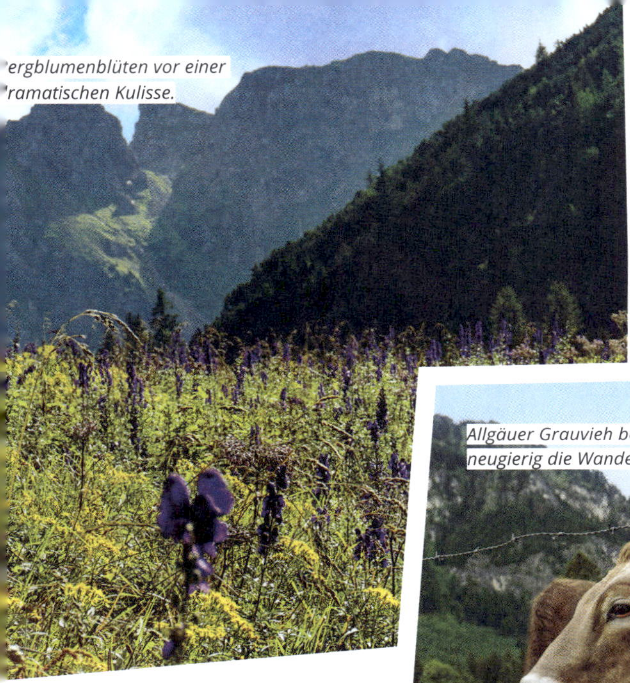

ergblumenblüten vor einer ramatischen Kulisse.

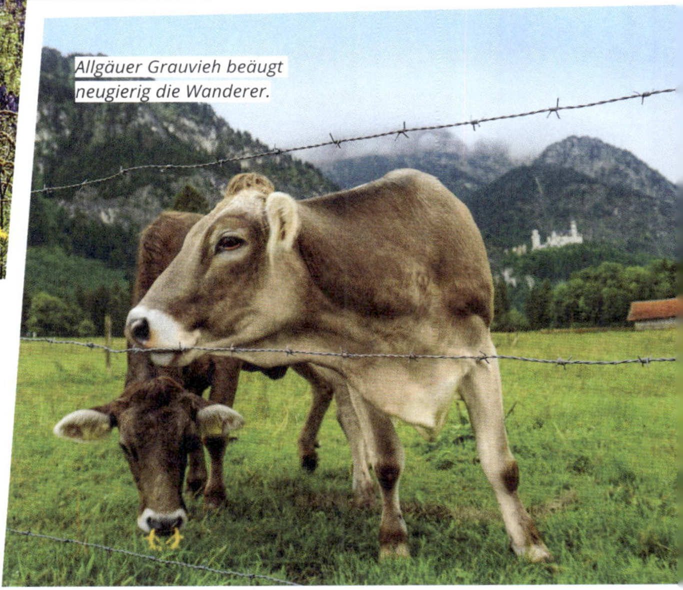

Allgäuer Grauvieh beäugt neugierig die Wanderer.

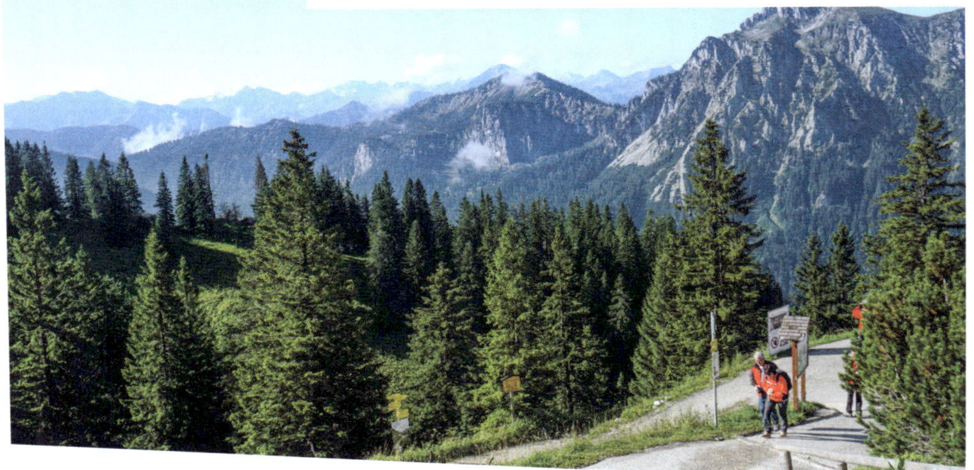

Auf Abwegen: Von der Bergstation geht es eigentlich nur noch runter.

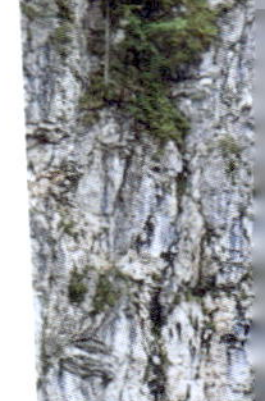

WANDERN & GENIESSEN

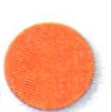

» START

Talstation Tegelbergbahn

Die Kabinenbahn bringt Ausflügler in zehn Minuten auf den Tegelberg – sagenhafte Aussicht auf Schloss Neuschwanstein inklusive.

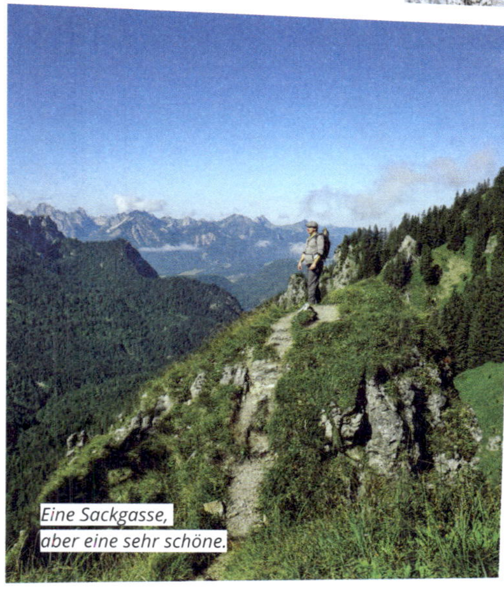

Eine Sackgasse, aber eine sehr schöne.

KM 0,1

Aussichtspunkt Bergstation

Phänomenales Panorama

Am besten nimmt man schon die erste Bergfahrt um neun Uhr früh, bringt sich sein Frühstück mit und picknickt dann am Aussichtspunkt. Dieser befindet sich gleich neben der Bergstation und das Panorama könnte nicht schöner sein: Vor einem liegt Füssen inmitten einer Seenlandschaft. Der Bannwaldsee im Vordergrund und der Hopfensee in der Ferne sind beide natürlichen Ursprungs. Nicht aber der mächtige Forggensee in der Mitte: Dort floss einst der Lech durch eine Auenlandschaft, bis der Fluss 1954 aufgestaut wurde. Den namensgebenden Weiler Forggen gibt es daher nicht mehr – nur im Winter, wenn der See abgelassen wird, treten die Fundamente der Bauernhäuser zutage.

Vom Aussichtspunkt ein paar Meter zurück zur Bergstation und von dort links in den Naturpfad Ahornreitweg einbiegen und diesem folgen.

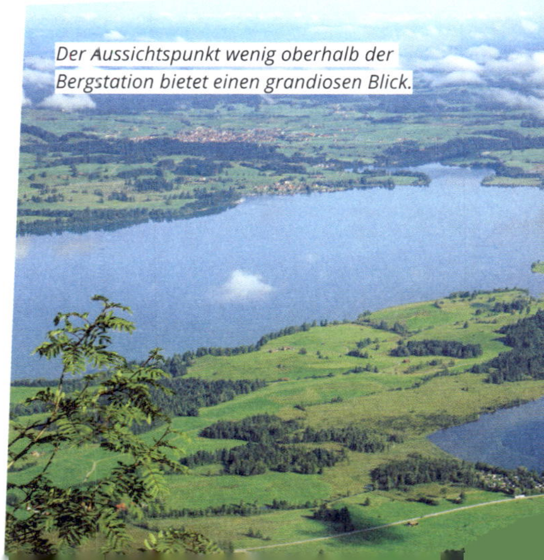

Der Aussichtspunkt wenig oberhalb der Bergstation bietet einen grandiosen Blick.

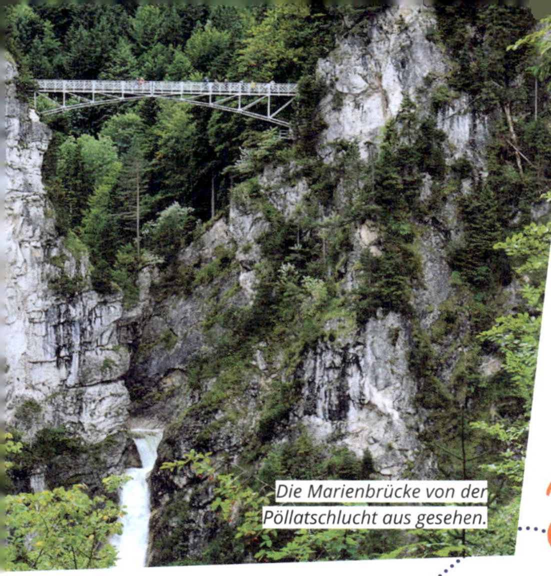

Die Marienbrücke von der Pöllatschlucht aus gesehen.

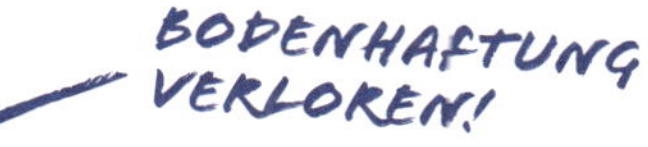

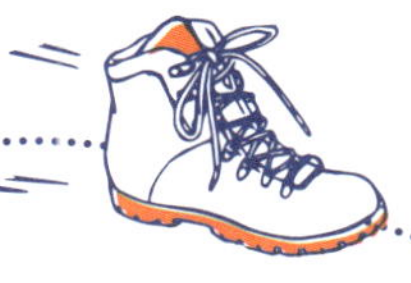

KM 1,2

2 Auf dem Kamm

Gämsen-Spotting

Der Pfad verläuft idyllisch am Hang durch Hochgebirgslandschaft, manchmal über Wurzeln und Steine, aber immer so sicher, dass man ihn auch mit größeren Kindern bewerkstelligen kann. Wer es ein wenig wilder mag, kann auf den Vorsprung hinüberklettern. Von dort sieht man zwar außer Bergwelt nicht viel – Neuschwanstein und Talboden kommen nicht in den Blick –, aber mit ein bisschen Glück und wenn man leise genug ist, kann man Gämsen beobachten, die herumkraxeln. Es braucht aber gar keine Unterhaltung und kein Fotomotiv: Allein der Ort selbst und seine relative Ausgesetztheit produzieren Glückshormone sowie die Erkenntnis, dass der Mensch angesichts der Berge doch sehr klein ist.

Dem alpinen Pfad weiter folgen, bis dieser sanft hinunterführt und auf die Asphaltstraße trifft. Auf dieser nach rechts weiter. Später zur Marienbrücke ebenfalls rechts abbiegen.

KM 8,6

3 Marienbrücke

Der Foto-Hotspot schlechthin

Die Marienbrücke schwebt in 90 Metern Höhe regelrecht über der Pöllatschlucht. Ursprünglich hatte König Maximilian II. sie aus Holz erbauen lassen und nach seiner Königin benannt – nicht nach der Jungfrau Maria, wie man im Allgäu schnell vermuten könnte. Königin Marie war selbst Bergsteigerin und berühmt dafür, mit ihren Söhnen und in Hosen unter dem Rock die Gipfel zu erklimmen. 1866 ersetzte einer der Söhne, Ludwig II., die Holzbrücke durch eine dauerhafte Eisenkonstruktion und beschrieb die sagenhafte Aussicht als »heilig und unnahbar«. Heute kommen jährlich etwa 1,5 Millionen Ausflügler genau dorthin, um den berühmten Blick zu erhaschen und Fotos zu schießen. So viele Menschen können sich schlecht irren, der Blick ist einfach phänomenal!

Von der Marienbrücke zurück auf den Hauptweg, dort nach rechts und direkt am Schloss vorbei.

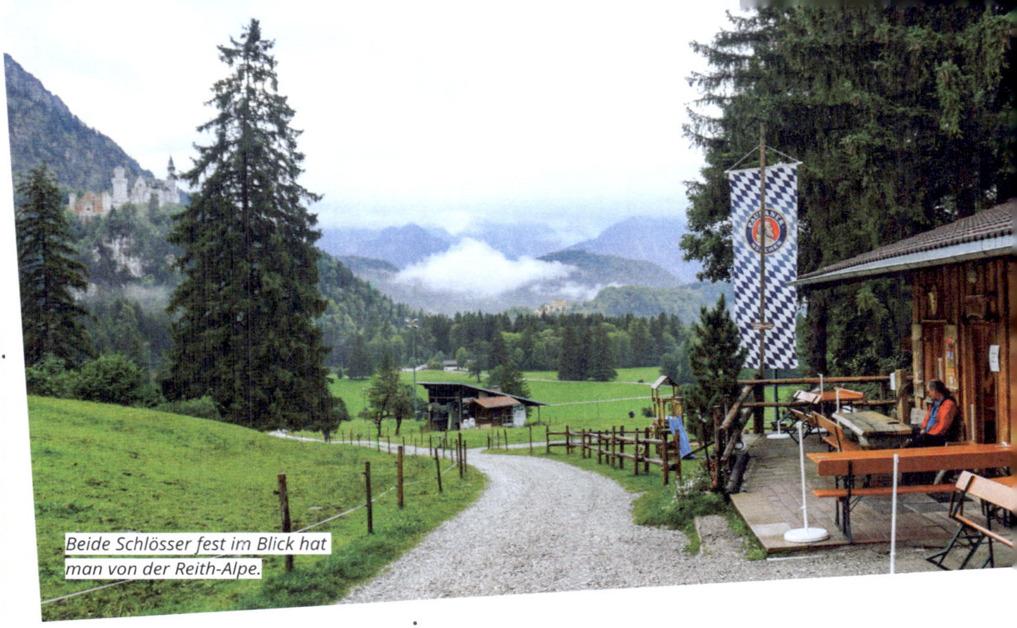

Beide Schlösser fest im Blick hat man von der Reith-Alpe.

KM 9,3

4

Neuschwanstein

Mit Kini auf Tuchfühlung

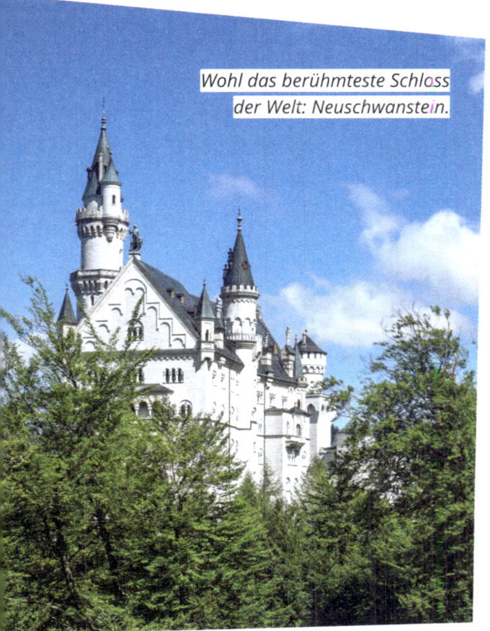

Wohl das berühmteste Schloss der Welt: Neuschwanstein.

Zur internationalen Ikone wurde Ludwigs Märchenschloss (neuschwanstein.de) insbesondere durch Walt Disney: Dieser ließ sich von den Türmchen und Erkern Neuschwansteins zu seinem Dornröschenschloss inspirieren. Ludwig II. (Kini) errichtete seinen Zufluchtsort ab 1869 nach eigenen Plänen und seiner Fantasie. Es ist dem Ideal einer mittelalterlichen Ritterburg nachempfunden und wurde gemäß dem Komfortbedürfnis des Bauherrn mit fließend Warmwasser und Zentralheizung ausgestattet! All das lässt sich auf einer Besichtigungstour in Augenschein nehmen – sofern man vorher reserviert hat und rechtzeitig eintrudelt.

Dem Hauptweg weiter Richtung Tal folgen, nach ein paar Hundert Metern die Abzweigung nach rechts durch den Wald nehmen bis hinunter zum Kiesweg. Dann diesem nach rechts folgen. Hinter der Gipsmühle nach rechts über die Pöllat.

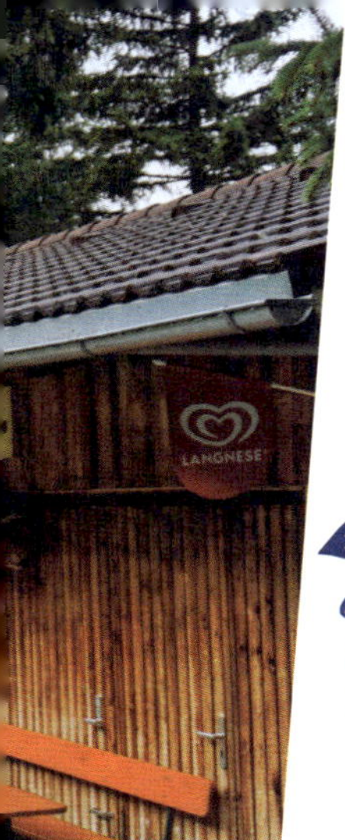

GLEICH ZWEI KÖNIGSSCHLÖSSER IM BLICK

EXTRA INFOS:

Insbesondere auf der Strecke von der Bergstation entlang der Hangkante gibt es mehr als nur ein Plätzchen zum Verweilen. Ein schöner Picknickplatz befindet sich zum Beispiel schon 300 Meter nach der Bergstation – das Ensemble aus Holzkreuz, Hütte und Aussicht nennt sich ● **Ort der Besinnung** und bietet einen optimalen Schutz an windigen Tagen.

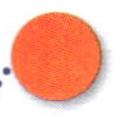

KM 12,7 » ZIEL

Talstation Tegelbergbahn

KM 12,2

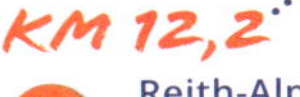

5 Reith-Alpe

Urige Einkehr

Die Reith-Alpe (reithalpe-schwangau.de) liegt fast direkt am Weg und bietet mehr als nur eine abschließende Einkehr. Das liegt am unmittelbaren Blick auf den Felssporn mit Neuschwanstein, das abends zauberhaft angestrahlt wird. Es gibt schlicht keinen schöneren Ort, um den Tag ausklingen zu lassen und im Wortsinne zurückzublicken. Die übervollen Jausenteller, das kühle Radler und die lockere Atmosphäre tragen zur Entspannung bei und auch dazu, nicht zu schnell aufbrechen zu wollen. Bis zum Parkplatz oder zur Busstation ist es nur ein Katzensprung, man kann sich also Zeit lassen ... und vielleicht den Geschichten vom Zechl Max lauschen – der ist Stammgast und war lange Jahre Fremdenführer auf dem Schloss.

Zur Talstation von der Reith-Alpe einfach rechts abbiegen, durch die Baumreihen und nach 100 Metern ist die Station in Sicht.

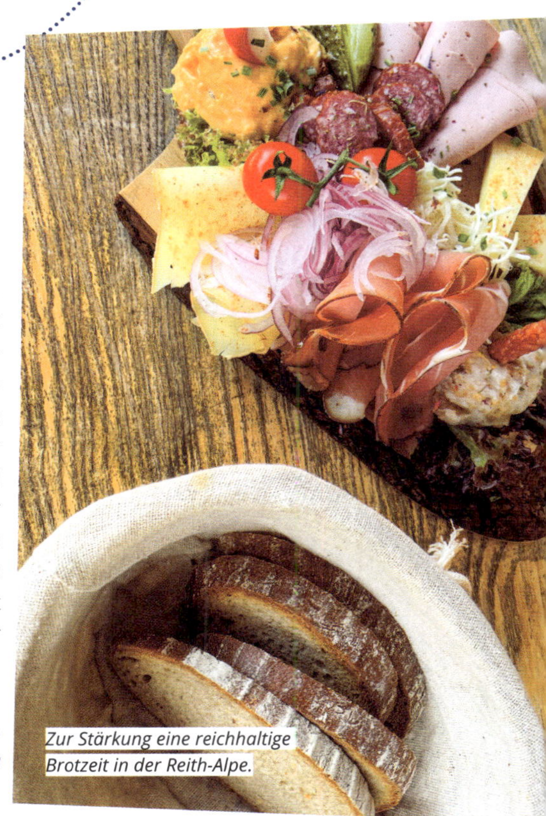

Zur Stärkung eine reichhaltige Brotzeit in der Reith-Alpe.

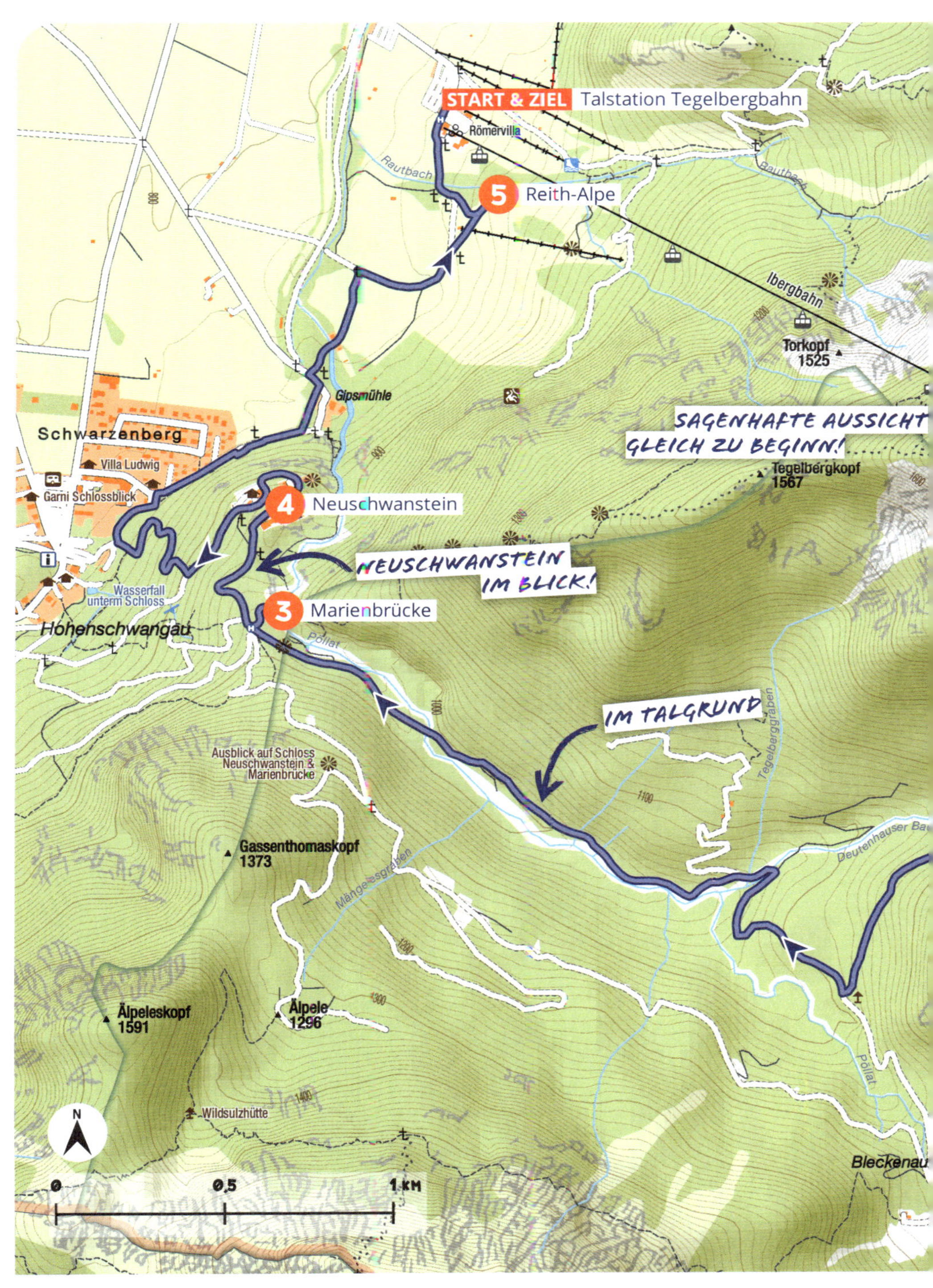

START & ZIEL Talstation Tegelbergbahn
Römervilla
Rautbach
5 Reith-Alpe
Ibergbahn
Torkopf 1525
Gipsmühle
Schwarzenberg
Villa Ludwig
Garni Schlossblick
SAGENHAFTE AUSSICHT GLEICH ZU BEGINN!
Tegelbergkopf 1567
4 Neuschwanstein
NEUSCHWANSTEIN IM BLICK!
Wasserfall unterm Schloss
3 Marienbrücke
Hohenschwangau
Pöllat
IM TALGRUND
Tegelberggraben
Ausblick auf Schloss Neuschwanstein & Marienbrücke
Gassenthomaskopf 1373
Mängelesgraben
Deutenhauser Bach
Älpeleskopf 1591
Älpele 1296
Pöllat
Wildsulzhütte
Bleckenau
N
0
0,5
1 KM

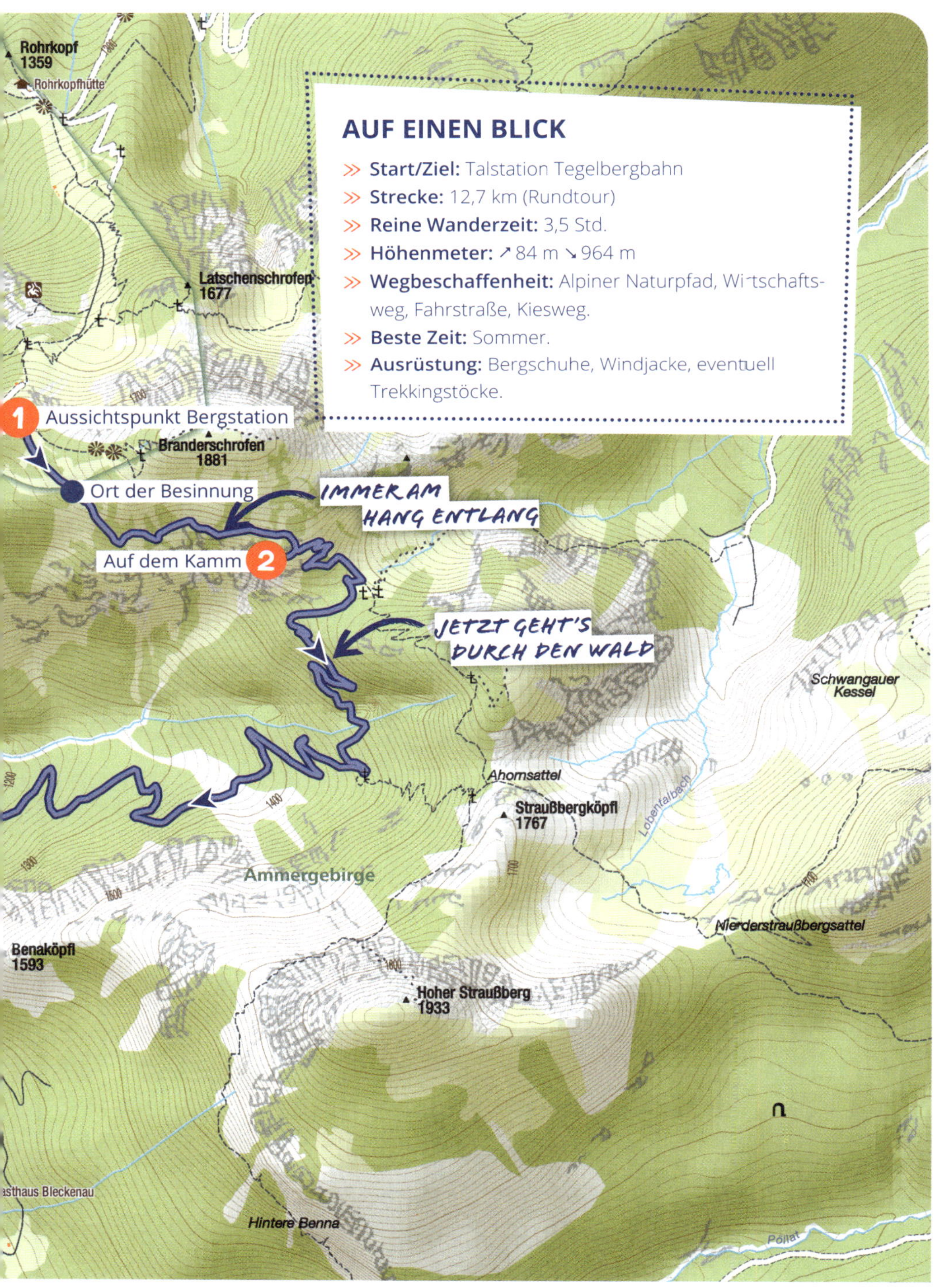

AUF EINEN BLICK

- **Start/Ziel:** Talstation Tegelbergbahn
- **Strecke:** 12,7 km (Rundtour)
- **Reine Wanderzeit:** 3,5 Std.
- **Höhenmeter:** ↗ 84 m ↘ 964 m
- **Wegbeschaffenheit:** Alpiner Naturpfad, Wi-tschaftsweg, Fahrstraße, Kiesweg.
- **Beste Zeit:** Sommer.
- **Ausrüstung:** Bergschuhe, Windjacke, eventuell Trekkingstöcke.

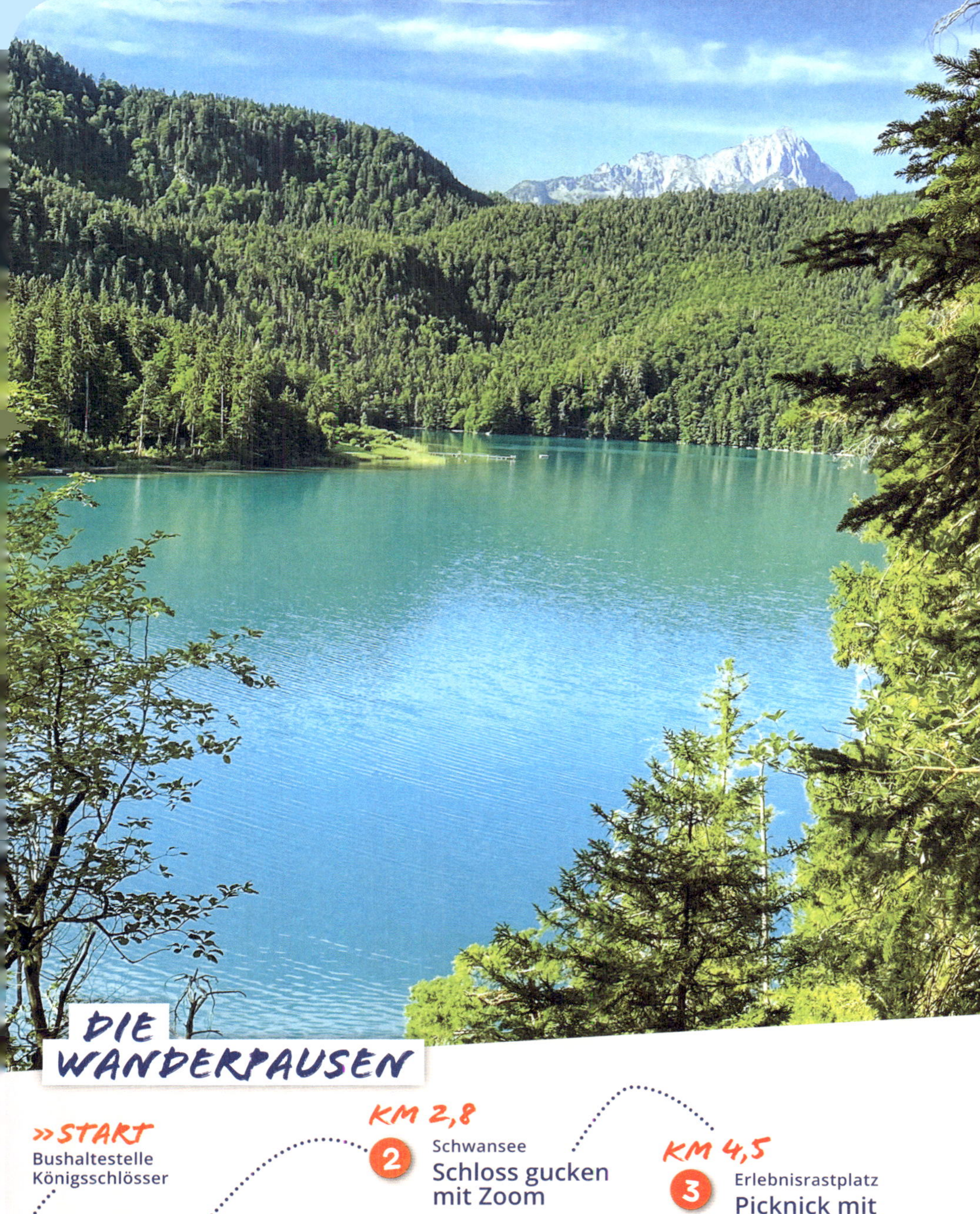

DIE WANDERPAUSEN

» START
Bushaltestelle Königsschlösser

KM 1,1
1 Pindarplatz
Drachengrüne Fototapete

KM 2,8
2 Schwansee
Schloss gucken mit Zoom

KM 4,5
3 Erlebnisrastplatz
Picknick mit Schwingungen

8

LIEBLING KALVARIEN-BERG

Vom Alpsee an den Lechfall bei Füssen

Ganz kurz nur ist es trubelig, dann entspannt sich das Auge am drachengrünen Alpsee, im Wald oder am Schilfufer des Schwansees. Ein Summstein sorgt für die richtigen Vibes und am Kalvarienberg kniet man nieder – und sei es nur wegen des wunderbaren Alpenblicks! Mega-Social-Media-tauglich: der Lechfall!

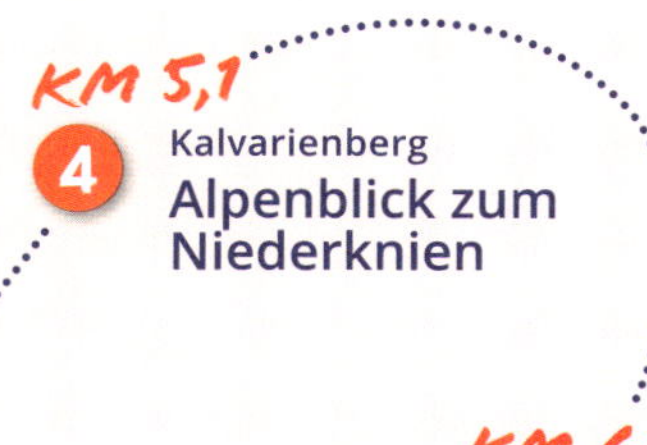

KM 5,1

4 Kalvarienberg
Alpenblick zum Niederknien

KM 6,1

5 Lechfall
Es rauschet der Fluss

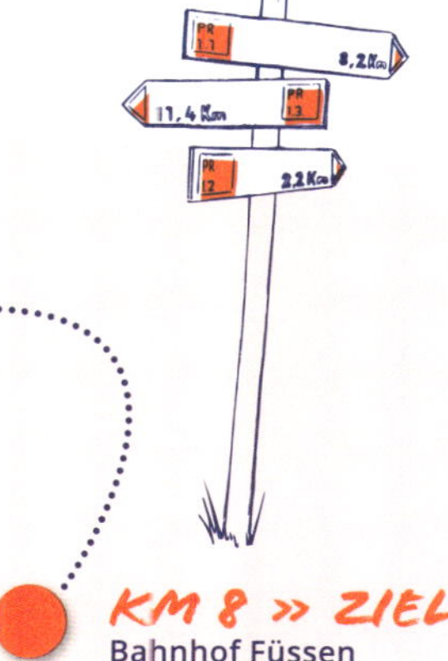

KM 8 » ZIEL
Bahnhof Füssen

RATZFATZ LEERT SICH …

… der Stadtbus in Füssen, sobald die Ansage das verheißungsvolle Wörtchen »Castles« abgespult hat. Zugegeben, beim Infozentrum mit dem großen Parkplatz an den Königsschlössern Neuschwanstein und Hohenschwangau ist man nicht alleine: Da ragt ein Reiseleiterschirm kerzengerade aus einer Menschentraube, dort traben Kutschpferde übers Pflaster und ein Schilderwald erinnert daran, die Eintrittskarte für die Schlösser unbedingt hier zu kaufen. Doch dorthin geht es auf dieser Tour gar nicht, sondern ganz entspannt am Ticket Center Hohenschwangau vorbei.

Oha! Schon wenige Meter weiter verpufft der Schlössertrubel. Stattdessen breitet sich der drachengrüne Alpsee wie eine Fototapete im Wald aus. Die überraschende Zahl der Selfiesticks an diesem Sommertag, gegen neun Uhr morgens, am **Aussichtspunkt Pindarplatz:** null! Es bleibt schön schattig auf dem Waldweg, der sich im Zickzack bergab zum **Schwansee** senkt. Am Wegrand blitzt immer wieder grauer Kalkstein hervor, der mal faustgroß ist, mal baumhoch. Ganz gemütlich geht es um den Schwansee mit seinem breiten Schilfgürtel herum.

WENN DER DRACHENGRÜNE ALPSEE AM WEG AUFTAUCHT, ERSCHEINT EINE FAST UNWIRKLICHE FARBE

Der Weg schlängelt sich an einem Minimeteoriten vorbei, in den Wald hinauf und führt zu einem **Picknickplatz mit Summstein.** Auf dem Waldweg zum **Kalvarienberg** darf man Steinehüpfen spielen, dort sichern Natursteine den steilen Waldweg. Oberhalb geht es an Stationskapellen zum Gekreuzigten, mit Rundumausguck zum Niederknien. Hinunter kommt man zur Hirschwiese mit kleiner Kapelle und Grotte – ein zauberhafter Platz.

Ein ganzes Stück sieht man Buchen, Tannen und Fichten im Wald, ehe man fast zum Grenzgänger wird: Ein blaues Schild mit einem gelben Sternenkreis erinnert daran, dass Österreich gleich ums Eck ist. So weit führt die Tour aber gar nicht, sondern nur bis zum Steg am **Lechfall.** Der Fluss wird ein kurzes Stück zum Begleiter, dann ist man auch schon in der Altstadt von Füssen mit der Barockbasilika Sankt Mang und dem Hohen Schloss.

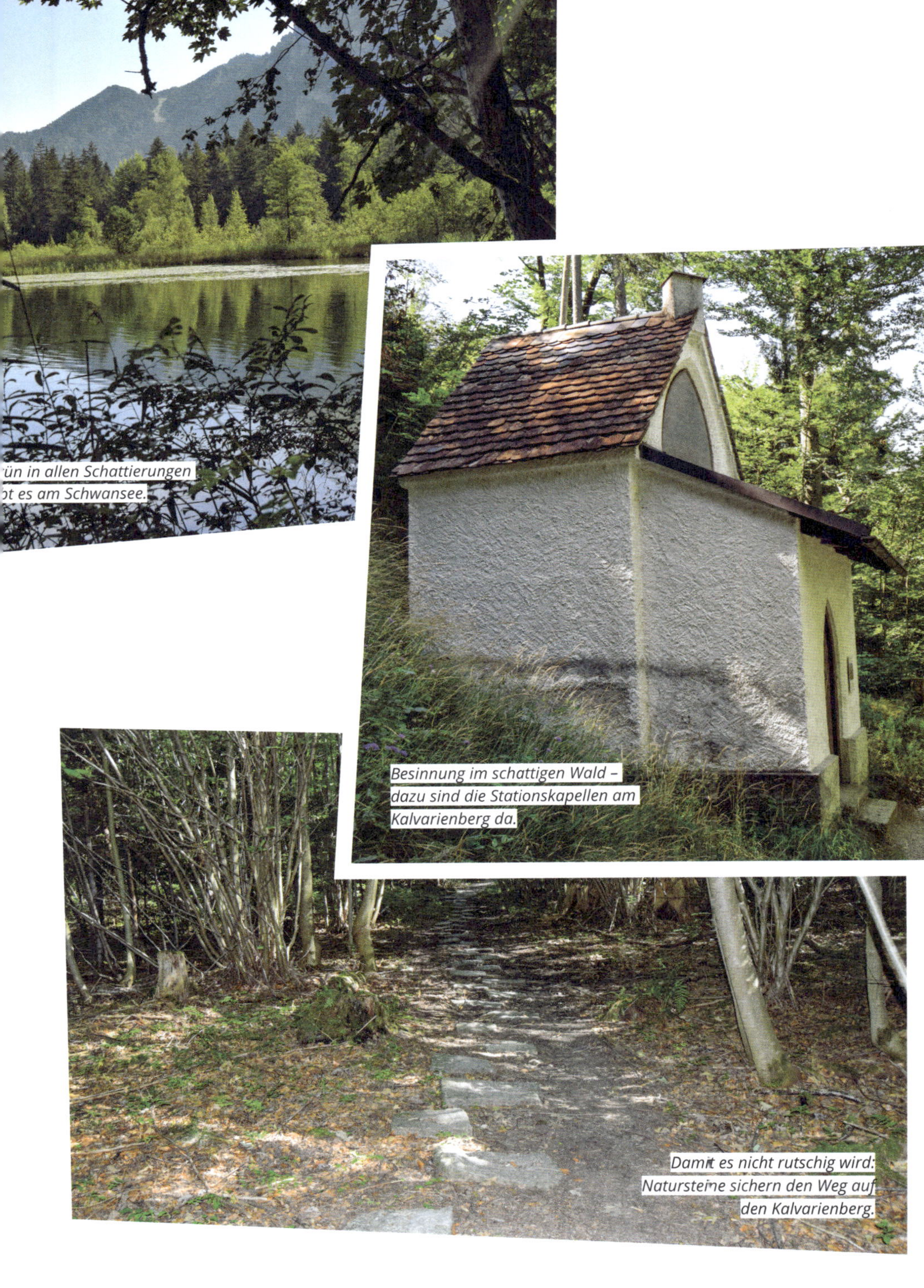

ün in allen Schattierungen
ot es am Schwansee.

Besinnung im schattigen Wald – dazu sind die Stationskapellen am Kalvarienberg da.

Damit es nicht rutschig wird: Natursteine sichern den Weg auf den Kalvarienberg.

WANDERN & GENIESSEN

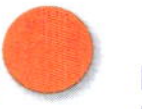

» START

Bushaltestelle Königsschlösser Hohenschwangau/Neuschwanstein

Am Ticket Center vorbeilaufen; am Alpsee wenige Minuten später rechts hinauf bis zum Pindarplatz (Beschilderung).

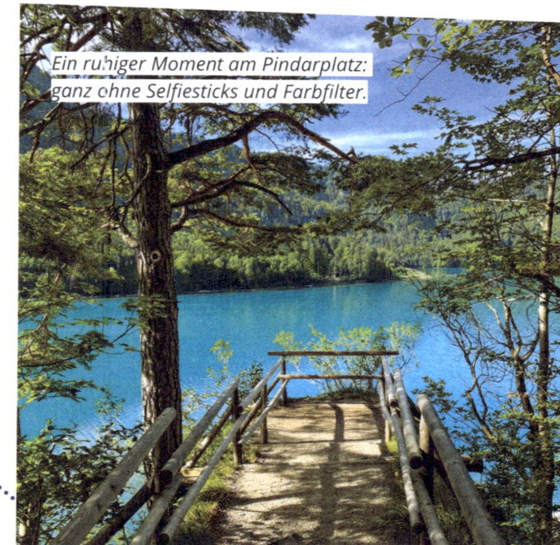

Ein ruhiger Moment am Pindarplatz: ganz ohne Selfiesticks und Farbfilter.

KM 1,1

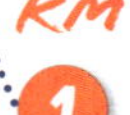

Pindarplatz

Drachengrüne Fototapete

Nein, da wurde kein Farbfilter draufgelegt. Der Alpsee wirkt auch in echt, als habe ein Drache beim Samstagsbad ein wenig abgefärbt. Die Kombi aus Wasser, Sonnenlicht und Kalkböden verleiht dem See seine magische Farbe. Am Aussichtspunkt Pindarplatz, auf einem Felsvorsprung am schattigen Hang, schwebt man etwa 30 Meter über dem See. Und der liegt einem hier, südlich von Füssen – ein wenig Wortspiel sei erlaubt – wirklich zu Füßen. Unbedingt genau hinschauen, denn dann erkennt man Schloss Neuschwanstein mit seinen pfeilspitzen Türmchen inmitten grüner Bergkulisse in der Ferne!

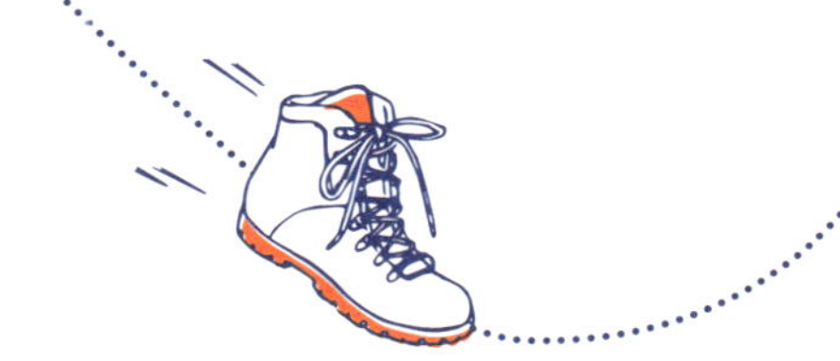

Den Weg ein Stück zurück und links in Richtung Schwansee abbiegen. Ein breiter Waldweg führt serpentinenartig nach unten, dort rechter Hand immer am Ufer entlang

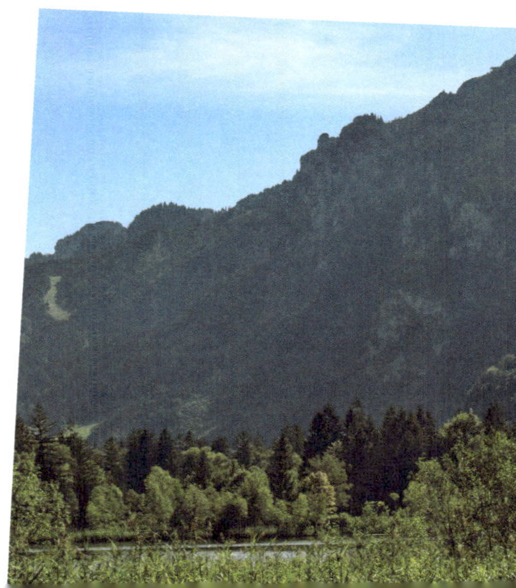

KM 2,8

2 Schwansee
Schloss gucken mit Zoom

Der Schwansee lässt tüllreiche Ballettszenen vor dem inneren Auge abspulen (mit dem »e« und »n« sind wir mal nicht so kleinlich). Statt Spitzen- gibt es hier jedoch erstmal den Ententanz, zumindest kreisen gerade ein paar Wasservögel über den See und am Schilfufer vorbei. Der Schwansee ist ein typischer Karstsee, der unterirdisch mit Wasser gespeist wird, auch von seinem größeren Nachbarn, dem Alpsee. Wer ihn umrunden will, muss strikt auf dem Uferweg bleiben, das fordern der Naturschutz und eine Hinweistafel. Am Nordwestufer dann: der perfekte Blick auf Schloss Hohenschwangau am Hang. Allerdings braucht es schon ein ellenlanges Kameraobjektiv zum Heranzoomen. Die Bildkomposition: vorne Schilf, dahinter Wasser, dann Nadelbäume und ganz hinten in der Ferne schließlich – das Schloss.

Von hier entfernt man sich vom Schwansee erneut in den Wald, dem Schild »Ziegelwies-Walderlebniszentrum« folgen und an der Abzweigung rechts halten.

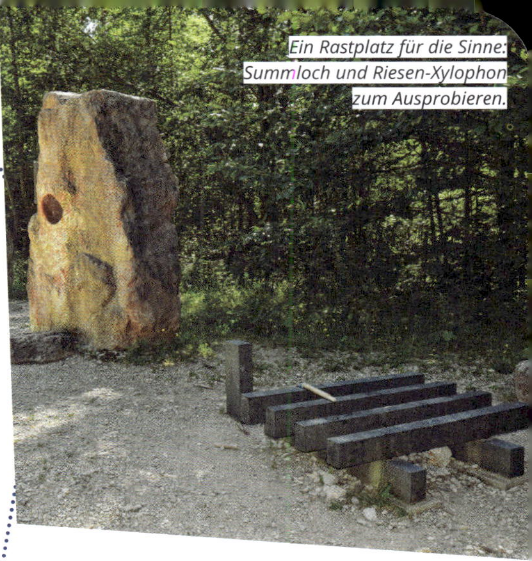

Ein Rastplatz für die Sinne: Summloch und Riesen-Xylophon zum Ausprobieren.

KM 4,5

3 Erlebnisrastplatz
Picknick mit Schwingungen

Ein Summstein für gute Vibes? Das ist so eine Art Hinkelstein mit Einhöhlung, in die man den Kopf steckt und ein wenig hineinsummt. Das »Ommm« vibriert dann und die Schwingungen sollen für neuen Schwung sorgen. Zumindest macht es Spaß, das mal auszuprobieren. Nebenan auf dem Erlebnisrastplatz: Dort lässt sich ein steinernes Ei, ein Megakoloss, mit nur geringem Kraftaufwand drehend in Bewegung versetzen. Experimentell ist auch ein xylophonartiges Lithophon, das Klänge erzeugt. An einer Felswand hängen Freikletterer an bunten Seilen. Im kleinen Pavillon am Platz auf der Lichtung heißt es, nachdem man alles ausgekundschaftet hat: Zeit für ein Picknick!

Direkt gegenüber dem Pavillon geht es steil durch den Wald hinauf, der Weg ist mit Natursteinpflaster rutschfest gemacht, in Richtung Kalvarienberg oben rechts halten.

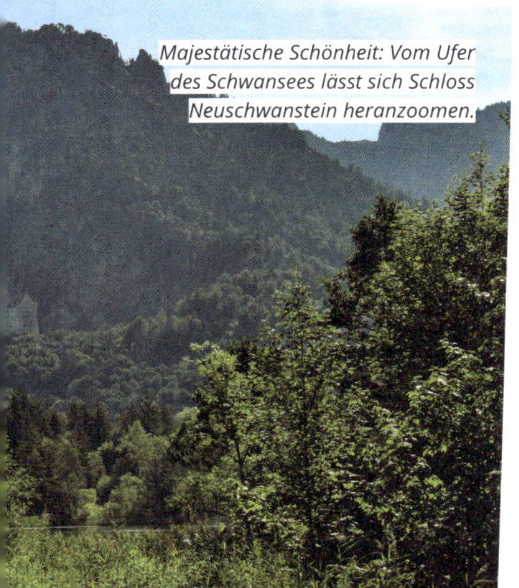

Majestätische Schönheit: Vom Ufer des Schwansees lässt sich Schloss Neuschwanstein heranzoomen.

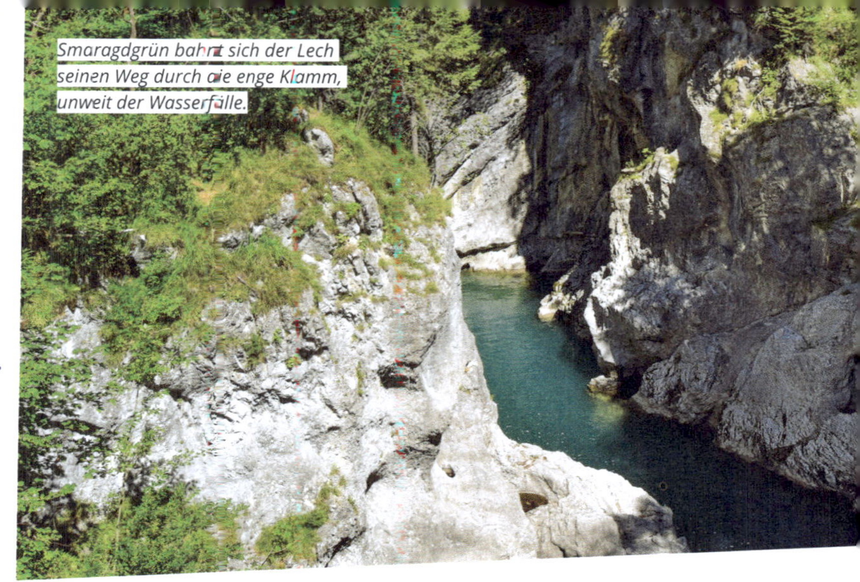

Smaragdgrün bahnt sich der Lech seinen Weg durch die enge Klamm, unweit der Wasserfälle.

KM 5,1

4

Kalvarienberg

Alpenblick zum Niederknien

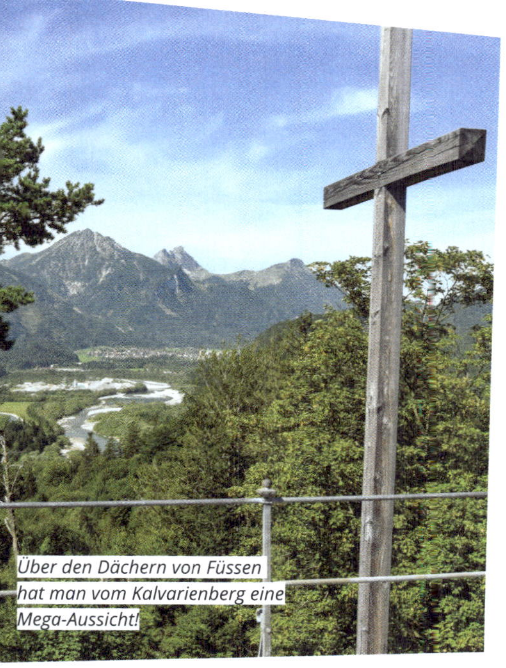

Über den Dächern von Füssen hat man vom Kalvarienberg eine Mega-Aussicht!

Der Weg nach oben ist niemals ein leichter, das ist wohlbekannt und wird auch auf dem Kalvarienberg sofort klar. In diesem Fall geht es steil treppauf, auf schmalen Stufen – dafür mit Handlauf. Immer schön nach unten schauen, vor allem bei Gegenverkehr – und den gibt es hier. Erst ganz oben, bei der Kreuzigungsgruppe mit den drei Kreuzen, die Belohnung: ein traumhaftes Panorama zum Niederknien! In eine Richtung erstreckt sich Füssen mit roten Ziegeldächern, rundherum die Berge und auch die beiden Märchenschlösser dürfen nicht fehlen. Wer Fernglas oder Zoom zur Hand hat, sieht sie noch besser.

Wieder hinunter, links halten, die Hirschwiese mit der vanilleeisgelben Kapelle überqueren und linker Hand in Richtung Lechfall/Maxsteg abbiegen.

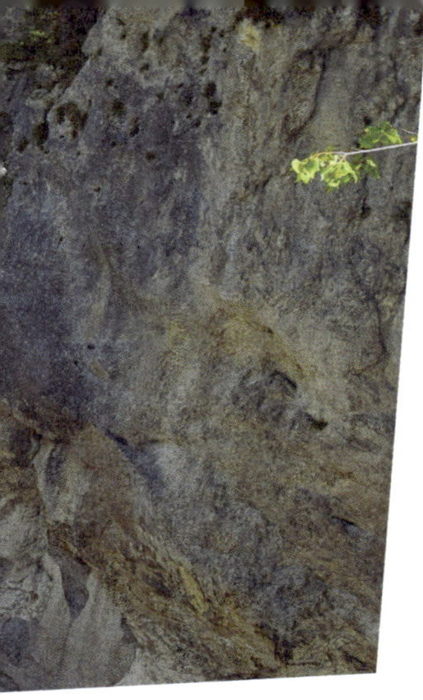

EXTRA INFOS:

Südlich des Lechfalls, wo früher ein Schlagbaum die beiden Nachbarländer trennte, begeistert das ● **Walderlebniszentrum Ziegelwies** (walderlebniszentrum.eu; ungefähr 600 Meter südlich des Maxstegs/Lechfalls der B17 folgen) mit Baumkronenweg, Bergwald- oder Auwaldpfad für die ganze Familie. Im Waldimbiss kann man sich bei Kuchen, Eis oder Brotzeit stärken.

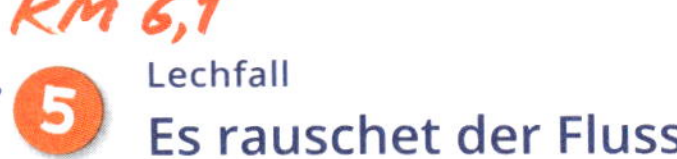

KM 6,1

5 Lechfall

Es rauschet der Fluss

KM 8 » ZIEL

Bahnhof Füssen

Fünf Stufen lassen es gewaltig rauschen: Der Lechfall ist ein zwölf Meter hohes Stauwehr in einer Klamm, über das tosende Wassermassen in voller Breite hinabstürzen. Hier spürt man die Kraft der Natur so richtig! Am besten sichert man sich auf dem Maxsteg einen Platz, um das türkisblaue Farbenspiel auf der einen und die Klamm auf der anderen Seite zu bestaunen. Das Wehr wurde übrigens schon vor über 250 Jahren in den Fels gebaut. Sein Namensgeber, König Maximilian II., wacht als Büste in einer Nische über das Gewimmel auf »seinem« Steg.

Über den Steg den Fluss überqueren, treppauf und immer am Ufer halten, bis das Hohe Schloss und die Altstadt von Füssen linker Hand auftauchen.

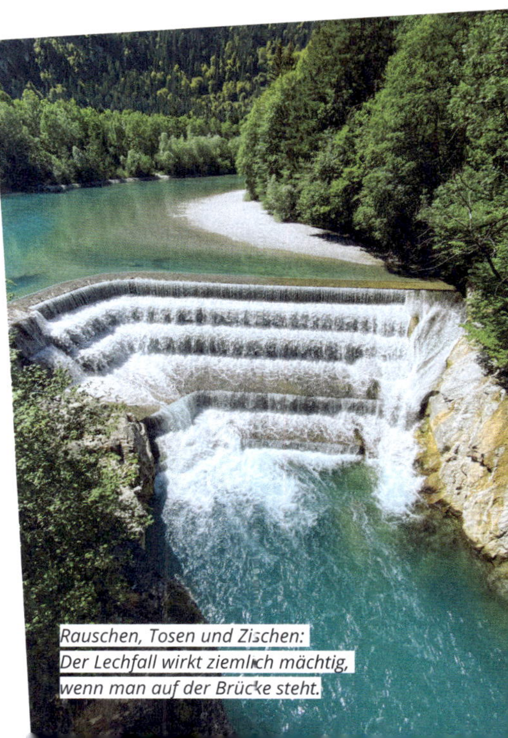

Rauschen, Tosen und Zischen: Der Lechfall wirkt ziemlich mächtig, wenn man auf der Brücke steht.

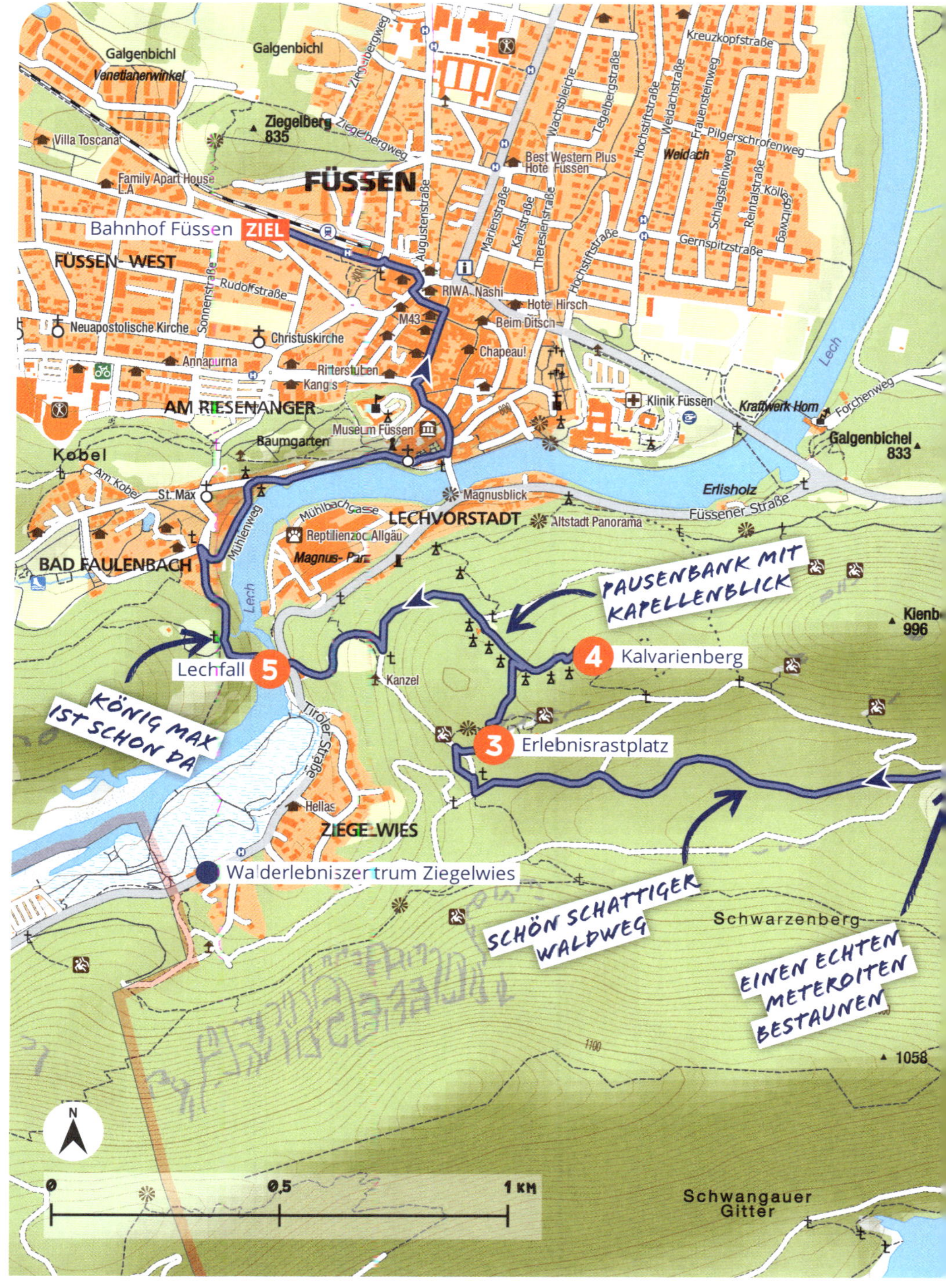
Bahnhof Füssen ZIEL
FÜSSEN
Pausenbank mit Kapellenblick
4 Kalvarienberg
5 Lechfall
König Max ist schon da
3 Erlebnisrastplatz
Walderlebniszentrum Ziegelwies
Schön schattiger Waldweg
Einen echten Meteoriten bestaunen
Schwarzenberg
Schwangauer Gitter
0
0,5
1 km

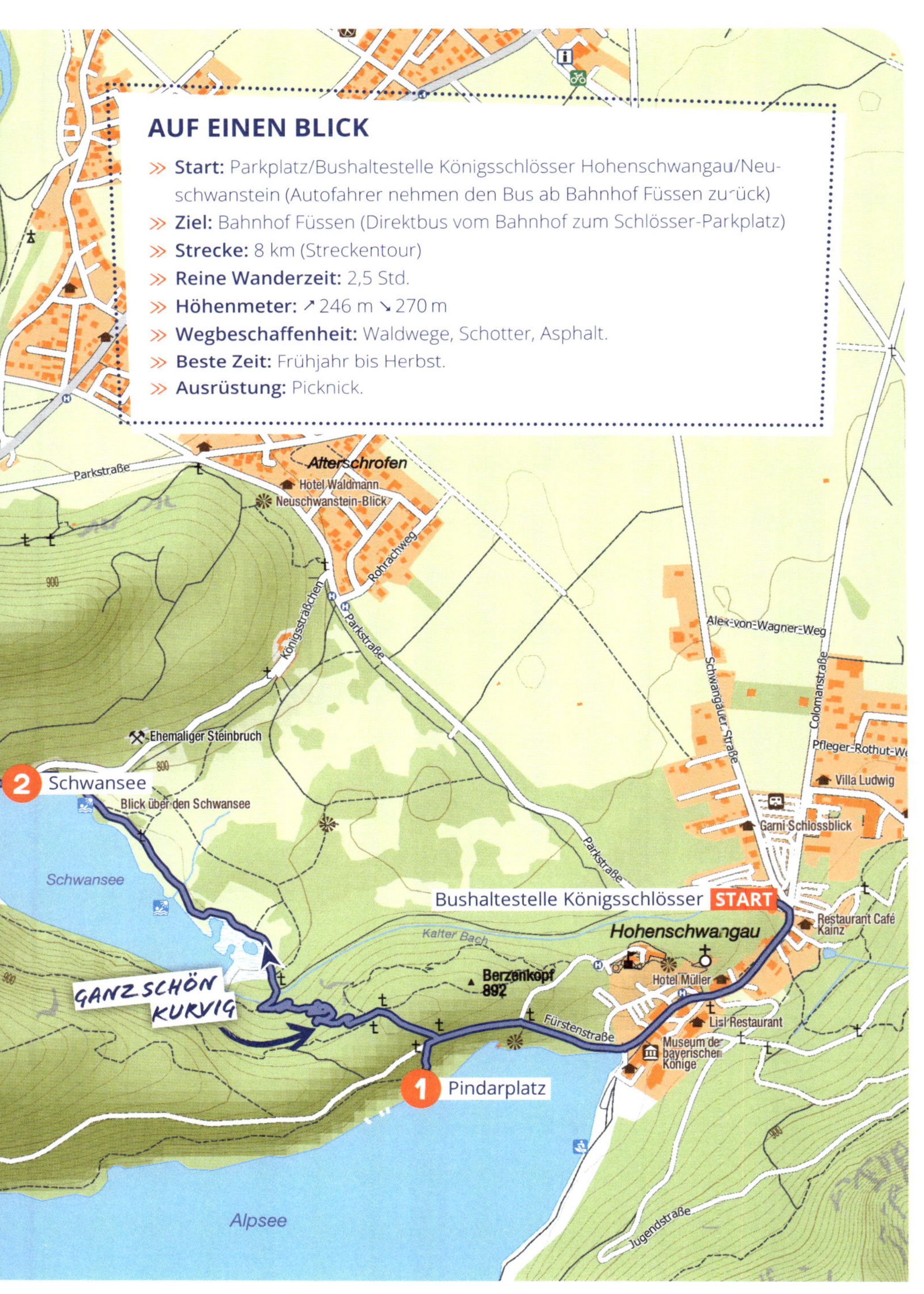

AUF EINEN BLICK

» **Start:** Parkplatz/Bushaltestelle Königsschlösser Hohenschwangau/Neuschwanstein (Autofahrer nehmen den Bus ab Bahnhof Füssen zurück)
» **Ziel:** Bahnhof Füssen (Direktbus vom Bahnhof zum Schlösser-Parkplatz)
» **Strecke:** 8 km (Streckentour)
» **Reine Wanderzeit:** 2,5 Std.
» **Höhenmeter:** ↗ 246 m ↘ 270 m
» **Wegbeschaffenheit:** Waldwege, Schotter, Asphalt.
» **Beste Zeit:** Frühjahr bis Herbst.
» **Ausrüstung:** Picknick.

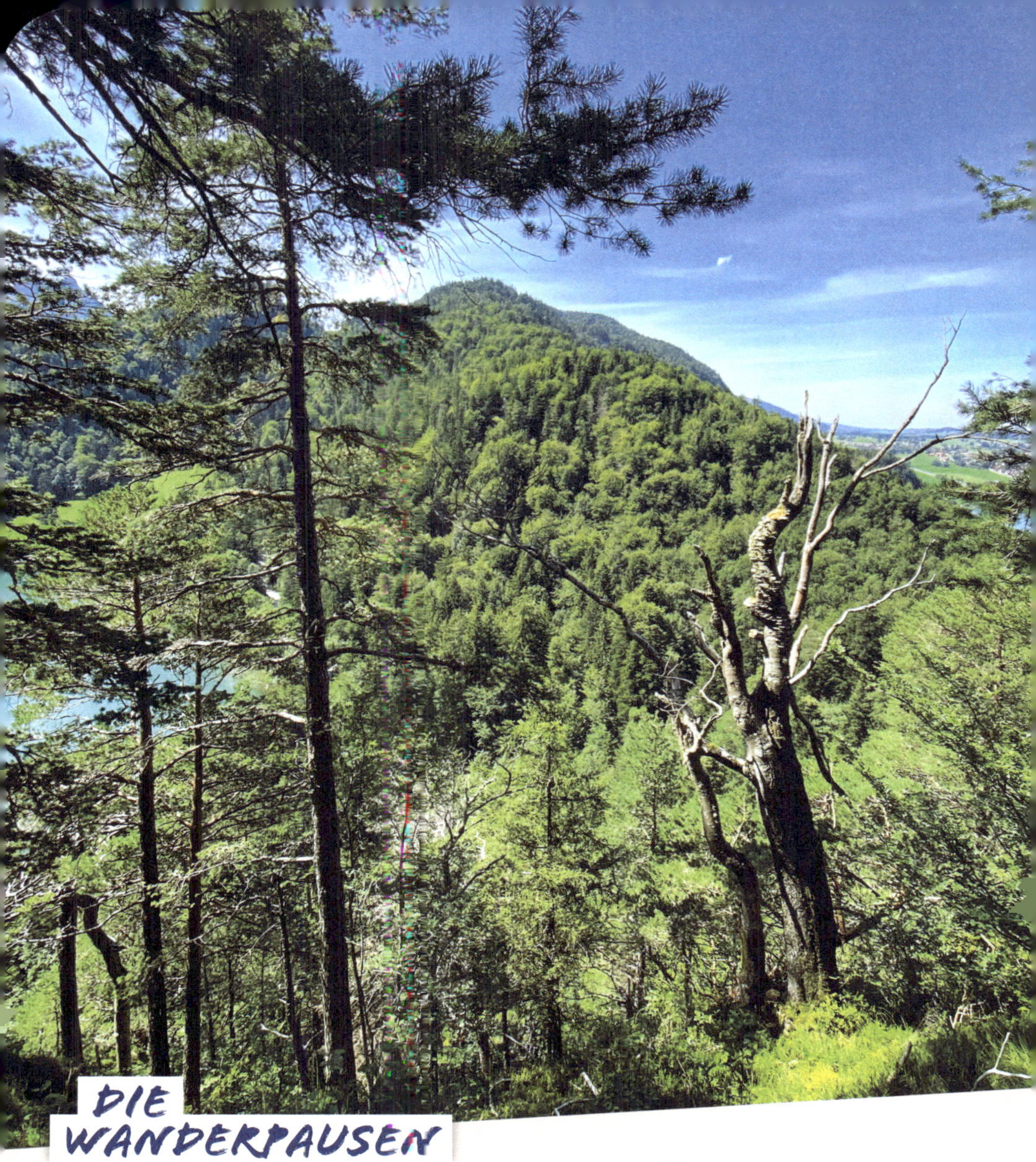

DIE WANDERPAUSEN

» START
Bahnhof Füssen

KM 1,7

1 Fischhauswiese
Nur nicht die Füße verknoten

KM 2,1

Kneipp-Wiese
Es blubbert in der Flasche

KM 2,4

Mittersee
Ein Badeplätzchen für alle

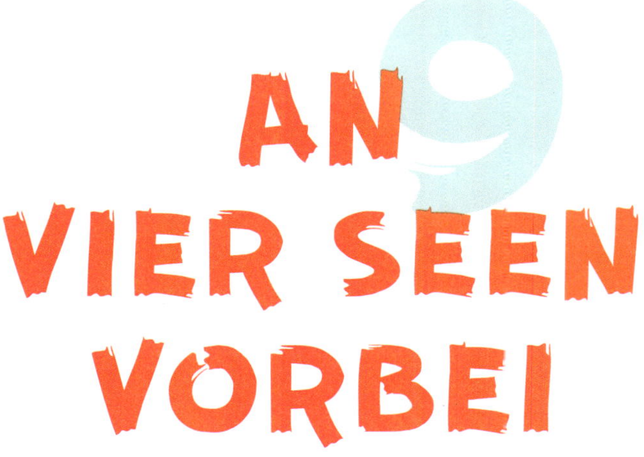

AN VIER SEEN VORBEI

»Tal der Sinne« und Seen ab Bad Faulenbach

Bei Schönwetter kommt diese Tour so richtig groß raus, denn es gibt Schatten, Wald und Badeseen. Im »Tal der Sinne« geht es genussvoll los, an vier Seen vorbei und über weichen Waldboden nach Füssen zurück.

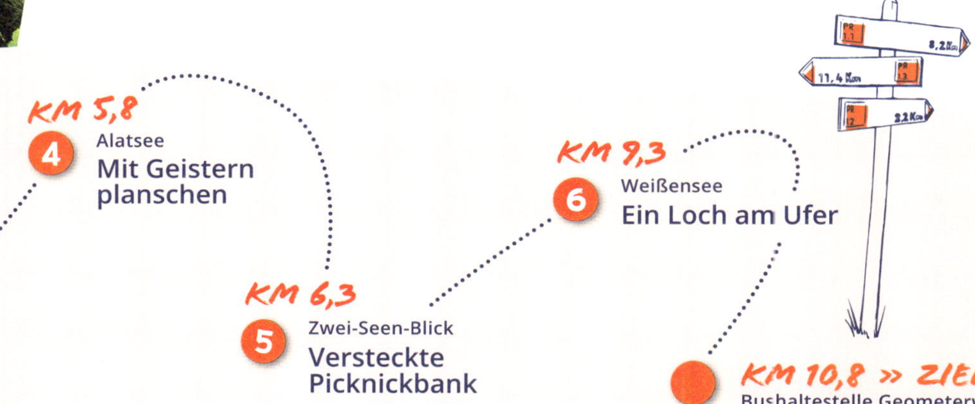

GANZ GEPFLEGT FAUL ABHÄNGEN …

… in Bad Faulenbach? Das geht in dem fast autofreien, grünen Tal im Westen von Füssen. Eine Viertelstunde Fußmarsch, am Kloster Sankt Mang vorbei, sind es aus der Altstadt hierher. Recht ungewöhnlich beginnt die Tour dann, nämlich mit einer großen Portion Entschleunigung: Im »Tal der Sinne«, auf der **Fischhauswiese,** duften Alpenkräuter, nackte Füße waten durch wohlig-warmen Matsch und für die Ohren gibt es ein Vogelkonzert. Der Erholungsmoment setzt sich nur wenige Fußminuten weiter fort: auf der **Kneipp-Wiese** und an der alten Skischanze vorbei. Alles ausprobiert? Dann noch kurz auf die Wellenliegen am Gipsbruchweiher, ein wenig Sonne tanken. Wo man heute aufs Wasser schaut, wurde vor gut 100 Jahren noch Gips gefördert.

WENN MAN DRÖLFUNDZWANZIG VERSCHIEDENE GRÜN- UND BLAUSTUFEN AM ALATSEE ZÄHLT, WIRD'S GANZ BESONDERS SCHÖN

Durch das grüne Tal zieht sich der »faule Bach«, der nach den Schwefelquellen benannt wurde. Der **Mittersee** – mit modern gestaltetem Park – geht in den Obersee über, beide haben wunderbare Badestellen. Letzterer ist bei Familien angesagt, mit Spielplatz, Liegen, Miniwasserrutsche und Sprungbrettern. Bald soll hier noch ein 7,5-Meter-Brett hinzukommen.

Auf der anderen Seite des bewaldeten Berges führt der alte Schwärzerweg direkt nach Tirol hinüber. Links oder rechts um die beiden Seen? Geht beides. Schön schattig läuft es sich am Faulbach durch den Wald, dann ist der **Alatsee** auch schon da, mit Badeplatz. Von oben sieht er mindestens genauso gut aus, daher lohnt sich der Aufstieg zum **Zwei-Seen-Blick** samt Bergpanorama und Picknickbank. Serpentinen schlängeln sich steil zum Weißensee hinunter: Im Osten könnte man baden, doch der Rückweg führt in die andere Richtung, immer am Ufer entlang, extrem schmal und sogar durch ein Felsloch hindurch. Unterwegs gibt es immer wieder Bänke, auf denen man sich ausruhen kann. Zurück nach Füssen geht es dann von der Bushaltestelle Geometerweg, direkt beim Weißensee.

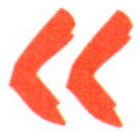

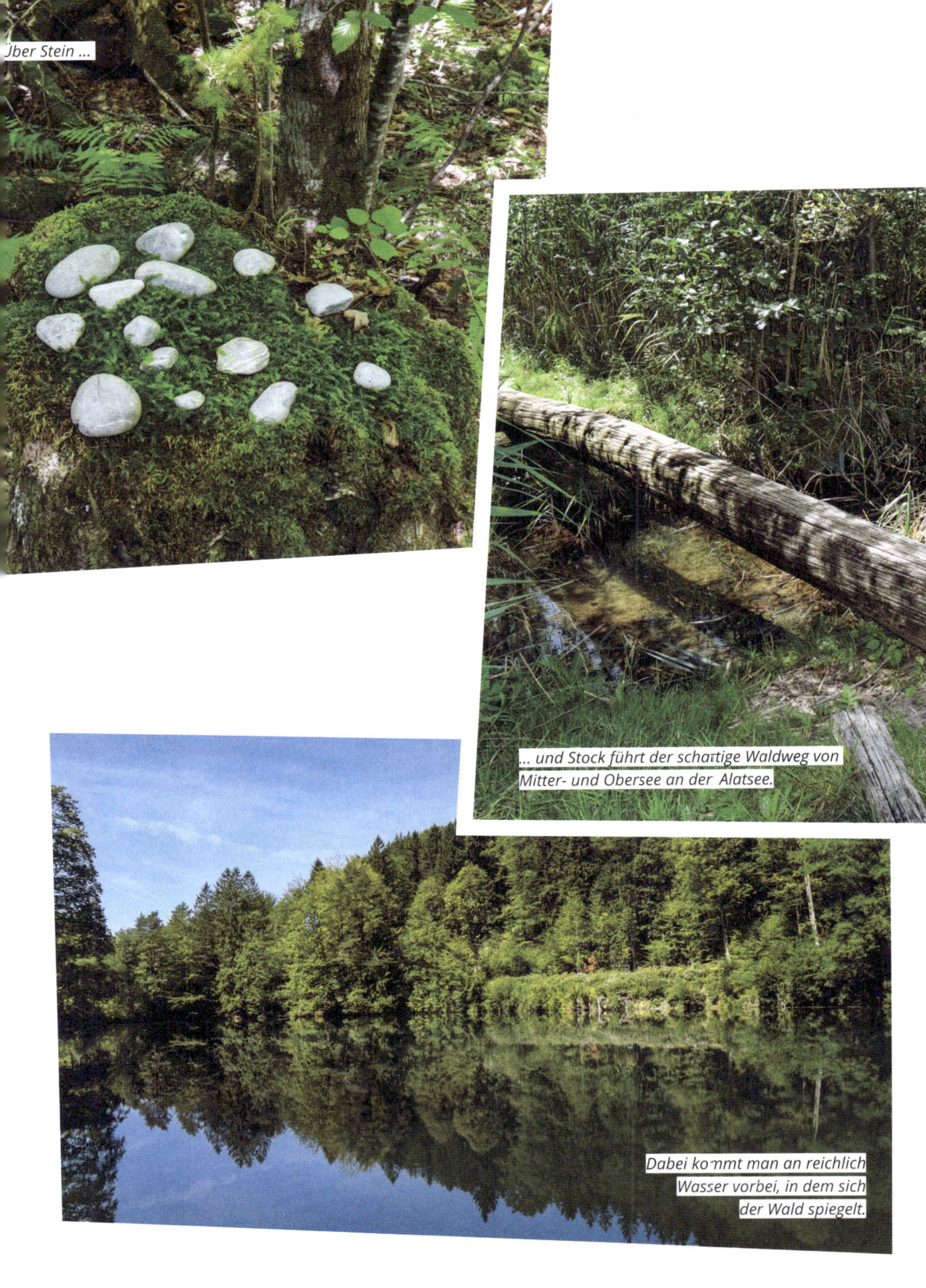

Über Stein …

… und Stock führt der schattige Waldweg von Mitter- und Obersee an den Alatsee.

Dabei kommt man an reichlich Wasser vorbei, in dem sich der Wald spiegelt.

WANDERN & GENIESSEN

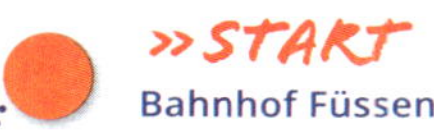

»START

Bahnhof Füssen

Wer mit der Bahn anreist, geht in der Altstadt von Füssen in Richtung Hohes Schloss, Basilika Sankt Mang und am Lechufer entlang und steigt dort direkt in das »Tal der Sinne« ein. Wer mit dem Auto kommt, findet am Parkplatz Morisse, nördlich von Bad Faulenbach, einen großen Parkplatz.

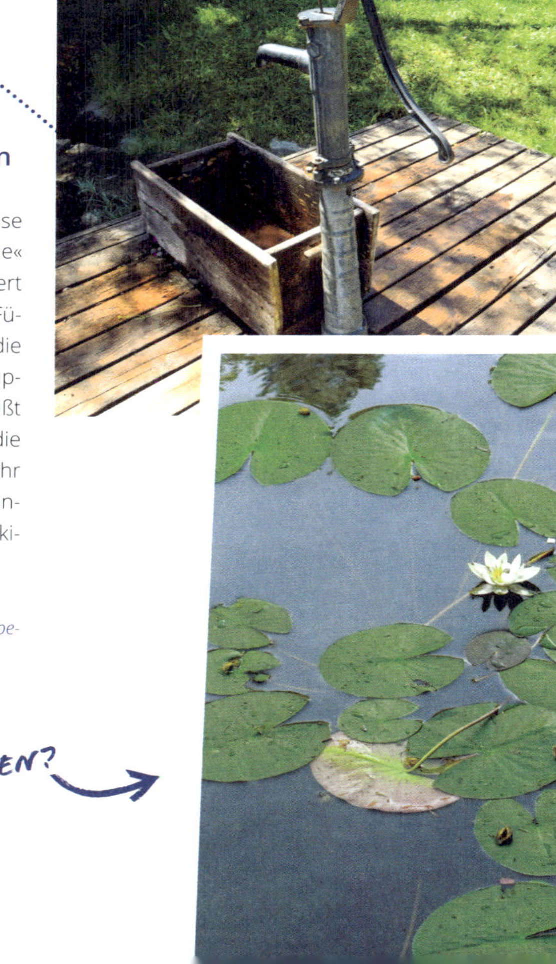

Auf die Pumpe, fertig, los: Auf dem Barfußweg rauscht das Wasser auf Handdruck.

KM 1,7

1 Fischhauswiese

Nur nicht die Füße verknoten

Das klingt verheißungsvoll: Die Fischhauswiese im Faulenbacher Tal wurde in ein »Tal der Sinne« verwandelt. Wer sich darauf einlässt, balanciert über Baumstämme, muss ein Tau mit den Füßen verknoten (gar nicht so einfach), über die piksenden Steine auf dem Minibarfußpfad hüpfen und durch Matsch waten. Anschließend heißt es: Wasser marsch! Ruckzuck schimmern die Füße dann wieder rosig. Bei einer Sonnenuhr auf der Wiese wird aus dem eigenen Schattenwurf ein Zeiger. An die Wiese grenzt die alte Skischanze an.

Dem Weg am Minigolfplatz vorbei folgen, kurz darauf beginnt die Kneipp-Wiese.

BLÄTTER ZÄHLEN?

KM 2,1

2 Kneipp-Wiese

Es blubbert in der Flasche

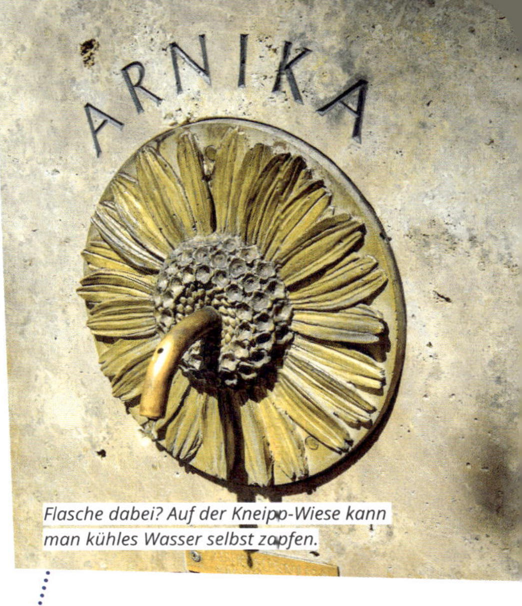

Flasche dabei? Auf der Kneipp-Wiese kann man kühles Wasser selbst zapfen.

Ein Kneipp-Becken mit Handlauf, in das man die Füße taucht? Das gehört zum Allgäu wie der Eiffelturm zu Paris. Und es macht Spaß! Vor allem, wenn der Asphalt in der Sommerhitze flirrt. Storchengang einlegen und los geht's! Doch nicht nur: Vielmehr sollen auf der Kneipp-Wiese alle Sinne angesprochen werden. Im Dunkelraum darf getastet, im Kräutergarten geschnuppert werden und beim Entspannen auf der hölzernen Wellenliege darf man sich auf das Vogelgezwitscher in dem autofreien Tal konzentrieren. Oder ein Klanginstrument und das Waldtelefon ausprobieren. Von jedem ein wenig, einfach mal alles versuchen. Unbedingt die Trinkflasche am Arnika-Wasserspender auffüllen! »Des duat guat«, würden die Allgäuer jetzt sagen.

Der Wiese bis zum Mittersee folgen, dann rechts halten.

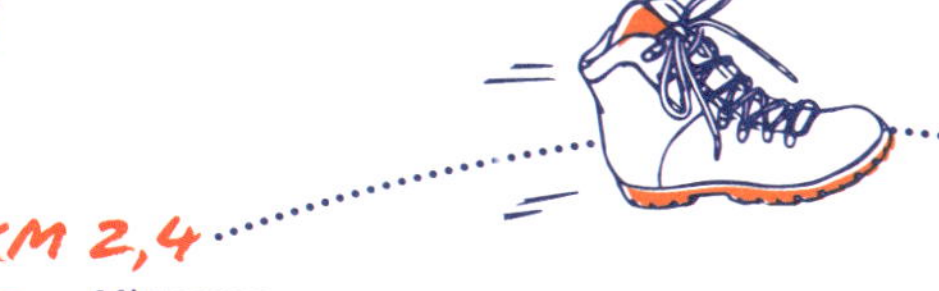

KM 2,4

3 Mittersee

Ein Badeplätzchen für alle

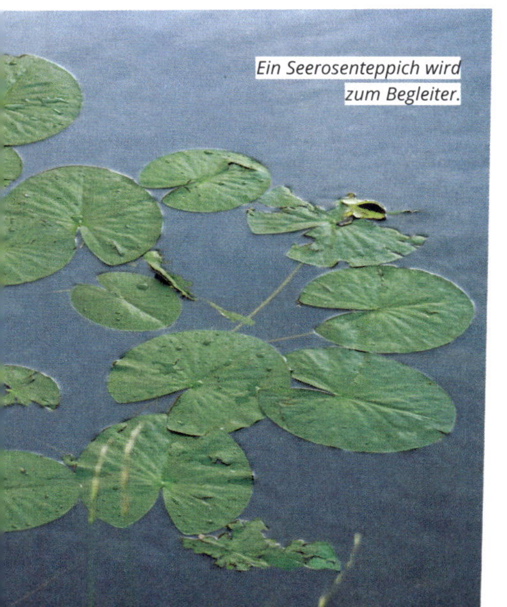
Ein Seerosenteppich wird zum Begleiter.

Nicht mal vier Fußballfelder ist der Mittersee lang. Ganz klein, überschaubar und irgendwie heimelig. Früher mal war er für die Fischversorgung des Klosters Sankt Mang zuständig. Erst vor Kurzem kam mithilfe einer EU-Finanzspritze neues Leben in das naturnahe Areal, das unlängst aufgehübscht und in den Mitterseepark umgewandelt wurde – mit Bänken, Ruheoasen und einer Badestelle für alle. Hier taucht man mit den Einheimischen ab und allzu voll ist es nicht. Gerade richtig. Chromblitzende Geländer führen sanft ins Wasser, auch wenn man nicht gut zu Fuß ist. Das Beste daran? Eintritt frei!

Am Steg auf die gegenüberliegende Seite wechseln, dann dem Faulenbach folgen. Der Alatsee ist ausgeschildert.

KM 5,8

4

Alatsee

Mit Geistern planschen

Pack die Badehose aus! Das ist an Sonnentagen das Motto auf der Liegewiese am westlichen Zipfel des Alatsees. Wo dieser in den Faulenbach abfließt, wird gekneippt – mit Handlauf und Kalte-Waden-Garantie. Rund um den grünblauen Bergsee, auf 868 Metern gelegen, ist auch sonst was los: Gespenster sollen hier spuken, in der Nazizeit könnte hier ein Goldschatz versenkt worden sein und im »Seegrund« ermittelt Kult-Kommissar Kluftinger genau hier. Kein Wunder, manchmal verfärbt sich das Wasser rot! Dafür sorgt ein Trio aus Schwefelbakterien, zu viel Sonne und zu wenig Sauerstoff. Nach dem Goldschatz tauchen? Ist verboten, bis in die 1950er war der Alatsee militärisches Sperrgebiet. Dafür bereichert der See das Auge und Badeherz.

Rechter Hand, neben dem Hotel & Restaurant Alatsee führt ein steiler Waldweg hinauf, immer links halten, am Schild »Zwei-Seen-Blick« orientieren.

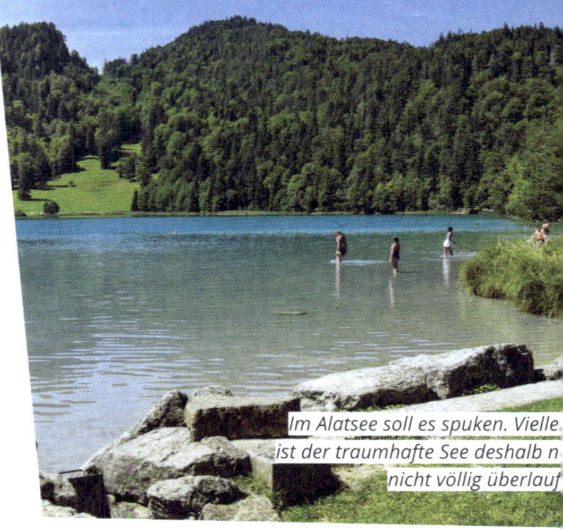

Im Alatsee soll es spuken. Vielle ist der traumhafte See deshalb n nicht völlig überlauf

KM 6,3

5

Zwei-Seen-Blick

Versteckte Picknickbank

Der Platz ist perfekt: Von einer versteckten Bank mitten im Wald schaut man auf zwei Seen gleichzeitig hinab. Links der Alatsee, rechts der Weißensee. An einem war man schon, der andere ist bald dran – und aus der Vogelperspektive kann man ihn schon mal vorab checken. In der Ferne die Bergspitzen, südlich des Vilstals. Hier oben gibt es keinen Baderummel, sondern nur wunderbare Stille. Eine Brotzeit auf der Bank? Genau dazu ist der Platz ideal. Wer beide Seen auf ein Foto bekommen will, muss ein wenig herumprobieren. Aber aufgepasst, unterhalb fällt der Hang steil ab!

Dem Weg ein Stück zurück folgen, dann durch den Wald gehen, links halten, steil abwärts durch den Wald zum Weißensee. Am Ufer rechts.

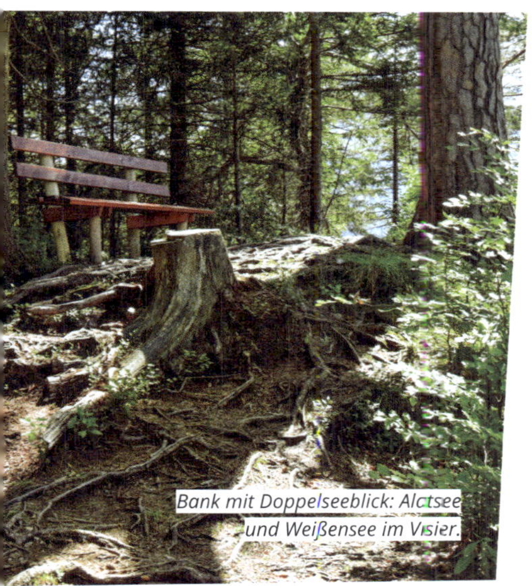

Bank mit Doppelseeblick: Alatsee und Weißensee im Visier.

KM 9,3

6 Weißensee

Ein Loch am Ufer

Der Weißensee ist der große Bruder des Alatsees – ganz nah, aber deutlich niedriger gelegen. Am Südufer ragt der Hugo-Ludwig-Steg ins Wasser hinein, der Weg verwandelt sich an manchen Stellen in einen sehr schmalen Steig mit ausgeprägtem Wurzelwerk. An Regentagen kann das zur Rutschpartie werden, bei Schönwetter genügt gute Trittsicherheit. Bergab und bergauf geht es hier nicht. Highlight ist das »Törle«, ein kleines Felstor auf dem Weg, durch das man gehen muss.

Immer am See entlang bis zum Ostufer, dort den Parkplatz überqueren und geradeaus halten bis zur Bushaltestelle Geometerweg an der Hauptstraße.

EXTRA INFOS:

Am Ostzipfel des Mittersees gibt es die zünftige ● **Waldwirtschaft** mit regionalen Gerichten – direkt am See gelegen (waldwirtschaft-am-mittersee.de).

Das ● **Restaurant & Hotel Alatsee** wartet mit guter Küche und – je nach Jahreszeit – auch mal frischem Apfelstrudel auf.

An der Badestelle Weißensee gibt es im Sommer noch eine Einkehrmöglichkeit am Kiosk, dazu am See einfach im Uhrzeigersinn in Richtung Westufer gehen.

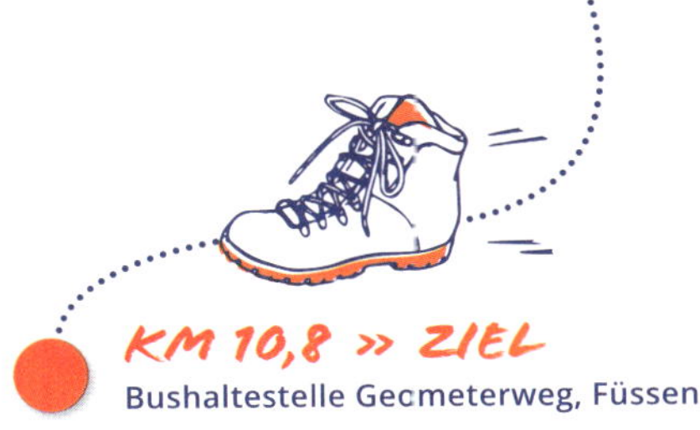

KM 10,8 » ZIEL

Bushaltestelle Geometerweg, Füssen

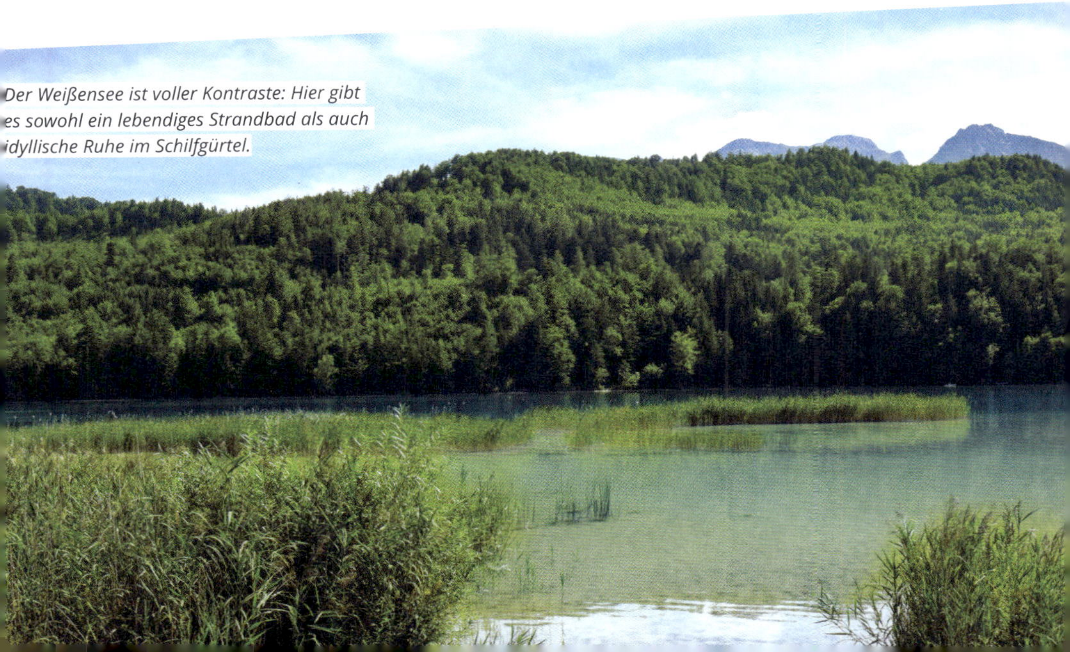

Der Weißensee ist voller Kontraste: Hier gibt es sowohl ein lebendiges Strandbad als auch idyllische Ruhe im Schilfgürtel.

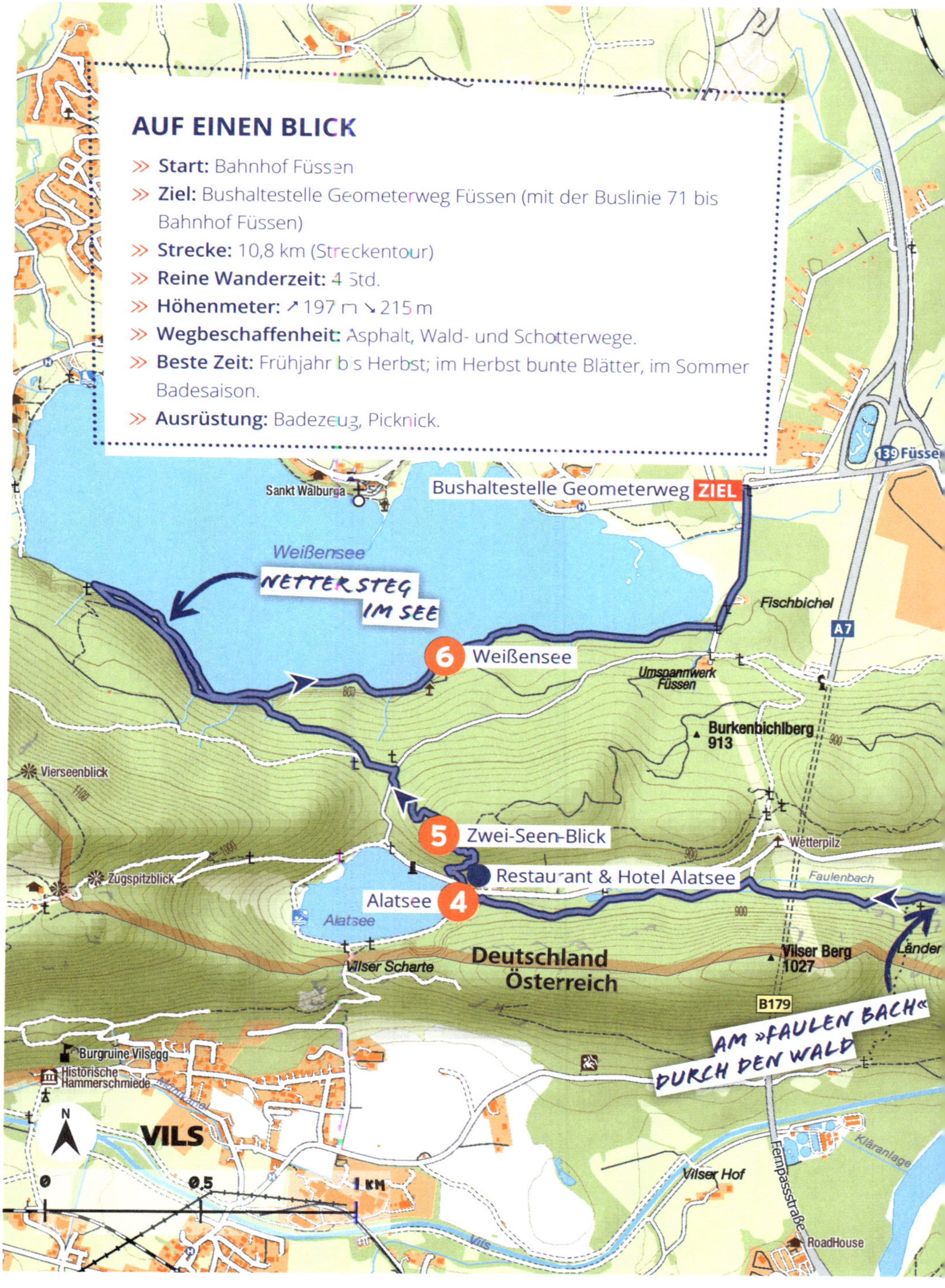

AUF EINEN BLICK

- **Start:** Bahnhof Füssen
- **Ziel:** Bushaltestelle Geometerweg Füssen (mit der Buslinie 71 bis Bahnhof Füssen)
- **Strecke:** 10,8 km (Streckentour)
- **Reine Wanderzeit:** 4 Std.
- **Höhenmeter:** ↗ 197 m ↘ 215 m
- **Wegbeschaffenheit:** Asphalt, Wald- und Schotterwege.
- **Beste Zeit:** Frühjahr bis Herbst; im Herbst bunte Blätter, im Sommer Badesaison.
- **Ausrüstung:** Badezeug, Picknick.

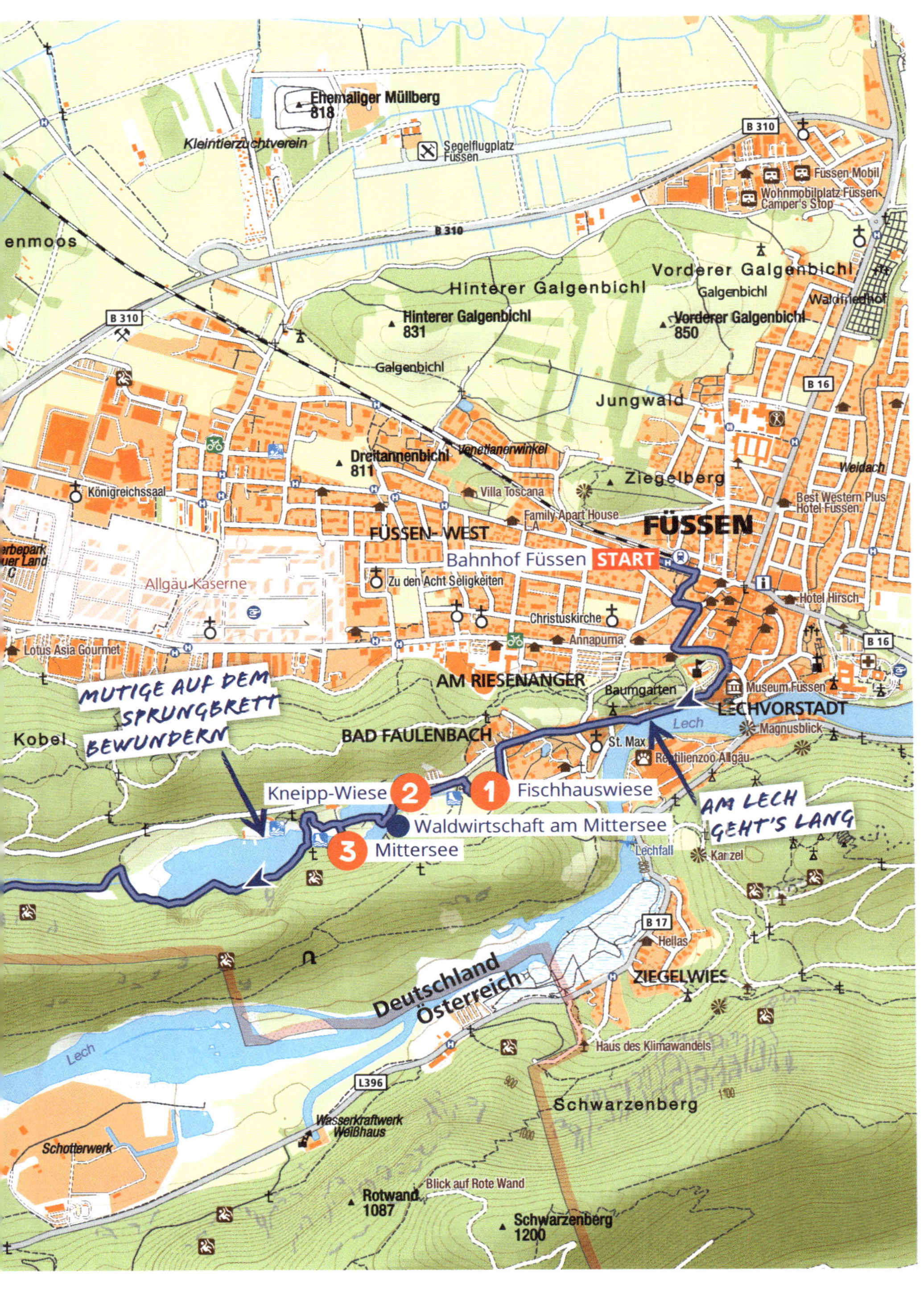
Ehemaliger Müllberg
818
Kleintierzuchtverein
Segelflugplatz Füssen
B 310
Füssen Mobil
Wohnmobilplatz Füssen Camper's Stop
enmoos
Vorderer Galgenbichl
Hinterer Galgenbichl
Galgenbichl
Waldfriedhof
Hinterer Galgenbichl
831
Vorderer Galgenbichl
850
Galgenbichl
Jungwald
B 16
Dreitannenbichl
811
Venetianerwinkel
Weidach
Königreichssaal
Villa Toscana
Ziegelberg
Best Western Plus Hotel Füssen
Family Apart House
FÜSSEN
FÜSSEN- WEST
Bahnhof Füssen
START
Allgäu-Kaserne
Zu den Acht Seligkeiten
Hotel Hirsch
Christuskirche
Annapurna
Lotus Asia Gourmet
AM RIESENANGER
Baumgarten
Museum Füssen
MUTIGE AUF DEM SPRUNGBRETT BEWUNDERN
LECHVORSTADT
Kobel
BAD FAULENBACH
Lech
Magnusblick
St. Max
Reptilienzoo Allgäu
Kneipp-Wiese
2
1
Fischhauswiese
AM LECH GEHT'S LANG
Waldwirtschaft am Mittersee
3
Mittersee
Lechfall
Kanzel
B 17
Hellas
Deutschland
Österreich
ZIEGELWIES
Haus des Klimawandels
Lech
L396
Schwarzenberg
Wasserkraftwerk Weißhaus
Schotterwerk
Blick auf Rote Wand
Rotwand
1087
Schwarzenberg
1200

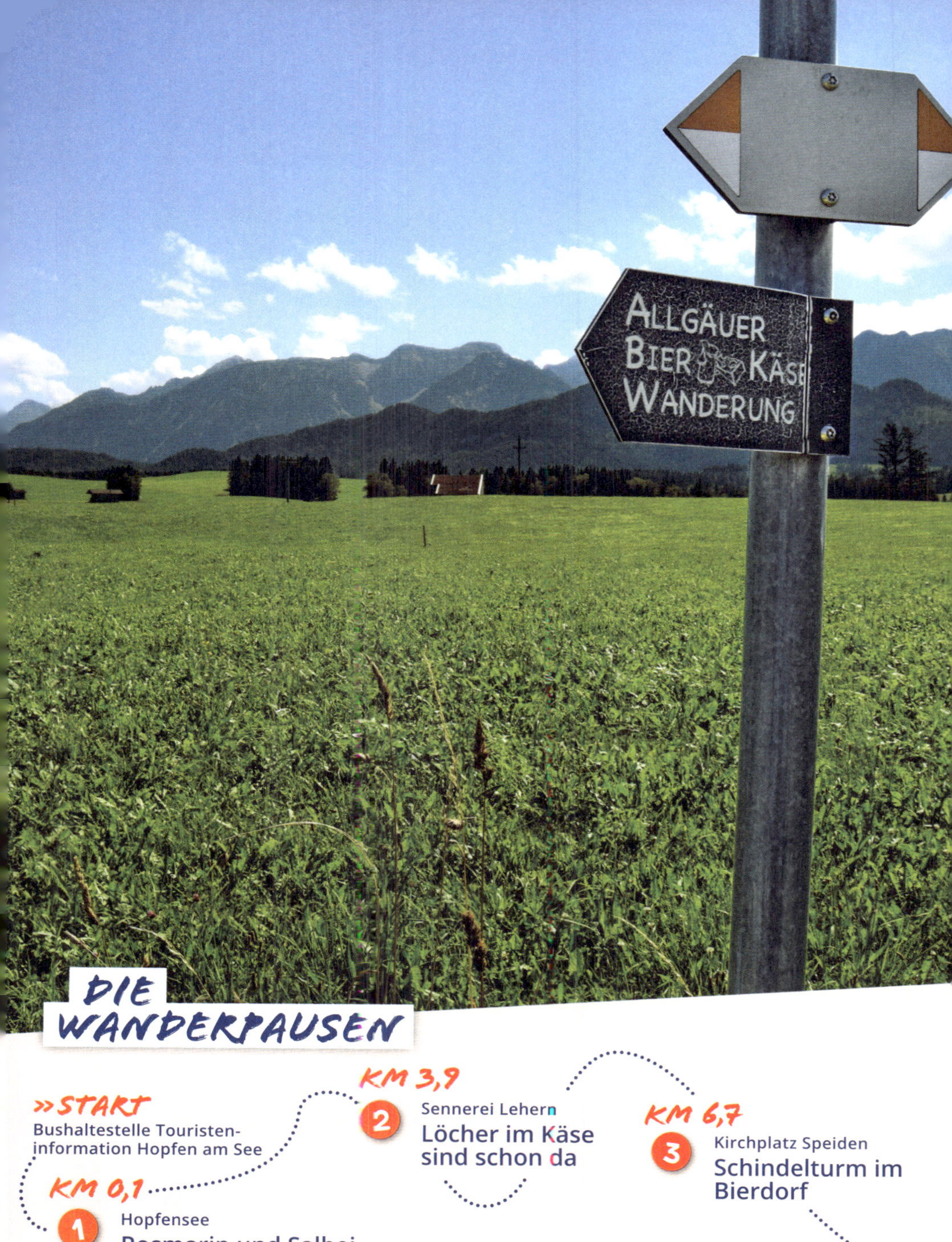

DIE WANDERPAUSEN

» START
Bushaltestelle Touristeninformation Hopfen am See

KM 0,1
1 Hopfensee
Rosmarin und Salbei schnuppern

KM 3,9
2 Sennerei Lehern
Löcher im Käse sind schon da

KM 6,7
3 Kirchplatz Speiden
Schindelturm im Bierdorf

10

BIER, KÄSE UND WEHR-MAUERN

Vom Hopfensee zu zwei Burgruinen

Der Hopfen macht den Auftakt: im Namen des Sees fest verwurzelt und ebenso mit Sennerei sowie Sudhaus am Bier-Käse-Weg verbandelt. Unterwegs wird das Geheimnis der Löcher im Käse gelüftet. Das Finale: zwei stolze Burgruinen mit Einkehr unterhalb.

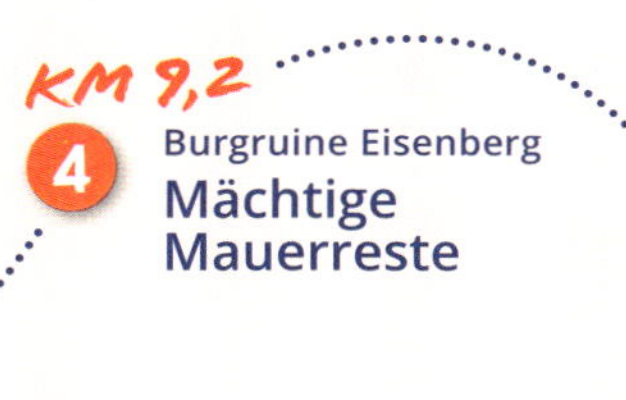

KM 9,2

4 Burgruine Eisenberg
Mächtige Mauerreste

KM 9,8

5 Burgruine Hohenfreyberg
Bollwerk auf dem Nachbarhügel

KM 10,4

6 Schlossbergalm
Ein Bierchen als (Schaum-)Krönung

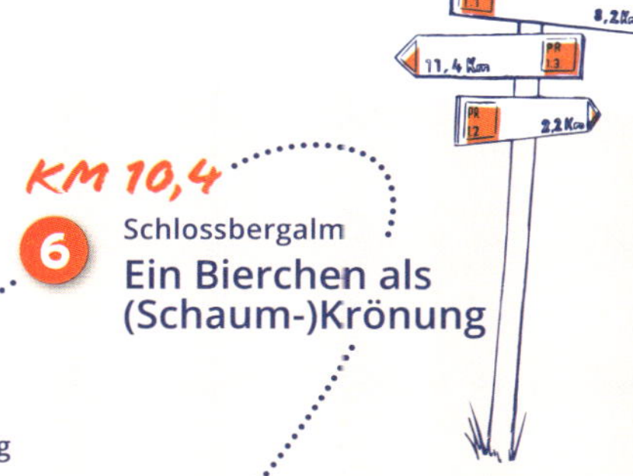

KM 11,7 » ZIEL
Bushaltestelle Eisenberg

BEI WEISS-BLAUEM HIMMEL …

… könnte man glatt den ganzen Sommertag am **Hopfensee** verbringen: Ein italienisches Eis auf die Hand, dann die Uferpromenade entlangbummeln und am Strandbad sowie Schilfgürtel vorbeischlendern – fast schon ein wenig südlich riecht die Luft hier, an der »Riviera des Allgäus«.

Irgendwann sagt der Spazierweg dann »Pfiat di« zum See und macht sein eigenes Ding. Das sieht so aus: ein Wäldchen, dann sanft geschwungene Wiesen und schließlich ein Bauernhof. Unterhalb von diesem läuft man ein Stück neben der Landstraße her, allerdings auf einem eigenen Asphaltweg. Der führt geradewegs nach **Lehern,** mit Sennerei, Käseladen und Restaurant. Dort beginnt der Allgäuer Bier-Käse-Weg, der auf Infotafeln etwa verrät, wie eigentlich die Löcher in den Käse kommen (Lösung: durch die Rohmilch). An einem Heustadl, irgendwo zwischen Feld und Wiese, kann man nicht anders, als sich auf der einladenden Holzbank davor kurz niederzulassen. Autos kommen hier nicht lang, höchstens mal ein Traktor.

WENN AM STEILEN WALDRAND KURZ VOR DER SCHLOSSBERGALM EINE RUHEBANK AUFTAUCHT, IST DAS PURES GLÜCK

Doch dann: Ist das jetzt wirklich die offizielle Wanderstrecke oder schimpft gleich ein Bauer, weil man über seine private Wiese abkürzt? Keine Sorge, das Schild weist übers Gras. Nach einem Wäldchen kommen eine winzige Holzbrücke, Schaukel und ein alter Steinbrunnen zum Vorschein – nur Fußgänger dürfen durch dieses verwunschene Fleckchen Natur. Dann zeichnet sich auch schon bald die **Wallfahrtskirche** von Speiden ab. Ein **Sudhaus mit Vollbier** gibt es dort auch. Eisenberg ist der nächste Ort, den man durchquert, und auf dem steilen Trampelpfad am Waldrand kurz vor dem Drachenköpfle kommt man schon ein wenig aus der Puste. Muh. Über die Kuhweide, die Schlossbergalm bleibt erst mal rechter Hand, denn zuerst wollen noch die beiden **Burgruinen** oberhalb bestaunt werden: Das geht steil oder weniger steil, zwei Wege führen hinauf. Auf dem Weg nach unten darf man noch ein paar Bauernhoftiere hinter der **Schlossbergalm** begrüßen und dann endlich – die Einkehr! Nicht zu lange genießen, denn mit dem Bus geht es noch zum Bahnhof Weizern-Hopferau oder nach Hopfen am See zurück.

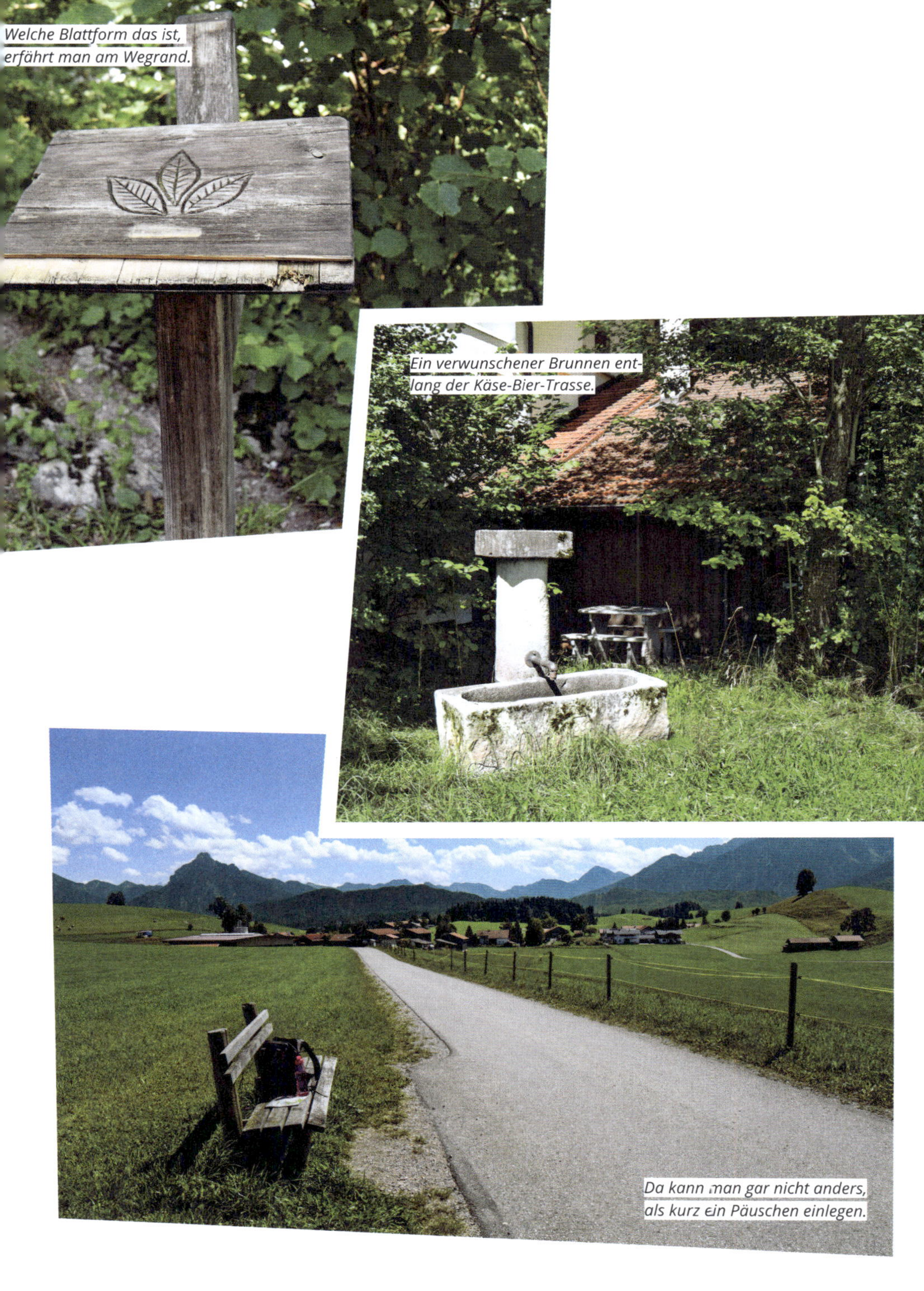

Welche Blattform das ist, erfährt man am Wegrand.

Ein verwunschener Brunnen entlang der Käse-Bier-Trasse.

Da kann man gar nicht anders, als kurz ein Päuschen einlegen.

WANDERN & GENIESSEN

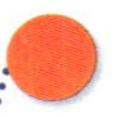

» START

Bushaltestelle Touristeninformation Hopfen am See

Über die Uferstraße geht's Richtung Ufer.

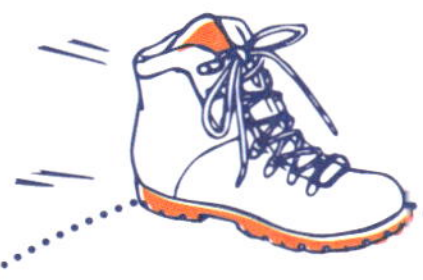

KM 0,1

1

Hopfensee

Rosmarin und Salbei schnuppern

In Hopfen am See, am Hopfensee, geht es ganz entspannt zu: Spaziergänger bummeln an der Promenade, gucken Enten oder bestaunen Seerosen-Teppiche auf dem Wasser. Tretboote mit langem Schwanenhals kreisen auf dem Gewässer, das trüb ist – ein Moorsee – und in der Ferne rahmen gezackte Berge die Kulisse ein. Besonders sticht der Säuling hervor, der die 2000-Meter-Messlatte knackt. Auf der Kneipp-Insel am Ufer heißt es: Socken aus und den Storchgang erproben. Danach erst mal kurz an der Uferpromenade warmlaufen, etwa in der kleinen Kräuterspirale, in der Ysop, Rosmarin oder Salbei wachsen und den Augenblick in ein mediterranes Dufterlebnis verwandeln.

Immer am Ufer entlang, am Strandbad und Minigolfplatz vorbei, in Richtung Speiden/Maria Hilf rechts abbiegen. Unterhalb eines Bauernhofs die Landstraße überqueren, rechter Hand auf dem Fußgängerweg bis zur Sennerei.

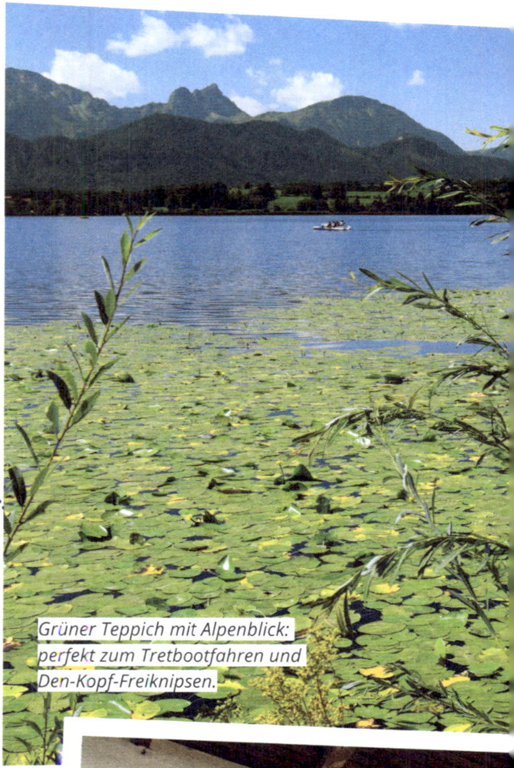

Grüner Teppich mit Alpenblick: perfekt zum Tretbootfahren und Den-Kopf-Freiknipsen.

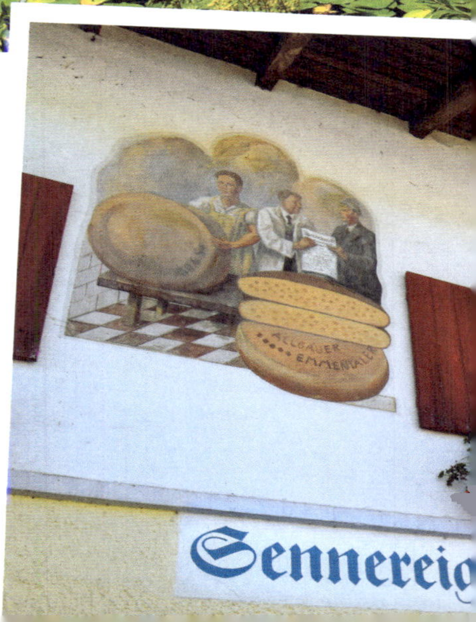

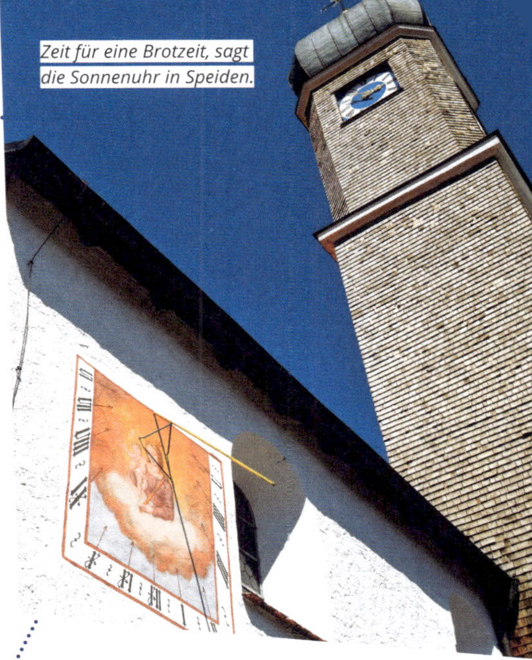

Zeit für eine Brotzeit, sagt die Sonnenuhr in Speiden.

KM 3,9

2 Sennerei Lehern
Löcher im Käse sind schon da

Was Leuchttürme und Fischbrötchen für die Nordsee sind, bedeuten Allgäuer Emmentaler und Bergkäse für dieses Eck Deutschlands. Eine gute Adresse für Käse ist die Sennerei Lehern, die Rohmilch von regionalen Bauern verarbeitet: Darf es mild, würzig oder pikant sein? Die Käsetheke im Laden macht die Auswahl nicht einfach. Wer ein Stück mitnimmt, kann es auch vakuumieren lassen. Noch mehr Käsehunger, womöglich sofort? Im Restaurant (kasealp.com) direkt oberhalb mit Sonnenterrasse gibt es – nach Vorbestellung – sogar Käsefondue.

Hinter der Sennerei die Straße rein, am Holzmusterhaus rechts dem Schild »Allgäuer Bier-Käse-Wanderweg« und »Speiden/Maria Hilf« folgen, an einem Heustadel vorbei, später links über die Wiese (Schild) durch ein Wäldchen und auf dem Asphaltweg bis Speiden.

DIE ALPEN IMMER IM BLICK

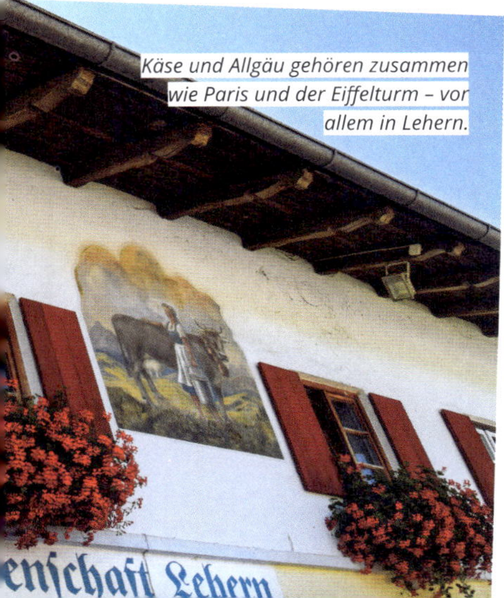

Käse und Allgäu gehören zusammen wie Paris und der Eiffelturm – vor allem in Lehern.

KM 6,7

3 Kirchplatz Speiden
Schindelturm im Bierdorf

Die bekannte Wallfahrtskirche Maria Hilf in Speiden sieht man schon von Weitem: Eine Zwiebelkuppe sitzt behäbig auf dem Turm. Nähert man sich ihr, erkennt man die Holzschindeln, die eine Turmseite und Wand bedecken. Egal welche Zeit die Sonnenuhr an der Kirche anzeigt: Jetzt passt eine Brotzeit gut rein! Eine Bank direkt am Kirchplatz ist der richtige Platz dafür. Das kühle Bier dazu gibt es im Brauereiladen mit den hübschen Nostalgieschildern nebenan oder im Sudhaus, das zum Hopfensaft nicht nur thematisch, sondern geschmacklich passend Bierkäse serviert.

Am Sudhaus vorbei der Beschilderung »Burgruinen« über den Wiesenpfad rechter Hand bis zur Hauptstraße in Eisenberg folgen, dann linker Hand durch Eisenberg, dann rechts hinauf, nach dem Waldrand über die Kuhweide an der Schlossbergalm vorbei, geradeaus halten.

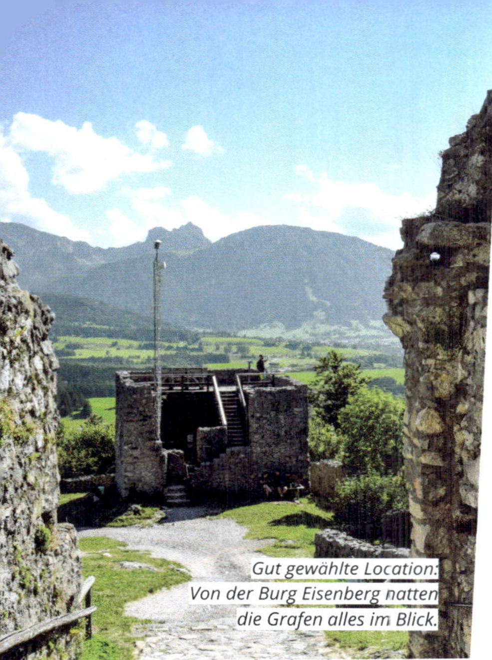

Gut gewählte Location: Von der Burg Eisenberg hatten die Grafen alles im Blick.

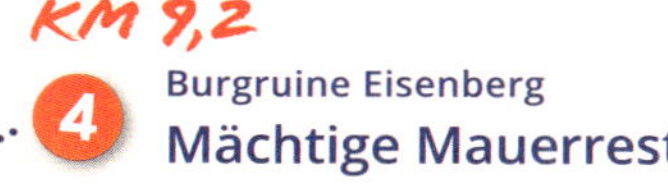

4 Burgruine Eisenberg
Mächtige Mauerreste

Es ging um Macht: Das ahnt man sofort, ohne mehr über den Zwist der lokalen Grafen Hohenegg und der Tiroler Herrscher zu wissen. Als sich beide bekriegten, bauten die schwäbischen Grafen die mächtige Burg Eisenberg auf eine Bergkuppe – gut sichtbar aus der Ferne und mit wunderbarem Weitblick auf Hopfen-, Weißen- und Forggensee. Während der Bauernkriege wurde die Burg belagert. Damit sich die herannahenden Franzosen und Schweden erst gar nicht einnisten konnten, wurde das Bollwerk – mitsamt der Nachbarburg Hohenfreyberg – in Brand gesteckt. Und so thronen schon seit 1646 zwei mächtige Ruinen hier, die von einem Verein gepflegt werden. Mit kleinem Museum.

Dem beschilderten Weg zur Burgruine Hohenfreyberg bergab und wieder bergauf folgen.

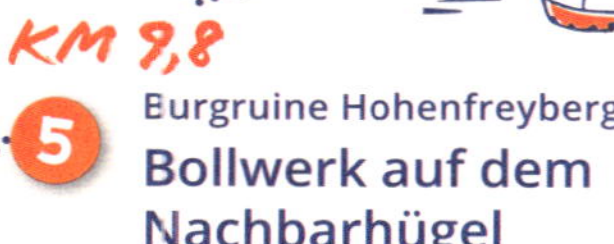

5 Burgruine Hohenfreyberg
Bollwerk auf dem Nachbarhügel

Mächtig wirkt sie ja schon: eine »Gipfelburg« mit zwei hohen Türmen und hohen Mauern. Genau auf dem Nachbarberg, in Sichtweite der Ruine Eisenberg, thront die Schwesterburg Hohenfreyberg. Ihre Geschichte stand ebenfalls unter keinem guten Stern: 200 Jahre hat man daran gebaut, mehrfach wurde sie erweitert und sollte dann keine 30 Jahre stehen. Gleiches Schicksal: 1646 niedergebrannt und »seitdem im Verfall« heißt es auf einer Infotafel. Eine Runde durch das mächtige Mauerwerk hindurch öffnet auch hier schöne Ausblicke.

Wenige Minuten bergab dem steilen oder weniger steilen Weg in Richtung »Schlossbergalm« folgen.

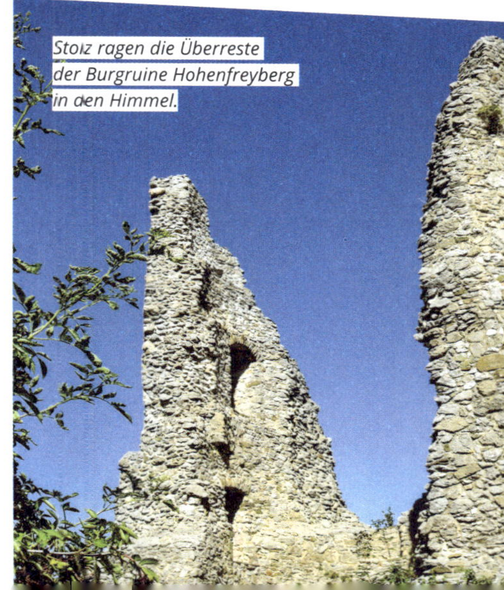

Stolz ragen die Überreste der Burgruine Hohenfreyberg in den Himmel.

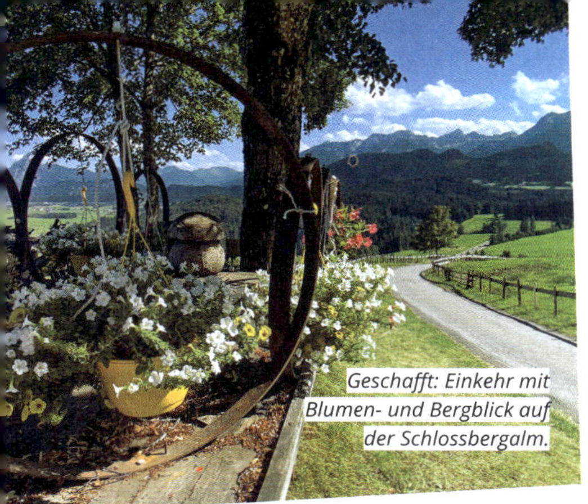

Geschafft: Einkehr mit Blumen- und Bergblick auf der Schlossbergalm.

EXTRA INFOS:

Wer die Tour verlängern will, zweigt vor der Schlossbergalm nicht über die Kuhweide ab, sondern geht geradeaus. Eine halbe Stunde hoch und runter, dann ist man auf dem ● **Drachenköpfle** oben – mit Gipfelkreuz, Bank und leider von Bäumen zugewucherter Aussicht. Dafür schön ruhig!

Wer noch länger an der »Riviera des Allgäus« bleibt, kann einen Sundowner in Lounge-Atmosphäre auf der Terrasse des ● **Seehauses Hopfensee** (seehaus-hopfensee.de) schlürfen und dazu internationale Fusionküche mit Pfiff genießen.

KM 10,4

6 **Schlossbergalm**

Ein Bierchen als (Schaum-) Krönung

Allein ist man hier nicht. An geselligen Tagen rutscht man auf Bierbänken zusammen, damit jeder draufpasst. So ist das nun mal, wenn alle Hunger und Durst haben. Köstlich der Kaiserschmarrn, doch die Karte führt auch Einkehrklassiker wie SchniPoSa und dazu ein kühles Radler. Schweigend genießen, mit Blick aufs Tal und Voralpenland – die Lage ist prima. Für die Kleinen gibt es ein paar Spielgeräte, und Kühe oder Schafe wollen begrüßt werden. Hier lässt es sich aushalten! Nur nicht den letzten Bus verpassen, der ab Eisenberg nach Weizern-Hopferau (Bahnhof) oder weiter bis Hopfen am See (Parkplatz) fährt – sonst muss man die ganze Strecke zu Fuß zurücklaufen!

Der Bus fährt unten in Eisenberg im Ortskern ab. Einfach den Fahrweg hinunter, dann links halten.

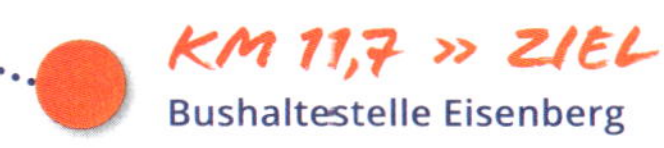

KM 11,7 » ZIEL

Bushaltestelle Eisenberg

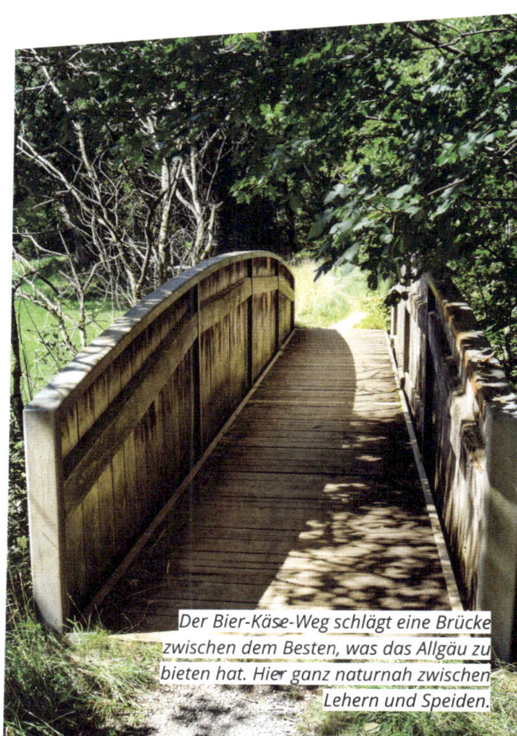

Der Bier-Käse-Weg schlägt eine Brücke zwischen dem Besten, was das Allgäu zu bieten hat. Hier ganz naturnah zwischen Lehern und Speiden.

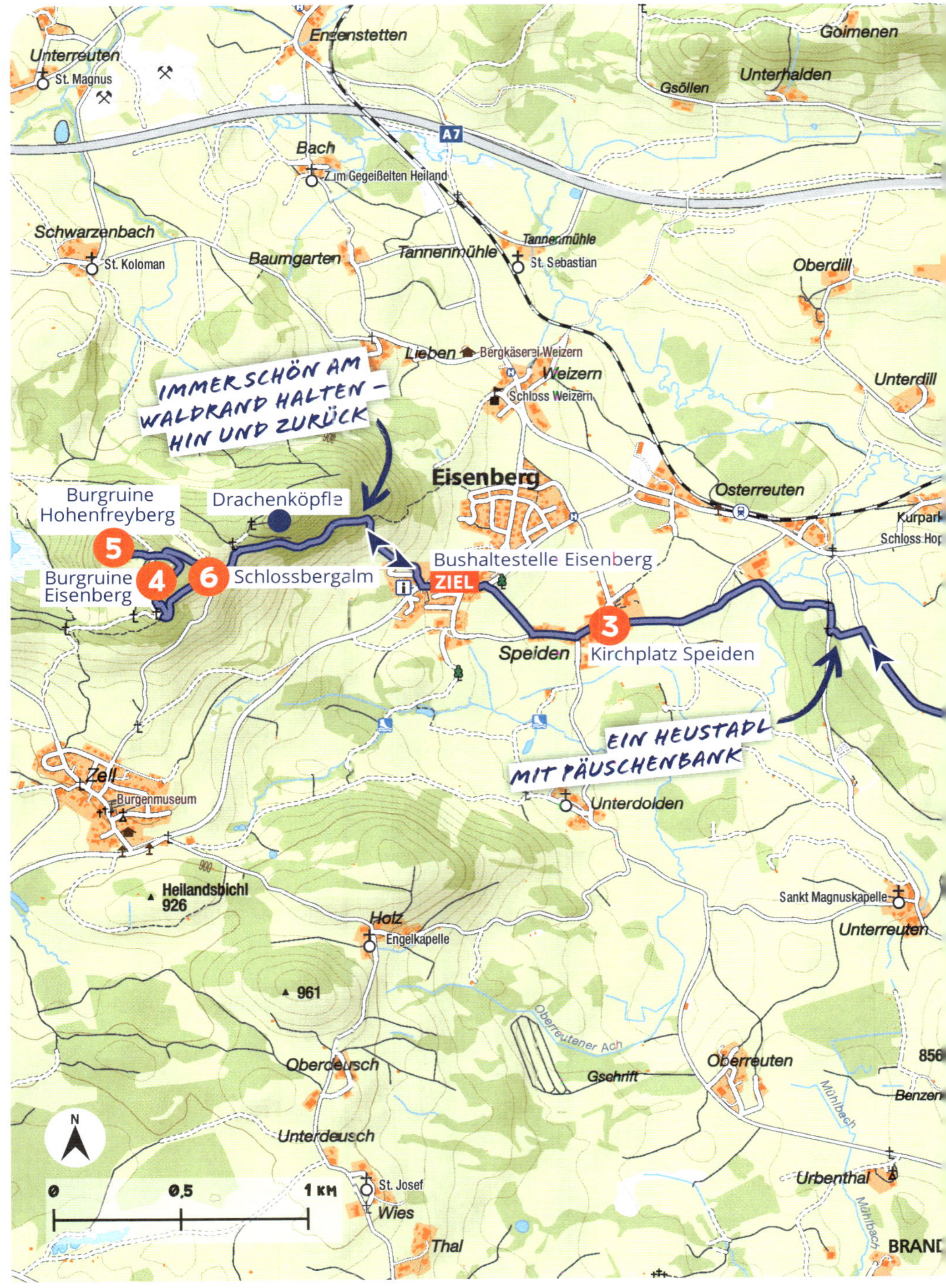

IMMER SCHÖN AM WALDRAND HALTEN – HIN UND ZURÜCK
Burgruine Hohenfreyberg
Drachenköpfle
Burgruine Eisenberg
Schlossbergalm
Bushaltestelle Eisenberg
ZIEL
Kirchplatz Speiden
EIN HEUSTADL MIT PÄUSCHENBANK
Eisenberg
Speiden
Zell
Burgenmuseum
Heilandsbichl 926
Holz
Engelkapelle
Unterdolden
Oberreuten
Unterreuten
Sankt Magnuskapelle
Oberdeusch
Unterdeusch
St. Josef
Wies
Thal
Urbenthal
Osterreuten
Weizern
Schloss Weizern
Lieben
Bergkäserei Weizern
Tannenmühle
St. Sebastian
Baumgarten
Schwarzenbach
St. Koloman
Bach
Zum Gegeißelten Heiland
Enzenstetten
Unterreuten
St. Magnus
Goimenen
Unterhalden
Gsöllen
Oberdill
Unterdill
Kurpark
Schloss Hop
Gschrift
Oberreutener Ach
Mühlbach
Benzen
BRAND
A7
0
0,5
1 KM
N

AUF EINEN BLICK

- **Start:** Bushaltestelle Touristeninformation Hopfen am See (mit dem Bus ab Bahnhof Weizern-Hopferau)
- **Ziel:** Eisenberg-Ortsmitte (mit dem Bus zum Bahnhof Weizern-Hopferau oder nach Hopfen am See)
- **Strecke:** 11,7 km (Streckentour)
- **Reine Wanderzeit:** 3,5 Std.
- **Höhenmeter:** ↗ 295 m ↘ 256 m
- **Wegbeschaffenheit:** Asphalt, Wald-, Feld- und Wiesenwege, Schotter.
- **Beste Zeit:** Frühling bis Herbst.
- **Ausrüstung:** Picknick, Kühlakku für Käseeinkauf.

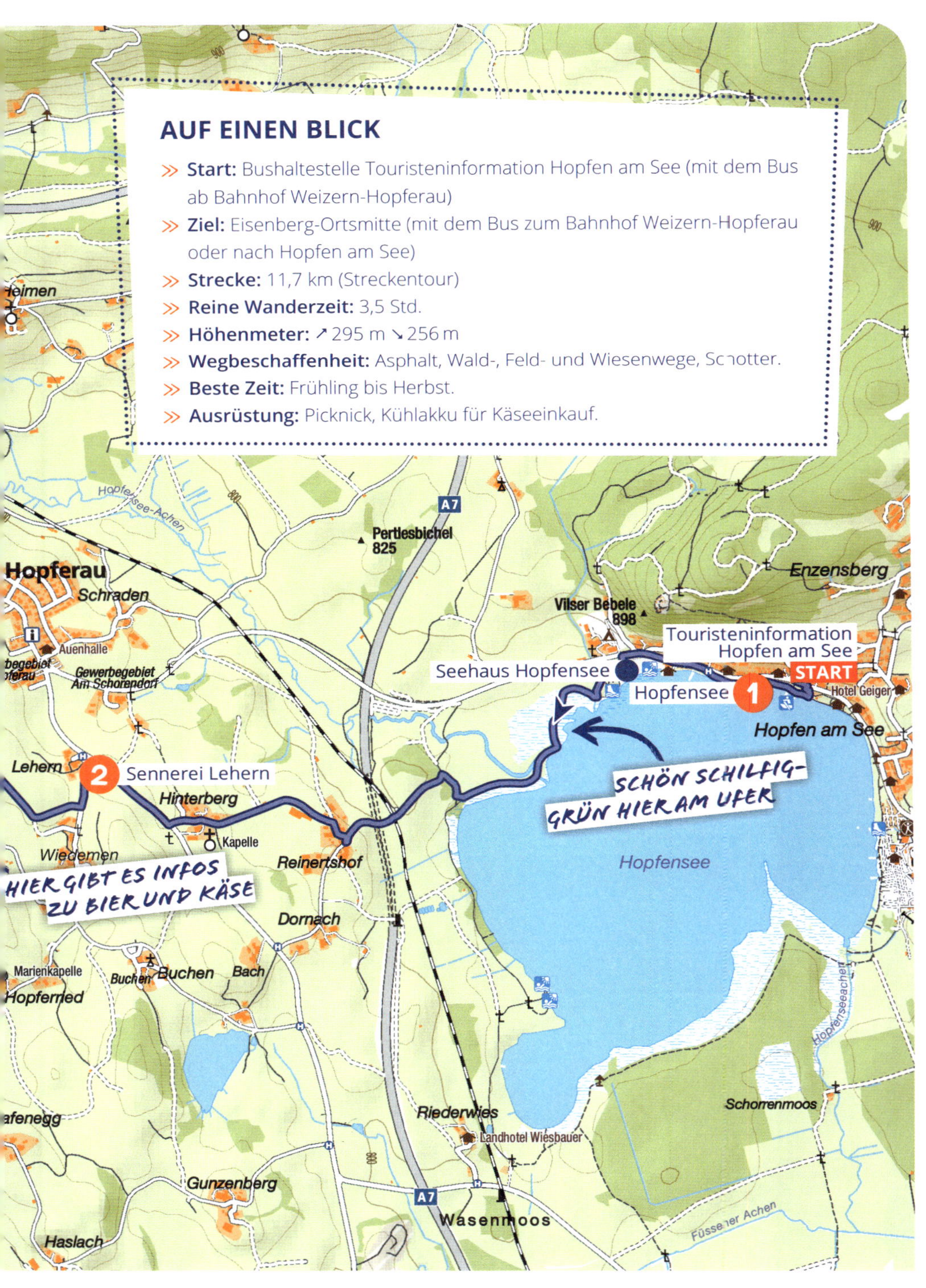

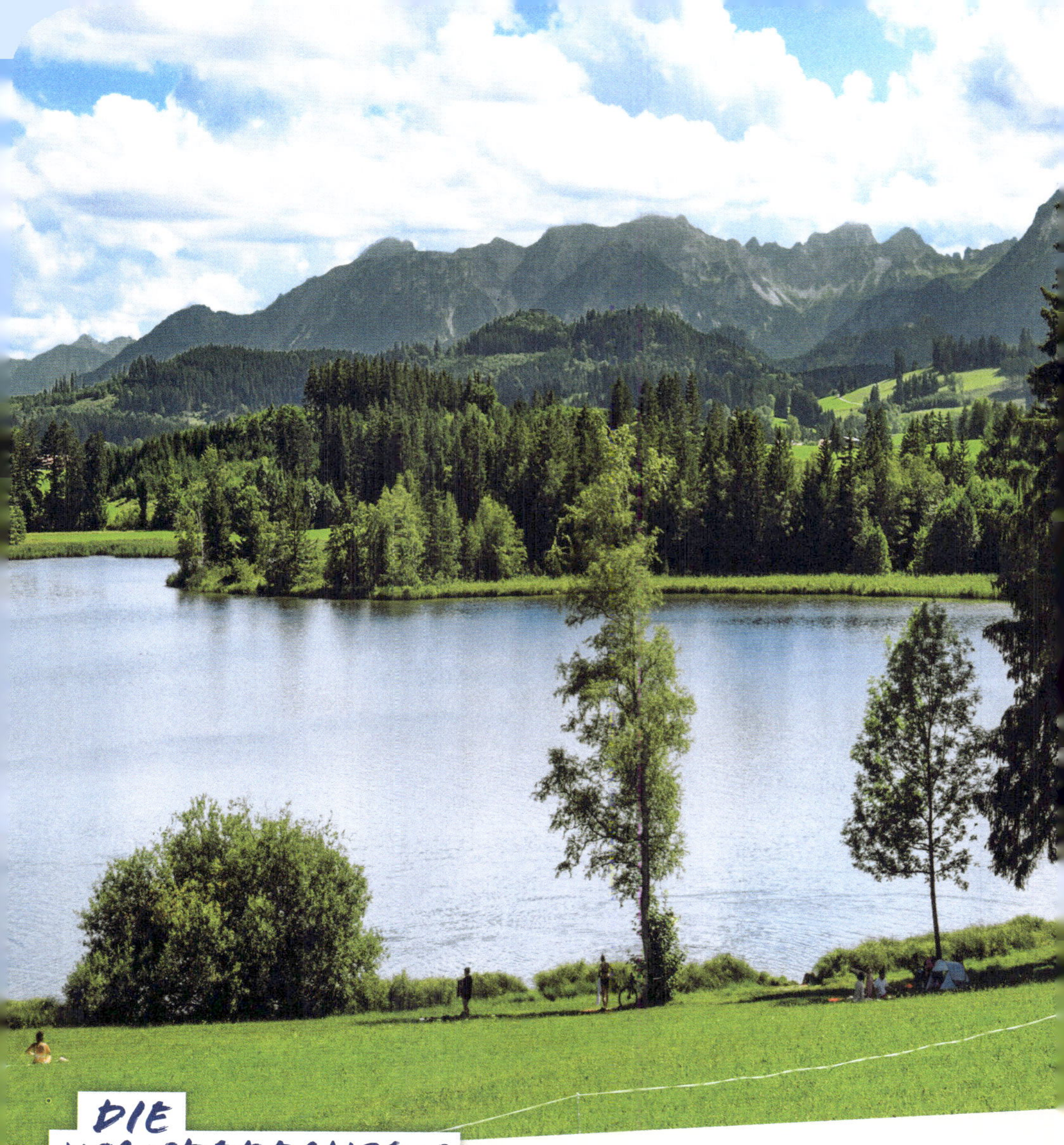

DIE WANDERPAUSEN

» START
Bahnhof Seeg

KM 1
1 Moorigami-Aussichtspunkt
Seen im Doppelpack

KM 3,4
2 Kapelle in Seeweiler
Rot-weißer Fotostopp

KM 5,6

Trollweiher
Das Schwirren der Libellen

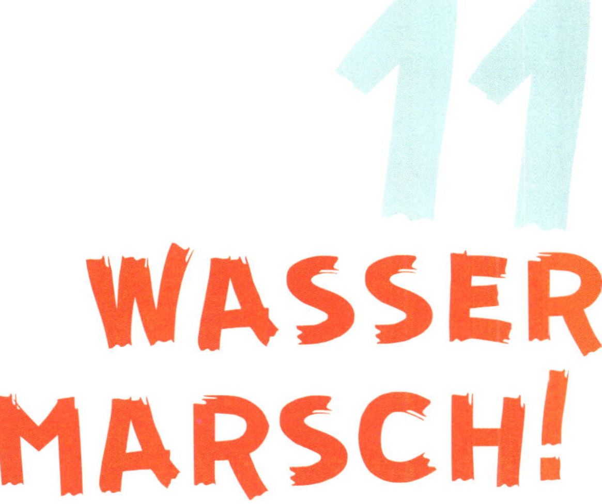

11 WASSER MARSCH!

Fünf Seen rund um Seeg

Tauschmarkt Seeg: Biete »g«, suche »n« – aus Seeg werden Seen. Einmal im Kreis herum geht es durch gemütliche Wiesen- und Weidenlandschaft. Die Seen? Mit Moorboden, Schilf, Insel und Bergblick – alles da. Badesachen nicht vergessen!

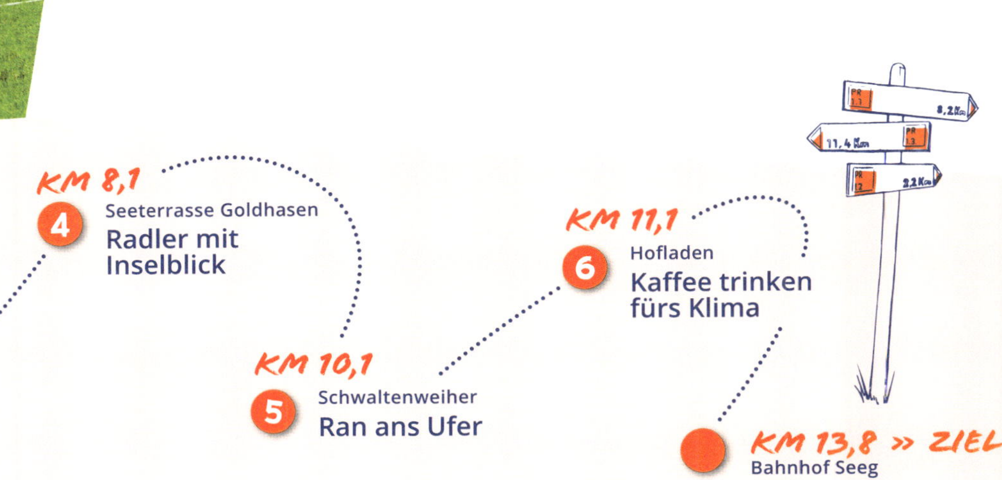

DAS MEER IST WEIT ...

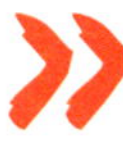

... aber Möwen und Badespaß kann man auch im Ostallgäu haben! Zwar ohne salzige Wellen, dafür in spiegelglatten Naturseen. Fünf auf einen Streich sind es auf dieser Strecke. Daran erinnern die Wegweiser: »5-Seen-Tour«. Broschüren am **Bahnhof** stimmen darauf ein, dass Badeseen nicht unbedingt blitzblau glitzern müssen, um großartig zu sein: Die Moorseen wirken nämlich, als habe jemand sehr wässrigen Filterkaffee hineingekippt.

Die Bahnhofstraße geht in den Ortskern von Seeg hinauf. Oben, in der Pfarrkirche St. Ulrich, darf man den Kopf ruhig in den Nacken legen: Die Rokoko-Deckenmalerei gilt als eine der schönsten im Allgäu. Unterhalb der Kirche dann Möwengucken am **Aussichtspunkt** auf die beiden Seeger Seen. Statt Meeresrauschen bietet der Weg ab hier Allgäu-Idylle pur: sattgrüne Wiesen, Weiden, Heustadl am Weg und ganz in der Ferne Alpenzacken. Mal geht es direkt an der Kuhweide vorbei, dann über einen fotogenen Minibach mit Schilf. Unterhalb einer Pferdekoppel findet sich ein GPS-Versteck, das zur Wanderroute »Honigweg« gehört, da Seeg auch ein Honigdorf mit Museum und Imkereien ist.

BESONDERS IDYLLISCH WIRD ES, WENN IM SCHILF DES TROLLWEIHERS EINE ROTE LIBELLE GANZ DICHT HERANSURRT

Beim nächsten Fotostopp, an der **Kapelle in Seeweiler,** wird es rot-weiß. Dann wieder Wiesen, ein Heustadl mit Ausruhbank, Birken mit Versstein und schließlich die nächsten beiden Seen, dicht beieinander: **Trollweiher** trifft Luimooser Weiher. Letzterer mit Picknickdecken am Ufer und gespiegelten Bergen. Hinter dem Hügel auf der anderen Seite der Hauptstraße dann der Hauptbadesee, der **Schwaltenweiher,** mit Einkehr. Auf dem Wiesenweg oberhalb das Motiv für Aquarellkünstler: eine weiße Kapelle auf grüner Wiese! Haushohe Tannen begleiten den Weg ans andere **Seeufer.** Am Berg braucht es Puste, unterhalb der Heimkehrerkapelle und dem **Hofladen** wird der Asphalt steil, doch der Panoramablick auf die Tannheimer Berge entschädigt. Auf dem Rückweg am Waldrand entlang fällt der Blick erneut auf die beiden Seeger Seen. Kurz vor dem Ziel: ein Kurpark mit Minigolf, Ententeich, Honigbienchen-Spielplatz und Kneipp-Becken – geschafft!

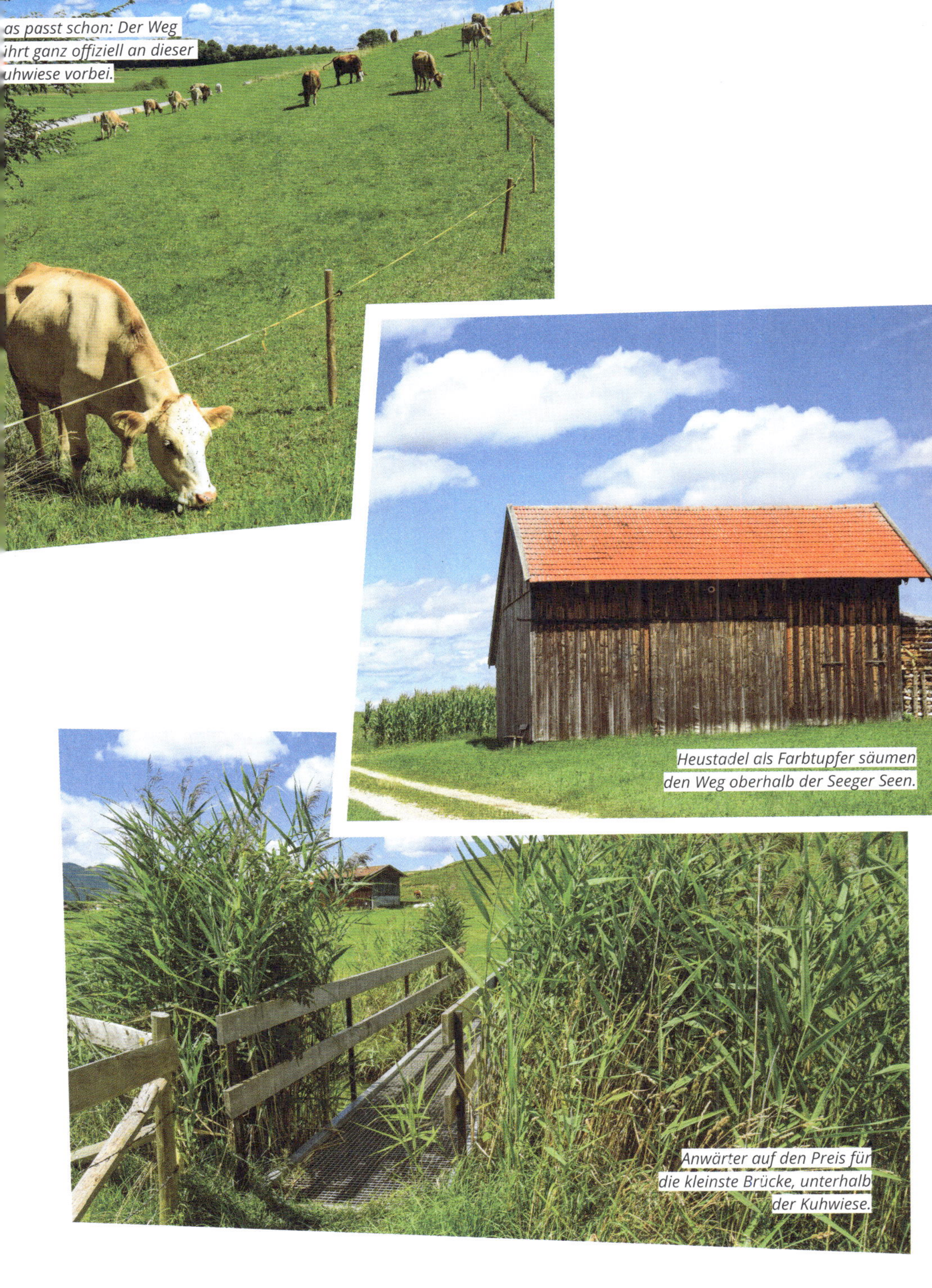

as passt schon: Der Weg ihrt ganz offiziell an dieser uhwiese vorbei.

Heustadel als Farbtupfer säumen den Weg oberhalb der Seeger Seen.

Anwärter auf den Preis für die kleinste Brücke, unterhalb der Kuhwiese.

WANDERN & GENIESSEN

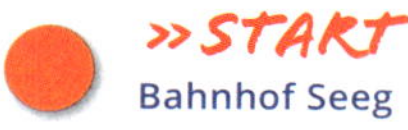

Bahnhof Seeg

Ein Teil des Bahnhofsgebäudes wurde für einen lichtdurchfluteten Inforaum über die Moorregion abgezwackt, mit Plakaten und Prospekten für Gäste. Bergauf dem Schild »Kirche St. Ulrich« folgen, die Kreuzung im Ortskern überqueren, am Gotteshaus rechts.

KM 1

1 **Moorigami-Aussichtspunkt**

Seen im Doppelpack

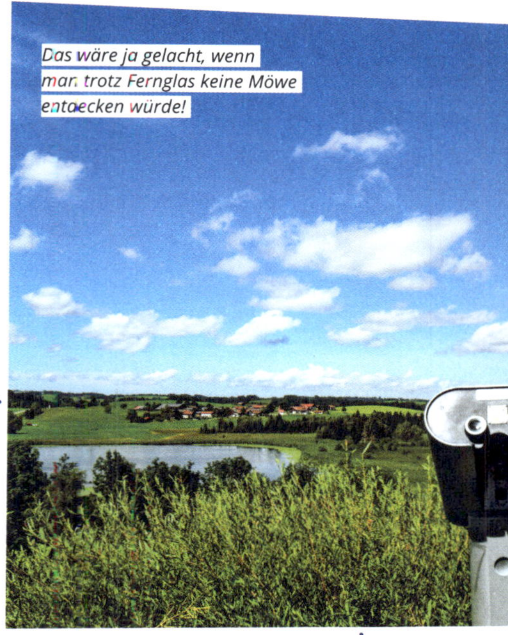

Das wäre ja gelacht, wenn man trotz Fernglas keine Möwe entdecken würde!

Froschgrün und im Origamistil gefaltet ist der Metallvogel neben der Pausenbank. So heißt er dann auch: Moorigami, ein Wortspiel aus japanischer Faltkunst, einer gefalteten Wanderkarte nachempfunden, und den beiden Seeger Moorseen. Die hat man von hier gut im Blick. Mit dem fest installierten Fernglas kann man sich die bunte Vogelwelt auf den beiden Gewässern heranzoomen: Graugänse, Höckerschwäne, Silberreiher oder Blässhühner leben hier – und sogar Lachmöwen! Das sind übrigens die einzigen in Deutschland, die nicht an der Meeresküste leben, sondern in »Lachen«, also flachen Binnengewässern. Und es wäre ja gelacht, wenn keine direkt vor dem Fernglas auftauchen würde: weiß, mit schokobraunem Köpfchen. Da kommt fast Meeresstimmung auf!

Dem Weg geradeaus folgen, an einer Kuhweide mit dem Schild »5-Seen-Runde« und »Seeweiler« vorbei, immer am Zaun entlang, über den Schwaltenbach und dann weiter geradeaus.

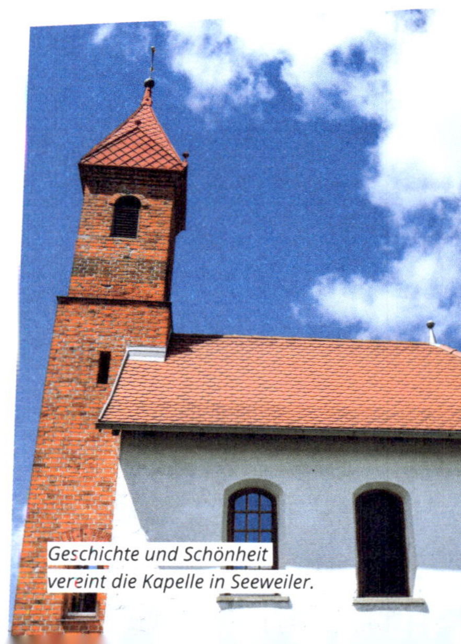

Geschichte und Schönheit vereint die Kapelle in Seeweiler.

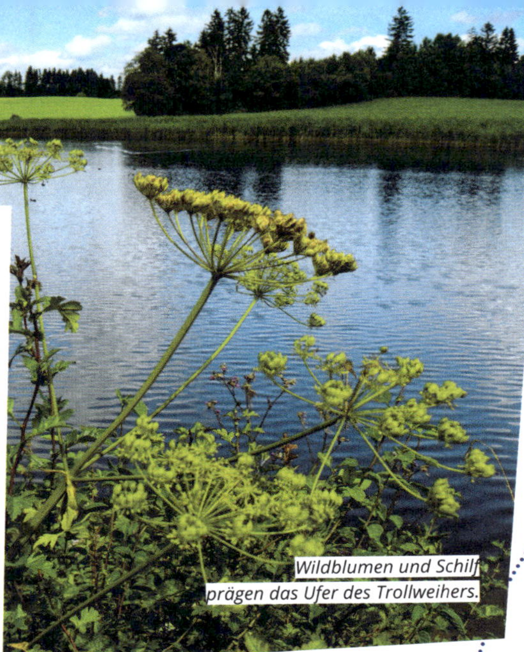

Wildblumen und Schilf prägen das Ufer des Trollweihers.

← EINFACH MAL DIE GRÜNTÖNE ZÄHLEN

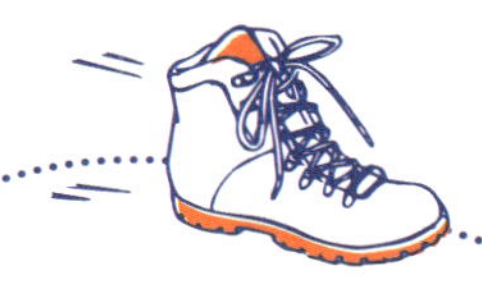

KM 3,4

2 Kapelle in Seeweiler

Rot-weißer Fotostopp

Seeweiler? Bis zum nächsten See ist es zwar noch ein großer Katzensprung, dafür gibt es in dem Weiler mit ein paar Höfen eine hübsche Kapelle. Die ist schneeweiß und trägt auf ihrem roten Backsteinturm einen Spitzhelm – ein ungewöhnliches rot-weißes Farbduo! Wer durch eines der schmalen Fenster hineinlugt, erkennt Madonna mit Kind sowie einen Engel vor dem Altarbild. Die Kapelle stammt aus dem späten 17. Jahrhundert, geweiht ist sie den Heiligen Johannes und Paul. Ein Fotostopp muss sein!

In Seeweiler rechts abbiegen nach Luimoos-Trollweiher, an der nächsten Gabelung links halten, unmittelbar vor dem Luimooser Weiher rechts abbiegen.

KM 5,6

3 Trollweiher

Das Schwirren der Libellen

Der Trollweiher ist ein Natursee für Farbentdecker. Am Ufer leuchten Heilkräuter, Sträucher und Wildblumen: Schafgarbe in Cremeweiß und Vogelbeere in Signalrot, umschmeichelt von einem Schilfgürtel in Grüntönen. Rote und blaue Libellen schwirren ganz nah ans Ufer heran und Enten mit braunem Gefieder drehen ihre Runden. Ein froschgrüner Infokasten im Origamistil, der ebenfalls an die Idee einer gefalteten Wanderkarte anlehnt ist, macht den Farbunterschied deutlich: In einem Bullauge leuchtet klares Quellwasser, dazu – welch Kontrast – der Trollweiher. Warum das Moorwasser so braun ist? Das kommt von den Huminstoffen, die das Wasser trüben – ein ganz natürlicher Vorgang. Kurz innehalten und das Farbspektakel wirken lassen!

Kehrtwende: Bis zur Abzweigung zurück, geradeaus am Luimooser Weiher vorbei, auf der Teerstraße durch den Weiler Luimoos, die Hauptstraße am Schwaltenweiher überqueren, rechts abbiegen und nach dem Allgäuer Hof am See links abbiegen in Richtung Goldhasen und dann weiterlaufen bis zum Kiosk.

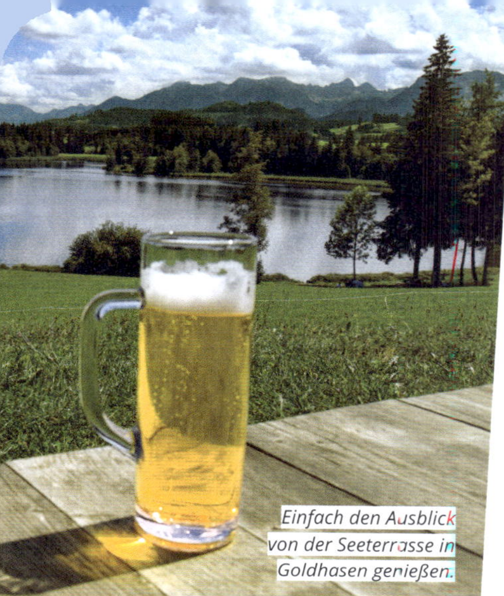
Einfach den Ausblick von der Seeterrasse in Goldhasen genießen.

KM 10,1

5 Schwaltenweiher
Ran ans Ufer

Statt Boxenstopp gibt es hier einen Brückenstopp, zumindest fürs Erinnerungsfoto. Auf dieser Uferseite wirkt der Schwaltenweiher viel urwüchsiger und ruhiger. Badegäste? Keine da. Im Wasser spiegeln sich Baumkronen und das Grün der Blätter vermischt sich mit dem trüben Wasser – ein schöner Farbenmix. Das Gras zieht sich bis zum Ufer. Zeit für eine Augenwanderung über den See, während der Kastanienbaum am Ufer Schatten spendet. Wer Aquarellstifte oder Aquamarker für sich entdeckt hat, findet hier ein vorzügliches Motiv für eine Skizzenpause.

Die Hauptstraße oberhalb überqueren, dann der Asphaltstraße in Richtung Seeleuten bergauf folgen.

KM 8,1

4 Seeterrasse Goldhasen
Radler mit Inselblick

Entspannung für alle Sinne: Am Kiosk der Seeterrasse Goldhasen sitzt man an rustikalen Holztischen und hat den besten Ausblick auf den Schwaltenweiher. Das winzige grüne Inselchen vor dem Strandbad wird von bunten Stehpaddelbrettern umkreist, direkt unterhalb des Kiosks poppen farbenfrohe Strandmuscheln auf, und ein paar Kühe beobachten die ankommenden Autos auf dem Parkplatz nebenan neugierig. Entspannung für den hungrigen Magen gibt es hier auch: Ein kühles Radler löscht den Durst. Dazu eine Currywurst mit Pommes? Oder doch lieber den selbst gebackenen Kuchen?

Der Teerstraße weiter folgen, links abbiegen auf einen Wiesenpfad, an der Kapelle vorbei, durch ein Wäldchen, links hinein, am Bach entlang bis zu einer Moorigami-Infotafel in Insektenform und vor der Holzbrücke ans Ufer hinunter.

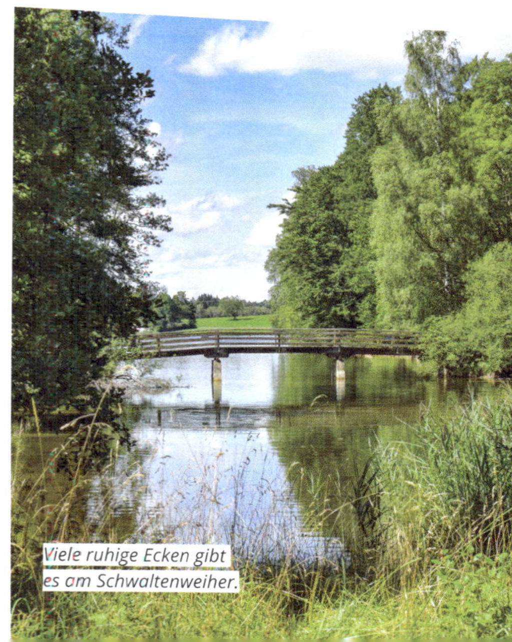
Viele ruhige Ecken gibt es am Schwaltenweiher.

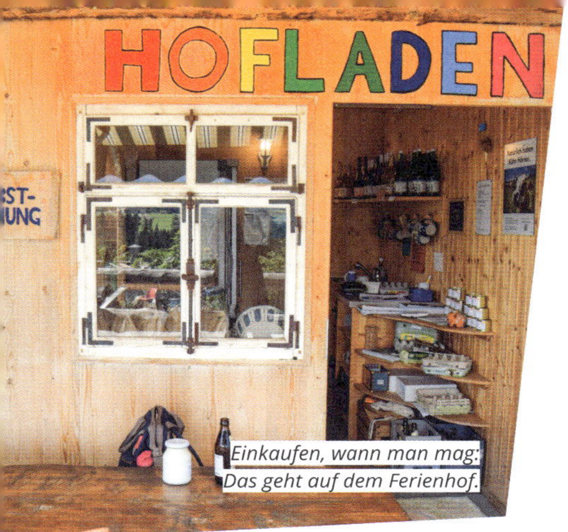

Einkaufen, wann man mag: Das geht auf dem Ferienhof.

EXTRA INFOS:

Honig shoppen: Südlich des Ortskerns von Seeg kommt man am ● **Honigmuseum** vorbei. Eine Führung sollte vorher geplant werden, aber man kann sich im Shop auch ganz spontan mit Honiglikör, Gummibärchen oder Pflegecremes eindecken.

Eine schöne Einkehr ist der ● **Platzhirsch** (platzhirsch-seeg.de) mit bayerischer Küche in stilvoll-rustikalem Ambiente im Ortskern von Seeg. Bei schönem Wetter Biergarten.

KM 11,1

6 Hofladen
Kaffee trinken fürs Klima

Die Heimkehrerkapelle auf dem Ferienhof Schmid (schmid-allgaeu.de) in Rückholz ist ganz hinten, auf dem Anwesen befindet sich auch ein Bio-Hofladen mit kleiner Veranda. 24/7 darf man sich hier eindecken und legt das Geld einfach in die Kasse: Es gibt gekühlte Limonade, Radler, Honig, Kalbskäse (weißer Fleischkäse) oder Rinderschinken, aber auch Säfte. Frische Eier im Wanderrucksack sind eine heikle Sache, aber das Glas Naturjoghurt passt bruchsicher hinein und wird tags drauf am Frühstückstisch noch an die schöne Wanderung erinnern. Nette Geste im Hofladen: ein Kaffeeautomat, an dem man sich gegen Spende bedienen darf. Mit dem Geld sollen Hecken gepflanzt werden: »Ein Kaffee fürs Klima« steht auf dem selbst gemalten Plakat. Die rustikale Tischgarnitur davor lädt auf ein Hofpäuschen ein – fürs Klima immer gerne.

Der Teerstraße am Hotelparkplatz vorbei folgen, linker Hand durch ein Wäldchen mit Fernblick auf die beiden Seeger Seen bis zur Ortsmitte Seeg, dort am Schild »Dorfanger« rechts in den Park abbiegen. Von hier ist man gleich am Bahnhof.

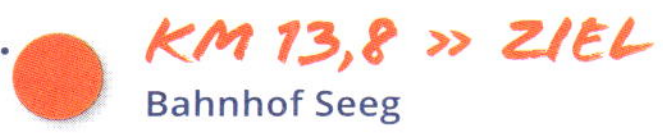

Bahnhof Seeg

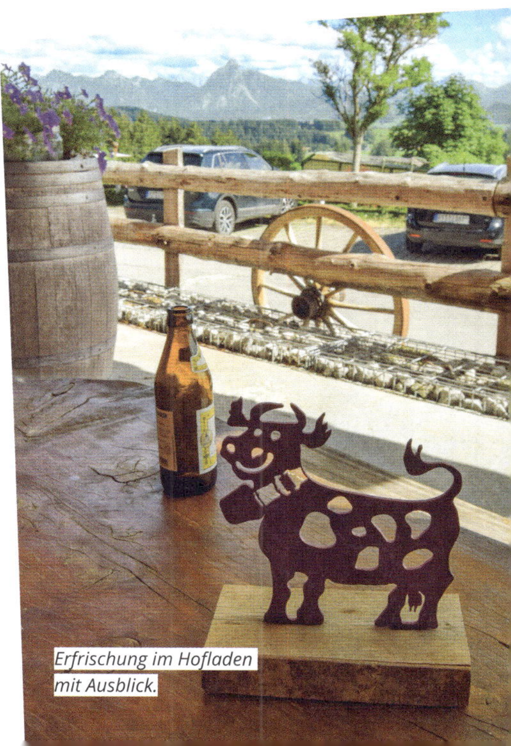
Erfrischung im Hofladen mit Ausblick.

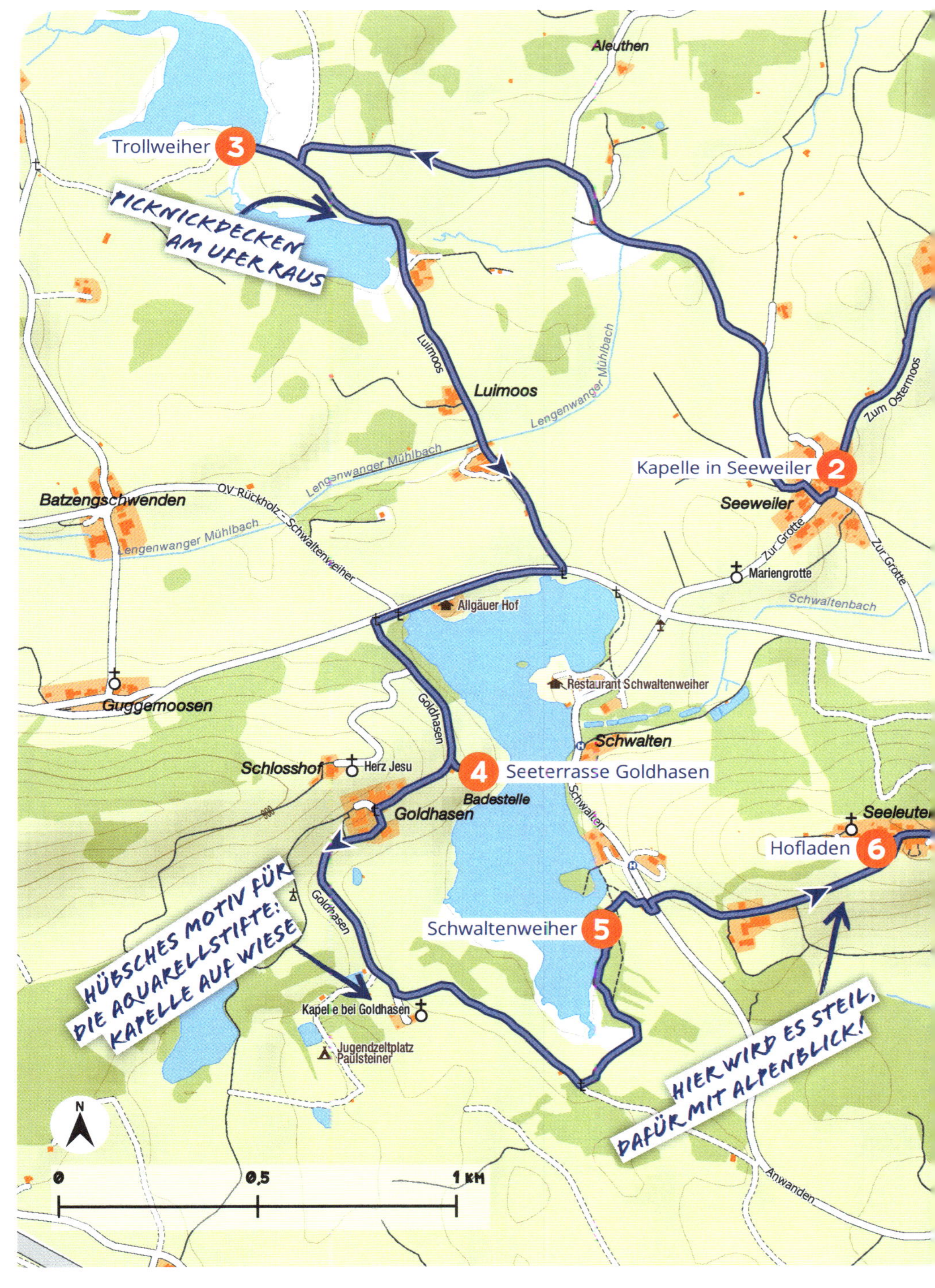

Aleuthen
Trollweiher 3
PICKNICKDECKEN AM UFER RAUS
Luimoos
Luimoos
Lengenwanger Mühlbach
Lengenwanger Mühlbach
Kapelle in Seeweiler 2
Zum Ostermoos
Seeweiler
Batzengschwenden
OV Rückholz - Schwaltenweiher
Lengenwanger Mühlbach
Zur Grotte
Zur Grotte
Mariengrotte
Schwaltenbach
Allgäuer Hof
Restaurant Schwaltenweiher
Guggemoosen
Goldhasen
Schwalten
Schlosshof
Herz Jesu
4 Seeterrasse Goldhasen
Badestelle
Goldhasen
Schwalten
Seeleuten
Hofladen 6
HÜBSCHES MOTIV FÜR DIE AQUARELLSTIFTE: KAPELLE AUF WIESE
Goldhasen
Schwaltenweiher 5
Kapelle bei Goldhasen
Jugendzeltplatz Paulsteiner
HIER WIRD ES STEIL, DAFÜR MIT ALPENBLICK!
N
0
0,5
1 KM
Anwanden

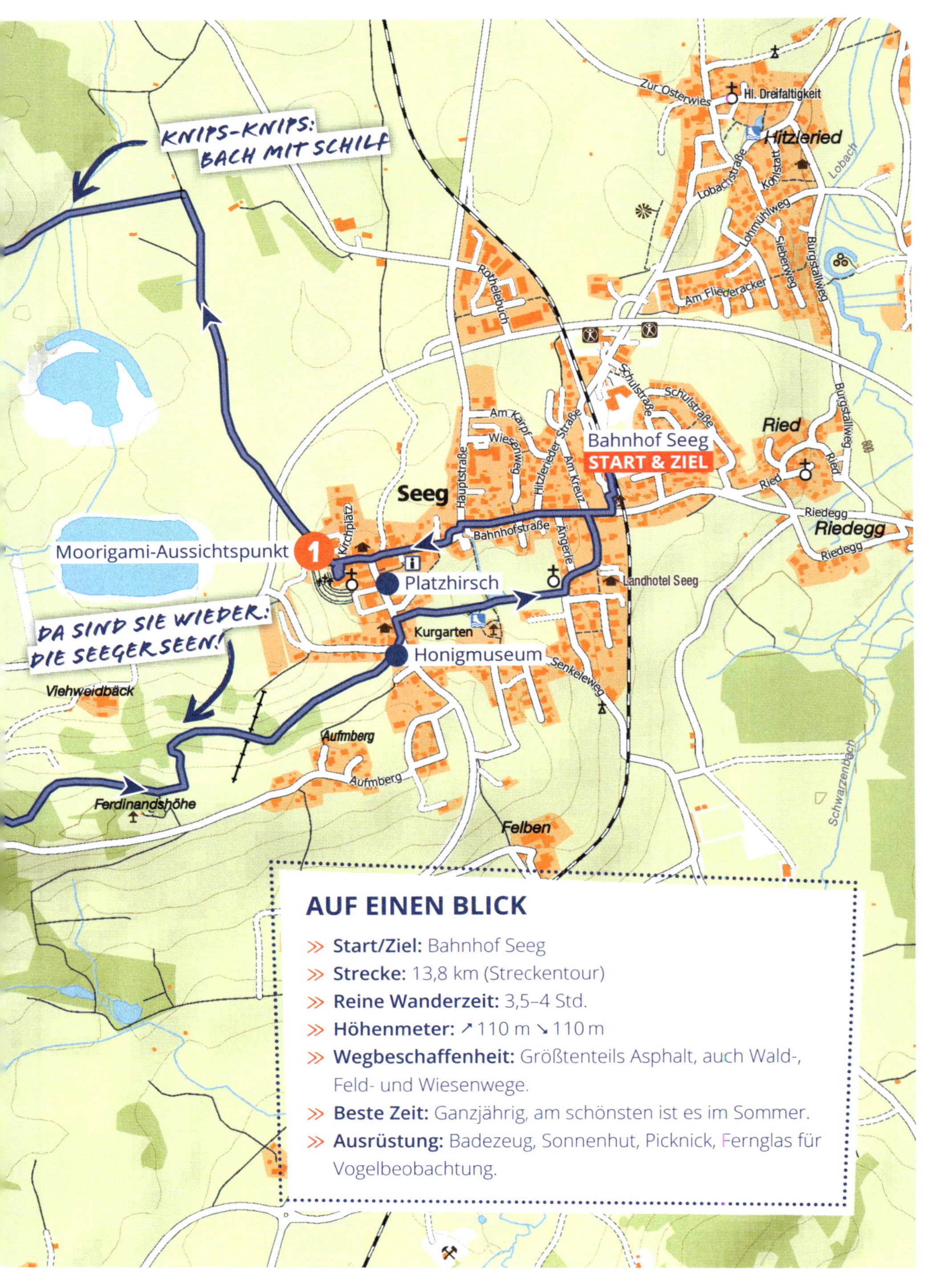

AUF EINEN BLICK

- **Start/Ziel:** Bahnhof Seeg
- **Strecke:** 13,8 km (Streckentour)
- **Reine Wanderzeit:** 3,5–4 Std.
- **Höhenmeter:** ↗ 110 m ↘ 110 m
- **Wegbeschaffenheit:** Größtenteils Asphalt, auch Wald-, Feld- und Wiesenwege.
- **Beste Zeit:** Ganzjährig, am schönsten ist es im Sommer.
- **Ausrüstung:** Badezeug, Sonnenhut, Picknick, Fernglas für Vogelbeobachtung.

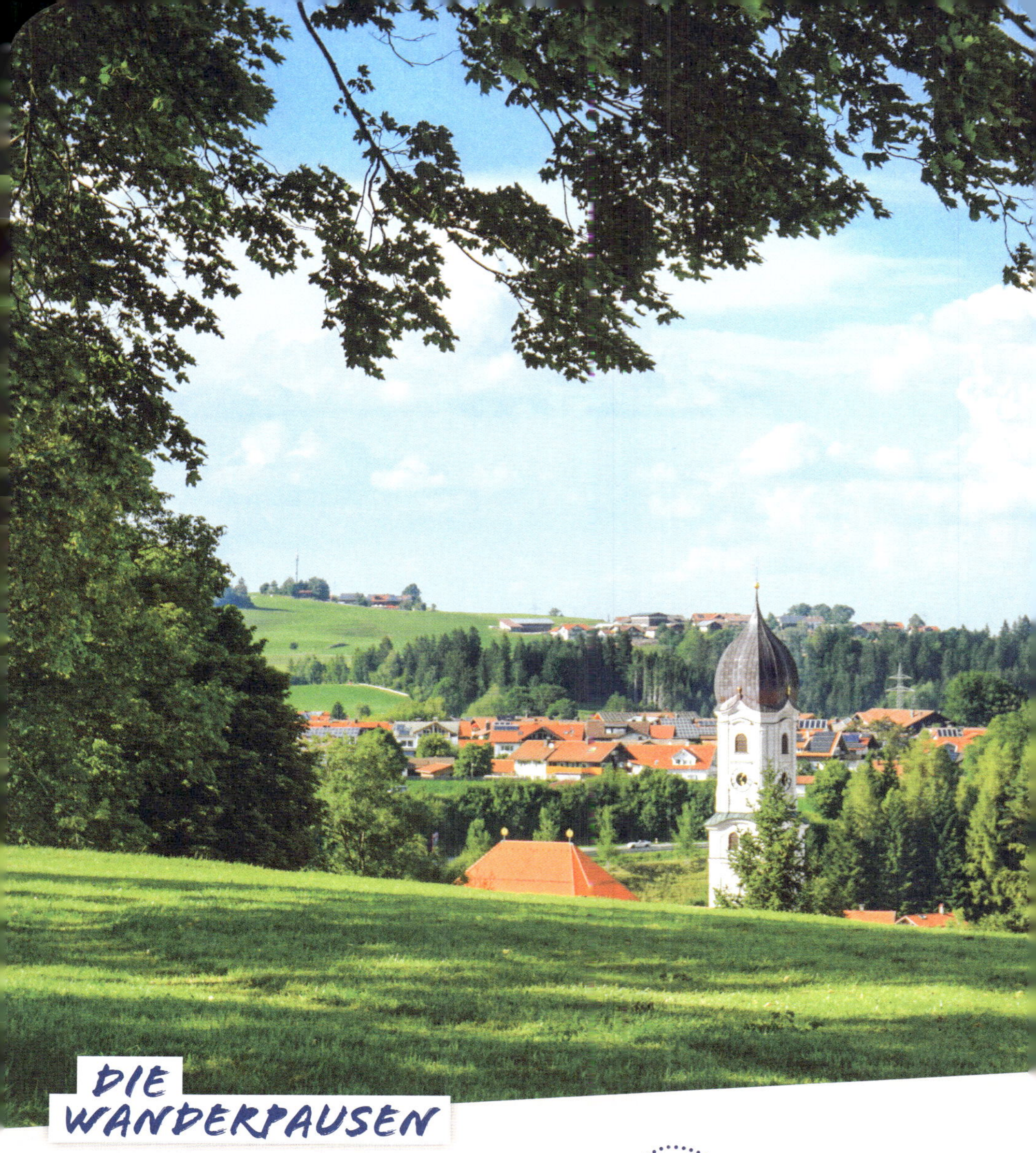

DIE WANDERPAUSEN

» START
Bahnhof Nesselwang

KM 2
1 Nesselburg
Burgruine umrunden

KM 3,4
2 Zipline
Vom Berg rauschen

KM 4,1
3 Kronenhütte
Einkehr – endlich Kässpatzen!

12

BERGWANDERUNG FÜR ANFÄNGER

Von Nesselwang Richtung Alpspitz und zurück

Moderat hinsichtlich Länge und Schwierigkeit, grandios was Abwechslung, Einkehr und Ausblick angeht: eine stellenweise fordernde, aber kurze Bergwanderung – für fitte Anfänger absolut machbar.

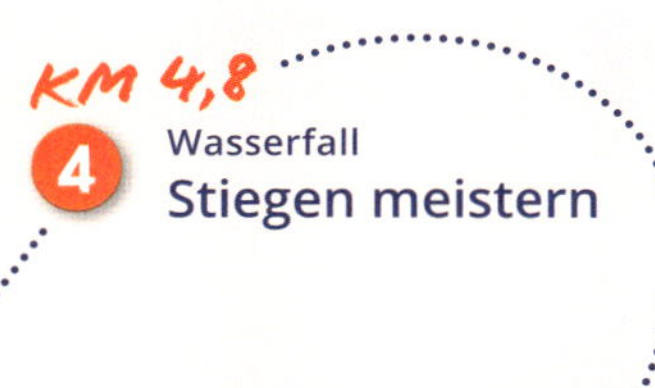

KM 4,8

4 Wasserfall
Stiegen meistern

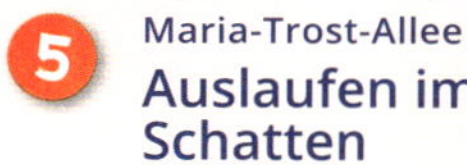

KM 5,9

5 Maria-Trost-Allee
Auslaufen im Schatten

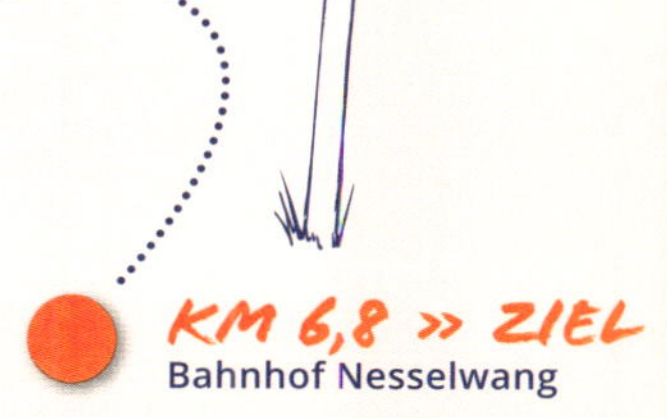

KM 6,8 » ZIEL
Bahnhof Nesselwang

DIE ALPSPITZ ...

... ist eigentlich nur der niedrigere, dem Edelsberg vorgelagerte Gipfel. Zusammen bilden beide einen einzigen Gebirgsstock und damit die Hausberge von Nesselwang – 1575 und 1629 Meter hoch. Wer wandert und in **Nesselwang** gastiert, kommt also an der Alpspitz nicht vorbei (auch Olaf Scholz nicht im Sommer 2022). Es wirkt, als hätten sich die Alpen extra an Nesselwang herangeschoben, denn dahinter und damit bis Kempten steht nur Hügelland. Wer mit der Regionalbahn anreist, kann dieses Panorama ausgiebig genießen, eine schönere Fahrt ist kaum denkbar.

EIN HIGHLIGHT IST DER BLICK ZURÜCK AUF DAS ZICKZACK DER STIEGEN NEBEN DEM WASSERFALL

Aus der Nesselwanger Senke geht es sofort bergauf, erst an den Ortsrand, dann am Mühlbach entlang. Der Anstieg zur **Nesselburg** verlässt ausgetretene Pfade und geht über Wurzelwerk, auch noch hinter der Ruine. Kies und metallene Stiegen holen einen schnell genug ein und der Weg durch den Bergwald führt hinüber zu den Skiabfahrten, der Mittelstation der Bergbahn und dem Endpunkt einer **Zipline.**

Zuvor öffnet sich nicht nur der Wald, sondern auch der Blick nach Norden und weit über Nesselwang hinaus. Die Einkehr **Kronenhütte** liegt schon auf dem Abstieg und birgt ein Geheimnis – das weiter unten verraten wird. Hier nur so viel: Wir kehren vorsätzlich nicht auf der Bergstation ein. Trotz der Aussicht, der Wurzeln und des Waldes geht es nach der Kronenhütte auf die spektakulärste Passage, den **Wasserfallweg.**

Wer den überlebt – angeblich setzt der Steig alpine Erfahrung voraus –, der genießt anschließend das sanfte Auslaufen durch die **Maria-Trost-Allee** oberhalb Nesselwangs mit Blick auf den Kirchturm. Spätestens wenn sich die kleine Kapelle in die Sichtachse schiebt, ist Zeit für eine letzte Rast.

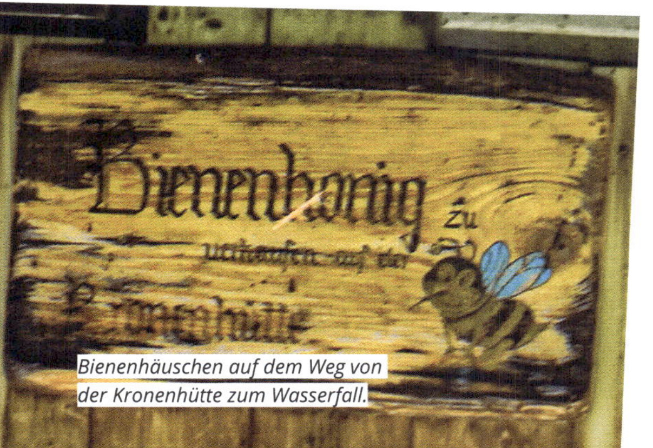

Bienenhäuschen auf dem Weg von der Kronenhütte zum Wasserfall.

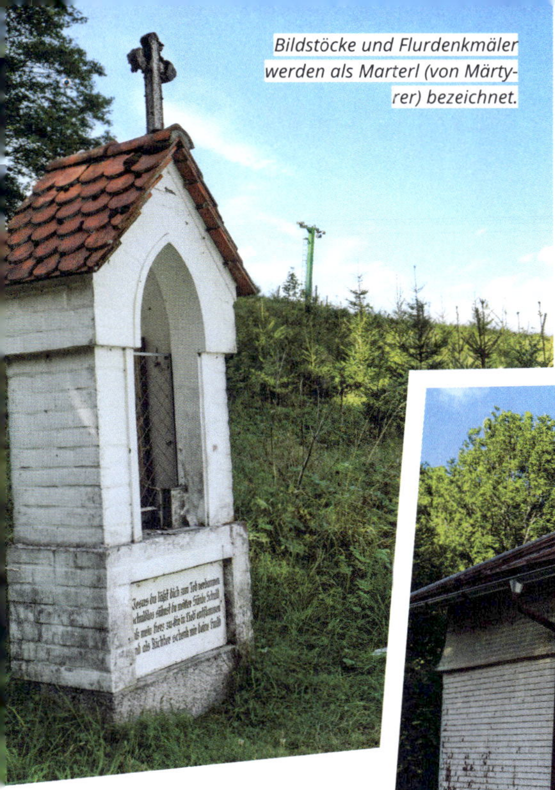

Bildstöcke und Flurdenkmäler werden als Marterl (von Märtyrer) bezeichnet.

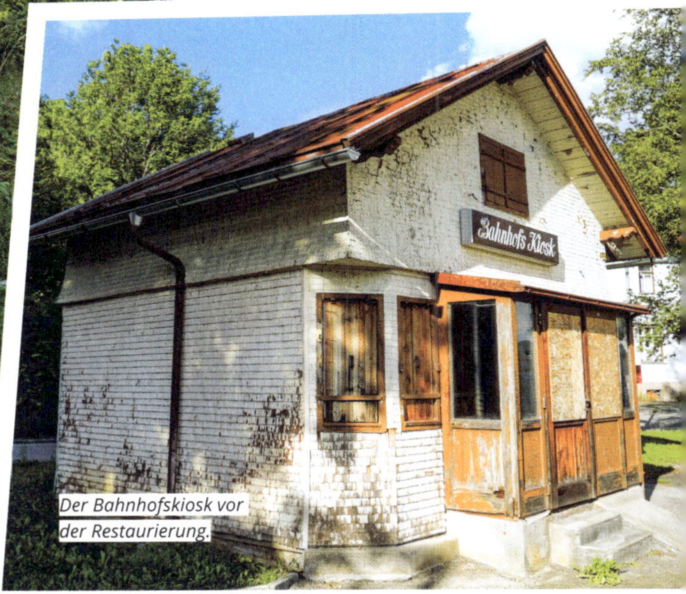

Der Bahnhofskiosk vor der Restaurierung.

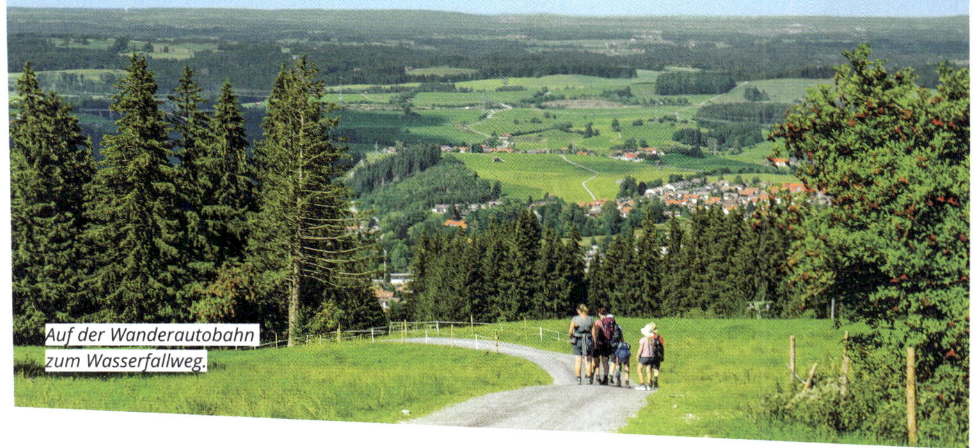

Auf der Wanderautobahn zum Wasserfallweg.

WANDERN & GENIESSEN

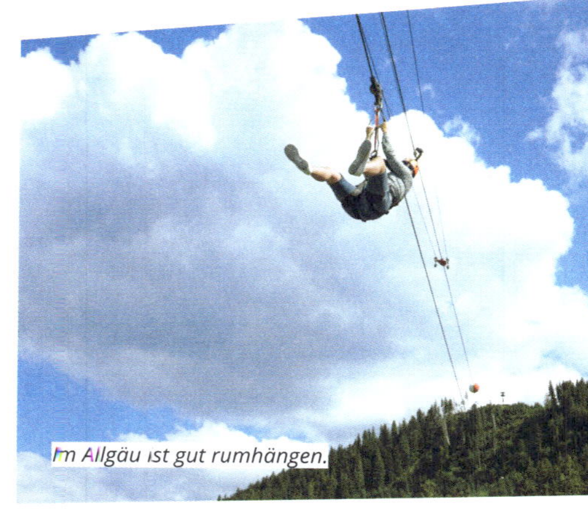
Im Allgäu ist gut rumhängen.

» START

Bahnhof Nesselwang

Vom Bahnhof geht es immer am Mühlbach entlang, bis man der Alpenstraße bergan folgen kann und bald auf einen Fußpfad wechselt. Kaum im Wald, teilt sich der Weg und ein Schild weist den mittleren Pfad zur Burgruine aus.

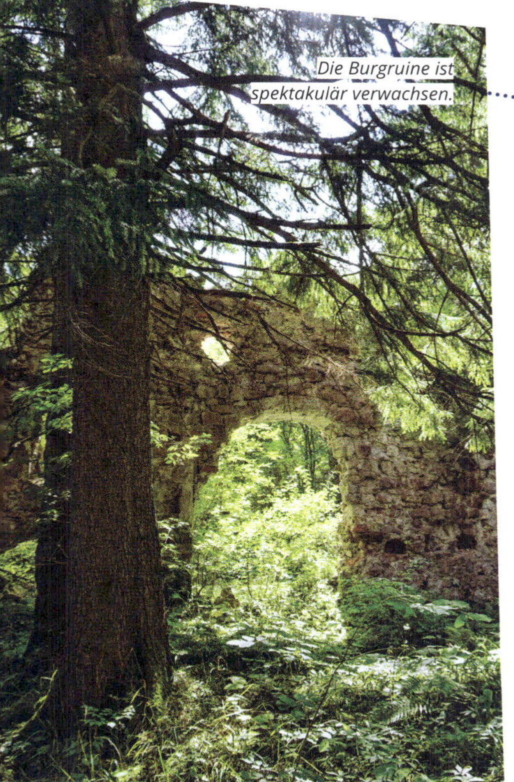
Die Burgruine ist spektakulär verwachsen.

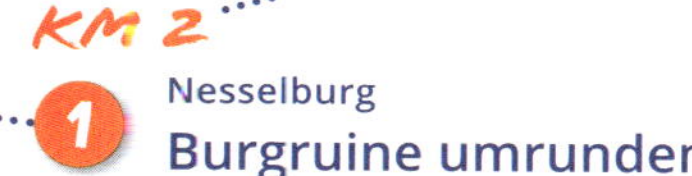

KM 2

1 **Nesselburg**

Burgruine umrunden

Trotz Beschilderung scheint der Weg zur Nesselburg anfangs falsch zu sein. Man muss aber auf den Bergkegel und nicht auf den breiteren, bequemeren Wegen darum herum, denn eine Burg braucht einen erhöhten Standort, auch wenn sie inzwischen eine Ruine und vom Wald umwuchert ist. Das Ensemble wirkt ebenso geheimnisvoll wie leicht baufällig. Dennoch kann man, wenn man schwindelfrei ist, das Geviert umrunden, muss es aber nicht. Die Burg stammt aus dem 13. Jahrhundert, wurde aber vom letzten Herrn, dem Augsburger Hochstift, schon um 1600 zugunsten einer moderneren Behausung an der Nesselwanger Hauptstraße aufgegeben und verfällt seither.

Nicht nach rechts in die Klamm hinunter, sondern auf dem Wurzelweg weiter bergan, bis man auf eine Lichtung stößt. An der privaten Hütte rechts vorbei und den Schildern zur Alpspitzbahn folgen.

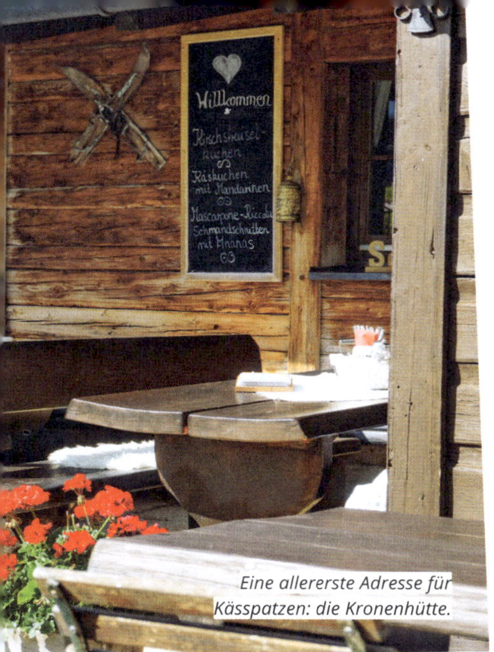

Eine allererste Adresse für Kässpatzen: die Kronenhütte.

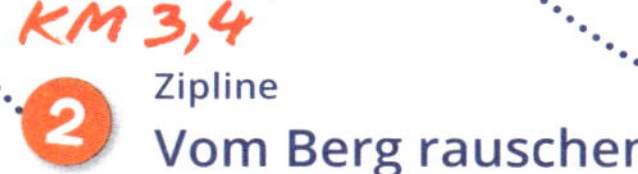

KM 3,4

2

Zipline

Vom Berg rauschen

Man glaubt es nicht: Über den Grat der Alpspitz und dann hinunter verläuft über zwei Sektionen eine Zipline – mit insgesamt 1,2 Kilometern Länge die zweitlängste Deutschlands. Sparen wir uns jede Bemerkung über die Berge als Unterhaltungskulisse und schauen wir stattdessen zu, wie alle paar Minuten jemand vom Berg schießt. Wer den Adrenalinkick sucht, kann direkt neben der Bergbahn Tickets erwerben. Hinauf geht es mit der Alpspitzbahn, hinunter mit Spitzengeschwindigkeiten von bis zu 120 km/h. Alle anderen können derweil vor Ort bleiben und die Aussicht genießen – die Bierbänke des Enzianstübles stehen über Nesselwang wie auf einem Balkon.

Auf dem Alpspitzweg zurück Richtung Tal, nach wenigen Hundert Metern kommt rechts die Kronenhütte in Sicht, ein Fußweg kürzt den Zugang zur Zufahrtsstraße ab.

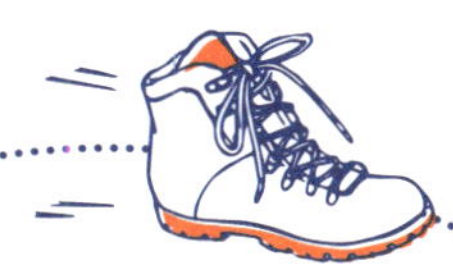

KM 4,1

3

Kronenhütte

Einkehr – endlich Kässpatzen!

Natürlich muss man hier nicht einkehren, aber man würde etwas verpassen. Im ganzen Allgäu sind die Hüttenwirte dazu übergegangen, die berühmten Kässpatzen nur mehr auf Vorbestellung und nur ab einer gewissen Zahl von Besuchern anzubieten. Nicht so in der Kronenhütte (kronenhuette.de): Hier wird der Teig täglich frisch zubereitet und in der Pfanne anschließend mehrerlei Käse verwendet. So wie es sich gehört. Trotz der Bezeichnung als Bergchalet ist die Kronenhütte immer noch eine klassisch-rustikale Alpwirtschaft, auf deren Sonnenterrasse man sich auch schlicht ein Radler oder hausgemachten Kuchen und Kaffee gönnen kann.

Direkt von der Kronenhütte führt ein Fußpfad in den Wald: der Wasserfallweg.

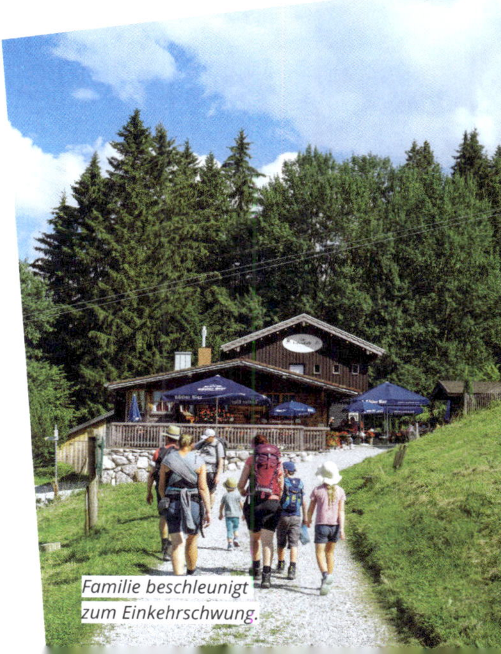

Familie beschleunigt zum Einkehrschwung.

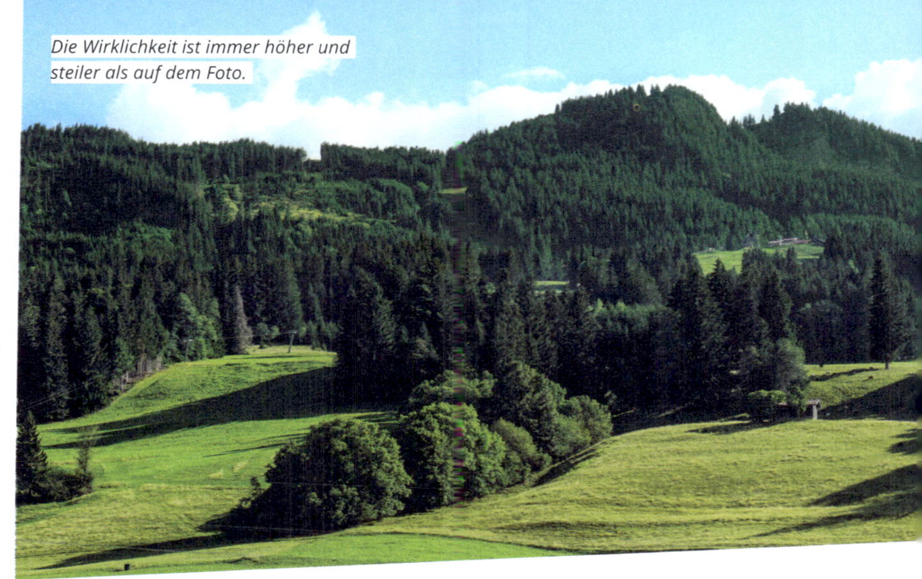

Die Wirklichkeit ist immer höher und steiler als auf dem Foto.

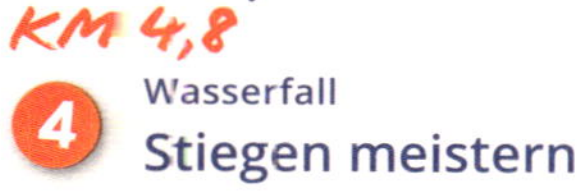

KM 4,8

4 Wasserfall

Stiegen meistern

Gesunde Knie sollte man schon haben, mit solchen ist der Wasserfallweg dann aber auch nicht schwieriger als Treppensteigen im Mehrfamilienhaus, wenngleich etwas länger. Der Weg ist bestens gesichert, an steilen Stellen meist mit einem Geländer links und rechts und Metallstufen. Hinunter verläuft die Passage indes fast zu schnell, sodass man unterhalb der höchsten Stufe am eigentlichen Wasserfall eine Rast einbauen sollte, um das Ensemble aus Metallstiegen und dem mild hinabfallenden und rinnenden Wasser zu genießen. Gerade bei heißen Temperaturen kühlt das Wasser die gesamte Wegstrecke. Bei Schlechtwetter sollte man die Treppen jedoch meiden und stattdessen über den asphaltierten Alpspitzweg ins Tal zurückkehren.

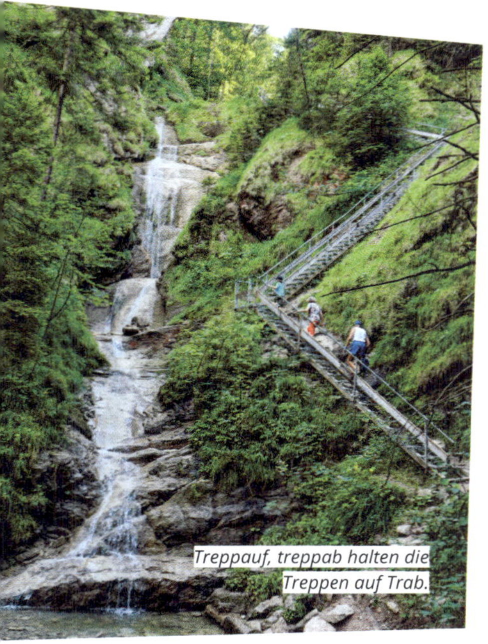

Treppauf, treppab halten die Treppen auf Trab.

Am Ende des Wasserfallwegs steht ein kleines Marterl, hier links weiter in Richtung des ausgeschilderten Nesselwang anstatt geradeaus zum Ausgangspunkt am Mühlbach.

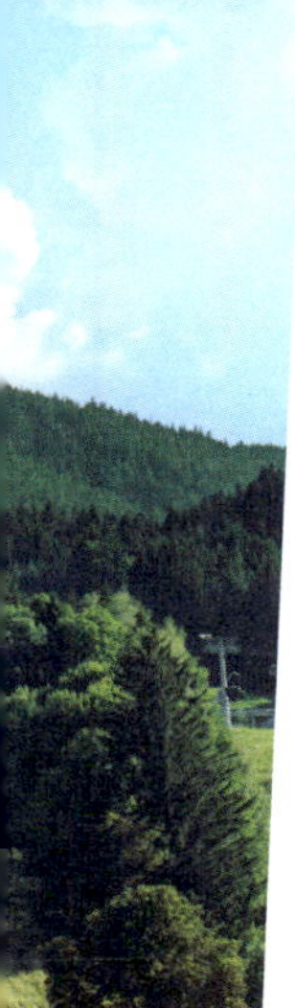

EINE FRAGE DER PERSPEKTIVE

EXTRA INFOS:

Wem die Tour zu kurz erscheint, der kann ab Zipline und Enzianstüble den Gipfelgang ins Auge fassen: Bis zur ● **Alpspitz** sind es 350 Höhenmeter auf 2,2 Kilometer (eine Strecke), auf das ● **Kappelköpfl** bei der Bergstation sind es 1,6 Kilometer.

KM 6,8 » ZIEL

Bahnhof Nesselwang

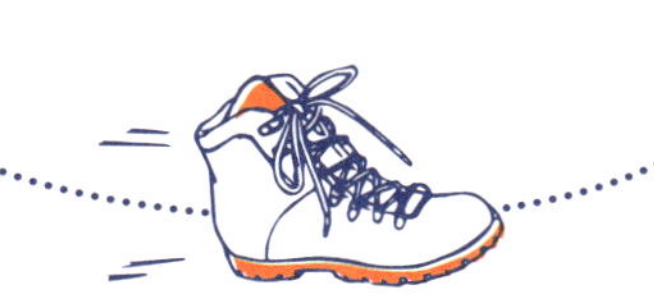

KM 5,9

5 Maria-Trost-Allee

Auslaufen im Schatten

Zu einer Seite öffnet der Blick sich Richtung Alpspitz, zur anderen nach Nesselwang mit dem Kirchturm in der Senke und im Hintergrund schwebt die Seilbahn: schönstes Allgäu-Panorama, das sich auch als letzter Abschnitt einer Bergwanderung genießen lässt, weil es unter Bäumen dahingeht. Die Maria-Trost-Allee hat ihren Namen von einer Wallfahrtskirche auf einer Lichtung an der Alpspitz. Dort wird ein sogenanntes Gnadenbild aufbewahrt und die Allee ist der erste Abschnitt des Zuwegs. Eine andere Kapelle taucht vor einem auf, genau bevor es in den Ort hineingeht: die Zinkenbichlkapelle. Ursprünglich stand das Gebäude auf dem Zinkenbüchl am Ostrand Nesselwangs. Dort geriet sie aber ins Rutschen, der Hügel hatte sich gesenkt. Also musste die Kapelle umziehen.

An der Pfarrkirche vorbei über die Hauptstraße in die Lindenstraße abbiegen und durch den Kurpark zum Bahnhof.

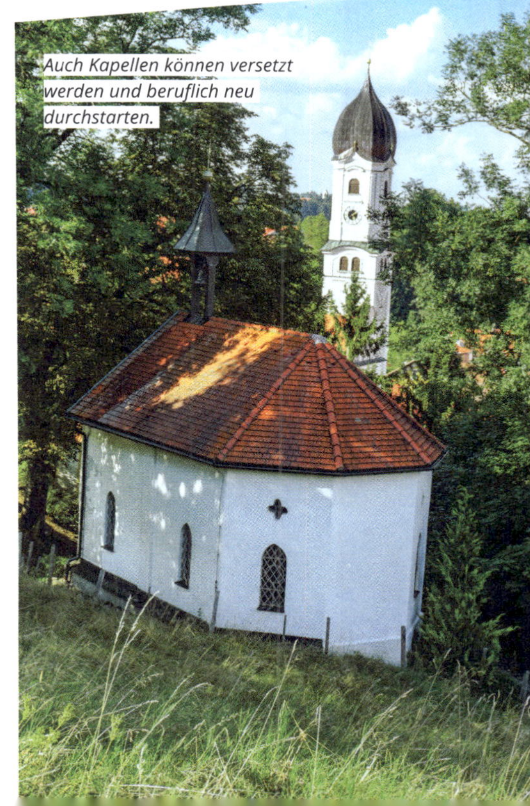

Auch Kapellen können versetzt werden und beruflich neu durchstarten.

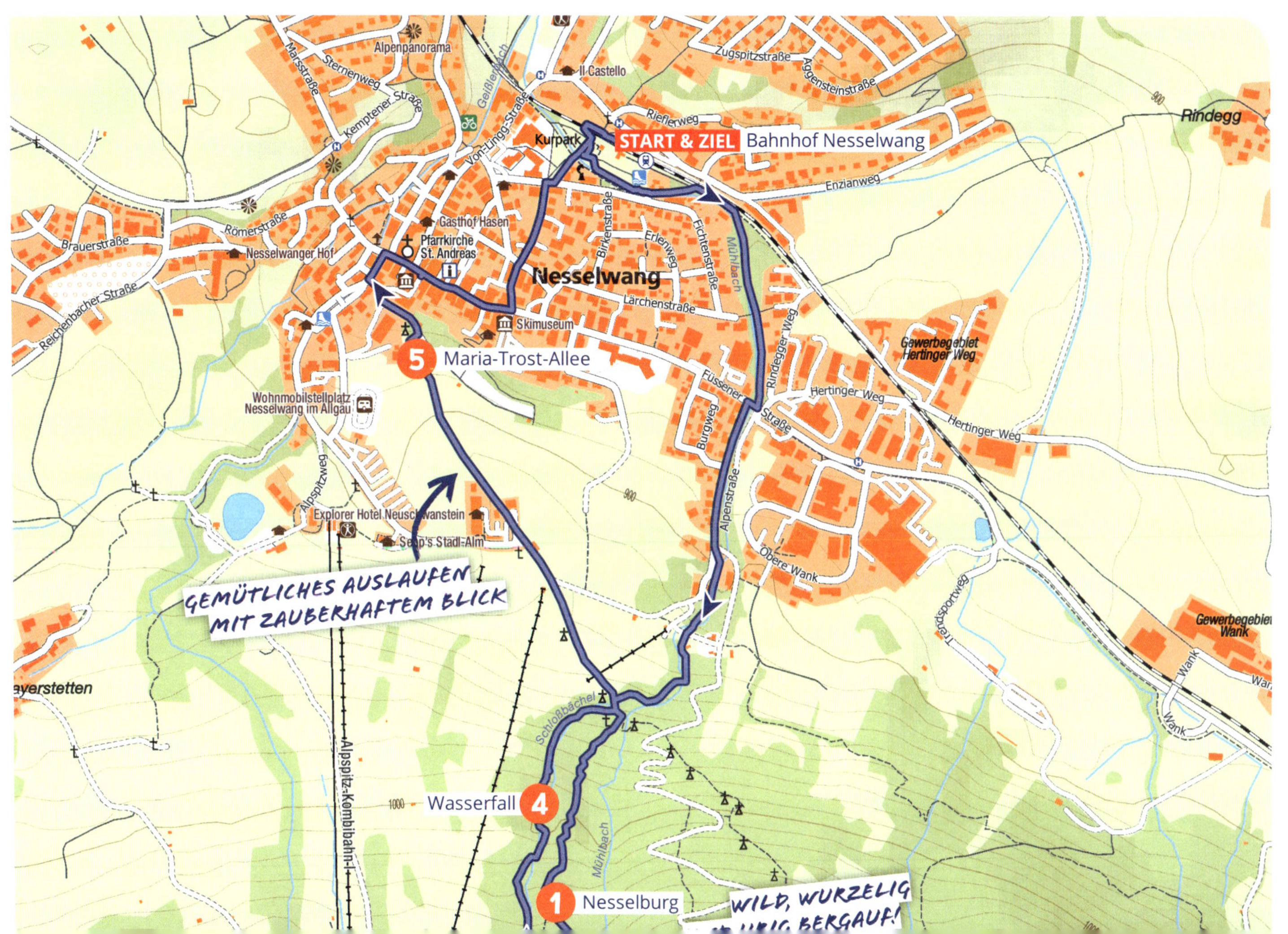

START & ZIEL Bahnhof Nesselwang
Nesselwang
5 Maria-Trost-Allee
4 Wasserfall
1 Nesselburg
GEMÜTLICHES AUSLAUFEN MIT ZAUBERHAFTEM BLICK
WILD, WURZELIG
Alpenpanorama
Il Castello
Zugspitzstraße
Aggensteinstraße
Rindegg
Marsstraße
Sternenweg
Kemptener Straße
Geißlerbach
Von-Lingg-Straße
Kurpark
Rieflerweg
Enzianweg
Römerstraße
Brauerstraße
Nesselwanger Hof
Gasthof Hasen
Pfarrkirche St. Andreas
Birkenstraße
Erlenweg
Fichtenstraße
Mühlbach
Reichenbacher Straße
Lärchenstraße
Skimuseum
Rindegger Weg
Gewerbegebiet Hertinger Weg
Füssener Straße
Hertinger Weg
Wohnmobilstellplatz Nesselwang im Allgäu
Burgweg
Alpenstraße
Alpspitzweg
Explorer Hotel Neuschwanstein
Sepp's Stadl-Alm
Obere Wank
Trendsportweg
Gewerbegebiet Wank
Wank
Schloßbächel
Alpspitz-Kombibahn-I
900
1000

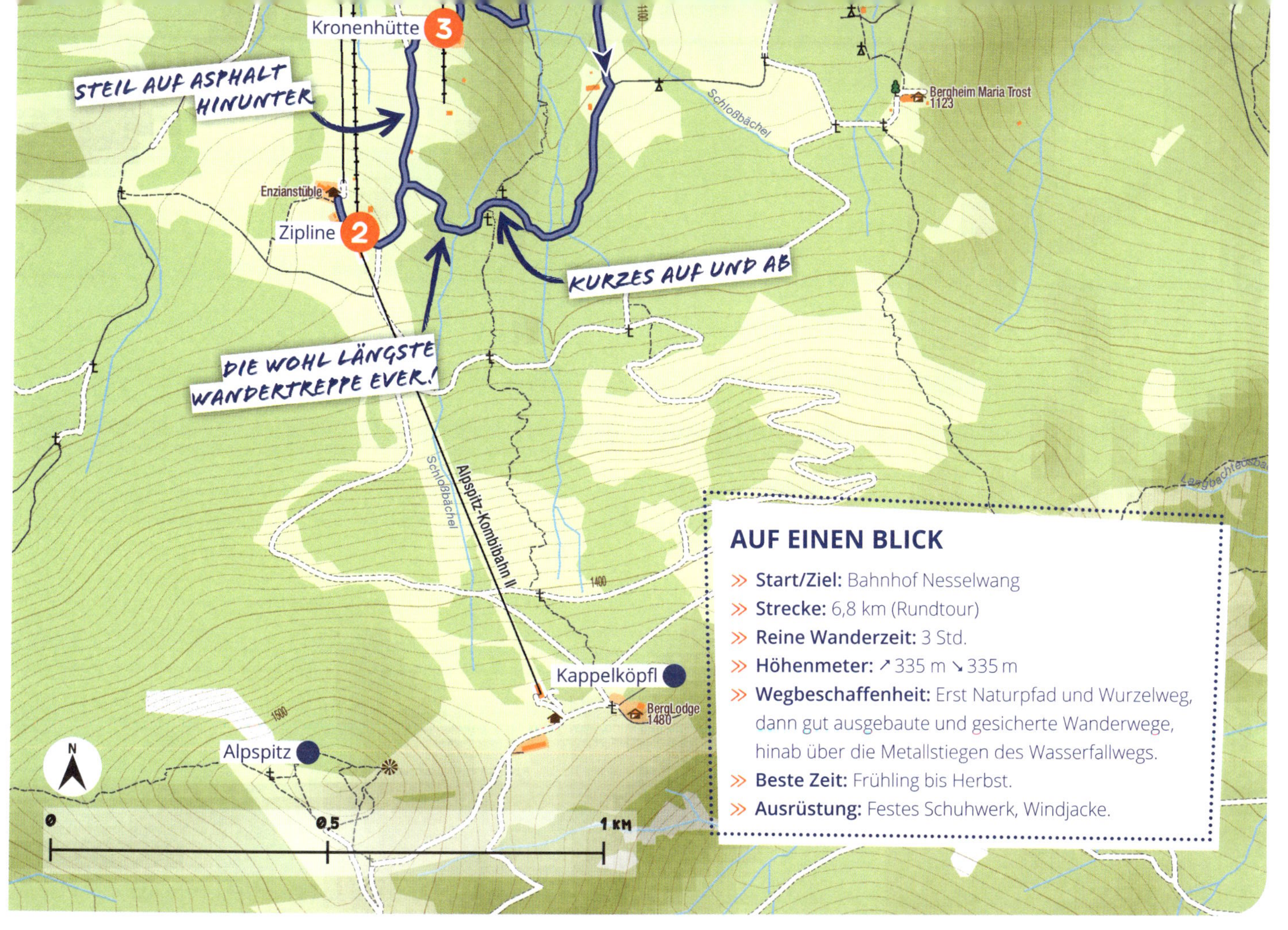

AUF EINEN BLICK

» **Start/Ziel:** Bahnhof Nesselwang
» **Strecke:** 6,8 km (Rundtour)
» **Reine Wanderzeit:** 3 Std.
» **Höhenmeter:** ↗ 335 m ↘ 335 m
» **Wegbeschaffenheit:** Erst Naturpfad und Wurzelweg, dann gut ausgebaute und gesicherte Wanderwege, hinab über die Metallstiegen des Wasserfallwegs.
» **Beste Zeit:** Frühling bis Herbst.
» **Ausrüstung:** Festes Schuhwerk, Windjacke.

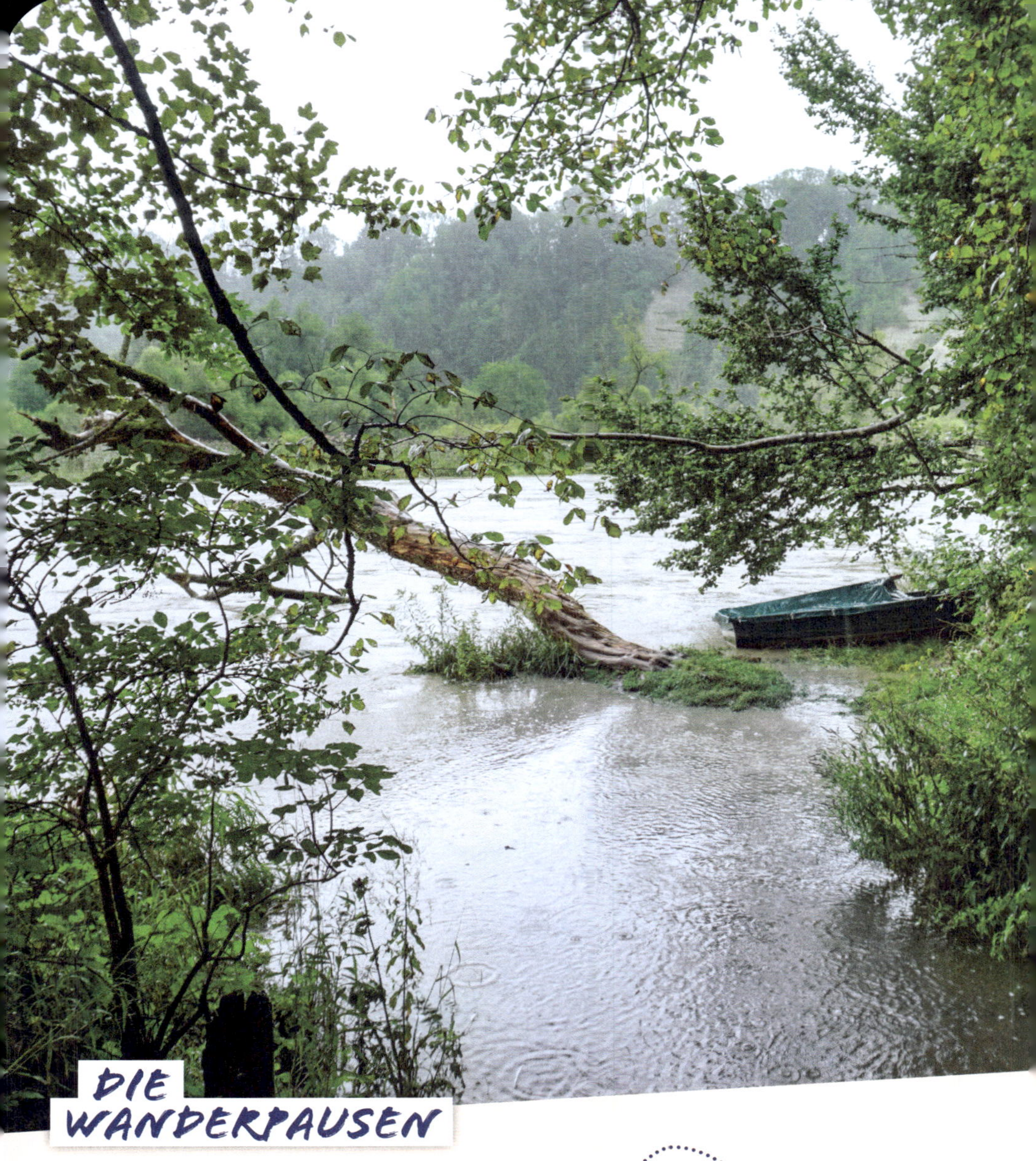

DIE WANDERPAUSEN

» START
Rathausplatz Altusried

KM 1,8
1 Dreifaltigkeitskapelle
Wetterseite beachten

KM 3,5
2 Hängebrücke
Abhängen im Allgäu

KM 4,9
3 Sachsenrieder Bänkle
Derzeit schlechte Aussicht

13

Über schroffe Uferbänke

Von Altusried zum Illerdurchbruch

Selten geht es im Allgäu so dramatisch zu wie am Illerdurchbruch: enge Flussschleifen, steil abfallende Ufer, üppiges Grün. Am Fluss selbst führt kein Weg entlang, aber über die Uferbänke.

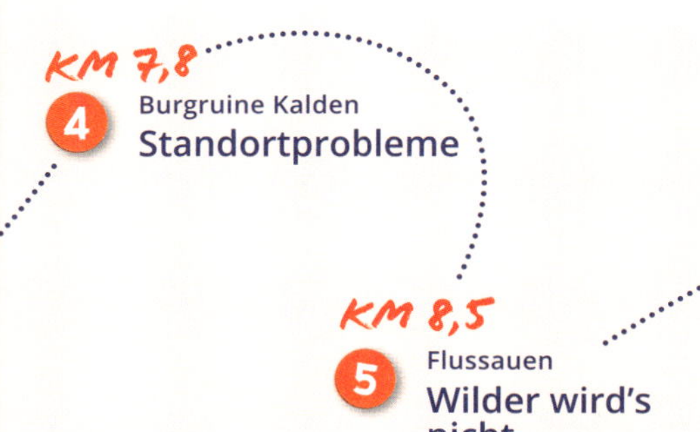

KM 7,8

4 Burgruine Kalden

Standortprobleme

KM 8,5

5 Flussauen

Wilder wird's nicht

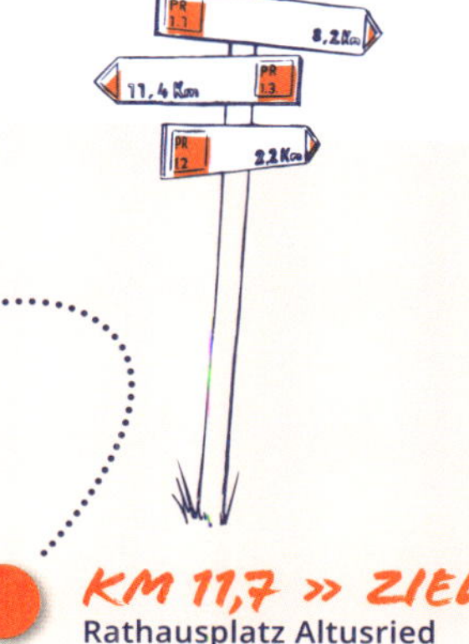

KM 11,7 » ZIEL

Rathausplatz Altusried

ZWEI GROSSE FLÜSSE ...

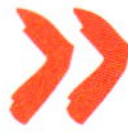

... entwässern das Allgäu: die Iller und der Lech. Die Iller entsteht aus mehreren Zuflüssen bei Oberstdorf am sogenannten Illerursprung, der Lech entspringt dagegen schon in Vorarlberg. Während der Lech vor Füssen einen Durchbruch zu meistern hat, trifft die Iller erst hinter Kempten auf ein landschaftliches Hindernis: den sogenannten Illerdurchbruch bei Altusried.

Von diesem geologischen Großereignis ist aber am Anfang der Tour zunächst noch gar nichts zu sehen, denn man läuft, sobald man Altusried verlassen hat, erst mal durch eine klassische Allgäuer Wiesen- und Hügellandschaft – inklusive einer malerischen **Kapelle,** versteht sich. Aber wenig später geht es hinab, erst sanft, dann fast steil – zum kleinen Weiler Fischers, bei dem eine moderne **Hängebrücke** über den breiten Strom führt.

EIN PAAR SCHRITTE VON DER BURGRUINE ENTFERNT FÄLLT DAS UFER STEIL AB UND DER BLICK AUF DIE WASSER DER ILLER

Der Weg am anderen Ufer führt bis auf über 700 Meter hinauf, bis zu einem Aussichtspunkt, der gegenwärtig aufgrund der üppigen Vegetation gar keiner ist. Das **Sachsenrieder Bänkle** eignet sich dennoch bestens für eine Vesperpause, bevor es zurück über die Brücke geht und hinauf auf die andere Seite des Uferabfalls. Wenige Meter von der **Burgruine Kalden** entfernt weitet sich der Blick dann tatsächlich über die Iller aus.

Wo die Wiese endet, beginnen wieder der Uferwald und die steile Böschung. Ein schmaler Pfad führt hinunter, erst an einen Bachlauf und dann bis ganz zum **Ufer.** Ein wahres Vergnügen ist es, dort zu sitzen und dem Strom dabei zuzusehen, wie das Wasser unablässig weiterrückt. Inzwischen ist die laute Welt noch weiter weggerückt, unten am Fluss ist nicht mehr des Menschen Habitat – zu dominant, zu stark all das Wasser. Erst nach einer Schleife hinauf und hinein in die Hügellandschaft kehren Teerstraße und Gehöfte wieder zurück. Jetzt wird klar, wie hoch Altusried doch liegt – fast 100 Höhenmeter sind vom Flussufer aus zu überwinden. «

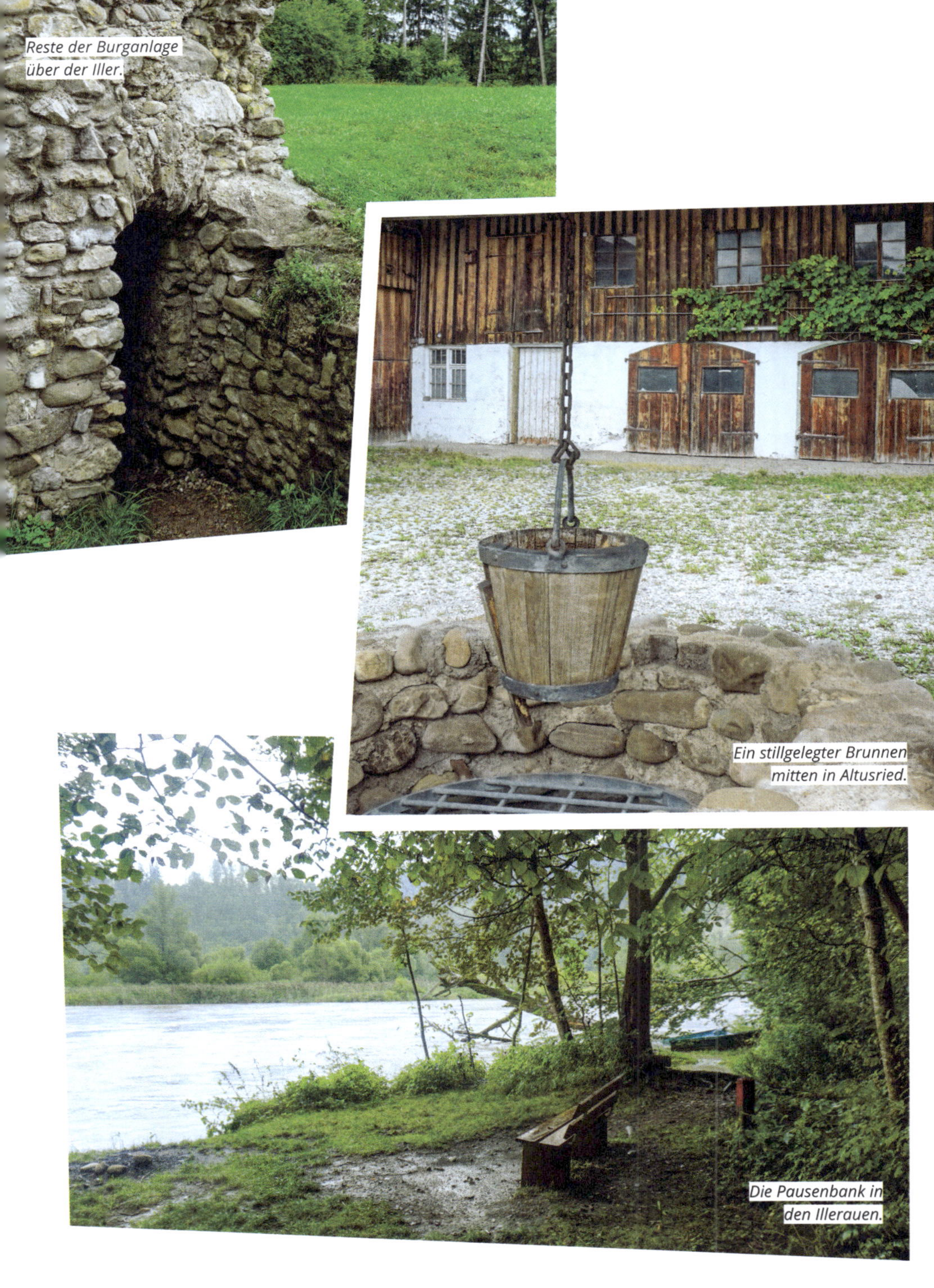

Reste der Burganlage über der Iller.

Ein stillgelegter Brunnen mitten in Altusried.

Die Pausenbank in den Illerauen.

WANDERN & GENIESSEN

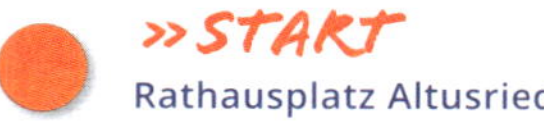

Rathausplatz Altusried

Kurz geht es durch den Ortskern, dann schon ist die Alpenblickstraße erreicht und es geht quer durch Wiesen. Wem der Name Altusried bekannt vorkommt: Es handelt sich um den Wohnort von Kommissar Kluftinger!

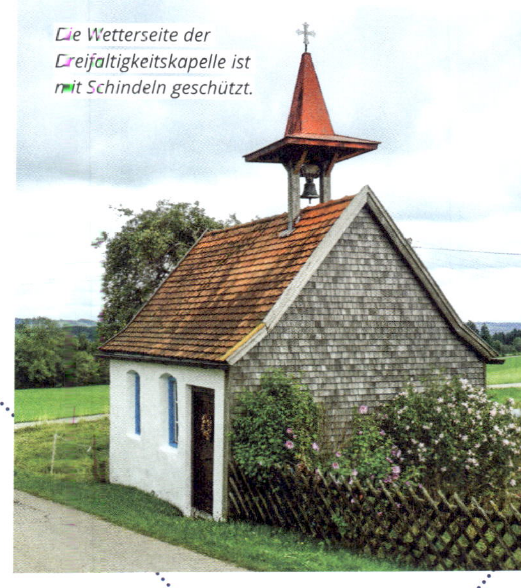

Die Wetterseite der Dreifaltigkeitskapelle ist mit Schindeln geschützt.

KM 1,8

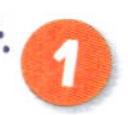

Dreifaltigkeitskapelle

Wetterseite beachten

Kapellen bezeugen entweder Frömmigkeit oder Reichtum oder aber beides zugleich: Wer es sich leisten konnte, der sorgte auch im abseits gelegenen Weiler für eine Andachtsmöglichkeit. Erbaut wurde die Dreifaltigkeitskapelle in Hörgers 1713. Sich ein paar Schritte vom eigentlichen Wegverlauf zu entfernen, lohnt sich, denn die Kapelle ziert eine bildhübsche Wetterseite mit Holzschindeln. Vom Verlauf der Iller ist noch kaum etwas zu ahnen. Ungefähr auf der gleichen Höhe wie die Kapelle, aber verborgen, liegt die Illerstaustufe 4: das Wasserkraftwerk Altusried der Bayerischen Elektrizitätswerke. Zusammen mit den anderen vier Illerkraftwerken wird hier Strom für 34 000 Haushalte produziert. Dies sollte man im Gedächtnis behalten, denn dort, wo der Weg hinführt, fließt die Iller völlig ungezähmt!

Von der Kapelle aus dem Asphaltweg weiter geradeaus folgen, es geht automatisch nach Fischers und an die Iller hinunter.

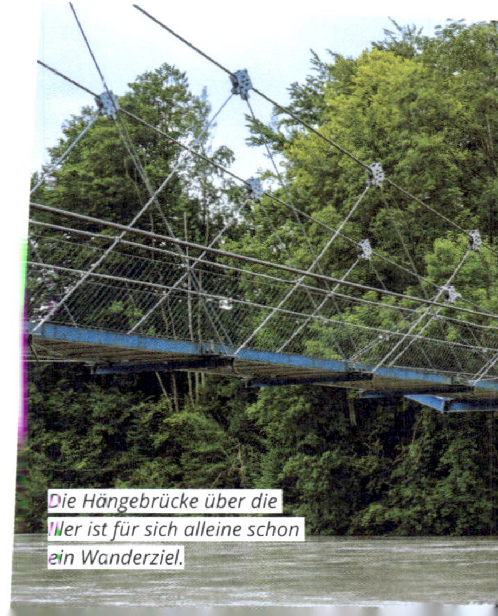

Die Hängebrücke über die Iller ist für sich alleine schon ein Wanderziel.

KM 3,5

2 Hängebrücke

Abhängen im Allgäu

Bis 2001 beförderte ein Fährmann Wanderer und Radfahrer bei Fischers über die Iller, dann aber wurde der Betrieb eingestellt. Die historische Verbindung zwischen Altusried und Dietmannsried ist überregional als Teilstück des Oberallgäuer Rundwanderwegs und als Anbindung an den schwäbischen Jakobsweg von Bedeutung. Deshalb nahmen die beiden Gemeinden, Anwohner und Freiwillige die Sache in die Hand und errichteten »die erste Bürgerbrücke Bayerns«. 2007 konnte die Hängebrücke eingeweiht werden. Über 30 Tonnen Stahl wurden verbaut, zusammengehalten von knapp 3000 Schraubenverbindungen, errichtet in 1200 Stunden von 30 Freiwilligen. Ein komfortables Bauwerk, das kaum schwankt – idyllisch an der Furt und gegenüber dem Uferabbruch gelegen. Dort und nirgendwo anders musste eine Brücke hin!

Am anderen Ufer den Wegschleifen folgen, dann auf Uferhöhe nach rechts weiter. Der Weg gabelt sich bald in einen Wurzelweg und einen Hohlweg, beide führen zum Ziel.

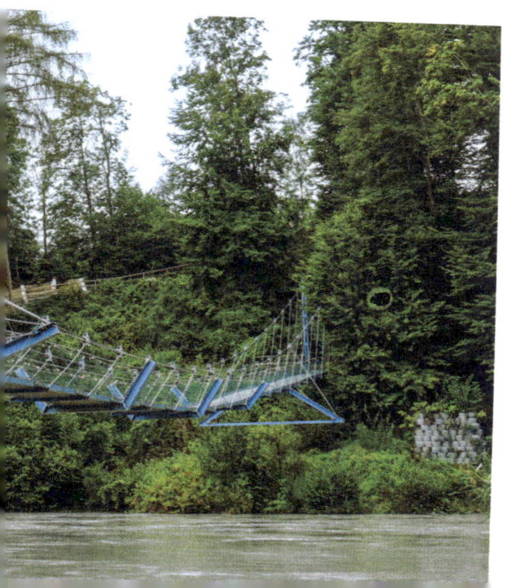

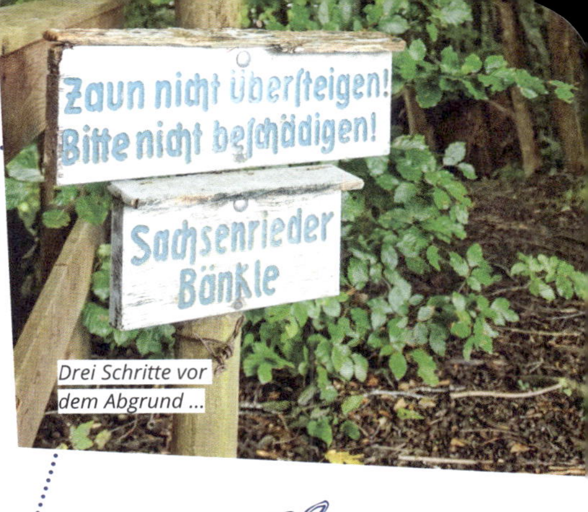

Drei Schritte vor dem Abgrund ...

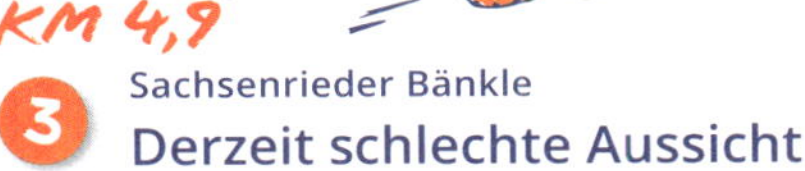

KM 4,9

3 Sachsenrieder Bänkle

Derzeit schlechte Aussicht

Das Sachsenrieder Bänkle steht unmittelbar vor einem besonders schroffen und besonders hohen Uferabbruch, verspricht also Aussicht auf das Flussbett. Leider hält es dieses Versprechen nicht, die steile Böschung ist inzwischen fast vollständig zugewuchert. Wenn sich der Abstecher dennoch lohnt, dann wegen des Wurzelweges durch dichten Wald und des Uferabfalls. Der Name der einsamen Bank stammt vom nahe gelegenen Weiher. Vom Parkplatz am Sachsenrieder (Bade-)Weiher brechen heute viele Ausflügler auf, um über das Bänkle bis zur Hängebrücke zu kommen. Trotz der Abgeschiedenheit mag hier also etwas los sein. Mag auch sein, dass der Uferabbruch inzwischen wieder gerodet wurde und man auf mehrere Hundert Meter Flusslandschaft hinabblickt. Wenn nicht, auch egal, Ausblick kommt noch!

Auf dem gleichen Weg zurück und wieder über die Hängebrücke, wenige Meter hinter den Anrainerbauten rechts Richtung Wald abbiegen.

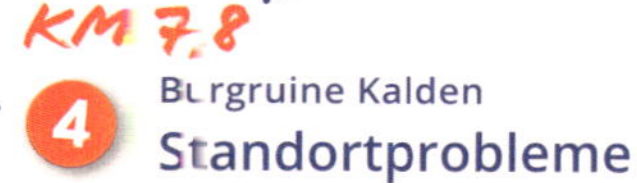

Burgruine Kalden

Standortprobleme

Die Ruine wirkt etwas verloren, steht aber in Bestlage.

Das Einzige, was von der Burg Kalden noch steht, ist einer von zwei Tortürmen: Alt-Kalden ist in die Iller gerutscht und wurde 1515 aufgegeben. Ein paar Burgreste sollen an einer absturzgefährdeten Stelle des Uferhangs noch zu sehen sein. Anschließend wurde die Vorburg zur Feste ausgebaut, aber auch Neu-Kalden musste 1692 aufgegeben werden – wiederum wegen drohendem Hangrutsch. Die Mauersteine wurden wohl von den umliegenden Bauern recycelt, sodass heute außer dem kleinen Plateau und dem Turm nichts mehr zu sehen ist. Jedenfalls nicht von der Burg, von der Iller hingegen allemal. Der Aussichtspunkt liegt nur ein paar Schritte vom Turm entfernt und hat es in sich: Fast senkrecht fällt der Uferhang zu einer Illerschleife ab – endlich der ersehnte Überblick!

Links vom Aussichtspunkt zieht der Weg als schmaler und stellenweise steiler Pfad durch den Bergwald hinunter – bei Regen nicht zu empfehlen! Alternativ kehrt man hier einfach um und wandert auf der Kaldener Straße nach Altusried zurück.

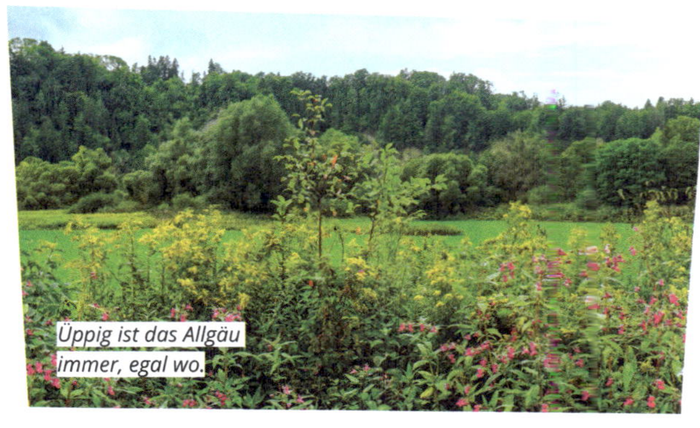

Üppig ist das Allgäu immer, egal wo.

KM 8,5

5 Flussauen

Wilder wird's nicht

Hinter dem Kaldener Tobelbach führt der Pfad erst auf einen Wirtschaftsweg, von dem aus wiederum ein schmaler Fußweg nach rechts zum Ufer führt. Von oben sah es gar nicht so aus, aber es ist reichlich Platz für Auenwälder, Blumen, eine reiche Wasser- und Vogelwelt. Der Pfad führt zur Mündung des Tobelbachs, wo man sich auf einer Bank am Strom niederlassen kann. Ein perfekter, ein magischer Platz! Und der einzige am Ufer, der zugänglich ist, gleich dahinter dominieren Marschland und ein breiter Streifen an Wassergräsern und Ried. Kinder können im Tobelbach spielen, Erwachsene die Füße kühlen – Schwimmen jedoch ist auf gar keinen Fall möglich, die Strömung ist viel zu stark!

Zurück zum Wirtschaftsweg, diesem weiter folgen. Eine lange Linkskurve führt hinauf zu den Gehöften und zu den asphaltierten Zufahrten: von hier immer geradeaus nach Altusried zurück.

EXTRA INFOS:

Die Krimiführungen auf den Spuren von Kluftinger beginnen jeweils um 16 Uhr – kann man also im Anschluss noch mitnehmen. Allerdings nur jeden zweiten Freitag (Infos: 08373/29951, gaesteinformation@altusried.de).

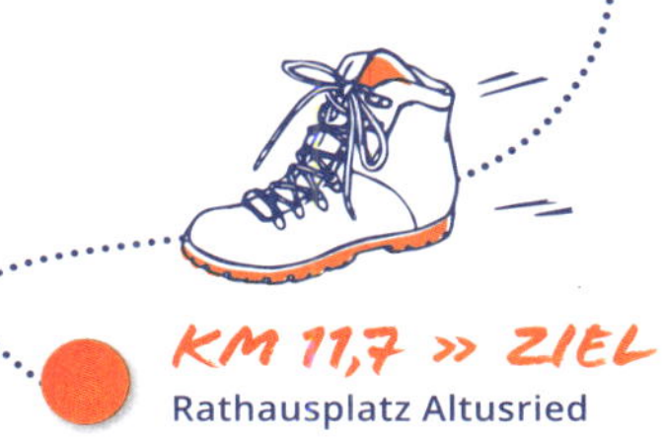

KM 11,7 » ZIEL

Rathausplatz Altusried

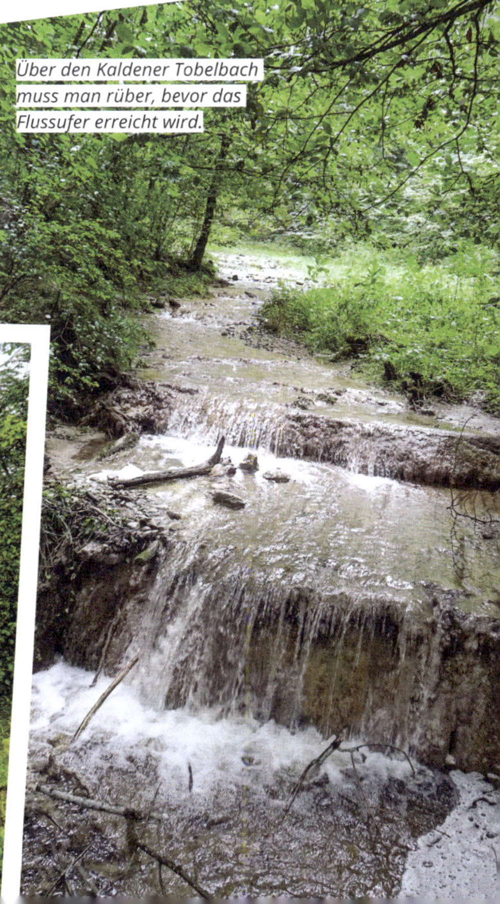

Über den Kaldener Tobelbach muss man rüber, bevor das Flussufer erreicht wird.

Vom Burgplateau aus hat man einen grandiosen Blick auf die Illerschleife.

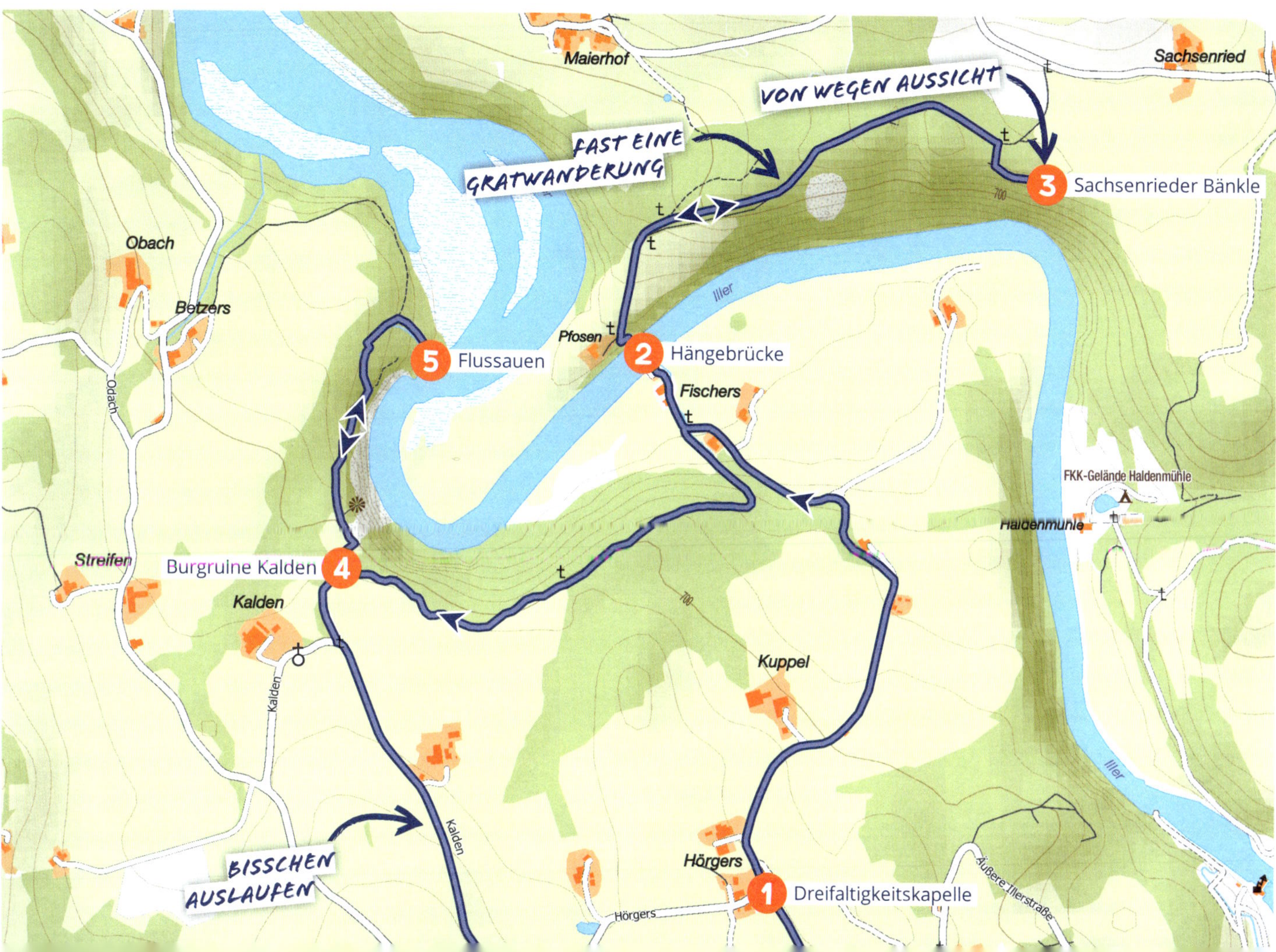

Maierhof
Sachsenried
VON WEGEN AUSSICHT
FAST EINE GRATWANDERUNG
3 Sachsenrieder Bänkle
Obach
Betzers
Pfosen
2 Hängebrücke
5 Flussauen
Iller
Fischers
Odach
FKK-Gelände Haldenmühle
Haldenmühle
Streifen
4 Burgruine Kalden
Kalden
Kuppel
Kalden
Kalden
BISSCHEN AUSLAUFEN
Hörgers
1 Dreifaltigkeitskapelle
Äußere Illerstraße
Hörgers
Iller

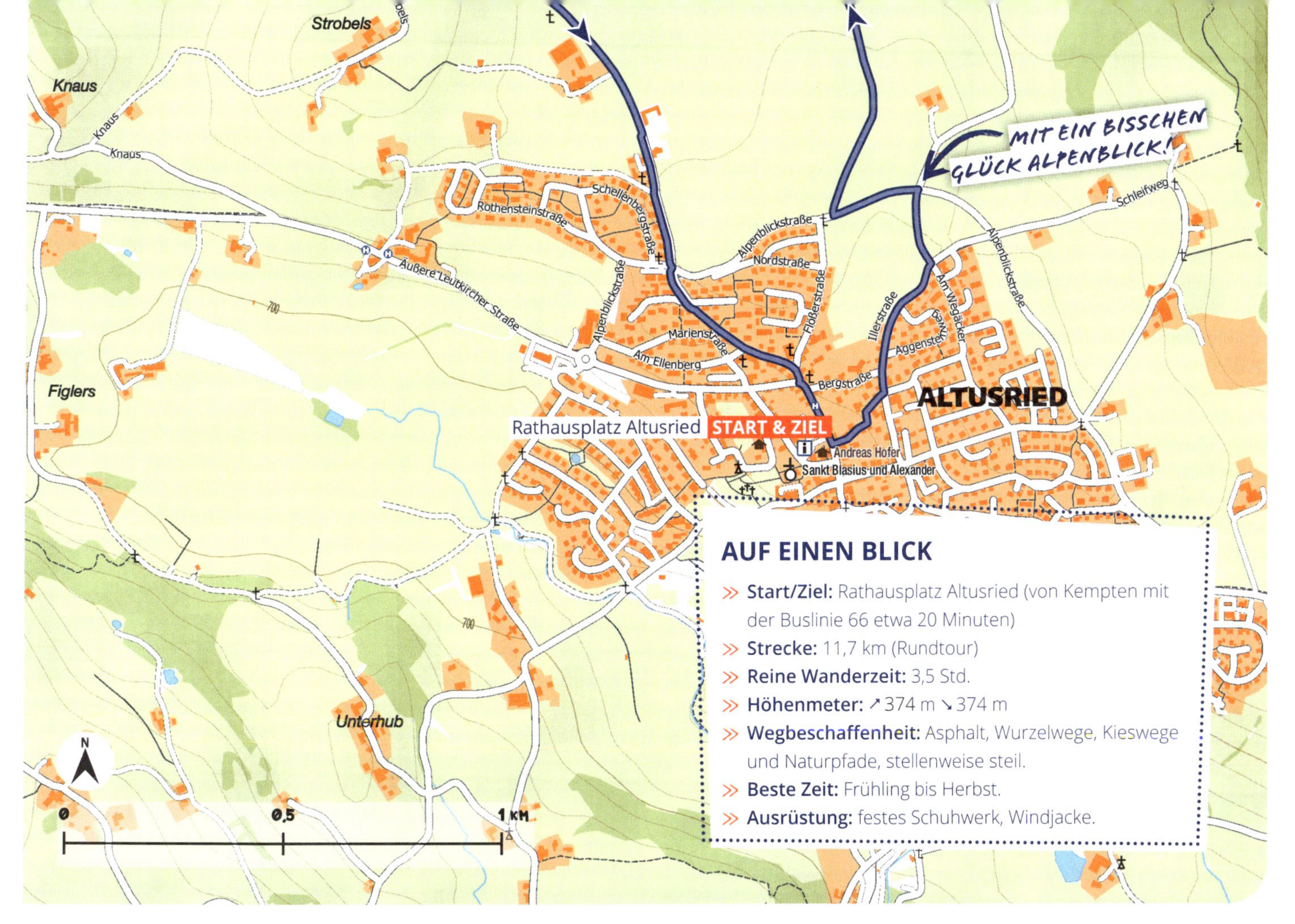

AUF EINEN BLICK

- **Start/Ziel:** Rathausplatz Altusried (von Kempten mit der Buslinie 66 etwa 20 Minuten)
- **Strecke:** 11,7 km (Rundtour)
- **Reine Wanderzeit:** 3,5 Std.
- **Höhenmeter:** ↗374 m ↘374 m
- **Wegbeschaffenheit:** Asphalt, Wurzelwege, Kieswege und Naturpfade, stellenweise steil.
- **Beste Zeit:** Frühling bis Herbst.
- **Ausrüstung:** festes Schuhwerk, Windjacke.

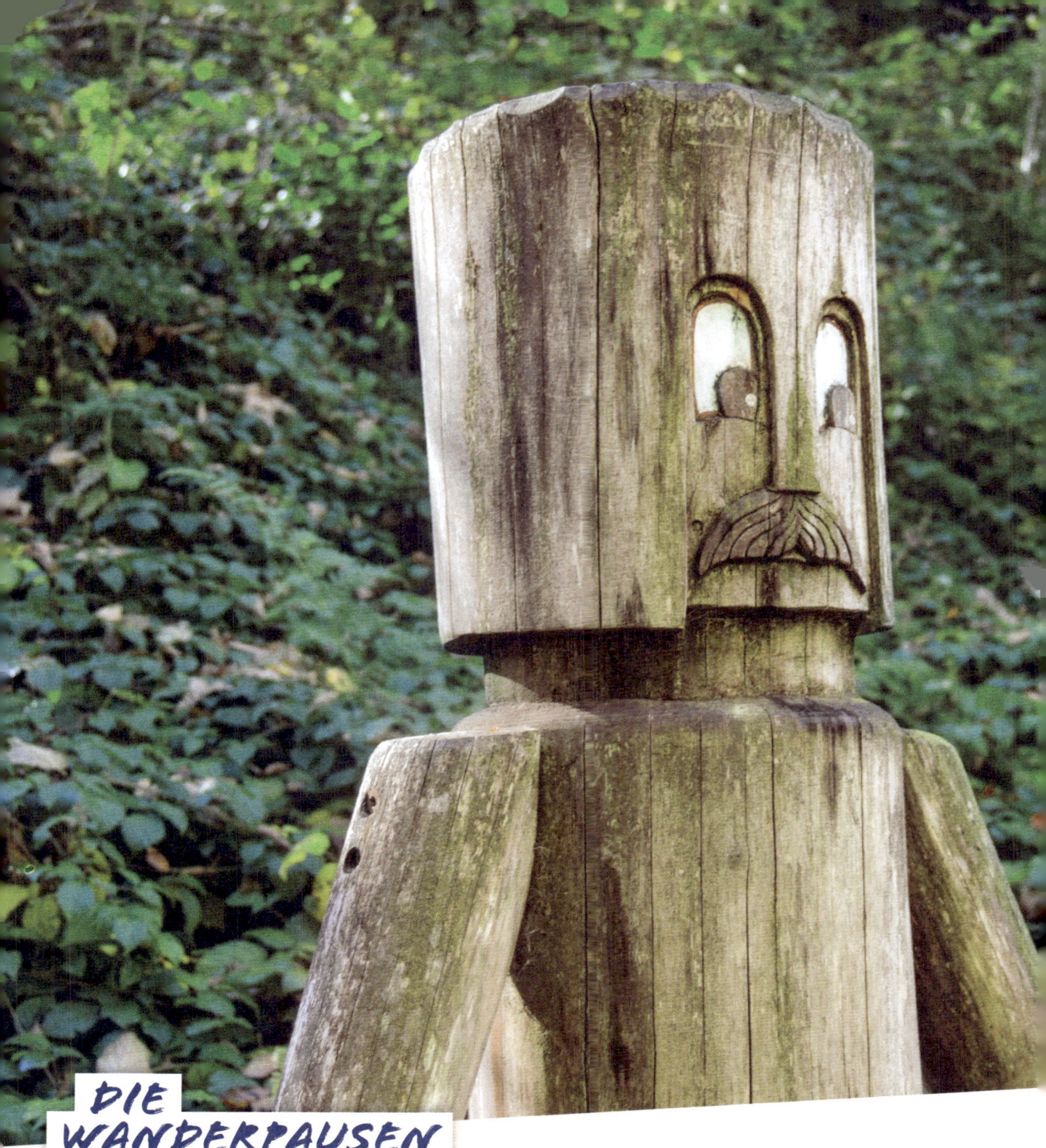

DIE WANDERPAUSEN

» START
Parkplatz Rathausplatz Sulzberg, Gasthof zum Hirsch

KM 0,3
1 Ritterspielplatz
Der geklonte Kaiser

KM 1,8
2 Kapelle Wachsenegg
Ausguck bis nach Kempten

KM 2,2
3 Burgstall Wachsenegg
Ein Bankerl am Heustadl

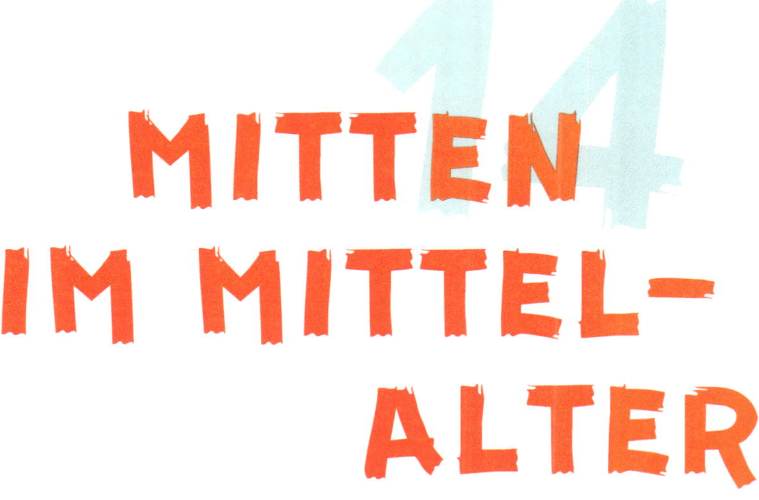

14 MITTEN IM MITTELALTER

Die Welt der Ritter rund um Sulzberg

Urwüchsige Natur, Burgreste und Geschichte »to go«: Im Vorbeiwandern durch Wiesen und Wälder rund um Sulzberg, südlich von Kempten, erfährt man nebenbei, wie das Mittelalter bis heute nachwirkt. Denn Wegbegleiter dieser Tour ist Kaiser Heinrich IV.

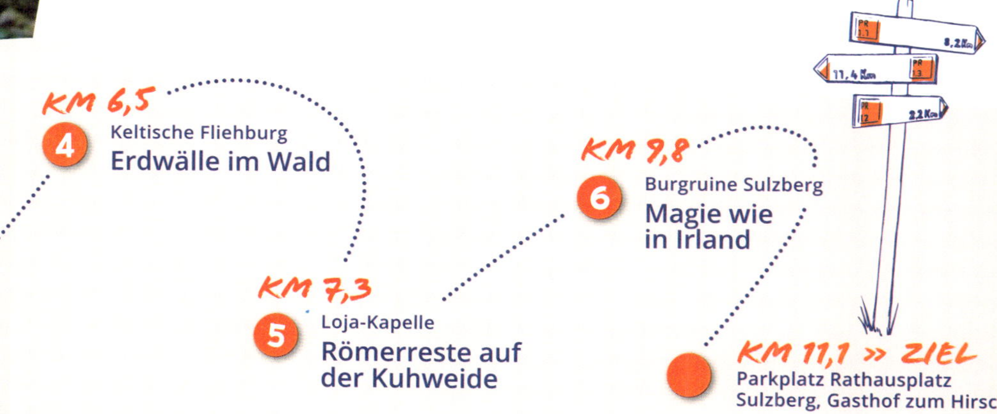

RITSCH, RATSCH …

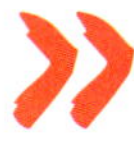

… raschelt das Laub unter den Füßen, nebenan plätschert der Bach in dem urwüchsigen Reisachtobel. Am **Ritterspielplatz** markiert ein hölzerner Heinrich »seinen« Themenweg und serviert unterwegs häppchenweise Mittelaltergeschichte – auf 21 Infotafeln. Seitenwechsel bei der ersten Brücke am Bach: Im Sommer ist die Landschaft sattgrün, im Herbst ein buntes Farbenspiel. Mächtige Natursteine führen treppauf, es geht an Weiden und Wiesen vorbei.

Oberhalb eines Ferienhofs, am steilen Waldrand, wartet ein glatter Findling aus Dinosaurierzeiten: Als die Gletscher der Allgäuer Alpen in der jüngsten Eiszeit schmolzen, wurde er hier »liegen gelassen«. Malerisch die Pferdekoppel unterhalb der **Kapelle Wachsenegg.** Über die grüne Wiese lohnt ein Schlenker nach links zu einem Wappenstein an der Kuhweide, der schon zum Heinrichweg 1 gehört, also dem anderen Abschnitt. Kehrtwende, andersrum. Schritt für Schritt geht es auf der sogenannten Wildbanngrenze entlang, einem Feldweg unterhalb des **Burgstalls.** Mit dieser Gemarkung sind Forst- und Jagdrechte verbunden, die Heinrich IV. im Jahr 1059 dem Bischof von Augsburg übertrug. Kein alter Schuh, denn damit hängt die Ansiedelung zusammen, die sich bis heute in den Gemeinde- und Landkreisgrenzen spiegelt.

ÜBER DER PFERDEKOPPEL TAUCHT DIE WEISSE WACHSENEGG-KAPELLE AM WALDRAND AUF … WIE GEMALT

Dann bloß nicht geradeaus auf die Kuhweide, sondern in großem Bogen links außen rum. Immer schön durch den Wald könnte man beim Dorflift von Oberthannen den Rückweg abkürzen – theoretisch. Beim Weiler Kohlenberg geht es um die Köhler: Sie nutzten den Buchenwald früher zur Gewinnung von Holzkohle. Die wurde benötigt, um das am Grünten abgebaute Eisenerz zu schmelzen. Ein Picknicktisch mit Ausblick beim Parkplatz der Gästehäuser in Winkel, für alle Fälle. Tief im Wald versteckt sich eine **keltische Fliehburg,** die Erdwälle muss man ein wenig suchen. Ganz unten im Tal führt der Waldweg in die Nähe der **Loja-Kapelle,** mitten auf der Kuhweide. Über Stock und Stein – pardon: Wiesen, Weiden und Teerwege – geht es zur größten **Burgruine** im Oberallgäu und später, am Ziel, erfrischt ein Radler im **Gasthof zum Hirsch.** «

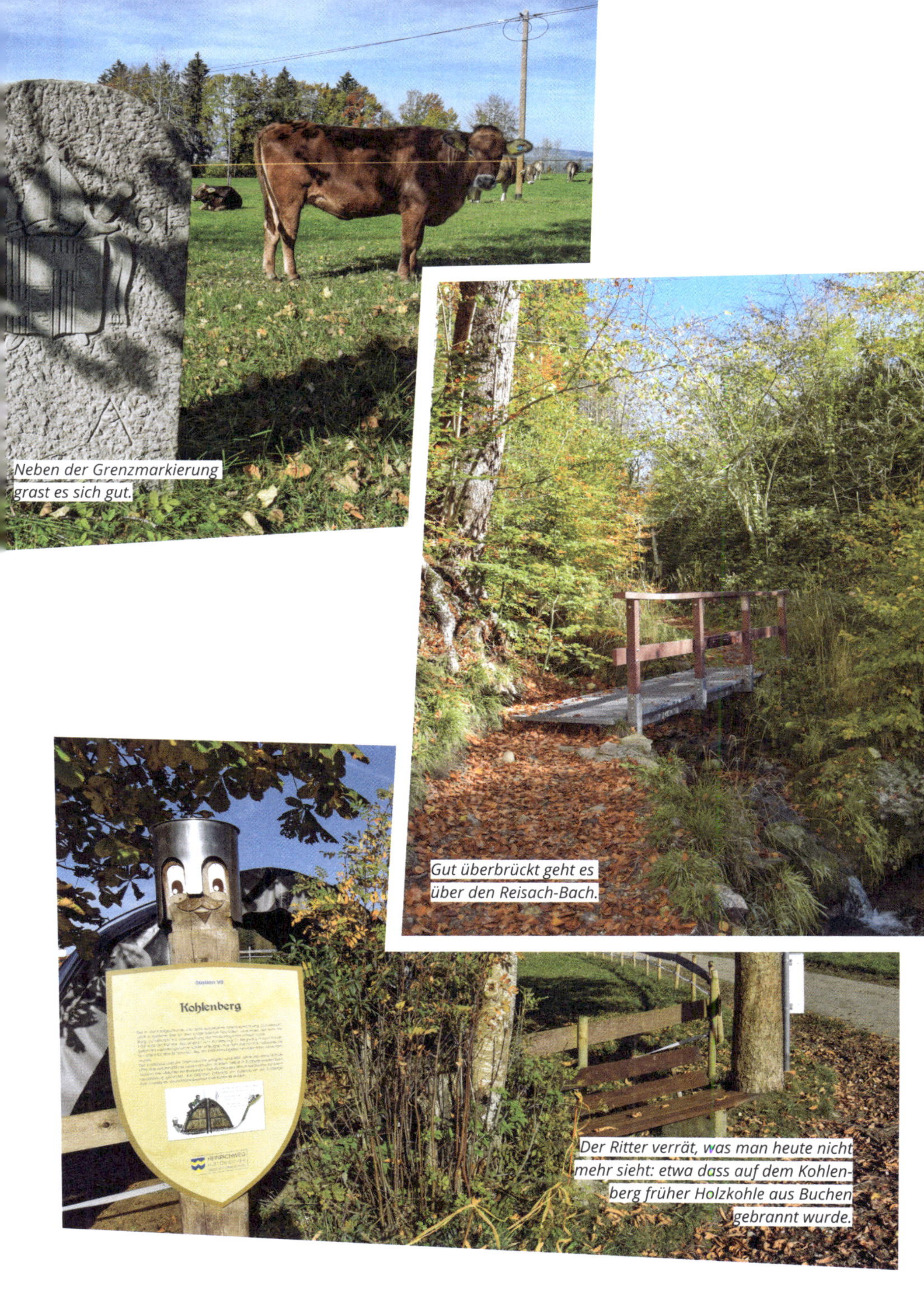

Neben der Grenzmarkierung grast es sich gut.

Gut überbrückt geht es über den Reisach-Bach.

Der Ritter verrät, was man heute nicht mehr sieht: etwa dass auf dem Kohlenberg früher Holzkohle aus Buchen gebrannt wurde.

WANDERN & GENIESSEN

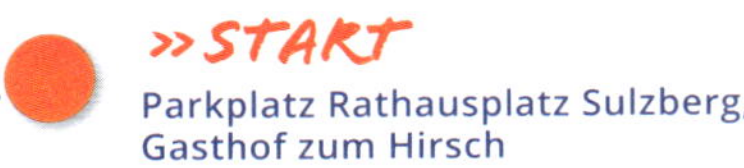

Parkplatz Rathausplatz Sulzberg, Gasthof zum Hirsch

In der Ortsmitte von Sulzberg hängt eine Übersichtskarte. Immer schön nach »H2« Ausschau halten, der zweiten Etappe des 22 Kilometer langen Heinrichwegs, der die Tour weitgehend folgt. Am Kriegerdenkmal vorbei, dann steigt man zwischen Kindergarten und dem Bauhof direkt in den Reisachtobel ein.

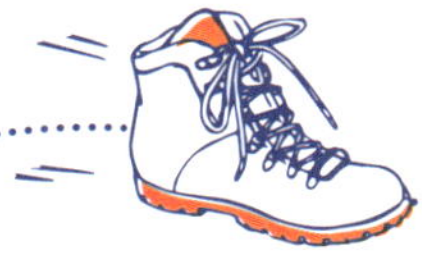

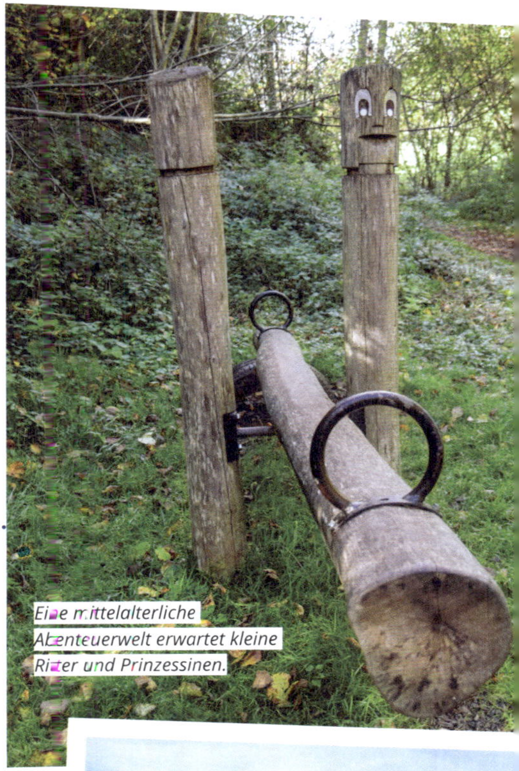

KM 0,3

1 Ritterspielplatz

Der geklonte Kaiser

Schnauzbart, Kulleraugen und ein Metallhelm auf dem Kopf: So thront die hölzerne Heinrich-Skulptur auf dem Ritterspielplatz im Reisachtobel – und das gleich im Mehrfachpack. Heinrich mitsamt seinen baugleichen Klonen taucht hier mal in der hölzernen Ritterburg, mal im Duo als Banklehne oder am Kling-Klong-Klangspiel auf. Nachwuchs-Edelfrauen und -Burgritter wippen, klettern oder kühlen sich im Reisachbach ab, der so schmal ist, dass man ihn mit einem großen Sprung überquert. Große Mittelalterfans knipsen gerne ein kaiserliches Selfie mit Heinrich IV.

Den Bach überqueren, links halten, am Ferienhof Eulen die Asphaltstraße überqueren und steil bergauf dem Schild »Rottachsee« am Waldrand folgen.

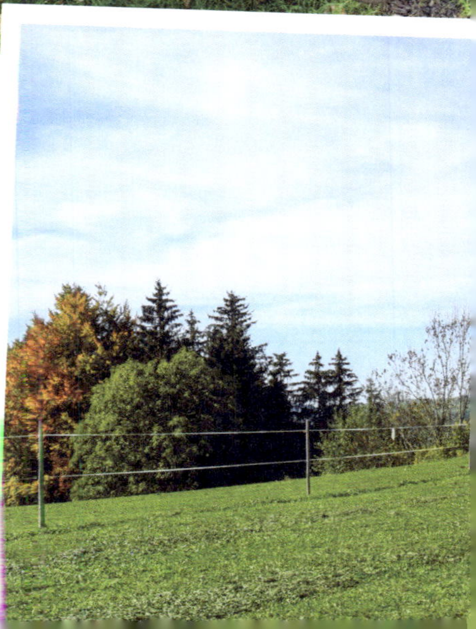

Eine mittelalterliche Abenteuerwelt erwartet kleine Ritter und Prinzessinen.

KM 1,8

2 Kapelle Wachsenegg

Ausguck bis nach Kempten

Klein, schneeweiß und mit einem braunen Holzzaun umgürtet, thront die Wachsenegg-Kapelle über dem Hang – mit einer grandiosen Aussicht. Wenn das mal kein perfekter Ort für ein Picknick ist! Auf den beiden Holzbänken ist genug Platz für alle, um die Brotzeit auspacken. Die Ruhe hier oben ist eine feine Sache, der Ausblick wunderbar: Im Norden zeichnen sich der Sulzberger See, das Illertal, Westzipfel von Kempten und sogar der Säntis ab. Die Kapelle wurde übrigens vor rund 150 Jahren von drei Brüdern errichtet, aus Dankbarkeit für die Heimkehr aus dem Deutsch-Französischen Krieg.

Quer über die Wiese, kurz linker Hand zum Wappenstein (Station 19/20, Heinrichweg 1), dann in die entgegengesetzte Richtung zurück, am Bauernhof vorbei bis zum nächsten Stopp.

DIE RICHTIGE BALANCE FINDEN

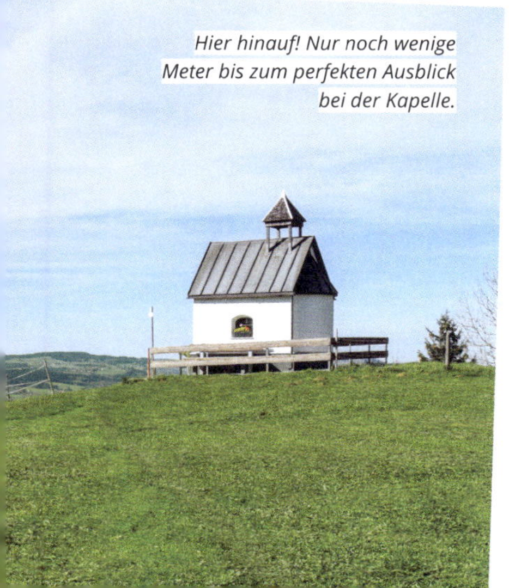

Hier hinauf! Nur noch wenige Meter bis zum perfekten Ausblick bei der Kapelle.

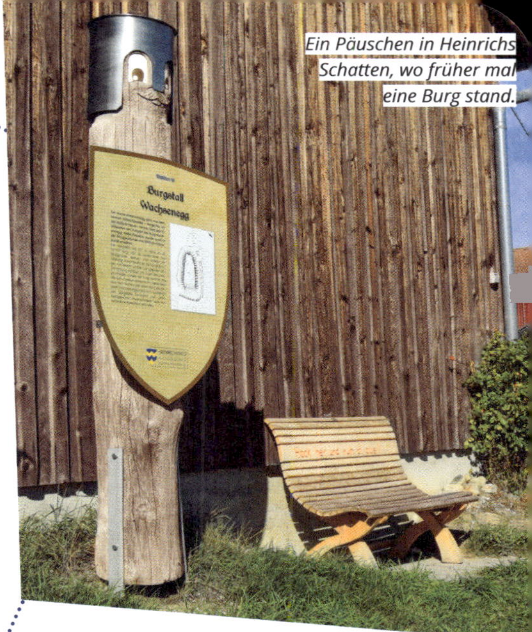

Ein Päuschen in Heinrichs Schatten, wo früher mal eine Burg stand.

KM 2,2

3 Burgstall Wachsenegg

Ein Bankerl am Heustadl

Eine Holzbank vor einem Heustadl am Weg lädt im Dialekt ein, sich hier niederzulassen. Der Ort ist kein gewöhnlicher, denn die Heinrich-Infotafel hier erinnert daran, dass es sich um einen Burgstall handelt – also um die Stelle, an der früher mal eine Burg stand, hinter dem Bauernhof. Das Original war im Mittelalter von einem 240 Schritt langen Wallgraben umsäumt. Der Weg vor der Pausenbank markiert übrigens genau die Wildbanngrenze, die hier das Bistum Augsburg und den Stift Kempten trennte. Während der Bauernkriege wurde die Burg zerstört, die verbliebenen Steine wurden in der Kapelle Wachsenegg verbaut.

Linker Hand über den Wiesenweg, dabei die Kuhweide unbedingt in großem Bogen umgehen, links bis Kohlenberg, dann Richtung Albis und im Wald den Schildern »H2« und »Fliehburg« folgen.

KM 6,5

4 Keltische Fliehburg

Erdwälle im Wald

Mit dicken Erdwällen schirmten sich die Kelten ihrerzeit ab und wenn man genau hinschaut, erkennt man die frühere Fliehburg noch als baumbestandenen Hügel. Die Fliehburg versteckt sich tief im Wald, zwischen Albis und Ottacker und bot der Bevölkerung Schutz. Die Anlage war vermutlich 80 x 30 Meter groß. Die Steine der alten Burg sollen in der Kirche von Ottacker verbaut worden sein, heißt es.

Bergab durch den Wald in Richtung Ottacker, dann Richtung »Sulzberg-Burgruine«.

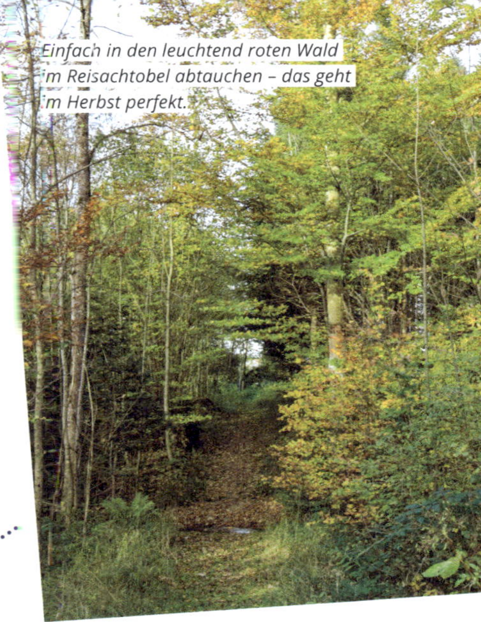

Einfach in den leuchtend roten Wald im Reisachtobel abtauchen – das geht im Herbst perfekt.

KM 7,3

5 Loja-Kapelle

Römerreste auf der Kuhweide

Eine versunkene römische Siedlung, auf der heute Kühe genügsam Gras kauen? Die sieht man auf einer Viehweide nordwestlich des Weilers Ottacker. Bauern waren beim Pflügen ihrer Felder immer wieder auf Ziegelsteine und Mörtelbrocken gestoßen, daher forschte man in den Zwischenkriegsjahren des letzten Jahrhunderts zweimal nach – und fand prompt Fundamente aus der Römerzeit. Die kleine weiße Loja-Kapelle, die dorthin gebaut wurde, wirkt wunderbar malerisch. Perfekt für einen Fotostopp mit Zoom!

Der Beschilderung »Sulzberg-Burgruine« folgen. Kurz vor der Ruine kommt noch mal ein Weideweg mit Durchlass bergauf.

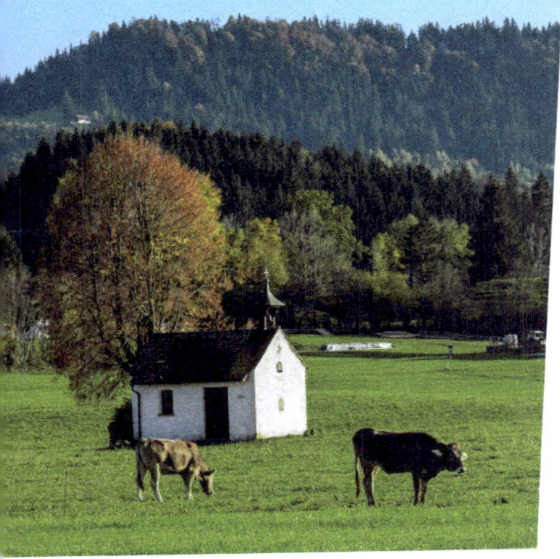

Grasen mit schöner Kulisse: Die Loja-Kapelle ist mitten auf einer Kuhwiese.

KM 9,8

6 Burgruine Sulzberg

Magie wie in Irland

Wer schon mal in Irland war, fühlt sich hier vielleicht ein wenig an die Landschaft erinnert: Auf einem grünen Hügel thront die verwunschene Burgruine Sulzberg, unterhalb grasen Schafe am Hang. Läuft man einmal um den Hügel, weiden dort im Sommer Kühe. Egal zu welcher Tageszeit man kommt: Durch die Lage auf dem Sandsteinhügel lassen sich jederzeit gute Fotos machen, da man die Sonne immer irgendwie im Rücken hat. Die frühere Burg, die zu einem Schloss ausgebaut wurde, überwachte die Grenzen des Fürstenstifts Kempten. Heute ist die Ruine in Privatbesitz, Ehrenamtliche kümmern sich darum. Wer an einem Sonn- oder Feiertag kommt, kann sich das Museum im Burgturm anschauen.

Dem Fahrweg zurück nach Sulzberg folgen, an der Hauptstraße kommt man zur Ortsmitte und dem Gasthof zurück.

EXTRA INFOS:

Auf dem Kohlenberg verschanzten sich im Mittelalter einst Bauern gegen die heranrückenden Schweden – leider erfolglos. Der Schlenker zu der ● **Schwedenschanze** ist ausgeschildert. Wer die Tour verlängern will, kann den Umweg einbauen.

Neben dem Zielpunkt Gasthof zum Hirsch (hirsch-sulzberg.com) bieten sich unterwegs in Ottacker der ● **Gasthof Rössle** als Einkehr an – eine gemütliche Dorfwirtschaft mit bodenständiger Küche inklusive Kässpatzen, Spätzle und Braten. Oder der ● **Sulzberger Hof** (sulzbergerhof.de) mit Panoramaterrasse, wo es am Nachmittag Kaffee und Kuchen sowie »Eisenhut« mit Fleischstücken zum Selbstbrutzeln gibt.

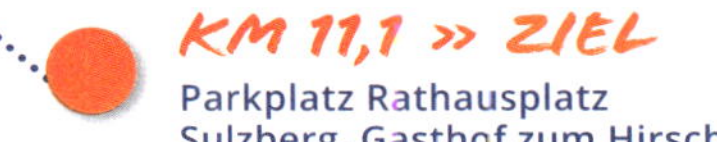

KM 11,1 » ZIEL

Parkplatz Rathausplatz Sulzberg, Gasthof zum Hirsch

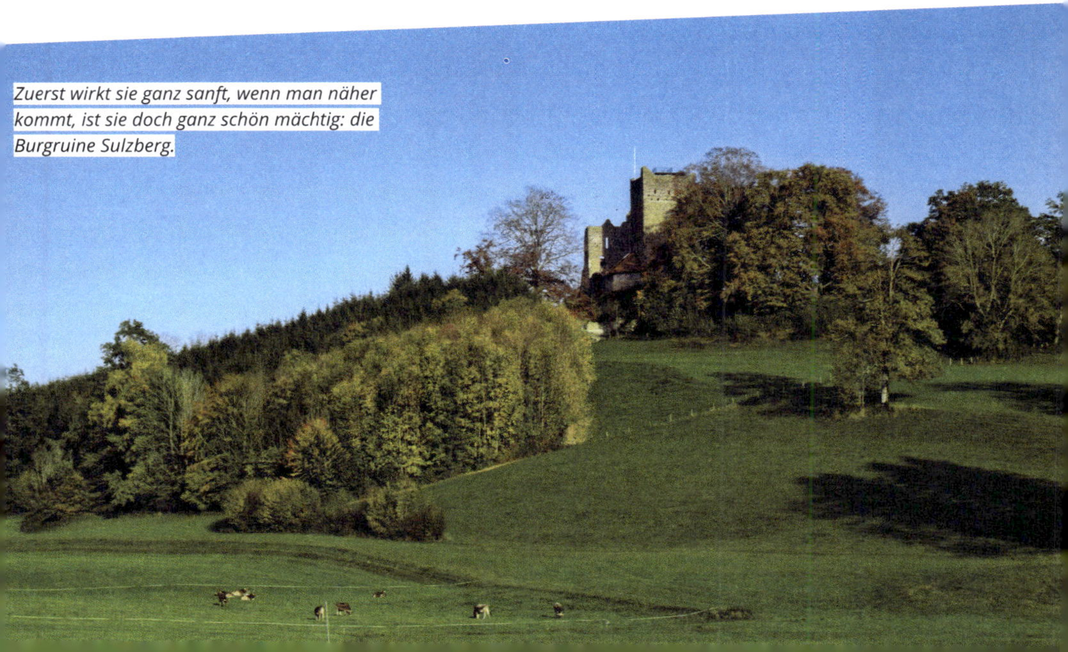

Zuerst wirkt sie ganz sanft, wenn man näher kommt, ist sie doch ganz schön mächtig: die Burgruine Sulzberg.

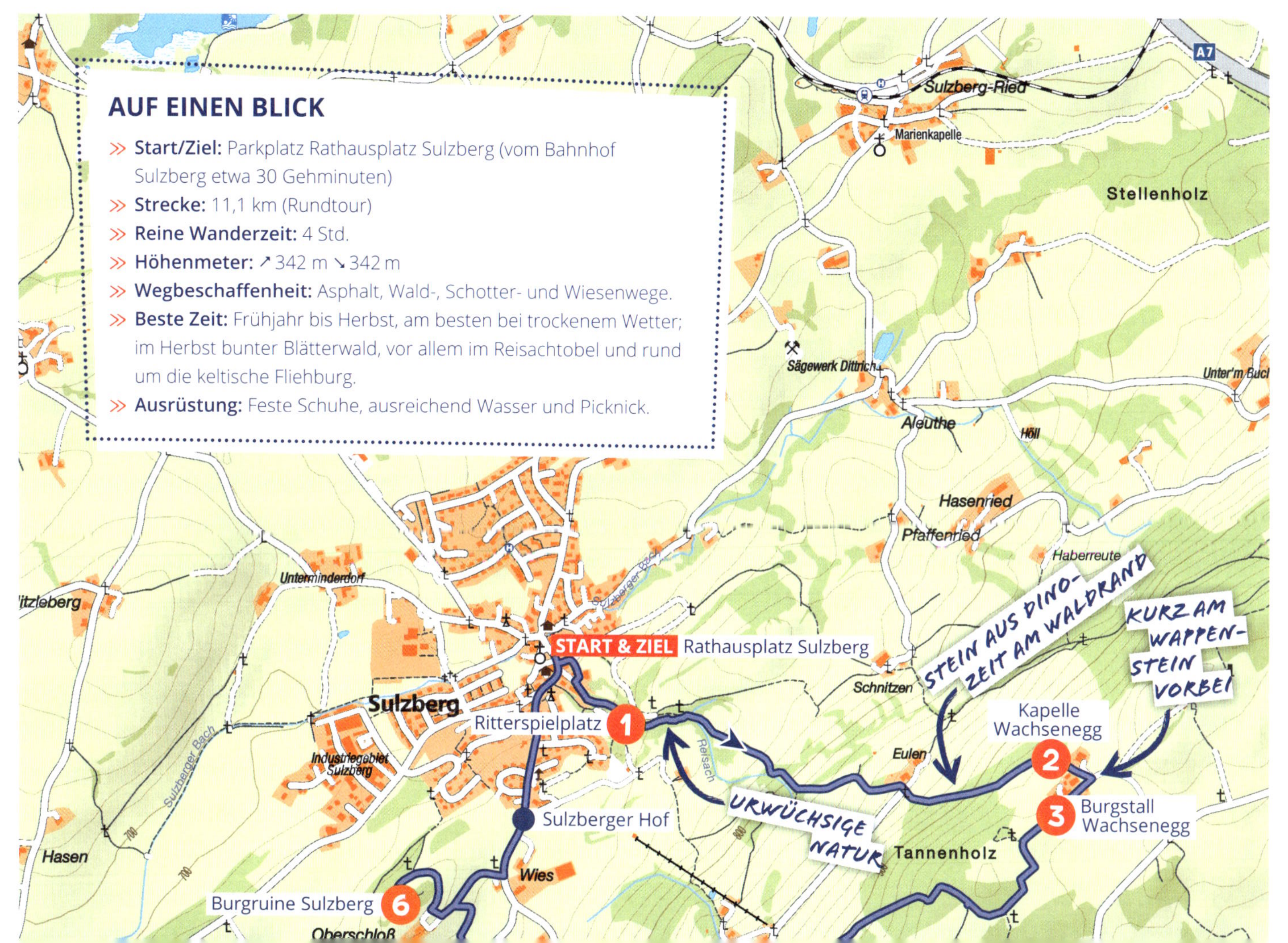

AUF EINEN BLICK

- **Start/Ziel:** Parkplatz Rathausplatz Sulzberg (vom Bahnhof Sulzberg etwa 30 Gehminuten)
- **Strecke:** 11,1 km (Rundtour)
- **Reine Wanderzeit:** 4 Std.
- **Höhenmeter:** ↗ 342 m ↘ 342 m
- **Wegbeschaffenheit:** Asphalt, Wald-, Schotter- und Wiesenwege.
- **Beste Zeit:** Frühjahr bis Herbst, am besten bei trockenem Wetter; im Herbst bunter Blätterwald, vor allem im Reisachtobel und rund um die keltische Fliehburg.
- **Ausrüstung:** Feste Schuhe, ausreichend Wasser und Picknick.

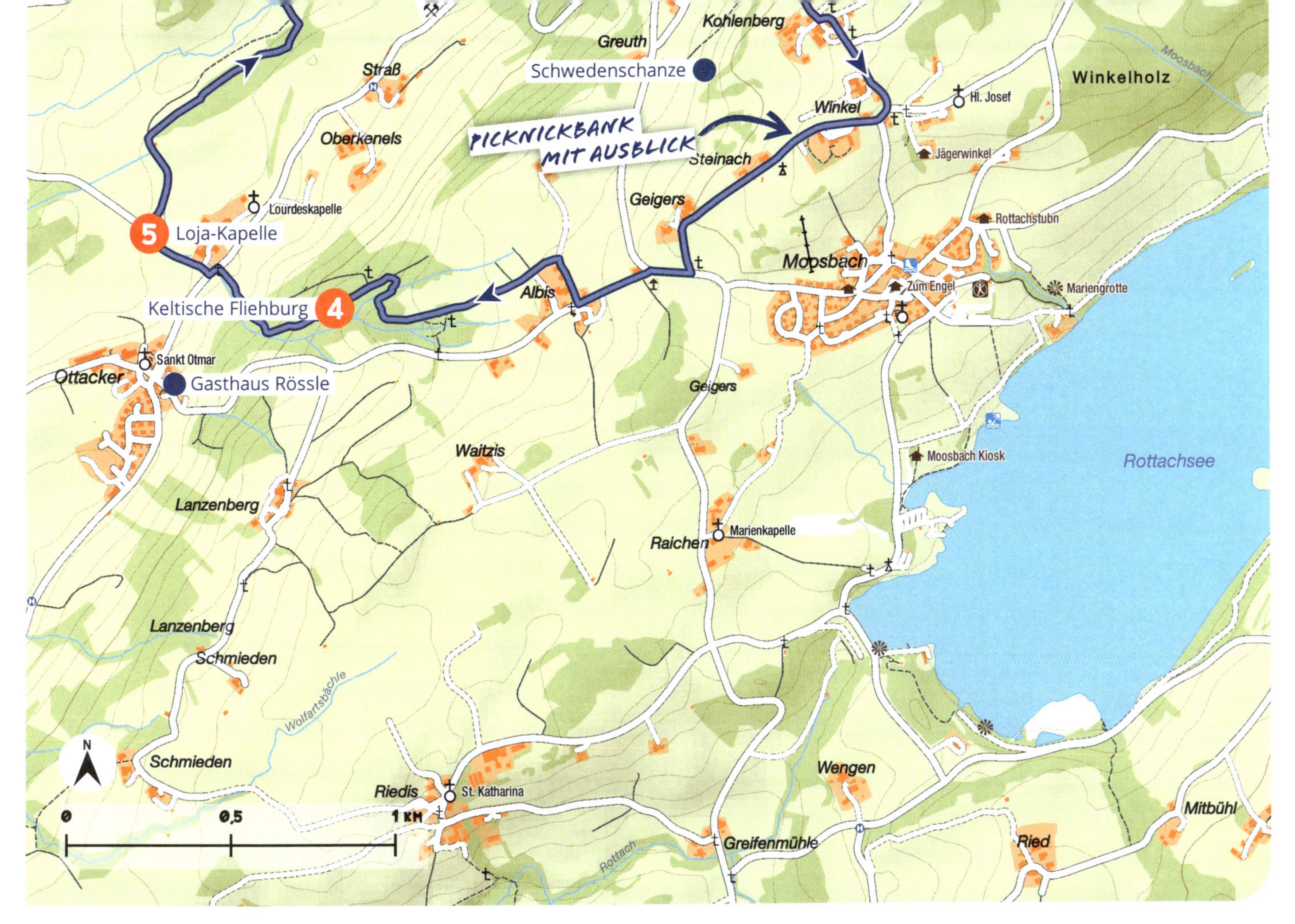
Kohlenberg
Greuth
Schwedenschanze
Straß
Winkelholz
Moosbach
Hl. Josef
Winkel
PICKNICKBANK MIT AUSBLICK
Steinach
Jägerwinkel
Oberkenels
Lourdeskapelle
Geigers
Rottachstubn
5 Loja-Kapelle
Moosbach
Zum Engel
Mariengrotte
Albis
Keltische Fliehburg 4
Sankt Otmar
Ottacker
Gasthaus Rössle
Geigers
Waitzis
Moosbach Kiosk
Rottachsee
Lanzenberg
Marienkapelle
Raichen
Lanzenberg
Schmieden
Wolfartsbächle
Schmieden
Wengen
Riedis
St. Katharina
Mitbühl
N
0
0,5
1 KM
Greifenmühle
Rottach
Ried

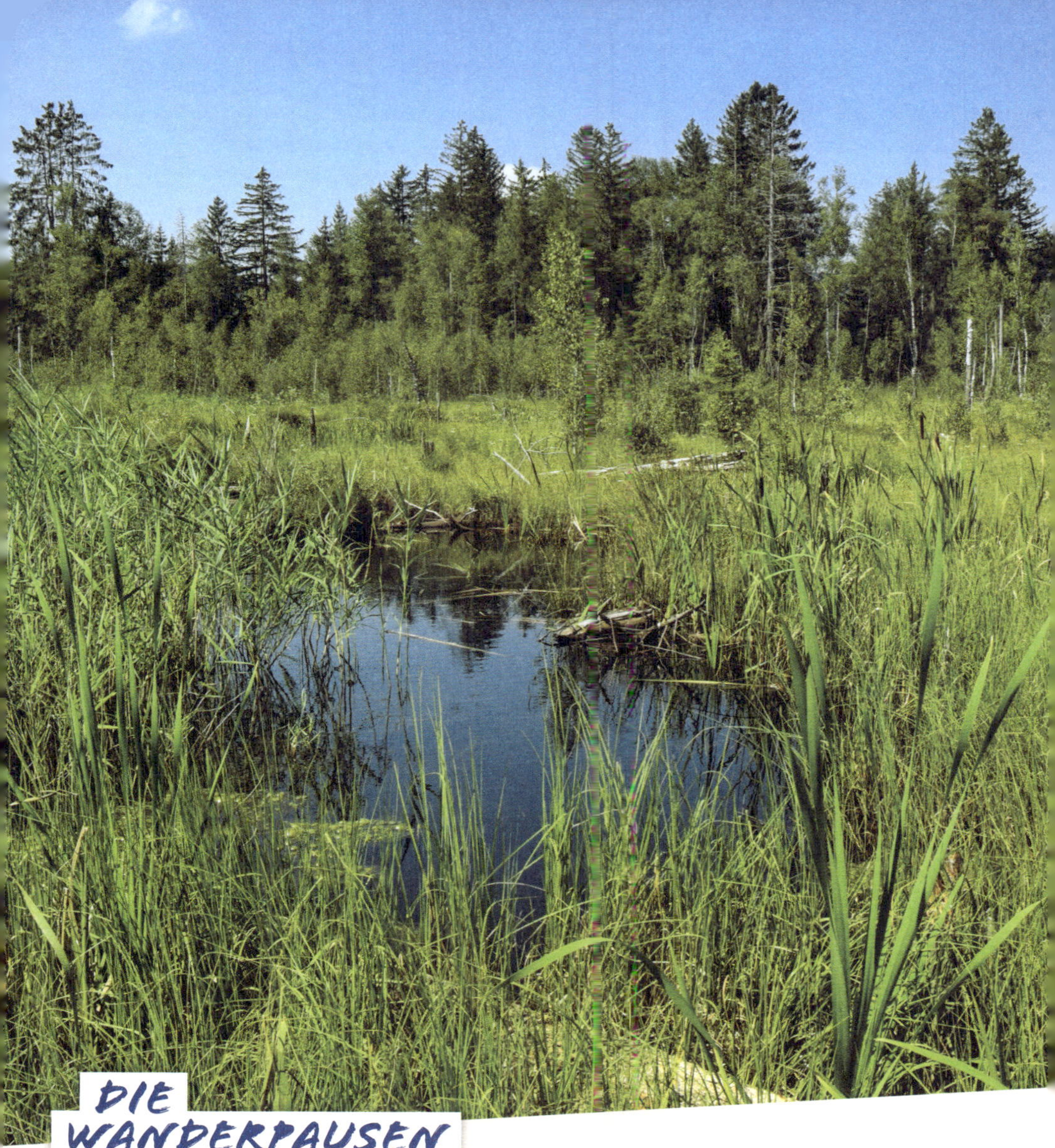

DIE WANDERPAUSEN

» START
Bahnhof Martinszell

KM 3,2
1 Infostation Schlangen
Frösche zählen im Moor

KM 4,1
2 Picknickbank
Brotzeit mit der Goldschrecke

KM 4,7
3 Aussichtskanzel
Das Moor aus Vogelperspektive

15

WATTE-WEICHE MOORPFADE

Vom Werdensteiner Moos zum Niedersonthofener See

Als Stadtmensch muss man sich erst mal an Frösche, Wasserschlangen und Moortümpel gewöhnen. Das vielleicht größte Hufeisen der Welt versteckt sich in einer Burgruine, auch ein Natursee sorgt für Glücksmomente auf dieser Tour.

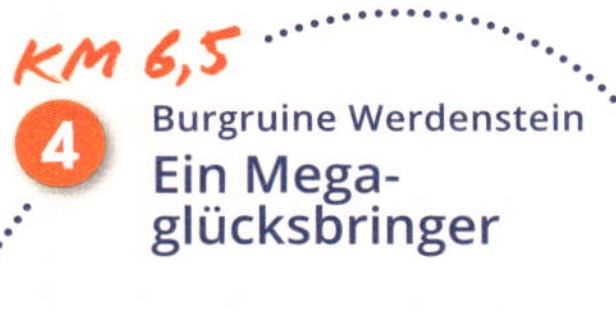

KM 6,5

4 Burgruine Werdenstein
Ein Megaglücksbringer

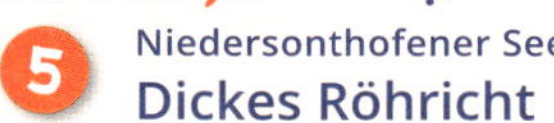

KM 12,6

5 Niedersonthofener See
Dickes Röhricht

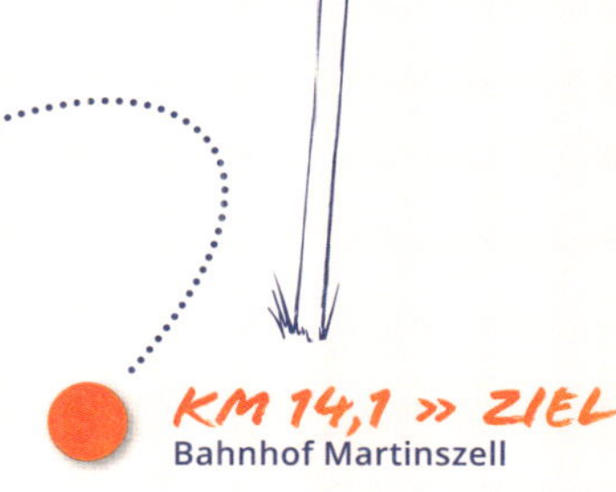

KM 14,1 » ZIEL
Bahnhof Martinszell

SO WAS WIE TRAMPEN …

… nur ohne Daumen raus, das ist das »Mitfahrbänkle« beim Bahnhof Martinszell-Oberdorf. An einer Tafel einfach den Knopf auf das gewünschte Ziel ziehen und warten, bis ein Auto stoppt. Wahlweise landet man dann in Kempten, Waltenhofen, Immenstadt oder Niedersonthofen. Doch erst mal geht es ab hier zu Fuß immer am Schienenstrang entlang, mal links, mal rechts davon, begleitet von Streuwiesen, zum **Werdensteiner Moos.** Selbst nach Regenwetter bleiben die Schuhe hier sauber: Dafür sorgt der watteweiche Hackschnitzelweg. So grün, das Moorgebiet, zumindest im Sommer! Am Wegrand blüht es lila, weiß und gelb.

EIN GLÜCKSMOMENT, WENN ES IM DUNKLEN MOORWASSER UNVERMITTELT BLUBBERT, QUAKT UND PLÄTSCHERT

Filterkaffeebraune Tümpel, in denen sich Moorkiefern, Schilf und spindeldürre Birken spiegeln. In den aufgestauten Gräben wurde früher Torf gestochen, längst schon wieder gehört eines der größten Hochmoore im Oberallgäu jedoch den Tieren und Pflanzen. An zehn Info- und Erlebnisstationen geht es genau um sie: An der Libellenstation zum Beispiel kann man **Frösche** zählen. Bei der **Kleinen Goldschrecke** mit Picknicktisch ist Brotzeit angesagt. Eine **Aussichtskanzel** bietet Moor- und Alpenpanorama. Im Süden zweigt ein kurzer Holzbohlenweg ins Innere des Moores ab, wo im Frühsommer Heidel- und Rauschbeeren blau leuchten und Wollgras an dicke weiße Wattebäusche erinnert. Der Rundblättrige Sonnentau, eine fleischfressende Pflanze, wartet hier mit Klebefallen und Fangblasen auf Opfer. Wer findet ihn?

Auf einem Barfußpfad – piks-piks – wird über Baumstämme balanciert, dann geht es erst mal aus dem Moor raus, zum **Burgcafé Werdenstein** in einer Ruine. Kurz noch mal ins Moor zurück, da hier ein Wiesenpfad zum **Niedersonthofener See** abzweigt. Ein längeres Waldstück mit Wurzelwegen, Brombeerhecken und Nadelbäumen, die so groß wie Leuchttürme sind, dann sieht man den See auch schon. Tausche Wald gegen Wiese: Nach der Uferstrecke leicht bergauf, dann tauchen auch schon die roten Dächer von Oberdorf auf. Wer sonntags unterwegs ist, darf sich auf selbst gebackenen Kuchen im Bahnhof freuen! «

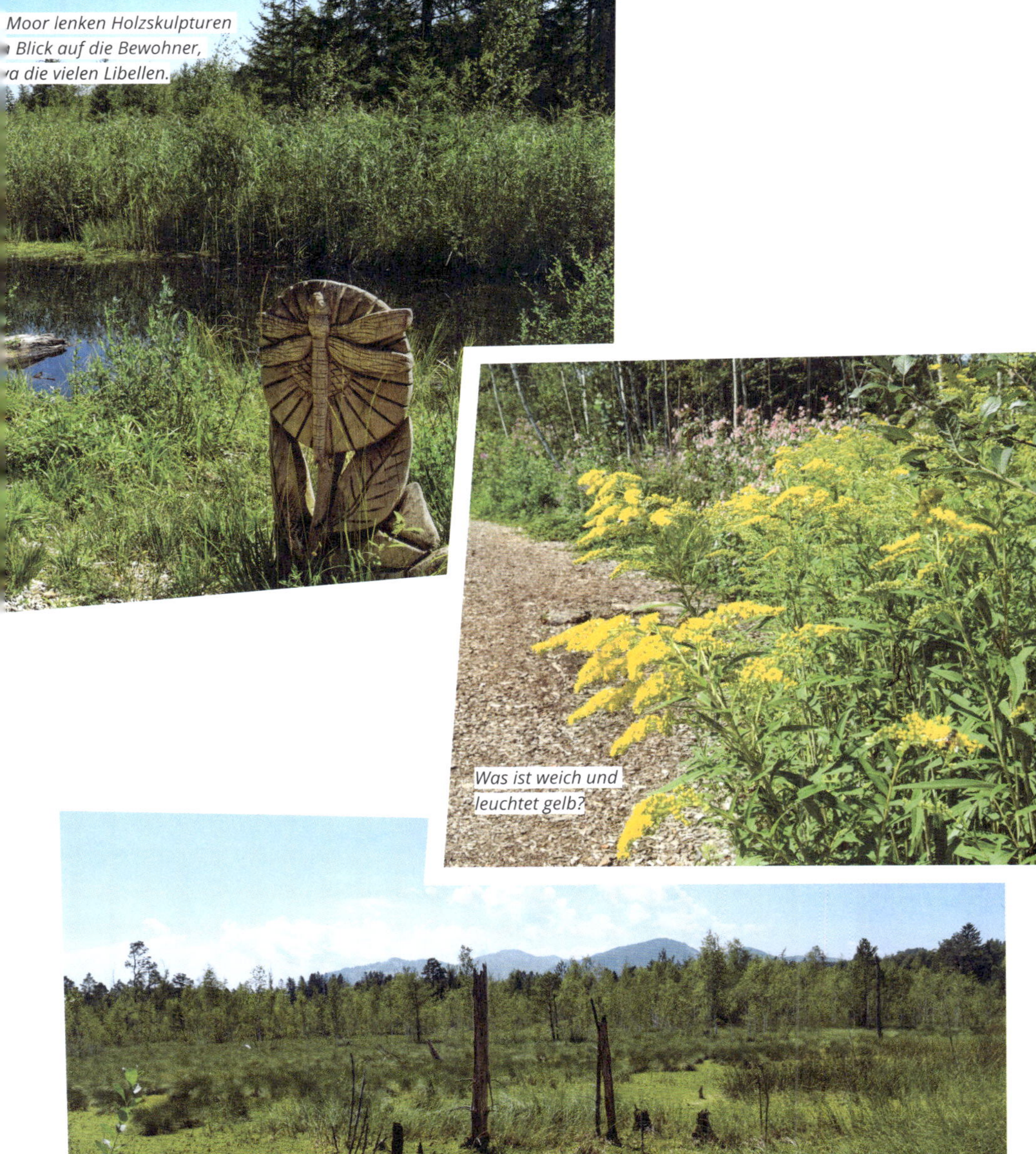

Moor lenken Holzskulpturen
Blick auf die Bewohner,
a die vielen Libellen.

Was ist weich und
leuchtet gelb?

Moor, so weit das Auge reicht!

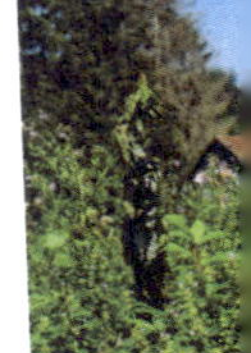

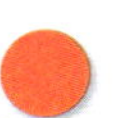

»START

Bahnhof Martinszell (Oberdorf)

Wer mit der Bahn von Norden her anreist, muss die Brücke überqueren. Gegenüber dem »Mitfahrbänkle« an der Hauptstraße rechts in die Kapellenstraße, dem Schild »Werdensteiner Moos« folgen, immer an der Bahnlinie entlang und nach einer Unterführung links bis zum Haxenwirt. Dem Rundweg im Moorgebiet entgegen dem Uhrzeigersinn folgen.

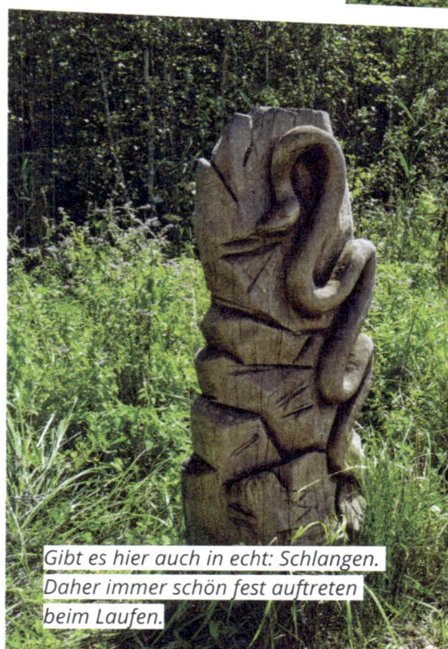

Gibt es hier auch in echt: Schlangen. Daher immer schön fest auftreten beim Laufen.

KM 3,2

1 Infostation Schlangen

Frösche zählen im Moor

So stellt man sich ein Hochmoor vor: Da schwimmen handtellergroße Wasserfrösche im dunklen Torfgewässer und ein paar Libellen schwirren durch das Schilf. Seerosen und Wasserlinsen wirken, als habe jemand reichlich grüne Megakonfetti gestreut und je länger man aufs Wasser schaut, umso mehr Bewohner entdeckt man: Reglos aalt sich eine Wasserschlange, silbrig-geschuppt und mit gelbem Kragen, gerade auf dem Blätterteppich im Wasser. Frösche zählen? Das geht hier auch prima! Nebenan: eine Infotafel mit hölzerner Sitzbank, die über die Kreuzotter informiert – auch sie fühlt sich hier wohl. Immer schön aufstampfen und geschlossen sind die Schuhe bitte schön auch. Also: Alles im grünen Bereich, sagt das Bauchgefühl. Erleichterung auch über die geschnitzte Schlange nebenan – die zum Glück aus Holz ist!

Dem Rundweg weiter entgegen dem Uhrzeigersinn folgen.

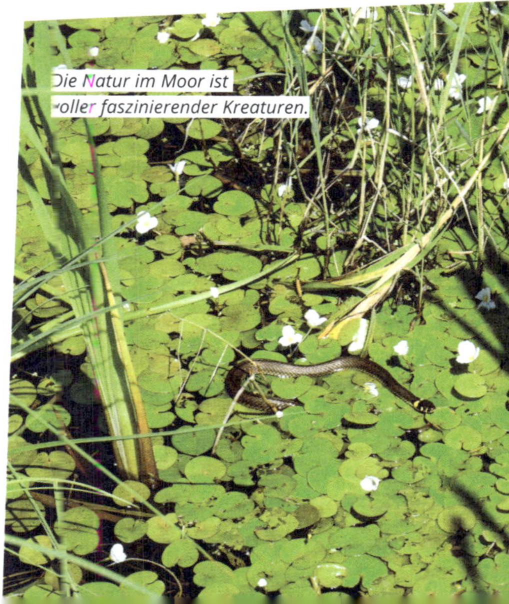

Die Natur im Moor ist voller faszinierender Kreaturen.

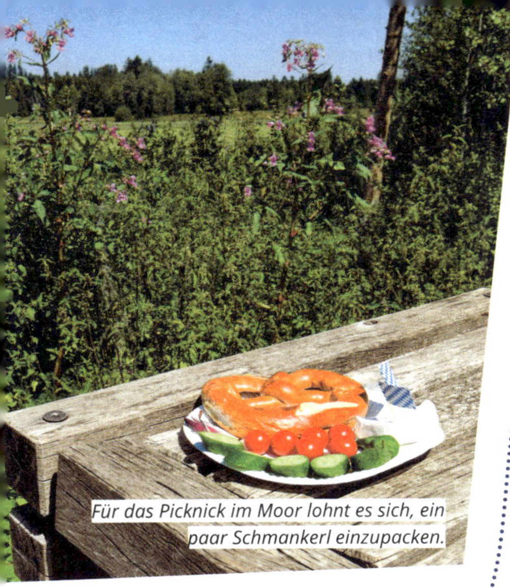

Für das Picknick im Moor lohnt es sich, ein paar Schmankerl einzupacken.

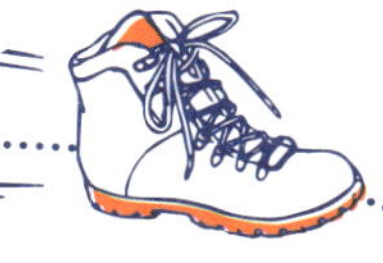

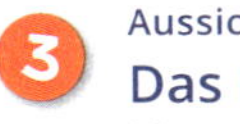

KM 4,1

2 Picknickbank

Brotzeit mit der Goldschrecke

Erst mal die Brotzeit auspacken! Bänke und Liegen gibt es an mehreren Stellen im Moorgebiet, aber diese bei Station Nummer 4 ist besonders nett: Gurken, Tomaten und Käse müssen da nicht auf dem Schoß balanciert werden, sondern können schön auf dem Tisch ausgebreitet werden. Zwar sitzt man hier, am Nordrand des Moorgebiets, schattenlos, dafür jedoch mitten im Grünen. Diese Stille! Außerdem ist die Kleine Goldschrecke, die auf der Lehrtafel vorgestellt wird, recht sympathisch: Die Männchen legen sich nämlich so richtig ins Zeug, um das Weibchen zu beeindrucken, also volle Kraft voraus mit den Flügeln, dass es nur so surrt und zirpt. Wenn alle Geschöpfe so viel Engagement zeigen würden ...

Weiter geht's auf dem Rundweg, nicht wie die Uhrzeiger, sondern andersrum.

KM 4,7

3 Aussichtskanzel

Das Moor aus Vogelperspektive

So sieht ein Vogel das Moor – aus einer ganz anderen Perspektive. Ein paar Stufen hinauf auf den hölzernen Aussichtsturm ganz im Nordwesten des Naturschutzgebietes genügen, und schon liegt dem Betrachter das urwüchsige grüne Herz des Moores zu Füßen und in der Ferne erscheinen die gezackten Berggipfel, wie etwa der Grünten. Gut für den Überblick, denn der fast vier Kilometer lange Moorweg führt an den Rändern des Hochmoores entlang. Ebenso gut zum Lauschen, was da so alles zirpt, zwitschert und surrt. Einfach mal innehalten und die Natur genießen – wie ein Vogel!

Dem Rundweg bis zum Schild »Werdenstein« folgen, aus dem Moor raus über Feldweg und Asphalt. In Werdenstein links und die nächste Straße rechts, dort den Privatweg zum Burgcafé/Ruine hinauf, oben links halten.

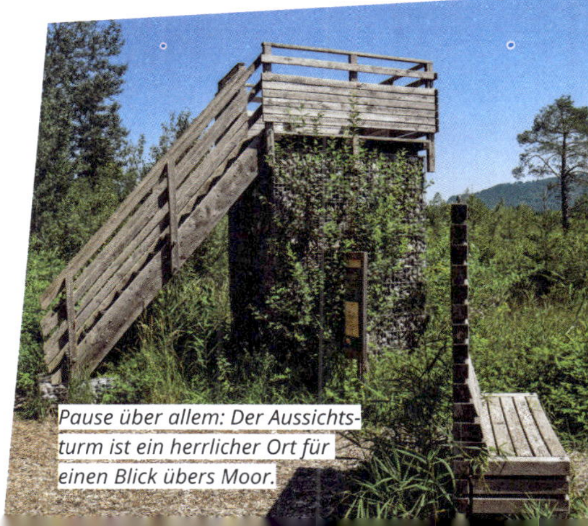

Pause über allem: Der Aussichtsturm ist ein herrlicher Ort für einen Blick übers Moor.

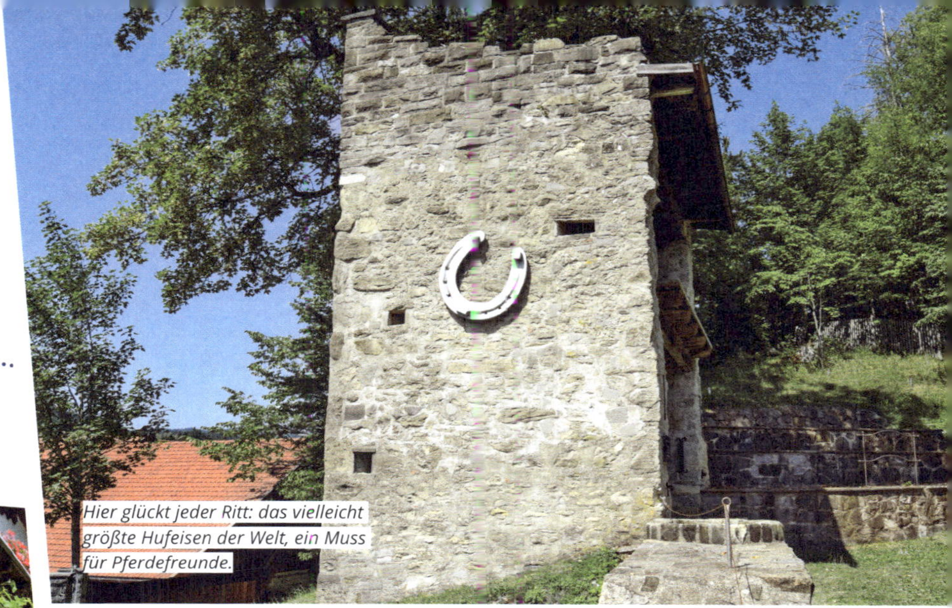

Hier glückt jeder Ritt: das vielleicht größte Hufeisen der Welt, ein Muss für Pferdefreunde.

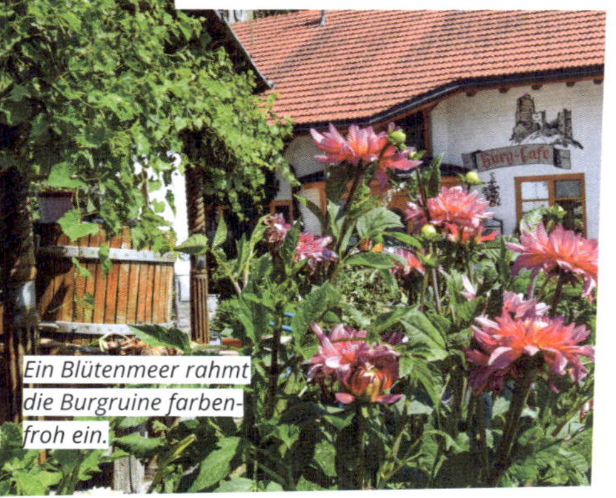

Ein Blütenmeer rahmt die Burgruine farbenfroh ein.

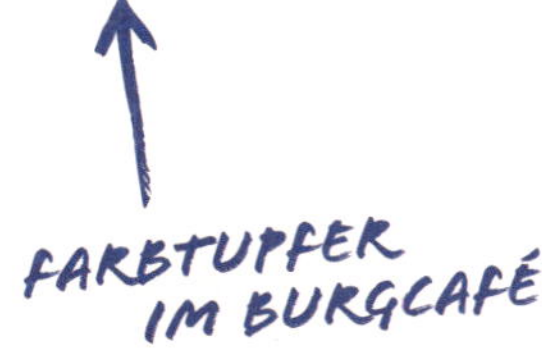

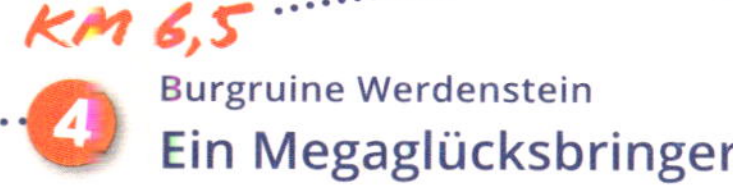

4 Burgruine Werdenstein

Ein Megaglücksbringer

Ritter oder Prinzessin auf Zeit? Wo früher mal ein Dienstgebäude der Burg Werdenstein war, sitzt man heute im Burgcafé mit Veranda. Oder chill unterhalb, in Liegestühlen auf der Sonnenterrasse und bei hausgemachtem Kuchen. Kinder flitzen auf einer Rutsche hinab oder sagen »Hallo« zu einem Esel, der unter einem Sonnendach grast. Während der Bauernkriege im 16. Jahrhundert wurde die Burg geplündert. Der markante Torbau – also der Rest der Burg – führt zum vielleicht »größten Hufeisen der Welt«, das Schmiedefreunde in der Nacht zum neuen Jahrtausend anfertigten, so verrät ein Schild.

Dieselbe Strecke übers Moor zurück, am Rundweg links halten und dort zwischen Bäumen beim Schild »Niedersonthofener See« links abzweigen, dem Wiesenweg folgen. An der Gabelung im Wald rechts halten, später an der Autostraße zunächst am Fahrbahnrand kurz links, dann die Straße überqueren, dort führt der Weg hinab zum See.

KM 12,6

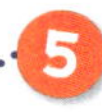

Niedersonthofener See

Dickes Röhricht

Ein Schilfgürtel umspannt das gesamte Südufer des Sees. Doch es gibt sie: ein paar kleine Schilflücken am Waldrand, wo man bis ans Wasser herankommt. Hier kann man Seerosenteppiche fotografieren oder zum gegenüberliegenden Ufer winken, das sich leicht wellt und von ein paar Häusern mit roten Ziegeldächern gesäumt wird. Zieht man die Schuhe aus, piksen die spitzen Kiessteine an den Fußsohlen – und das Wasser erfrischt angenehm, wenn man ein paar Schritte hineinwatet.

Dem schattigen Uferweg weiter folgen, dann vom Ufer rechts hinauf, in Richtung Oberdorf auf dem Wiesenweg bis zu den Häusern, dann links in Richtung Bahnhof.

EXTRA INFOS:

Engagierte Freiwillige haben das Bahnhofsgebäude von Martinszell in einen Treffpunkt für Dorfbewohner und Gäste (ig-oma.de) verwandelt: Donnerstagabends wird im gemütlichen Biergarten Flammkuchen serviert, sonntags gibt es Kaffee und selbst gebackenen Kuchen.

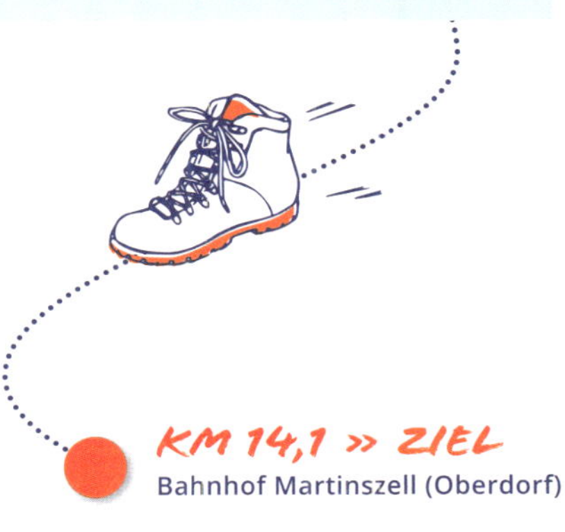

KM 14,1 » ZIEL

Bahnhof Martinszell (Oberdorf)

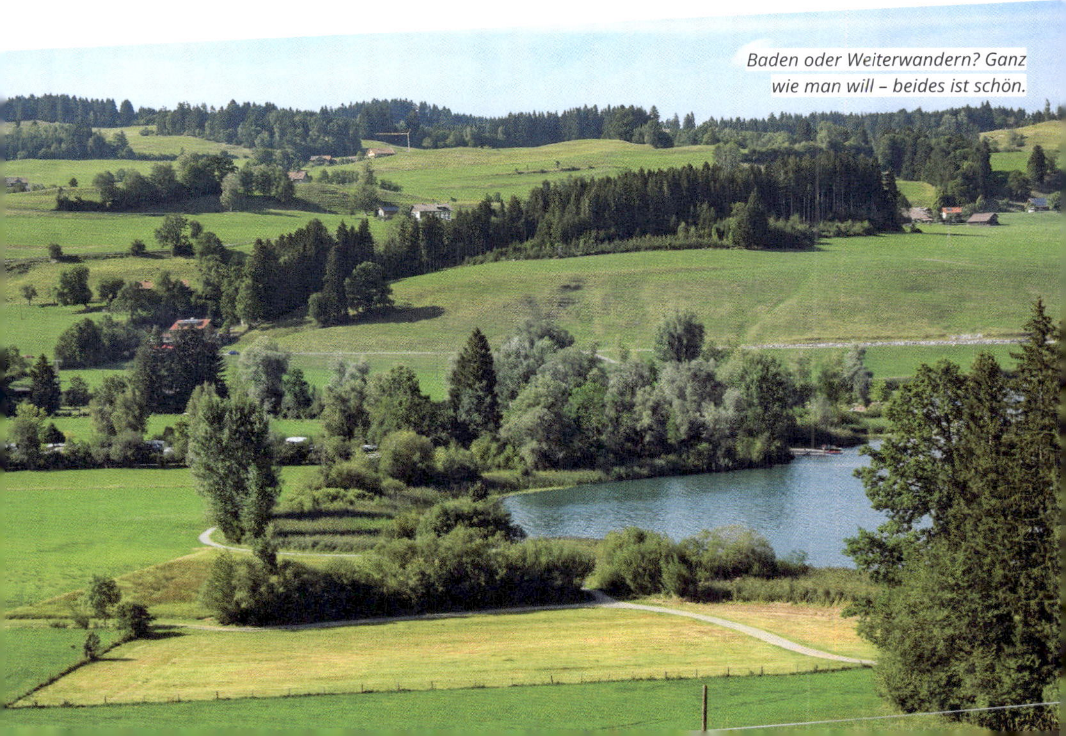

Baden oder Weiterwandern? Ganz wie man will – beides ist schön.

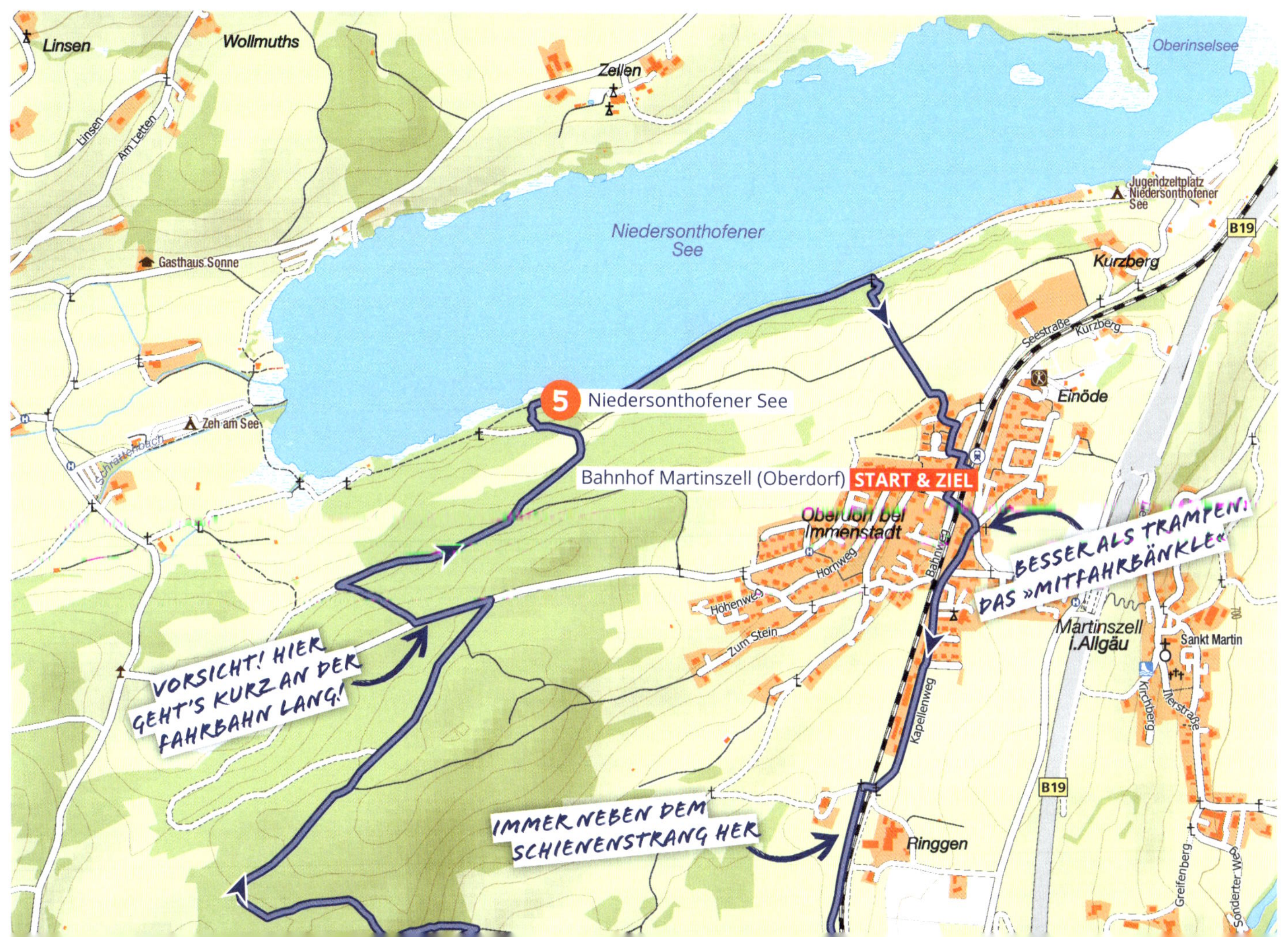

Linsen
Wollmuths
Zellen
Oberinselsee
Niedersonthofener See
Jugendzeltplatz Niedersonthofener See
B19
Kurzberg
Gasthaus Sonne
Seestraße
Einöde
5 Niedersonthofener See
Zeh am See
Schrattenbach
Bahnhof Martinszell (Oberdorf) START & ZIEL
Oberdorf bei Immenstadt
Hornweg
Bahnweg
Höhenweg
Zum Stein
BESSER ALS TRAMPEN! DAS »MITFAHRBÄNKLE«
Martinszell i.Allgäu
Sankt Martin
Kirchberg
Illerstraße
VORSICHT! HIER GEHT'S KURZ AN DER FAHRBAHN LANG!
Kapellenweg
IMMER NEBEN DEM SCHIENENSTRANG HER
Ringgen
Greifenberg
Sonderter Weg

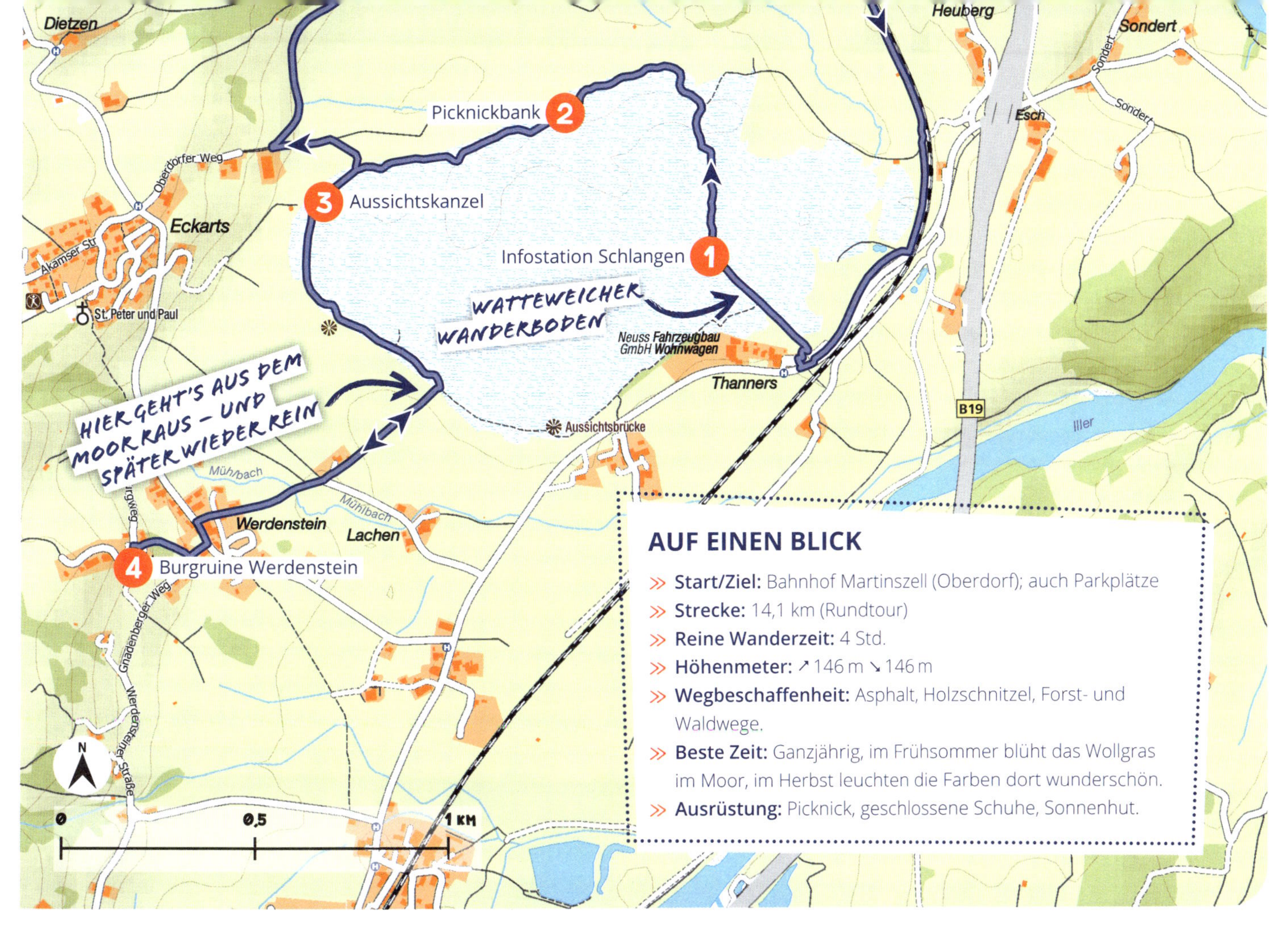

AUF EINEN BLICK

- **Start/Ziel:** Bahnhof Martinszell (Oberdorf); auch Parkplätze
- **Strecke:** 14,1 km (Rundtour)
- **Reine Wanderzeit:** 4 Std.
- **Höhenmeter:** ↗146 m ↘146 m
- **Wegbeschaffenheit:** Asphalt, Holzschnitzel, Forst- und Waldwege.
- **Beste Zeit:** Ganzjährig, im Frühsommer blüht das Wollgras im Moor, im Herbst leuchten die Farben dort wunderschön.
- **Ausrüstung:** Picknick, geschlossene Schuhe, Sonnenhut.

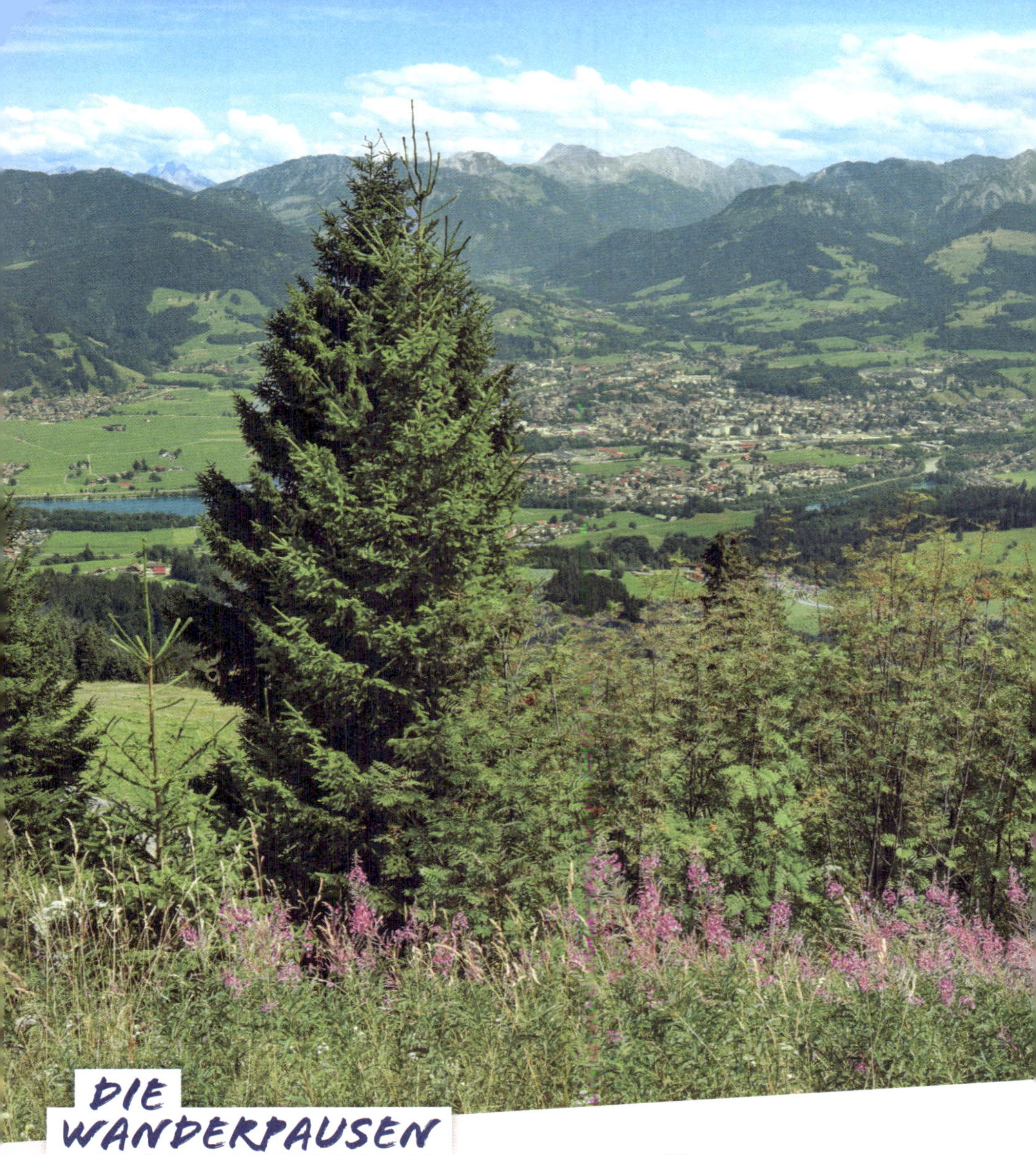

DIE WANDERPAUSEN

» START
Bahnhof Immenstadt

KM 1,2
1 Mittelstation Mittagbahn
Auszeit am Hang

KM 1,3
2 Bergstation Mittagbahn
Biete Bank mit Alpenblick

KM 2,3
3 Bärenköpfle
Fotopause beim Gipfelkreuz

16

IMMER SCHÖN OBEN BLEIBEN

Höhenwanderung vom Mittagberg auf zwei Nachbargipfel

Dreizehn Gipfel fädelt die Nagelfluhkette aneinander. Man muss sie nicht alle erklimmen, aber die drei östlichsten sind entspannt drin – denn die Mittagbahn surrt gemütlich auf den Berg. Oben gibt es keine steilen Gefälle, sondern imposante Panoramablicke.

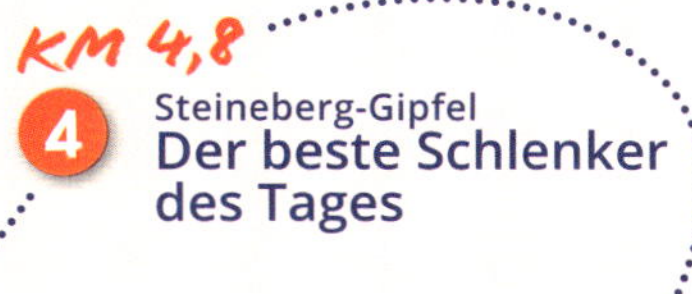

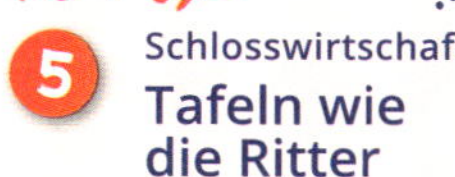

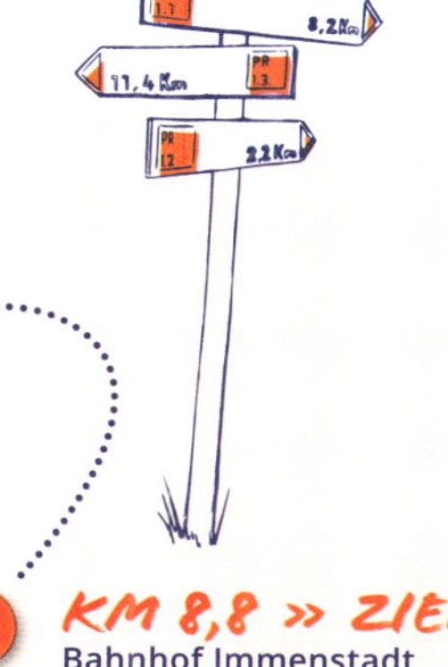

HOCH HINAUS ...

... geht es mit Bayerns längster Doppelsesselbahn. Auf 2,2 Kilometern weht einem immer ein angenehm laues Lüftchen um die Nase. Spurwechsel an der **Mittelstation.** Sattgrüne Wiesen, denen der Löwenzahn gelbe Tupfen verpasst, ziehen unterhalb vorbei, Schafe blöken und Kuhglocken bimmeln bei einer Einkehrrampe. Dann ist die **Bergstation auf dem Mittagberg** auch schon da – und der Boden unter den Füßen wieder zurück.

Breit führt der Weg von der Bergstation weg, gesäumt von großen Distelblumen, leuchtenden Vogelbeeren und hohem Staudengras. Nagelfluhbrocken am Wegrand – aus vermengtem Geröll entstanden – erinnern ein wenig an Waschbetonplatten, die mit Nagelköpfen gespickt wurden.

WENN DIE BEINE AUS DER SOMMERGONDEL BAUMELN UND DIE TANNENWIPFEL ZUM GREIFEN NAH SIND

Stolz markiert die Porta Alpinae den Beginn des Weges, ein schlankes Tor, das eine hervorragende Figur als Fotomotiv macht. Nach einem Schlenker zum **Bärenköpfle** wird der Weg schmaler, verläuft durch eine breite Senke. Ein Gatter öffnet sich für den Weg durch eine freundlich muhende Kuhherde hindurch. Der Weg den Hang hinauf, mit schattigen Bäumen, Sträuchern und Blumen, ist geprägt von knorrigem Wurzelwerk mit praktischen Holzstufen. Dazwischen: immer wieder ein Ausguck aufs Tal, hoch über dem steil abfallenden Nordhang.

Die Landschaft wird nun felsiger, der Grat schmaler – je näher der **Steineberg** rückt. An zwei Stellen, wo es eng wird, schonen Drahtseile die Nerven. Die Steineberg-Leiter, eine ziemlich steile Angelegenheit und Abkürzung, bleibt links liegen. Zu viel Action! Der Umgehungsweg über grüne Wiesen an der Südseite des Steinebergs ist gut machbar, der Ausblick vom Gipfelkreuz fantastisch. Auf gleichem Weg geht es wieder zurück, denn zum nächsten Gipfel bräuchte es doch noch ein wenig mehr Puste und die letzte Bergfahrt will noch vor 17 Uhr erwischt werden. Wunderschön auch die Abfahrt, bei der man sich den Hals nun nicht mehr für einen schönen Ausblick auf Immenstadt, die Alpseen und das Illertal verrenken muss – und die **Einkehr in die Schlosswirtschaft.** «

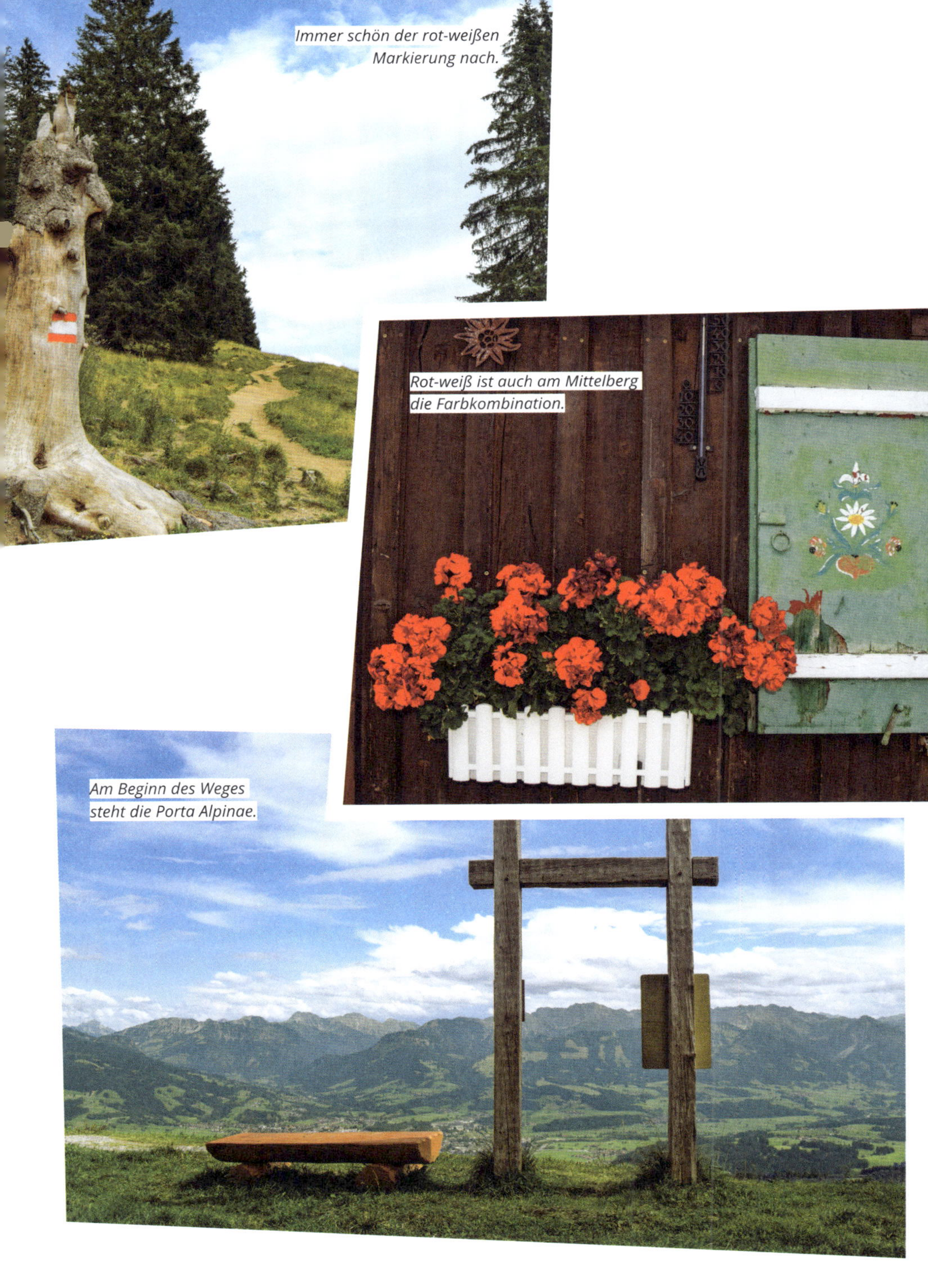

Immer schön der rot-weißen Markierung nach.

Rot-weiß ist auch am Mittelberg die Farbkombination.

Am Beginn des Weges steht die Porta Alpinae.

WANDERN & GENIESSEN

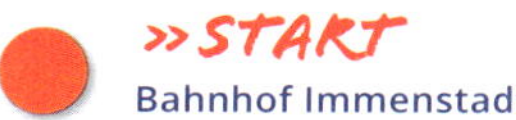

» START

Bahnhof Immenstadt

Wer auf den Berg will, muss weit hinaus? Nicht in Immenstadt: Abgelegene Wanderparkplätze überlässt man hier den anderen und spaziert stattdessen vom Bahnhof in gut zehn Minuten zur Talstation der Mittagbahn.

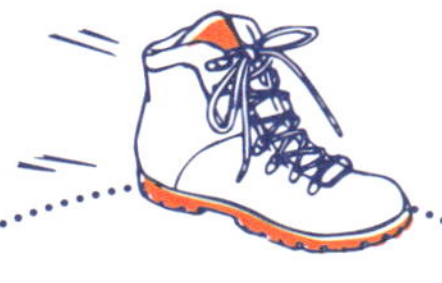

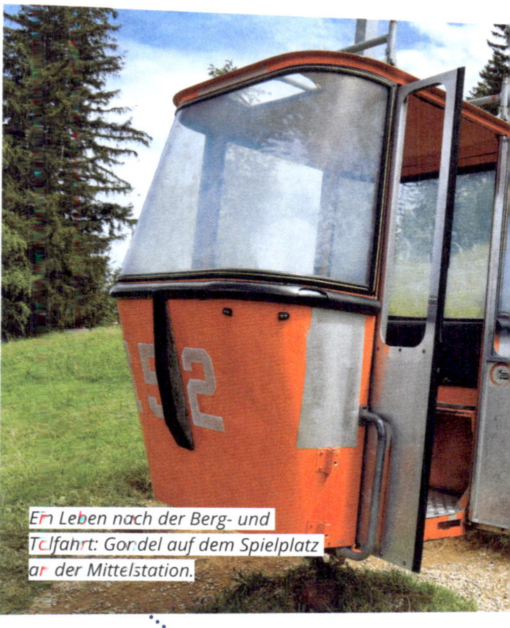

Ein Leben nach der Berg- und Talfahrt: Gondel auf dem Spielplatz an der Mittelstation.

KM 1,2

1 Mittelstation Mittagbahn

Auszeit am Hang

An der Mittelstation heißt es: schnell sein! Ein roter Balken auf dem Boden markiert, dass man (spätestens) hier raus muss. Die Umsteigestation ist prima, um ganz langsam am Berg anzukommen – vielleicht mit dem ersten Kaffee des Tages, zumindest ist die Sonnenterrasse gleich nebenan (rasthaus-am-mittag.de). Wer mit Kindern unterwegs ist, kommt ohnehin nicht so schnell weiter: Der gesamte Hang ist ein origineller Upcycling-Spielplatz mit Rutschen, Wippen und Schaukeln – aus alten Liftsesseln. Highlight ist eine Retro-Gondel zum Reinklettern, die auch in manchem Großen das innere Kind weckt …

Mit der Doppelsesselbahn II geht es von der Mittelstation direkt zur Bergstation hinauf.

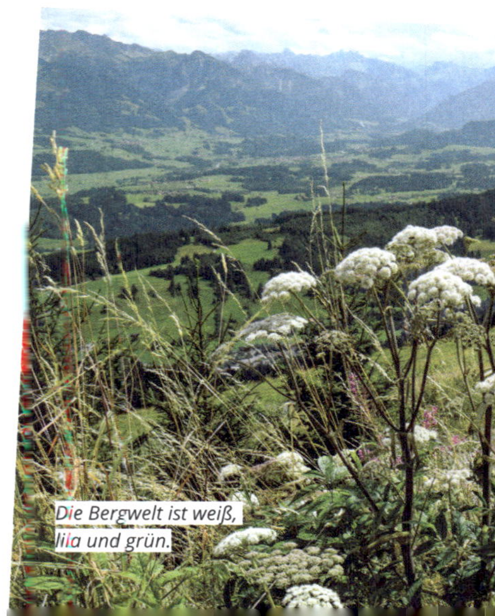

Die Bergwelt ist weiß, lila und grün.

KM 1,3

2 Bergstation Mittagbahn
Biete Bank mit Alpenblick

»Zu Mittag steht die Sonne genau über dem Mittag«, heißt es, und das gilt zumindest von Immenstadt aus gesehen. So soll der Mittagberg zu seinem Namen gekommen sein. Überhaupt sind Sonnenschein und Bergstation ein gutes Duo: Perfektioniert werden sie durch Wellenliegen unterhalb, die so breit sind, dass Lieblingsmensch, Hund (darf im Sessellift mit) oder Rucksack auch noch Platz haben. So entspannt sinniert man dann über die Sonne am oder über dem Mittag oder lässt einfach das Panorama der südlichen Allgäuer Alpen auf sich wirken. Keine Liege mehr frei? Ein paar Bänke, aus Retro-Sesselliften zusammengeschweißt, gibt es auch. Apropos Mittag: Der gilt als einer der schönsten Aussichtsberge im Oberallgäu …

In einer Viertelstunde führt der breite Wanderweg zum Bärenköpfle, das sich linker Hand erhebt.

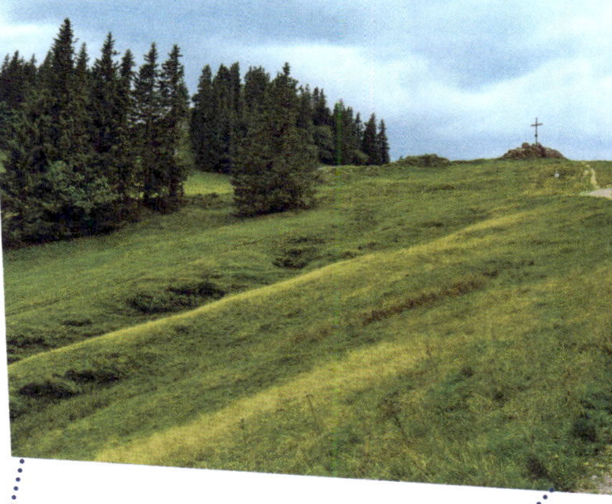

Das Gipfelkreuz beim Bärenköpfle sieht man schon von Weitem.

KM 2,3

3 Bärenköpfle
Fotopause beim Gipfelkreuz

Selfie-Sticks, Kinderlachen, Turnschuhgewimmel: Im Sommer ist rund um die Gedenkstätte Bärenköpfle richtig was los. Dort türmen sich Felsbrocken aufeinander, die von einem Gipfelkreuz überragt werden – der perfekte Ort für einen Fotostopp. Im Sommer finden hier auch Berggottesdienste statt. Der »echte« Gipfel des Bärenköpfles ein paar Meter weiter ist recht unauffällig, weder schroff noch gezackt, sondern eher eine sanfte, grüne Kuppe. Daher stiehlt ihm die Bären-Gedenkstätte in puncto Fotomotiv ein wenig die Schau. Deren Name stammt – man ahnt es – vom letzten Braunbären in der Region, der im Jahr 1764 erlegt wurde.

Zurück auf den Wanderweg, rechts halten, durch eine Senke, durch das Drehgatter die Kuhweide am Rand überqueren und dem schmalen Weg bergauf folgen, nach dem Grat links halten in Richtung Steineberg-Leiter.

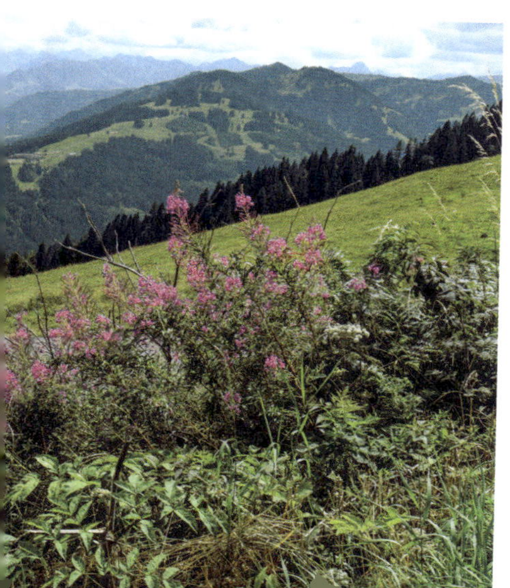

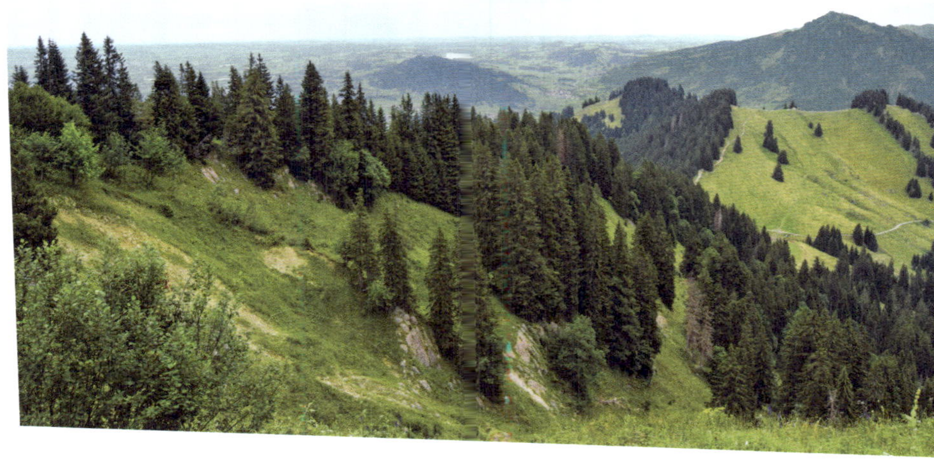

Immer schön auf dem Grat bleiben.

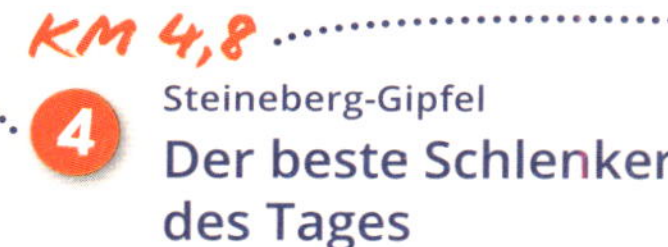

Steineberg-Gipfel

Der beste Schlenker des Tages

Zugegeben, sie kostet eine große Portion Überwindung – die fast senkrechte Leiter am Steineberg. Mit rund 17 Metern führt sie unter der steilen Felswand direkt zum Gipfelkreuz des Steinebergs hinauf. Zwar gibt es ein Seil, in das der Klettergurt eingehakt werden kann und es ist nicht wirklich wackelig – aber irgendwie doch. Das Bauchgefühl will die steile Leiter lieber doch den anderen überlassen und ein Schild gibt ihm recht: »Nur für Geübte« heißt es darauf. Alle anderen nehmen den gut begehbaren Umweg über die Wiesen, einen Kilometer hin und zurück, unterhalb der Felswand zum Gipfel – und es ist der beste Schlenker des Tages, sagt das Bauchgefühl. Oben belohnt ein 360-Grad-Panoramablick, der sich mit einer Rast krönen lässt.

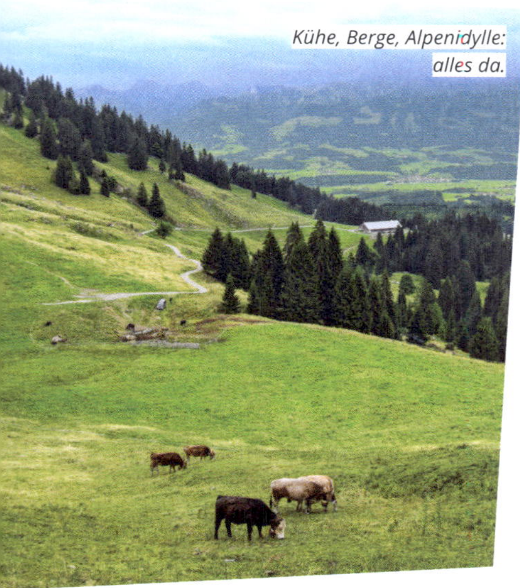

Kühe, Berge, Alpenidylle: alles da.

Auf dem gleichen Weg geht es wieder zurück, mit dem Sessellift zur Talstation und in Richtung Bahnhof, am Bach mit dem Kuhdenkmal (Viehscheid) rechts abbiegen und bis zum Marktplatz weitergehen.

KM 8,2

5 Schlosswirtschaft

Tafeln wie die Ritter

Höhenluft ist wunderbar, doch zur Stärkung geht es mitten ins Geschehen, nach Immenstadt hinein: Der Marktplatz grüßt mit bunten Häusern, einem behäbigen Zwiebelturm und einem alten Stadtschloss mit einer eindrucksvollen, makellosen weißen Fassade und regionaler Küche (schlosswirtschaft.com). Hausgemachte Kässpatzen mit Schmelz- und Röstzwiebeln getoppt sind der Allgäuer Klassiker schlechthin. Das gilt am Berg oder hier, mitten im »Städtle«, wo der Bahnhof nicht weit ist.

Am Ausgang rechts halten und am Gebäude gleich rechts in die Bahnhofstraße einbiegen, die einen 90-Grad-Linksknick macht und direkt zum Bahnhof führt.

EXTRA INFOS:

Die ● **Alpe Oberberg** (alpe-oberberg.de) ist bekannt für ihren hausgemachten, würzigen Bergkäse. Ein Glas Buttermilch erfrischt im Sommer! Vom Mittaggipfel sind es nur 15 Minuten.

Zwischen Mittel- und Bergstation kommt man in weniger als einer halben Stunde zur ● **Alpe Schwanden** (alpgenuss.de). Einfach immer dem Weg und dem Kuhglockengebimmel nach.

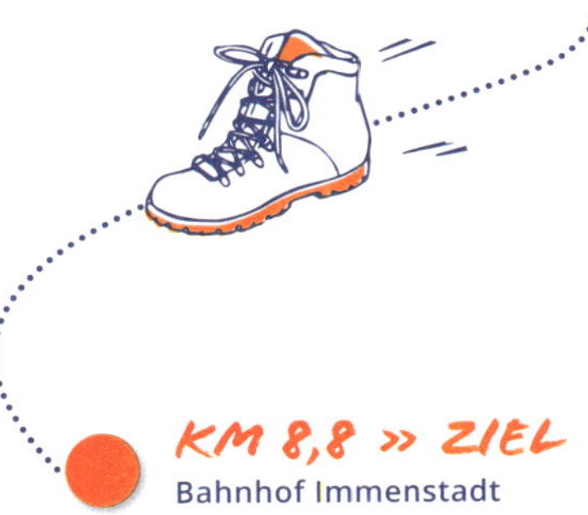

KM 8,8 » ZIEL

Bahnhof Immenstadt

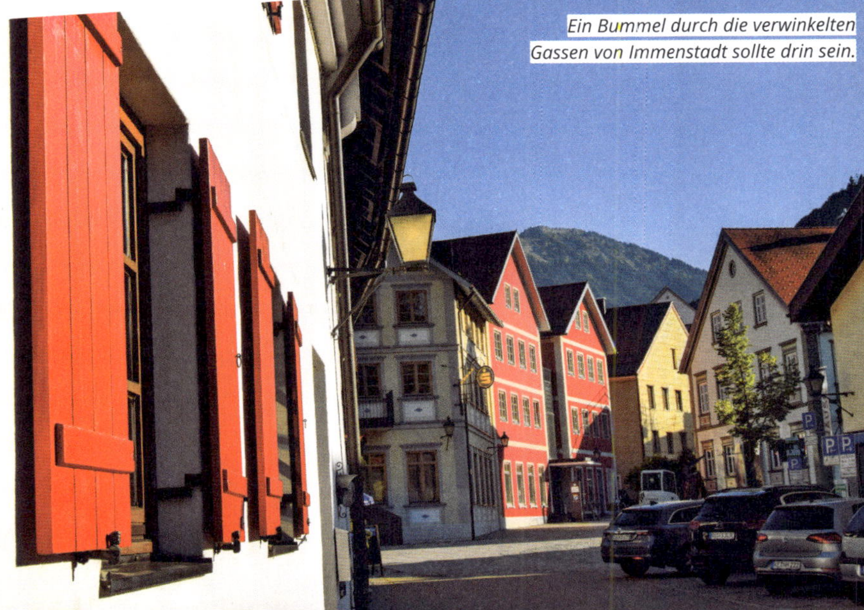

Ein Bummel durch die verwinkelten Gassen von Immenstadt sollte drin sein.

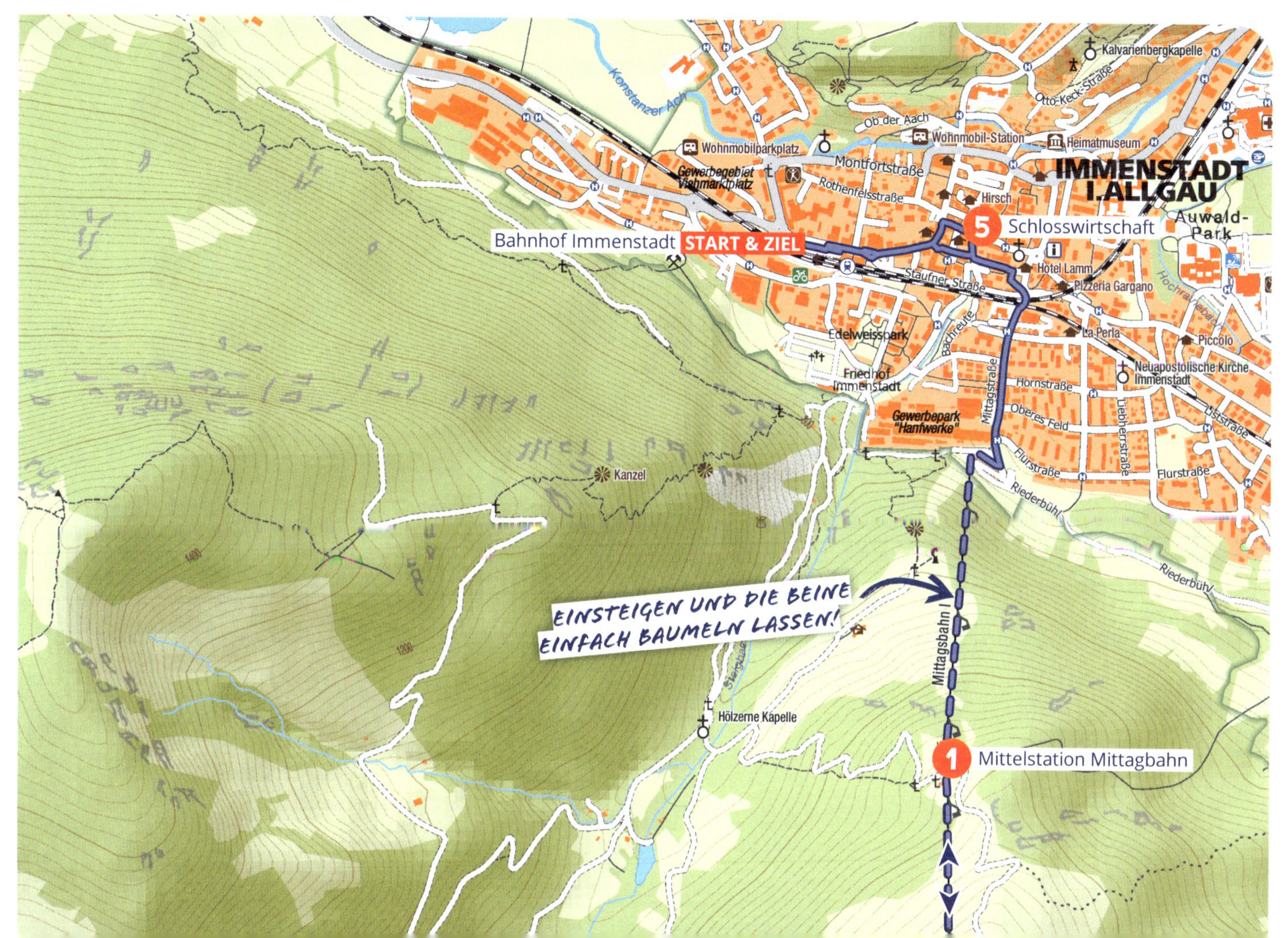
IMMENSTADT
I. ALLGAU
Bahnhof Immenstadt
START & ZIEL
5
Schlosswirtschaft
1
Mittelstation Mittagbahn
EINSTEIGEN UND DIE BEINE
EINFACH BAUMELN LASSEN!
Mittagsbahn I
Auwald-Park
Kalvarienbergkapelle
Otto-Keck-Straße
Ob der Aach
Wohnmobil-Station
Heimatmuseum
Wohnmobilparkplatz
Montfortstraße
Rothenfelsstraße
Gewerbegebiet Viehmarktplatz
Hirsch
Hotel Lamm
Pizzeria Gargano
Staufner Straße
La Perla
Piccolo
Hochrainebach
Neuapostolische Kirche Immenstadt
Edelweisspark
Bachreute
Friedhof Immenstadt
Mittagstraße
Hornstraße
Oberes Feld
Liebherrstraße
Flurstraße
Gewerbepark "Hanfwerke"
Riederbühl
Konstanzer Ach
Kanzel
Hölzerne Kapelle

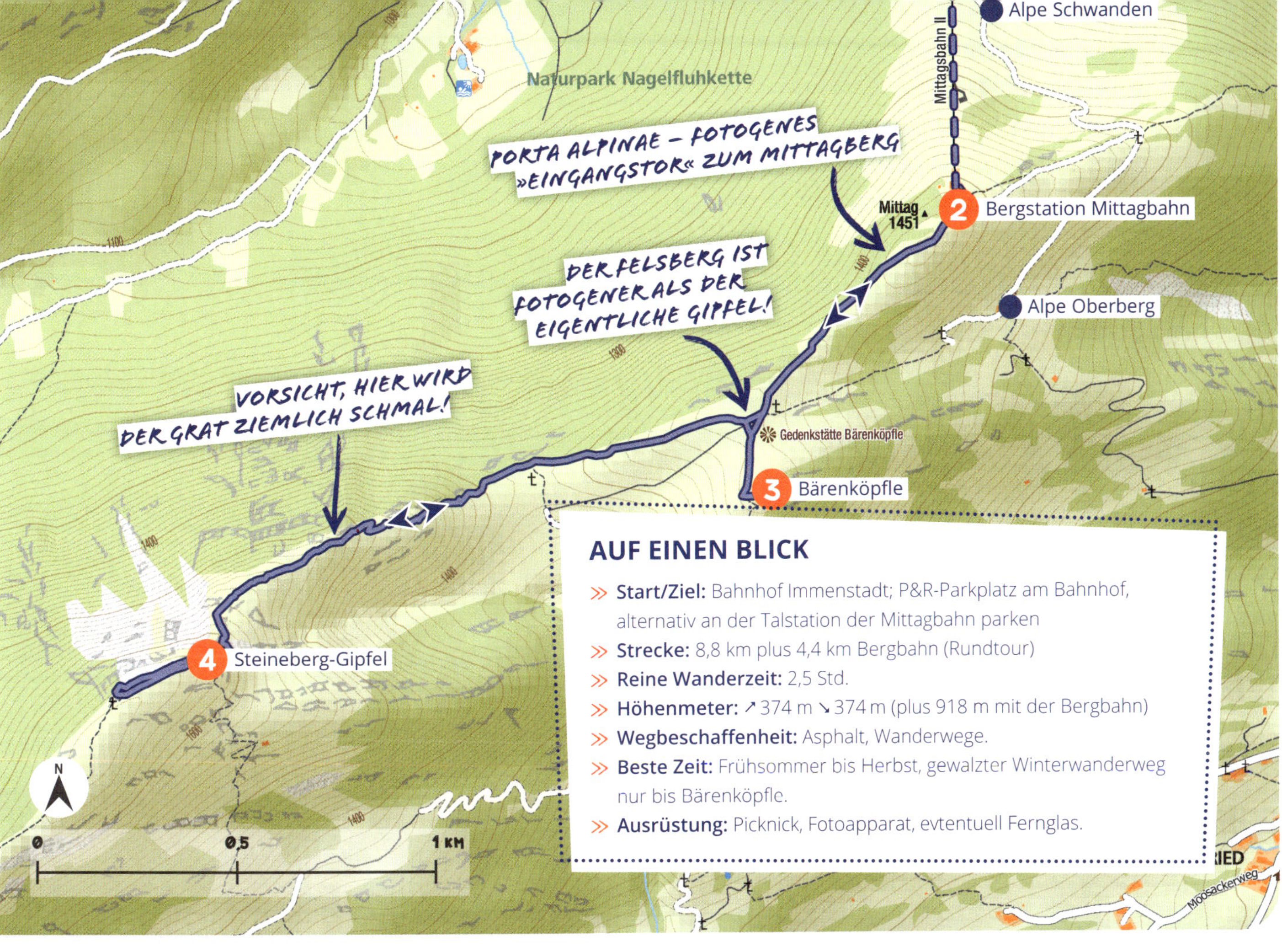

AUF EINEN BLICK

- **Start/Ziel:** Bahnhof Immenstadt; P&R-Parkplatz am Bahnhof, alternativ an der Talstation der Mittagbahn parken
- **Strecke:** 8,8 km plus 4,4 km Bergbahn (Rundtour)
- **Reine Wanderzeit:** 2,5 Std.
- **Höhenmeter:** ↗ 374 m ↘ 374 m (plus 918 m mit der Bergbahn)
- **Wegbeschaffenheit:** Asphalt, Wanderwege.
- **Beste Zeit:** Frühsommer bis Herbst, gewalzter Winterwanderweg nur bis Bärenköpfle.
- **Ausrüstung:** Picknick, Fotoapparat, evtentuell Fernglas.

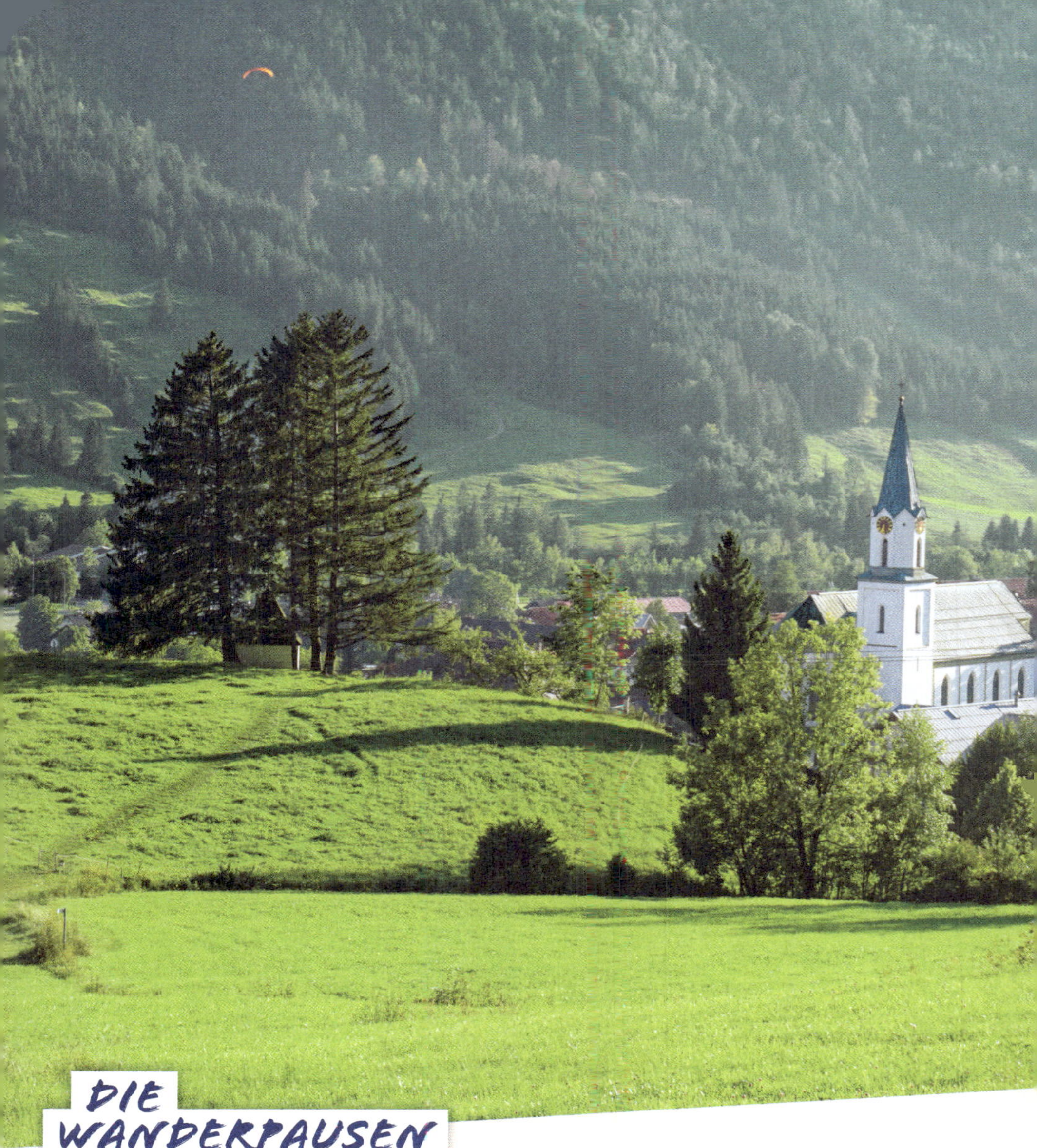

DIE WANDERPAUSEN

»START
Busbahnhof Bad Hindelang

KM 0,9
1 Hammerschmiede
Tag der offenen Tür

KM 3,3
2 Hintersteiner Tal
Blick auf die Ostrach

KM 4,8
3 Vaterlandsweg
Bombenblick über das Tal

ÜBER GRÜNEM GRUND

17

Von Bad Hindelang zum Vaterlandsweg

Die Rundwanderung führt einmal am Rand des Hindelanger Talkessels entlang und bietet bei minimaler Anstrengung maximale Ausblicke – und Kleinodien wie den Schleierfall und den Hirschbachtobel!

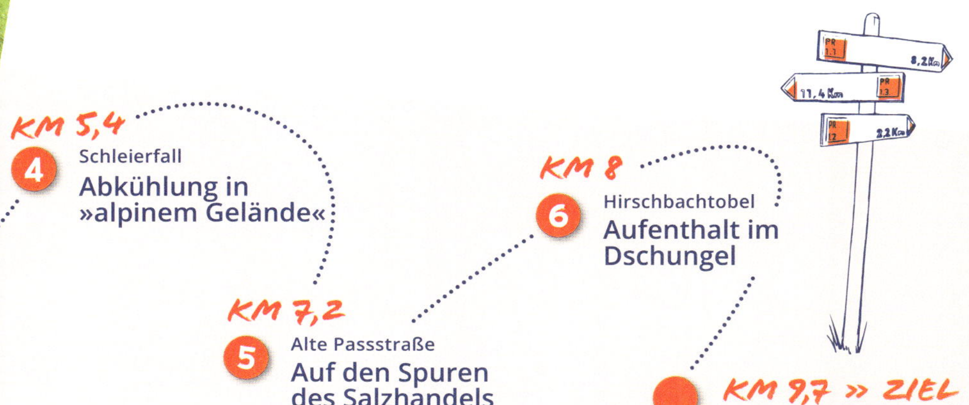

HOCH HINAUS …

… reicht das Gemeindegebiet von Bad Hindelang, und zwar von ungefähr 800 Metern bis auf fast 2600 Meter – also bis zum Hochvogel im Hintersteiner Tal. Ganz so weit geht die Tour jedoch nicht, Bergwandergefühl wird sich dennoch einstellen.

Erst führt ein nahezu völlig ebener Wiesenspaziergang hinüber zur Ostrach und bis zur **Hammerschmiede,** dann geht es idyllisch weiter bis zum Örtchen Bruck und damit zum Eingang ins **Hintersteiner Tal.** Dort allerdings führt eine Kehrtwendung kurz an der Straße entlang, bis man zum Einstieg in den sogenannten Vaterlandsweg gelangt ist. Dieser steigt sanft, aber stetig an der Talseite an und eröffnet schönste Blicke über Hindelang, auf den Jägersberg und ins Hintersteiner Tal.

DER HÖHEPUNKT DER TOUR IST ERREICHT, SOBALD MAN UM DIE FELSEN HERUM IST, AUF EINMAL KÜHLERE LUFT HERRSCHT UND DER WASSERFALL ERSCHEINT

Es muss keine Bergwanderung sein, um Bergpanorama zu genießen! Der wahre Höhepunkt aber sind die versteckt liegenden Schleierfälle – ein etwas verborgener Wasserfall, ein paar Schritte abseits vom Weg, den man nicht auslassen sollte.

Es geht auch deswegen spektakulär weiter, weil der Blick ins Tal sich beständig ändert. Bald gerät das Hintersteiner Tal außer Sicht, dafür ergeben sich Blicke bis zur Nagelfluhkette hinter Sonthofen. Zwischendrin laden zwei dem Weg vorgelagerte Aussichtspunkte ein, spätestens jetzt die Kamera auszupacken.

Der Wildbach, dessen Tobel durchschritten werden will, wäre uns eine Pause wert, würde nicht die **Klamm des Hirschbachs** noch auf unserer Route liegen. Man muss Prioritäten setzen im Allgäu, Schönheit ist überall! Bevor es so weit ist, wird erst noch die **alte Passstraße** passiert, dann die neue, auf der sich die Autos von Oberjoch nach Bad Hindelang hinunterstürzen und an den Lärm der Welt erinnern. Gleich hinter der Straße aber schlüpft man zurück in die Bergnatur, deren Wildheit sich mit dem **Hirschbachtobel** noch steigert, sodass spätestens dort aller Zivilisationsstress wieder vergessen ist.

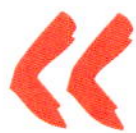

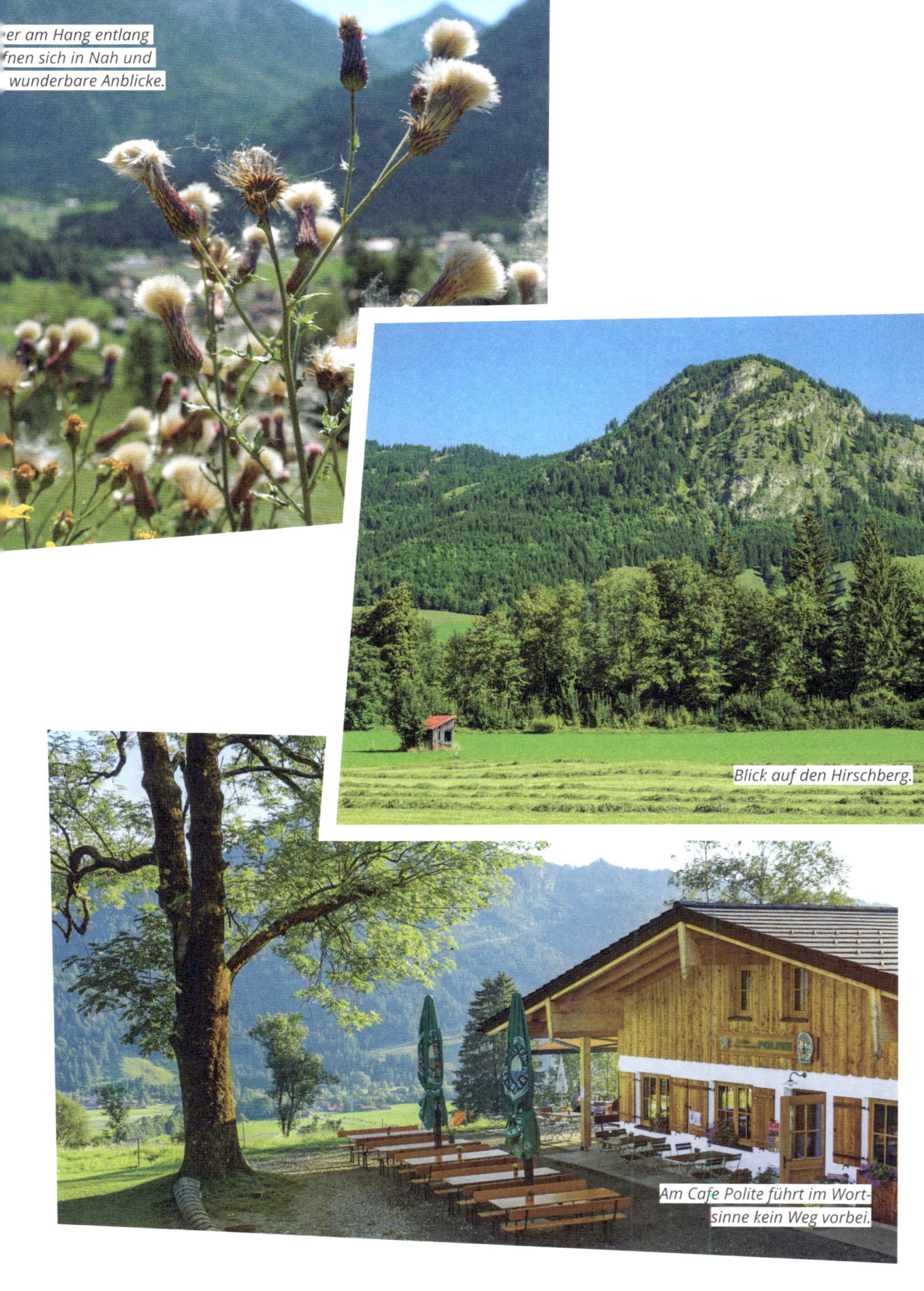

…er am Hang entlang
…fnen sich in Nah und
…wunderbare Anblicke.

Blick auf den Hirschberg.

Am Cafe Polite führt im Wortsinne kein Weg vorbei.

WANDERN & GENIESSEN

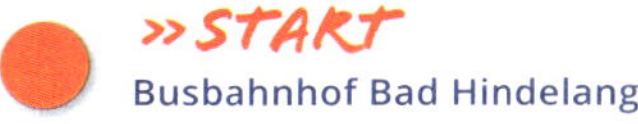

Busbahnhof Bad Hindelang

Vom Busbahnhof sieht man schon den Weg über die Wiese rechts der Straße, der über das Hirschbachwäldchen zur Hammerschmiede führt. An der Informationstafel zur Kulturlandschaft den Schmittenweg nach links nehmen, am Wohnmobilpark vorbei, linker Hand befindet sich die Hammerschmiede.

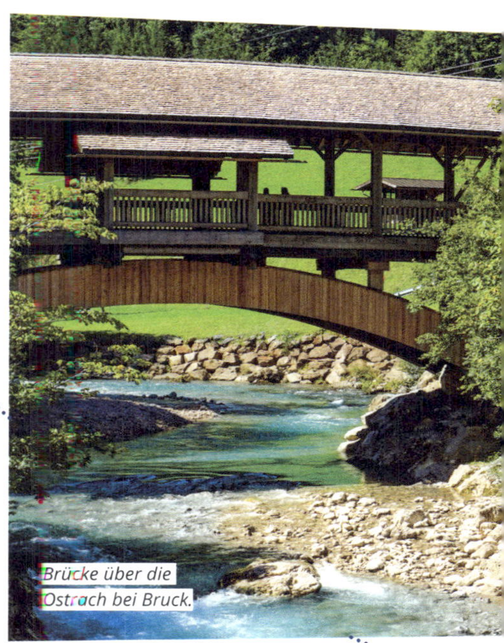
Brücke über die Ostrach bei Bruck.

KM 0,9

1 **Hammerschmiede**

Tag der offenen Tür

Kochenthusiasten kennen Franz Scholl vielleicht, denn seine handgeschmiedeten Pfannen sind in Spezialgeschäften erhältlich – und auch hier vor Ort: Das Fenster zur Werkstatt steht meist offen und die Pfannen werden direkt dort verkauft. Nicht mehr von Franz Scholl allerdings, Anfang 2022 hat Andreas Rohrmoser übernommen. Die Tür ist offen und wer will, darf gerne einen Blick in den alten Teil der Schmiede aus dem 15. Jahrhundert werfen, wo einerseits Material gelagert wird, andererseits gleich eine ganze Batterie jener urtümlichen Hämmer zu begutachten ist, die der Schmiede den Namen geben und einst vom Wasser angetrieben wurden. Hinter der Schmiede kommt das Wasserrad in Sicht, das vom sogenannten Triebwerkskanal gespeist wird. Er wurde eigens geschaffen, um die Schmieden in Bad Oberdorf anzutreiben.

Auf dem Weg weiter, an der Bergwacht geht es nach rechts, zunächst über die Ostrachstraße und leicht rechts versetzt auf einen Fußweg über den Flusslauf.

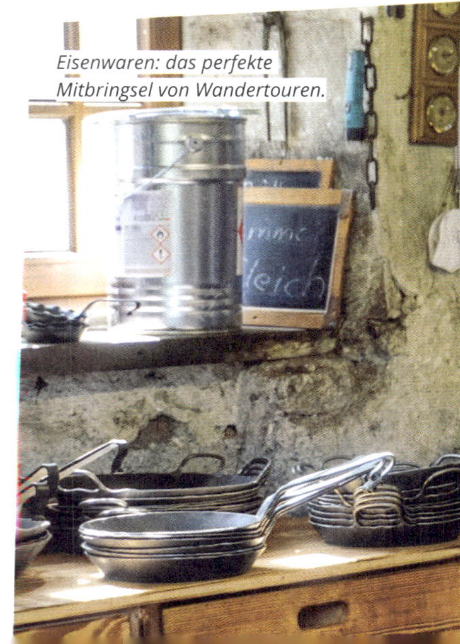
Eisenwaren: das perfekte Mitbringsel von Wandertouren.

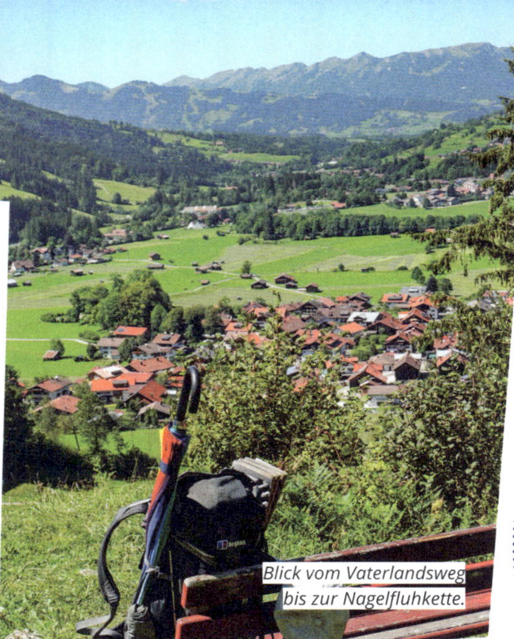

Blick vom Vaterlandsweg bis zur Nagelfluhkette.

WEITSICHT SCHAFFT ÜBERSICHT

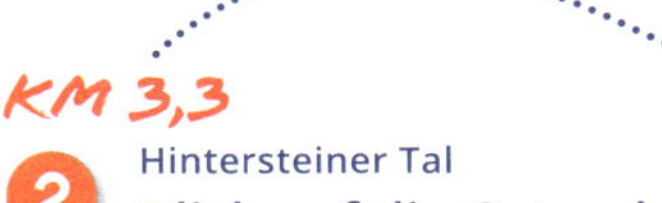

KM 3,3

2 Hintersteiner Tal

Blick auf die Ostrach

Es folgt ein lauschiger Abschnitt an der Ostrach entlang und durch Waldabschnitte, später über Wiesen und an Schobern vorbei, bis das Örtchen Bruck erreicht ist. Gleich zu Anfang wird ein Wasserspiel passiert, dann der sogenannte Drachenspielplatz und schließlich die Obere Hammerschmiede zur Rechten – es gibt also auch mit Kindern genug zu entdecken. Das Örtchen steht in einer Talenge, die sich erst anschließend zum Hintersteiner Tal mit den Hochalpen wieder weitet. Eine bildschöne Holzbrücke überspannt die Ostrach bei Bruck und bietet einen wunderbaren Blick auf das türkisfarbene Wasser des Flusses.

Dem Straßenverlauf in gleicher Richtung bis zum gut markierten Einstieg in den Vaterlandsweg folgen.

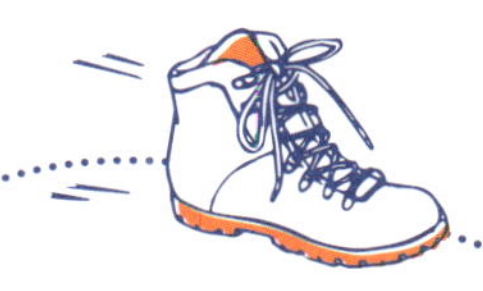

KM 4,8

3 Vaterlandsweg

Bombenblick über das Tal

Den Vaterlandsweg hat ausnahmsweise nicht der Alpenverein geschaffen, dafür verläuft er nach dem ersten Anstieg zu unspektakulär und zu gleichmäßig entlang der Hangkante – auf der Südflanke des Iseler, um genau zu sein. Der Verein »Das engere Vaterland« schuf ihn als Spazierweg um 1900. Damals gehörte das Hintersteiner Tal zu den Jagdgebieten des Prinzregenten Luitpold, der regelmäßig in Oberdorf zu Gast war, um die dortigen Schwefelquellen zu nutzen, und einwilligte, dem Ort den Status eines »Bads« zu verleihen (Hindelang selbst ist erst seit 2001 heilklimatischer Kurort und Kneipp-Bad). Auch der Name des heute noch existierenden Hotels mit Kurbetrieb und Badeanstalt geht auf den Prinzregenten zurück: Anschließend dem Weg weiter folgen, bis ein Schild den Schleierfall ausweist. Dort nach rechts – also bergwärts – weiter. Mehrere Punkte mit Ausblick verführen zur Rast, aber der wirklich schönste folgt erst einen guten Kilometer nach dem ersten Anstieg. Die Bank steht auf einem Kammvorsprung und man muss über ein Gatter. Von dort aber hat man einen phänomenalen 180-Grad-Blick von Bruck über Hindelang und die Berge.

Dem Weg weiter folgen, bis ein Schild den Schleierfall ausweist. Dort nach rechts – also bergwärts – weiter.

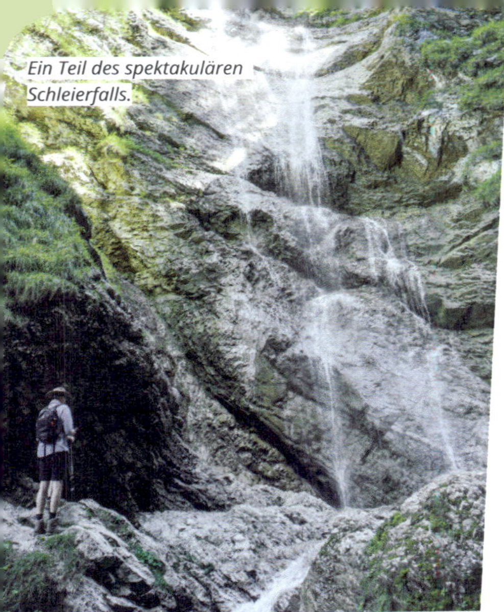

Ein Teil des spektakulären Schleierfalls.

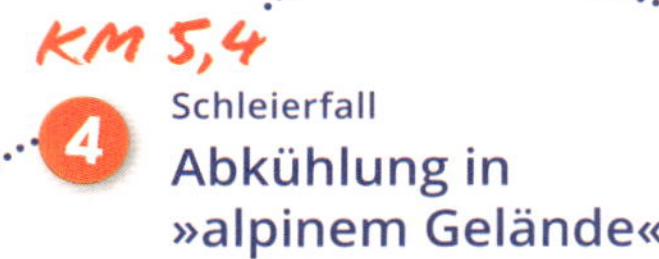

KM 5,4

4 Schleierfall

Abkühlung in »alpinem Gelände«

Der Schleierfall wird mit einem Hinweis auf »alpines Gelände« angekündigt – was leicht übertrieben ist. Zwar muss man auf den letzten Metern um einen Felsen herum und dann über Gestein ein paar Meter hinunter, bis die Gumpe des Wasserfalls erreicht ist. Es sind aber nur ein paar extra Höhenmeter hinauf und die sollte man auf sich nehmen – auch und gerade mit Kindern. Im Sommer ist es am Wasserfall herrlich kühl und der Schleierfall selbst zwar nicht so imposant wie seine berühmten Kollegen, aber mindestens ebenso schön. Das Wasser donnert nicht hinab, sondern bildet einen rieselnden Schleier auf und über dem Gestein: märchenhaft!

Dann nicht den ganzen Weg zurück, sondern schon vor dem Vaterlandsweg rechts auf dem Bergwachtweg kurz weiter bergauf, das Café Polite ist bereits angeschrieben.

KM 7,2

5 Alte Passstraße

Auf den Spuren des Salzhandels

Einst ging der Salzhandel über Oberjoch und Bad Hindelang bis in die Schweiz. Dies ist der Ursprung der alten Passstraße, die Alte Jochstraße, die steiler als die neue Verbindung ausfällt. Mit Pferden war eine solche Herausforderung machbar, nicht aber mit modernen Pkws. Die alte Verbindung stammt aus dem 16. Jahrhundert und wurde vom Grafen Montfort angelegt, als von der anderen Seite die Fürsten von Tirol eine Trasse vom Lechtal bis nach Oberjoch trieben. Damit war zum ersten Mal seit der Römerzeit eine direkte Handelsroute von Tirol ins Allgäu geschaffen. Tagaus, tagein sollen 1662 hier etwa 300 Pferde unterwegs gewesen sein.

Der Weg führt kurz entlang der alten Passstraße, dann über die neue und auf der anderen Seite auf gleicher Höhe weiter. Nach einem kurzen, aber knackigem Abstieg ist der Grund des Hirschbachtobels auch schon erreicht.

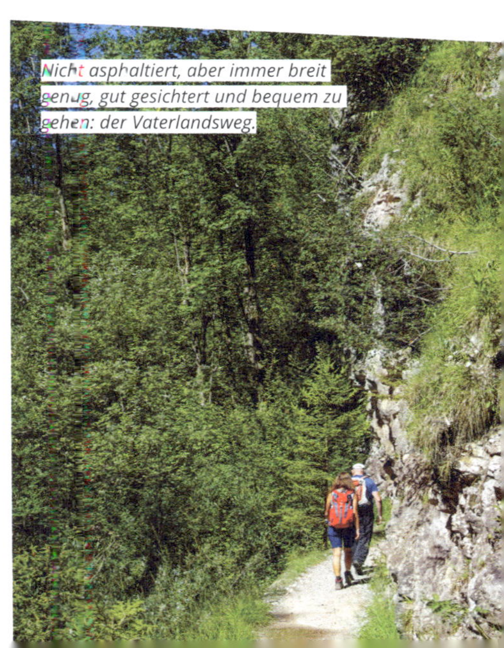

Nicht asphaltiert, aber immer breit genug, gut gesichtert und bequem zu gehen: der Vaterlandsweg.

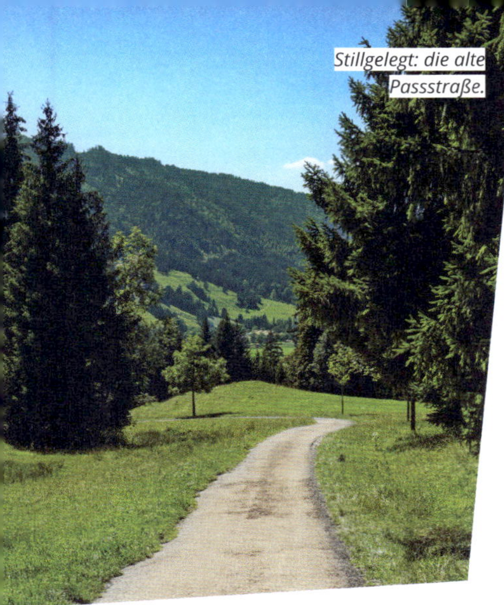
Stillgelegt: die alte Passstraße.

EXTRA INFOS:

Wer eine kleinere Runde laufen will, kann schon hinter der Hammerschmiede und – sobald über dem Fluss – am ● **Wasserspiel** oder am Kiesufer der Ostrach und dem ● **Drachenspielplatz** Halt machen und dann ab Bruck mit dem Bus nach Hindelang zurückfahren.

Das ● **Café Polite** (cafe-polite.de) ist sehr schnell erreicht und eigentlich ein vollgültiges Bergrestaurant mit Sonnenterrasse. Bad Hindelang liegt einem zu Füßen und einen 1500-Meter-Gang über Wiesen und Kalvarienberg entfernt.

KM 8

6 Hirschbachtobel

Aufenthalt im Dschungel

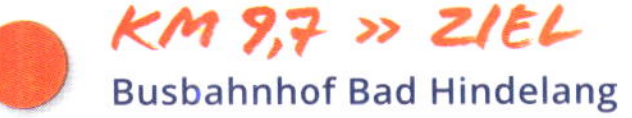

KM 9,7 » ZIEL
Busbahnhof Bad Hindelang

Der Hirschbachtobel markiert einen scharfen Schnitt im Berg und hat etwas Urtümliches, was einerseits am Spiel des Wassers liegt, andererseits an der dichten Vegetation – insbesondere im Hochsommer eine Wohltat. Nachdem der Sturzbach auf einer Brücke überquert ist, verläuft die Route nur noch wenige Meter bergan, dann teilt sich der Weg schon: linker Hand aus dem Tobel hinaus und hinüber zum Café Polite. Auf dem Weg nach rechts warnt ein Schild vor Absturzgefahr – was bei schlechten Wetterbedingungen oder wenn man zu müde ist, seine Berechtigung hat. Vorerst bieten sich entweder die Bank oder die vorgelagerten Wehrmauern für einen Aufenthalt an, unten im Bachbett lassen sich stellenweise Steinmännchen bauen.

Dem Schild Richtung Café Polite folgen und zur anderen Seite aufsteigen. Alternativ weiter hinauf und hinter der Riegelbrücke Richtung Café (knapp 2 Kilometer Umweg).

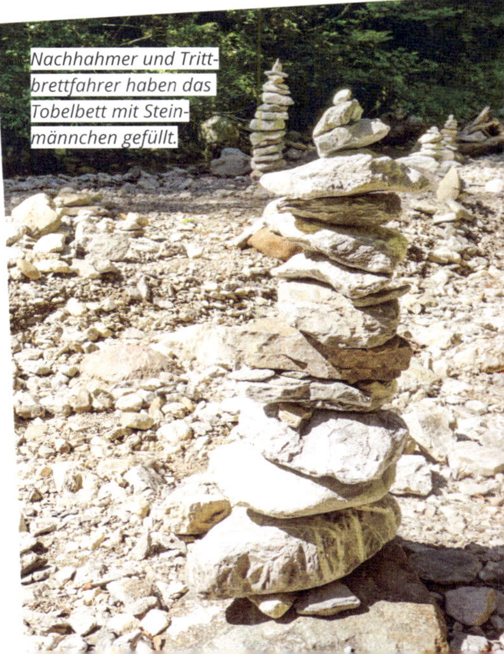
Nachhahmer und Trittbrettfahrer haben das Tobelbett mit Steinmännchen gefüllt.

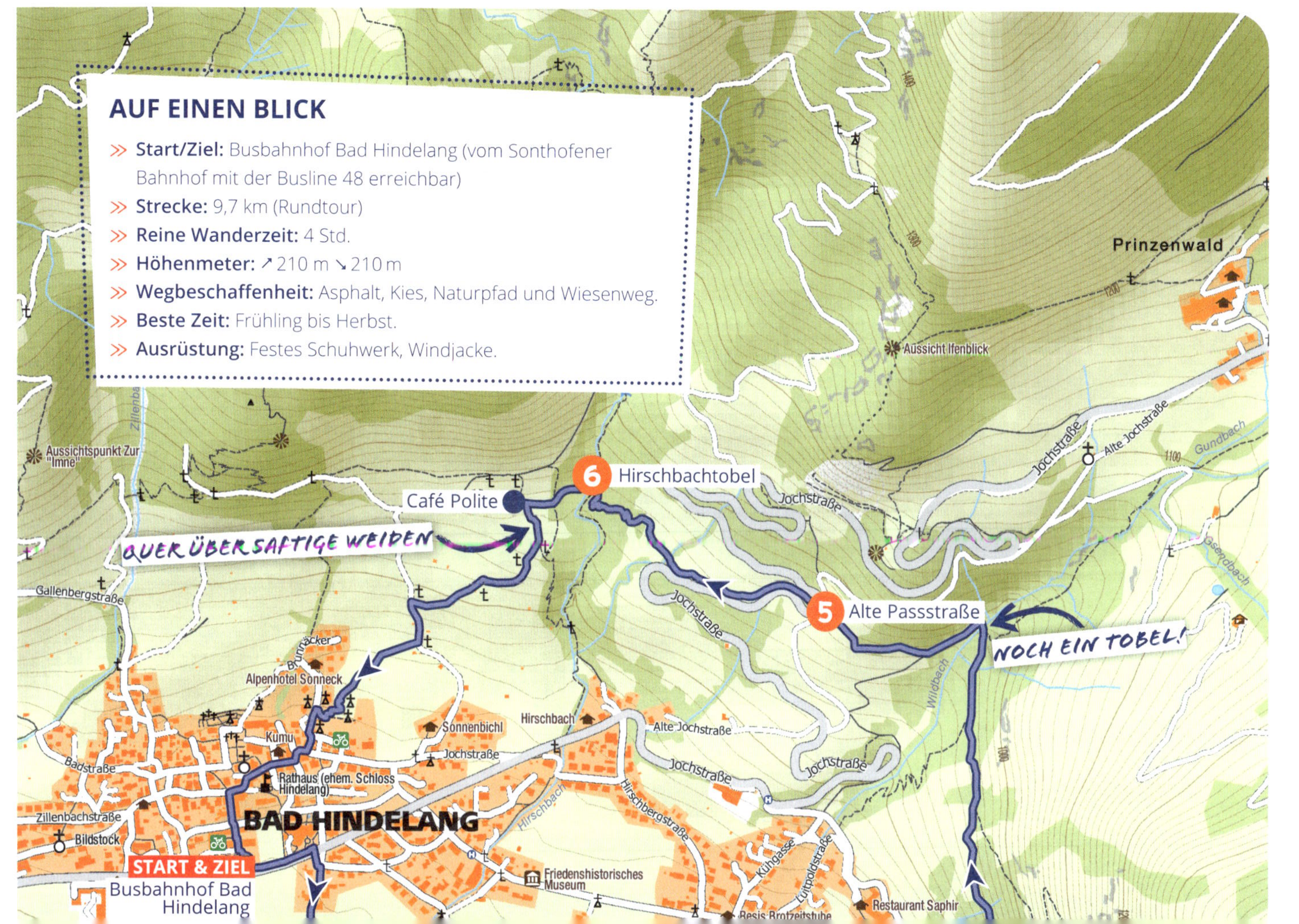

AUF EINEN BLICK

- **Start/Ziel:** Busbahnhof Bad Hindelang (vom Sonthofener Bahnhof mit der Busline 48 erreichbar)
- **Strecke:** 9,7 km (Rundtour)
- **Reine Wanderzeit:** 4 Std.
- **Höhenmeter:** ↗ 210 m ↘ 210 m
- **Wegbeschaffenheit:** Asphalt, Kies, Naturpfad und Wiesenweg.
- **Beste Zeit:** Frühling bis Herbst.
- **Ausrüstung:** Festes Schuhwerk, Windjacke.

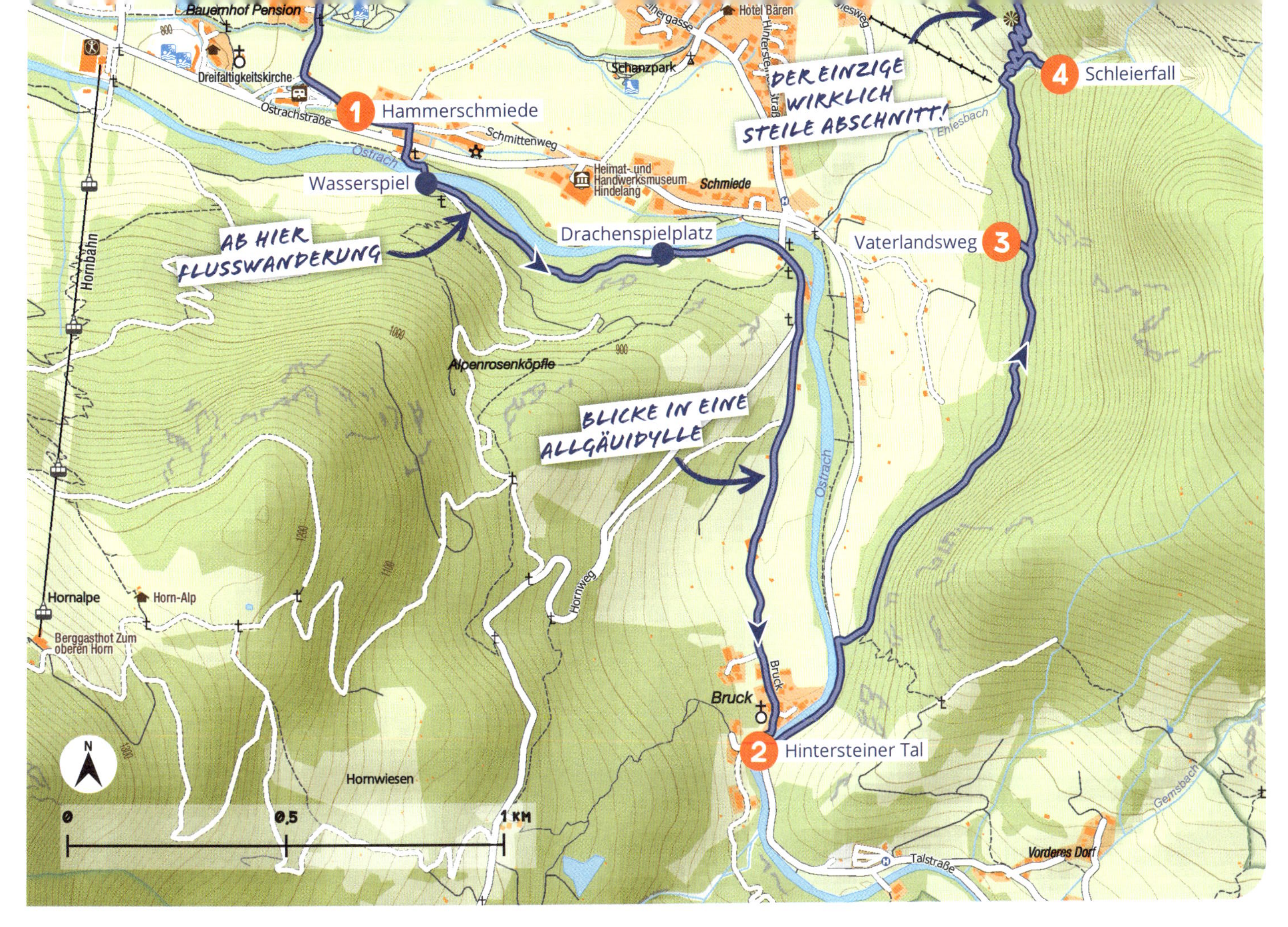

Bauernhof Pension
Dreifaltigkeitskirche
Ostrachstraße
1 Hammerschmiede
Schmittenweg
Schanzpark
Hotel Bären
Ostrach
Wasserspiel
Heimat- und Handwerksmuseum Hindelang
Schmiede
DER EINZIGE WIRKLICH STEILE ABSCHNITT!
4 Schleierfall
Ehlesbach
AB HIER FLUSSWANDERUNG
Drachenspielplatz
3 Vaterlandsweg
Hornbahn
Alpenrosenköpfle
BLICKE IN EINE ALLGÄUIDYLLE
Hornweg
Hornalpe
Horn-Alp
Berggasthof Zum oberen Horn
Bruck
2 Hintersteiner Tal
Hornwiesen
Gemsbach
Talstraße
Vorderes Dorf
0
0,5
1 KM
N

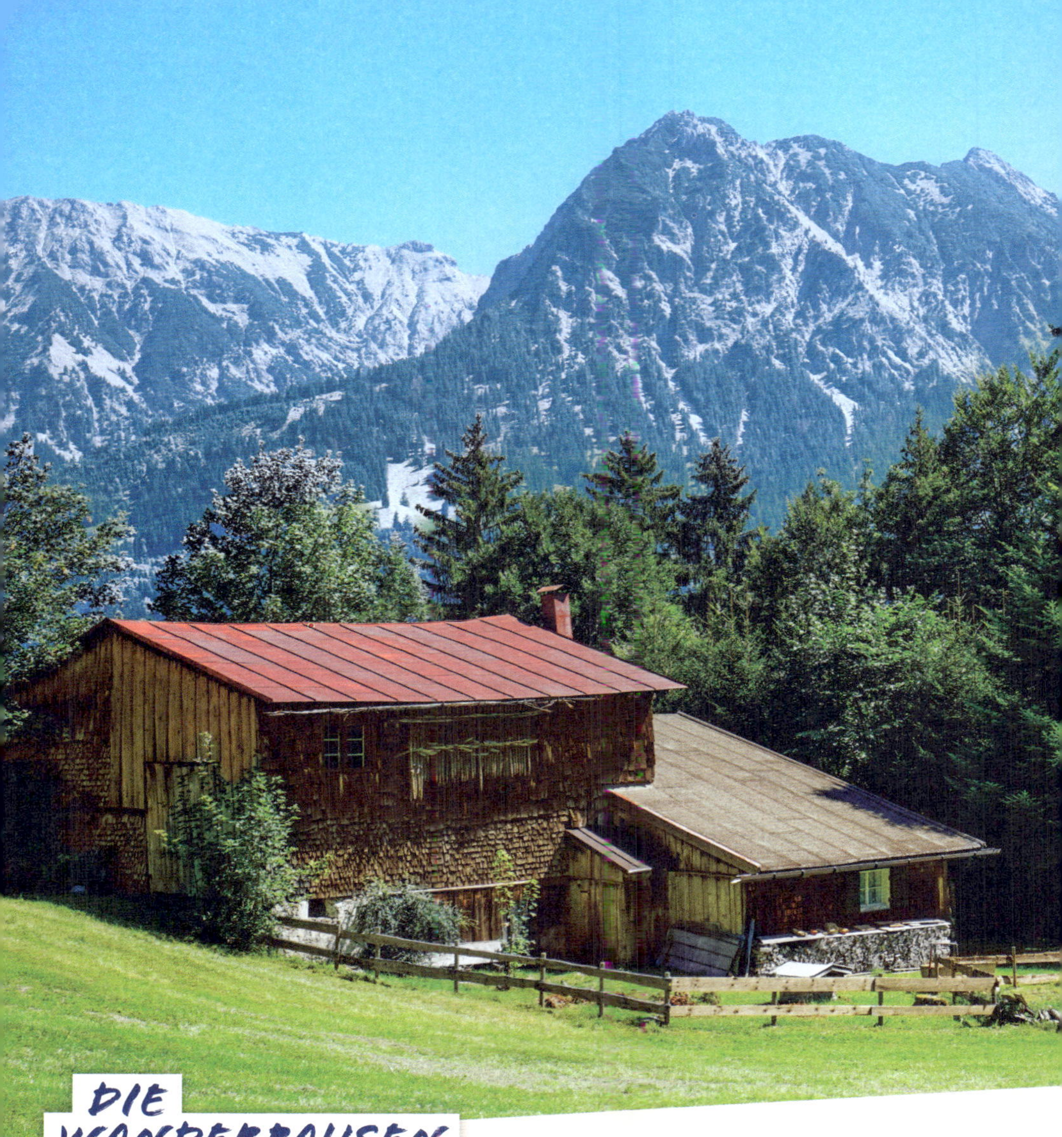

DIE WANDERPAUSEN

» START
Bushaltestelle Obermaisel-stein Ortsmitte

KM 1
1 Kein Streichelzoo
Graurücken gucken

KM 3,2
2 Auf der Höhe
Alpenpanorama genießen

KM 4,6
3 In der »Judenkirche«
Unter einer Fels-brücke verweilen

18

KLEINE BERG-UMRUNDUNG

Von Obermaiselstein rund um den Ochsenberg

Selbst unmittelbar bei Oberstdorf gibt es Ecken, die nur wenig begangen werden. Der Ochsenberg gehört dazu, obwohl der Rundgang über den Hirschsprung und damit zu einem touristischen Highlight führt.

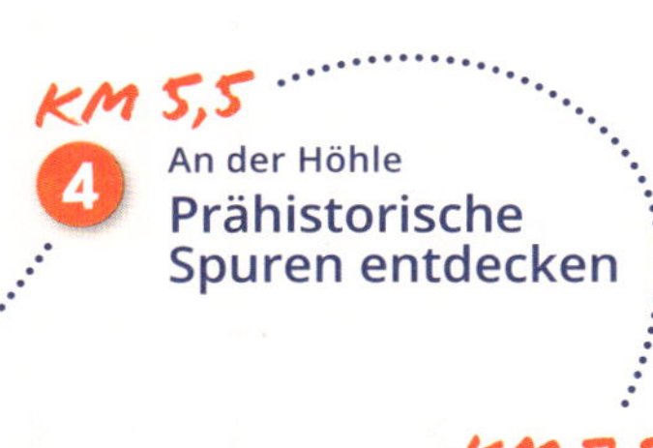

KM 5,5

4 An der Höhle

Prähistorische Spuren entdecken

KM 7,9

5 Hirschsprung

Durch die berühmte Engstelle

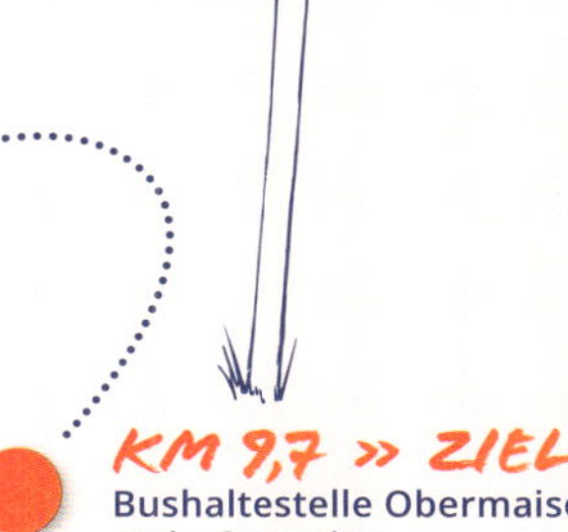

KM 9,7 » ZIEL

Bushaltestelle Obermaiselstein Ortsmitte

WEITGEHENDER UNBEKANNTHEIT …

… erfreut sich der Ochsenberg – womöglich weil er keine 1200 Meter hoch und im Gegensatz zu seinen Nachbarn vollständig bewaldet ist. Fast noch ein Hügel also, der Oberstdorf von der Gemeinde Fischen und den Viehweiden der Hörnerdörfer trennt und der für den Bau einer Seilbahn oder eines Lifts noch nicht einmal in Betracht gezogen wurde.

Warum sich der Rundgang um den Gipfelpunkt dennoch lohnt? Weil einem Oberstdorf samt dem ganzen Talkessel zu Füßen liegt, weil von nirgendwo sonst der Blick auf das Nebelhorn schöner ist und weil man oberhalb von Tiefenbach durch ein wahres Postkartenidyll wandert.

DER SCHÖNSTE ANBLICK DER TOUR IST, WENN AUF DER KAMMHÖHE ERST DIE GIPFEL UND DANN DAS TAL MIT OBERSTDORF IN DER MITTE AUFTAUCHEN

Abwechslungsreich ist der Pfad allemal: Wie er erst durch das wellige **Obermaiselsteiner Hügelland** führt, dann scharf an der Bruchkante durch Bergwald hinaufsteigt – das Stahlseil hängt dort nicht umsonst –, um anschließend durch ein verwunschenes Hochtal mitsamt Heuschobern hinüberzuführen auf die Anhöhe oberhalb des Talkessels von Breitach und Trettach.

Das Panorama auf Oberstdorf in Ehren, aber ist es nicht der anschließende Gang auf die Oberstdorf abgewandte Seite, die vermeintlich unspektakuläre Flucht über Lochwiesen und bis zum Gaißberg, der das Oberallgäu von seiner schönsten Seite zeigt? Deshalb, genau deshalb, kommen die Leute so gerne her! Wegen dieser Idylle aus Dorfkirchen, verstreuten Gehöften, Wiesengrund und Fels!

Den einen offiziellen Hotspot hat man mit dem Felsgewölbe, der sogenannten **»Judenkirche«,** schon hinter sich, der andere liegt in Form des **Hirschsprungs** noch vor einem, als unmittelbar einleuchtet, dass es nicht um die einzelne Punkte geht, sondern um deren Verbindung. Und dass Wandern die schönste Art ist, solche Verbindungen zu stiften!

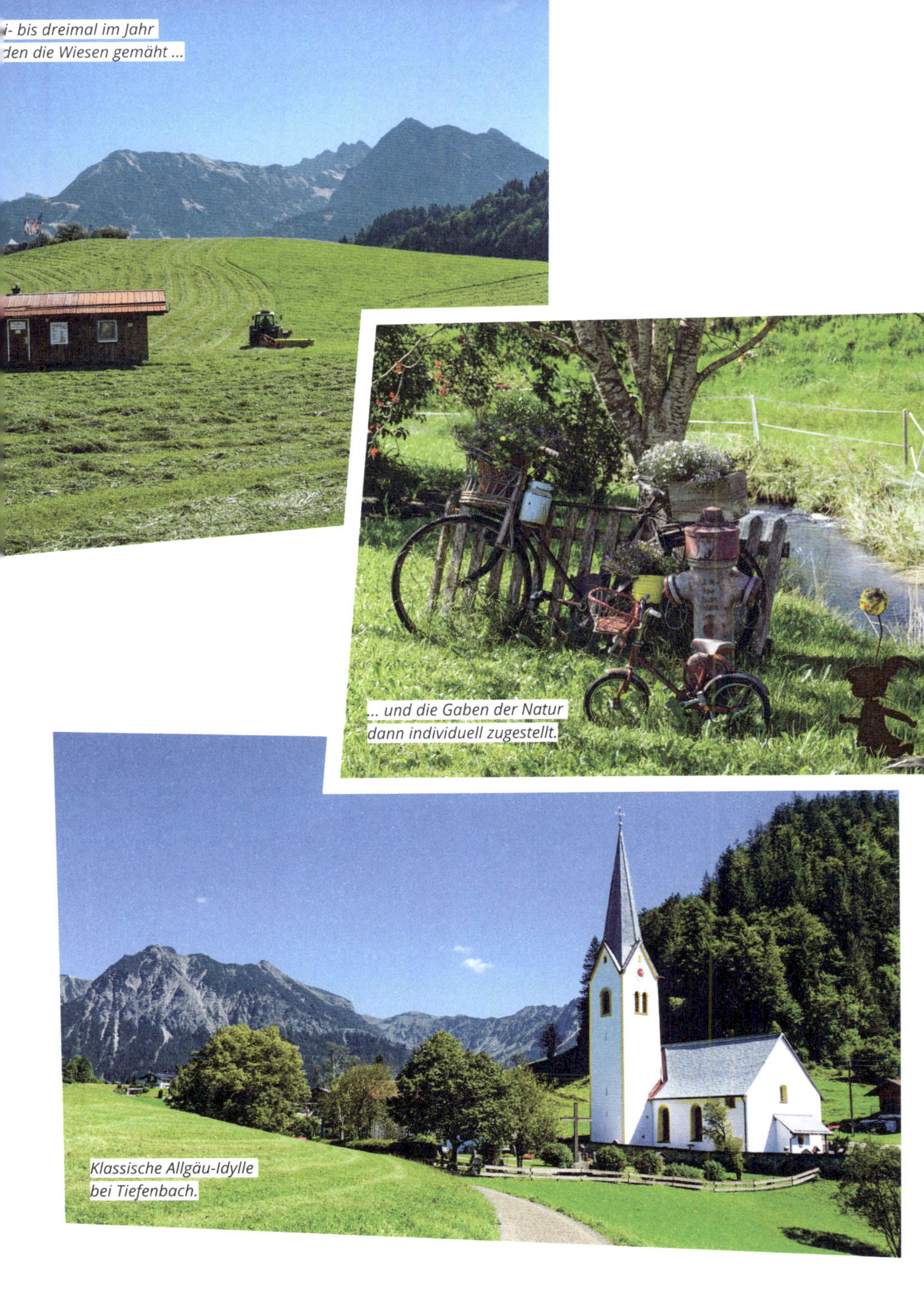

i- bis dreimal im Jahr
den die Wiesen gemäht ...

... und die Gaben der Natur
dann individuell zugestellt.

Klassische Allgäu-Idylle
bei Tiefenbach.

WANDERN & GENIESSEN

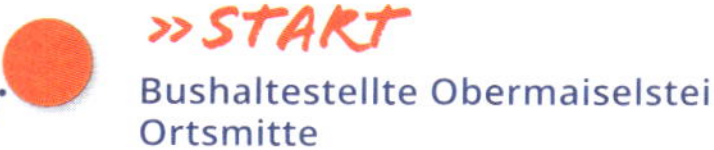

Bushaltestellte Obermaiselstein Ortsmitte

Auf dem Fußweg aus dem Dorf hinauslaufen und in die Senke hinunter, Richtung Ried und Niederdorf, in Letzterem links halten und immer am Goldbach entlang.

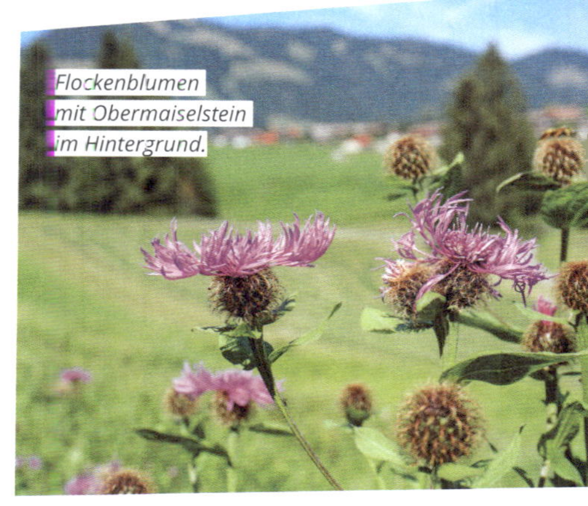
Flockenblumen mit Obermaiselstein im Hintergrund.

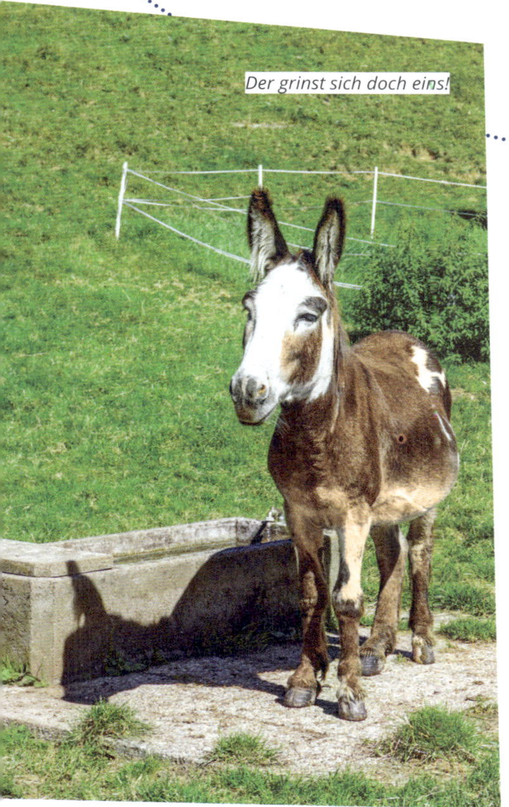
Der grinst sich doch eins!

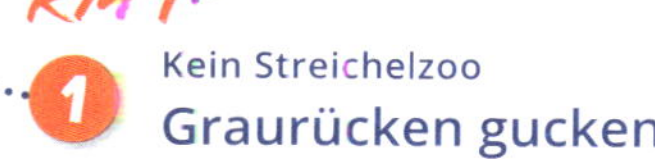

1 Kein Streichelzoo

Graurücken gucken

Kühe sind nicht sonderlich kontaktfreudig, es sei denn sie geraten angesichts vorwitziger Wanderer in den Verteidigungsmodus! Ganz anders die Graurücken, die hinter dem letzten Haus bzw. der Pension Forelle grasen und sich im Staub suhlen. Neugierig werden Besucher erst gemustert und bei Interesse näher in Augenschein genommen. Und mal ehrlich: Wie kann man Esel denn nicht mögen? Einen Streichelzoo stellt die private Zucht natürlich nicht da und schon deshalb sollte man sich nicht aufdrängen. Eine Pause ergibt sich dennoch von ganz alleine und das dekorativ vor sich hin rostende landwirtschaftliche Gerät stiftet einen zusätzlichen Hingucker.

Dem Weg bis fast zum Waldrand folgen, vorher jedoch nach links (in Richtung Jägersberg) abbiegen und sich oberhalb des Lochleitewegs halten. Rechts über den Wiesenweg am Landhaus Math vorbei und dann in den Wald.

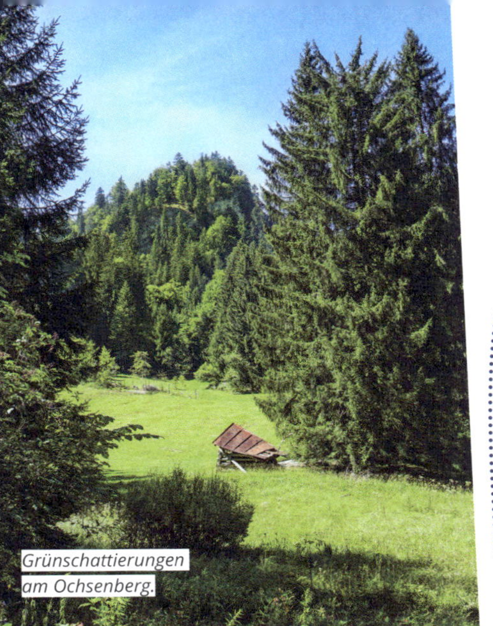

Grünschattierungen am Ochsenberg.

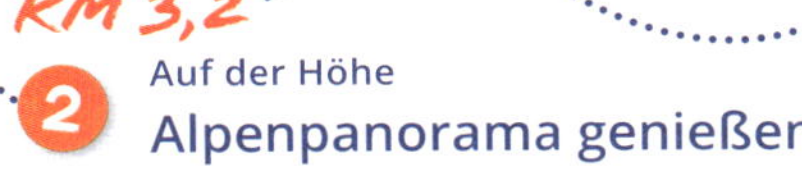

KM 3,2

2 Auf der Höhe
Alpenpanorama genießen

Sobald man denkt, hui, jetzt wird's aber doch ein bisschen hakelig, ist die Steilstelle schon vorüber und man taucht in eine Art Hochtal ein oder durchschreitet es, denn schon nach wenigen Hundert Metern erreicht man eine Hochweide und damit eine Art Lichtung auf der Anhöhe. Rechts liegt der Ochsenberg-Gipfel, links die Kuppe des Hermannsteins und man wandert mitten hindurch. Der Ort ist ideal für ein Picknick, und zwar ganz egal ob man sich auf die Wiese setzt oder an den Waldrand – von überall schweift der Blick über das Tal zu den Allgäuer Hochalpen, deren Gipfelzüge den ganzen Horizont einnehmen.

Der Weg führt sanft hinunter zur Siedlung Jägersberg. Das Nebelhorn kommt in den Blick, bevor es rechts über den Asphalt weiter- und nach oben geht, bis ein Schild die »Judenkirche« und den Graf-Vojkffy-Weg links ausweist.

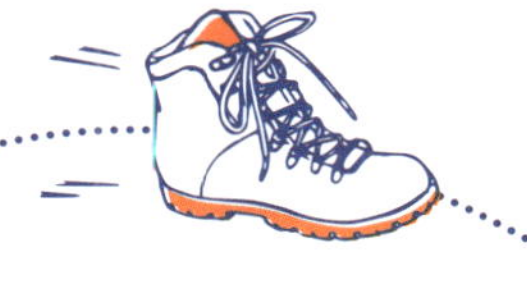

KM 4,6

3 In der »Judenkirche«
Unter einer Felsbrücke verweilen

Zur sogenannten »Judenkirche« geht es kurz über Wurzeln und Gestein bergauf. Man tritt durch den Felsbogen wie in das Innere einer Kirche, woher auch der Name stammen soll: »In der Kirche« wurde durch eine Nachlässigkeit in Sütterlinschrift zu »Judenkirche«. Ursprünglich muss es sich um eine Höhle gehandelt haben, eine Doline, von der schließlich nur die Felsbrücke übrig blieb. Der Blick durch den Bogen gen Oberstdorf ist mit Haselnusssträuchern inzwischen wieder zugewachsen, obwohl erst 2008 gerodet wurde.

Durch den Felsbogen geht es den Hang hinauf, der Pfad führt auf der anderen Seite an der Hangkante wieder bergab und auf den Graf-Vojkffy-Weg zurück.

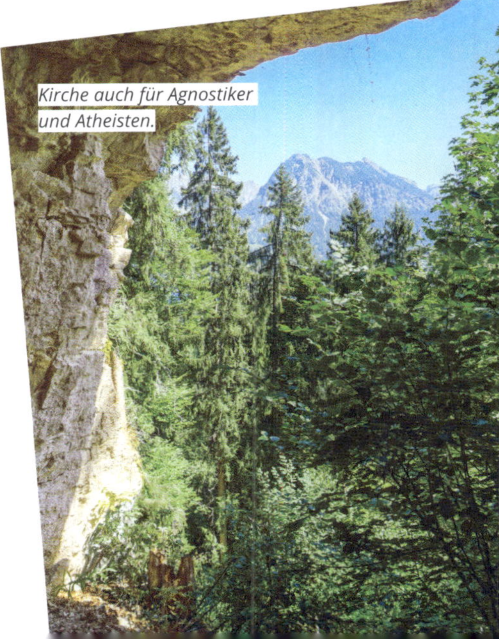

Kirche auch für Agnostiker und Atheisten.

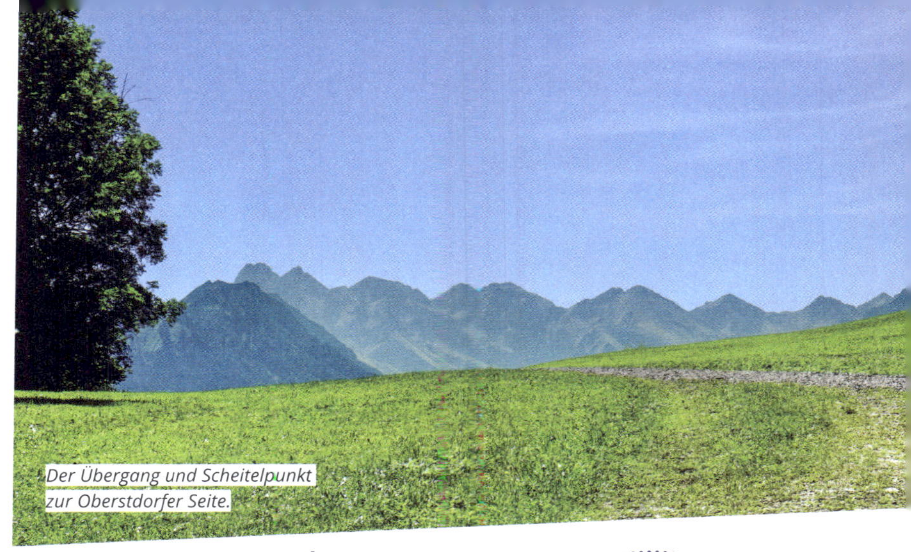

Der Übergang und Scheitelpunkt zur Oberstdorfer Seite.

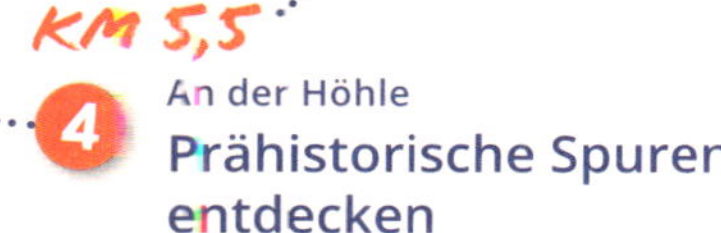

4 An der Höhle

Prähistorische Spuren entdecken

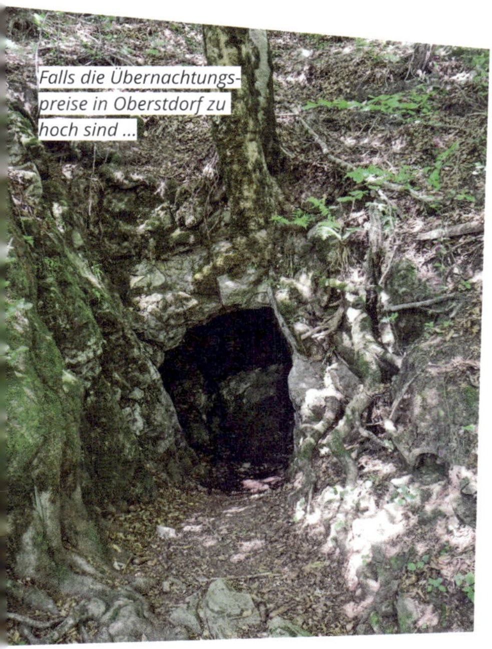

Falls die Übernachtungspreise in Oberstdorf zu hoch sind …

An den Felsstürzen namens Ochsenwand, die heute ein Kletterareal bilden, geht es bis zu einer Höhle weiter. Dort endlich klärt ein Schild über den Grafen auf, dem der Weg seinen Namen verdankt: Vojkffy war vor dem Zweiten Weltkrieg rund um die Ochsenwand und unterhalb des Jehlefelsens auf der Suche nach prähistorischen Siedlungsstätten fündig geworden und hatte allerhand Steinzeitwerkzeug zutagebefördert. Der Ochsenberg, die Höhlen und vermutlich auch die »Judenkirche« waren Wohnstätten zu einer Zeit, als das Tiefenbachtal noch ein einziger See war. Graf Christoff Vojkffy muss man sich als einen zunächst verlachten Sonderling vorstellen, der aus einer verarmten kroatischen Adelsfamilie stammte und in Oberstdorf gestrandet war!

Gleich danach verlässt der Weg den Wald und läuft bald rechts am Hang über Wiesen weiter, bis er beim Gschwenderhaus zur Felsenge des Hirschsprungs hinübertaucht.

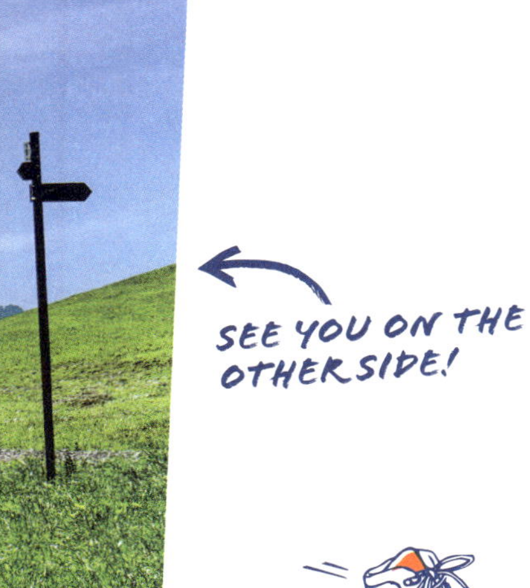

SEE YOU ON THE OTHER SIDE!

EXTRA INFOS:

Hinter dem Hirschsprung lässt sich die Tour um eine spektakuläre Etappe verlängern: Bis zur begehbaren Sturmannshöhle ist es ab dem Fahrweg ein knapper Kilometer bergan. Anschließend kann man über die Wiesen bezwiehungsweise Haubenegg abkürzen und muss nicht bis zur Abzweigung zurück.

Kurz vor dem Ziel, der Bushaltestelle in Obermaiselstein, lädt die Sommerterrasse der ● **Hirschsprungstuben** (hirschsprung stuben.de) zur Einkehr.

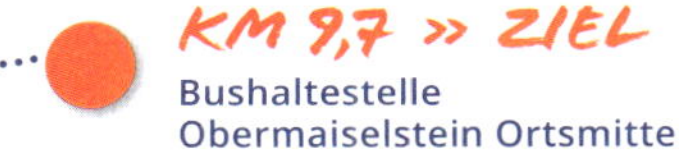

KM 7,9

5 Hirschsprung

Durch die berühmte Engstelle

Ein paar Hundert Meter muss man an der Fahrstraße entlang, dann verengt sich das Tal zum sogenannten Hirschsprung. Eine Legende besagt, dass ein Hirsch die Felsschlucht im Sprung überwunden habe, um einem Luchs zu entfliehen. Und genau so zeigt es das Wappen Obermaiselsteins. In Wahrheit ist der Name des Vorsprungs höchstwahrscheinlich auf die Ortsunkenntnis bayerischer Vermessungsbeamter zurückzuführen, die überdies den alemannischen Dialekt der Allgäuer nicht verstanden und deshalb auch nicht, dass man sie zum »Ursprung« des Rotfischbachs geschickt hatte. Der größte Teil des Allgäus fiel 1806 an das Königreich Bayern, der kleinere Rest liegt heute noch in Baden-Württemberg. Der Hirschsprung sieht von der Obermaiselsteiner Seite noch spektakulärer aus.

Nach der Felsenge geht der Weg erst links in Richtung Sturmannshöhle weiter, dann rechts über die Wiesen Richtung Obermaiselstein.

KM 9,7 » ZIEL

Bushaltestelle Obermaiselstein Ortsmitte

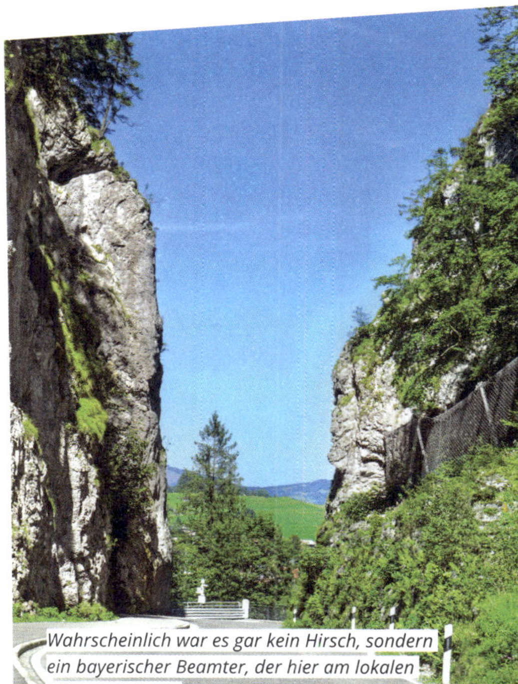

Wahrscheinlich war es gar kein Hirsch, sondern ein bayerischer Beamter, der hier am lokalen Idiom scheiterte.

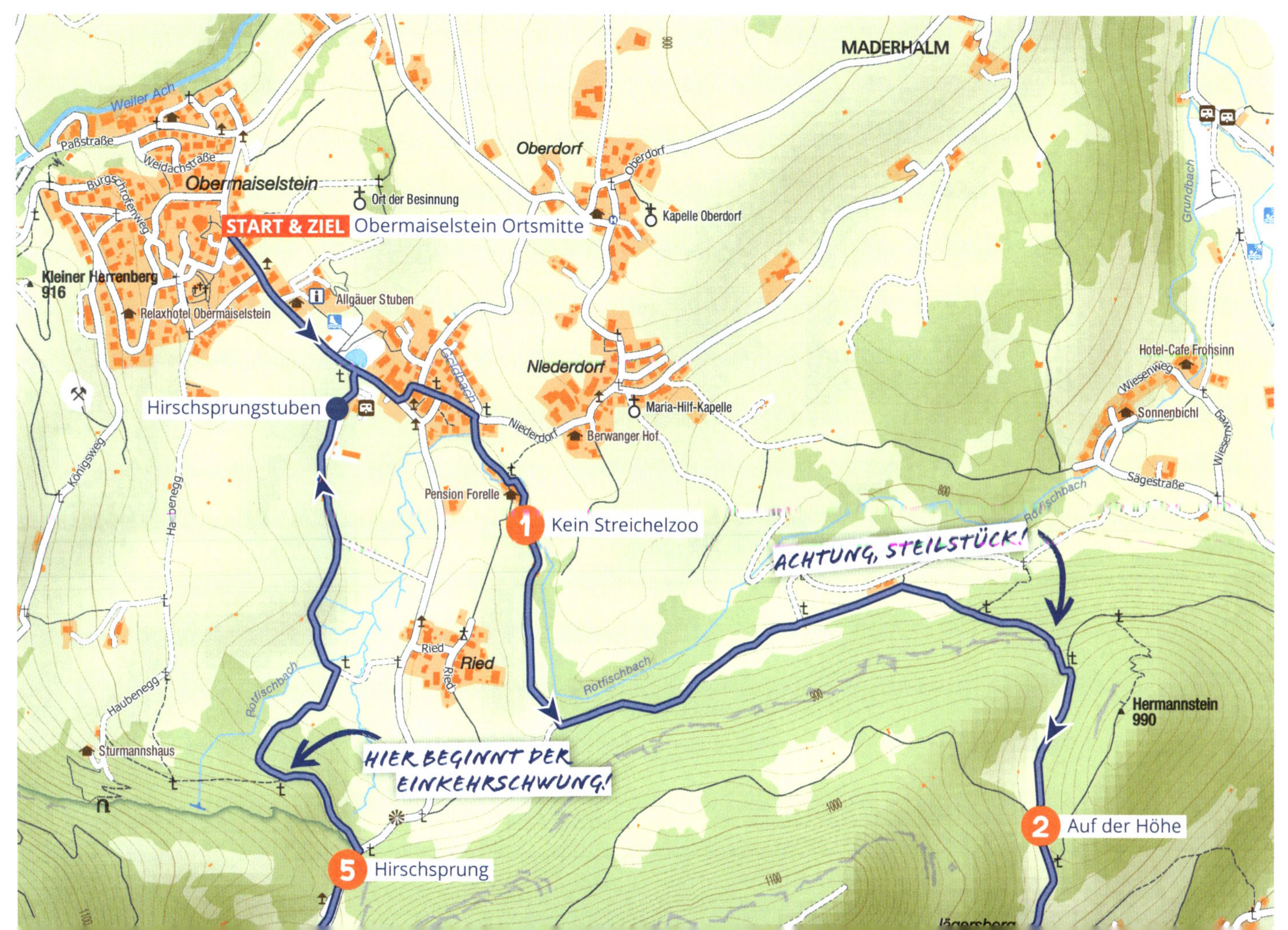
MADERHALM
Oberdorf
Obermaiselstein
Ort der Besinnung
Kapelle Oberdorf
START & ZIEL
Obermaiselstein Ortsmitte
Kleiner Herrenberg
916
Allgäuer Stuben
Relaxhotel Obermaiselstein
Niederdorf
Hotel-Cafe Frohsinn
Sonnenbichl
Maria-Hilf-Kapelle
Berwanger Hof
Hirschsprungstuben
Pension Forelle
Kein Streichelzoo
ACHTUNG, STEILSTÜCK!
Ried
Hermannstein
990
Sturmannshaus
HIER BEGINNT DER EINKEHRSCHWUNG!
Auf der Höhe
Hirschsprung
Weiler Ach
Paßstraße
Weidachstraße
Burgschrofenweg
Königsweg
Habenegg
Haubenegg
Goldbach
Niederdorf
Rotfischbach
Grundbach
Wiesenweg
Sägestraße
900
800
1000
1100

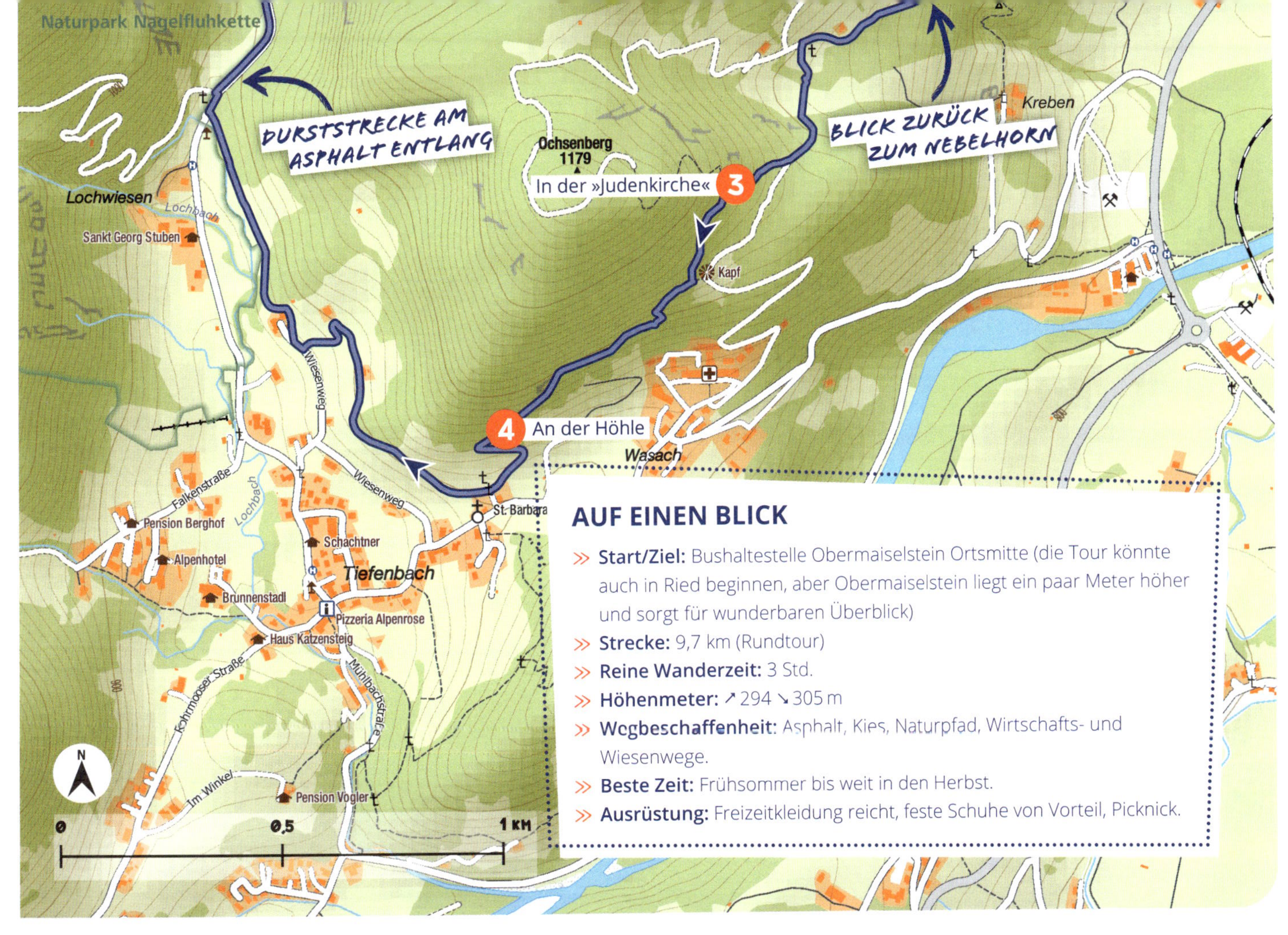

AUF EINEN BLICK

» **Start/Ziel:** Bushaltestelle Obermaiselstein Ortsmitte (die Tour könnte auch in Ried beginnen, aber Obermaiselstein liegt ein paar Meter höher und sorgt für wunderbaren Überblick)

» **Strecke:** 9,7 km (Rundtour)

» **Reine Wanderzeit:** 3 Std.

» **Höhenmeter:** ↗294 ↘305 m

» **Wegbeschaffenheit:** Asphalt, Kies, Naturpfad, Wirtschafts- und Wiesenwege.

» **Beste Zeit:** Frühsommer bis weit in den Herbst.

» **Ausrüstung:** Freizeitkleidung reicht, feste Schuhe von Vorteil, Picknick.

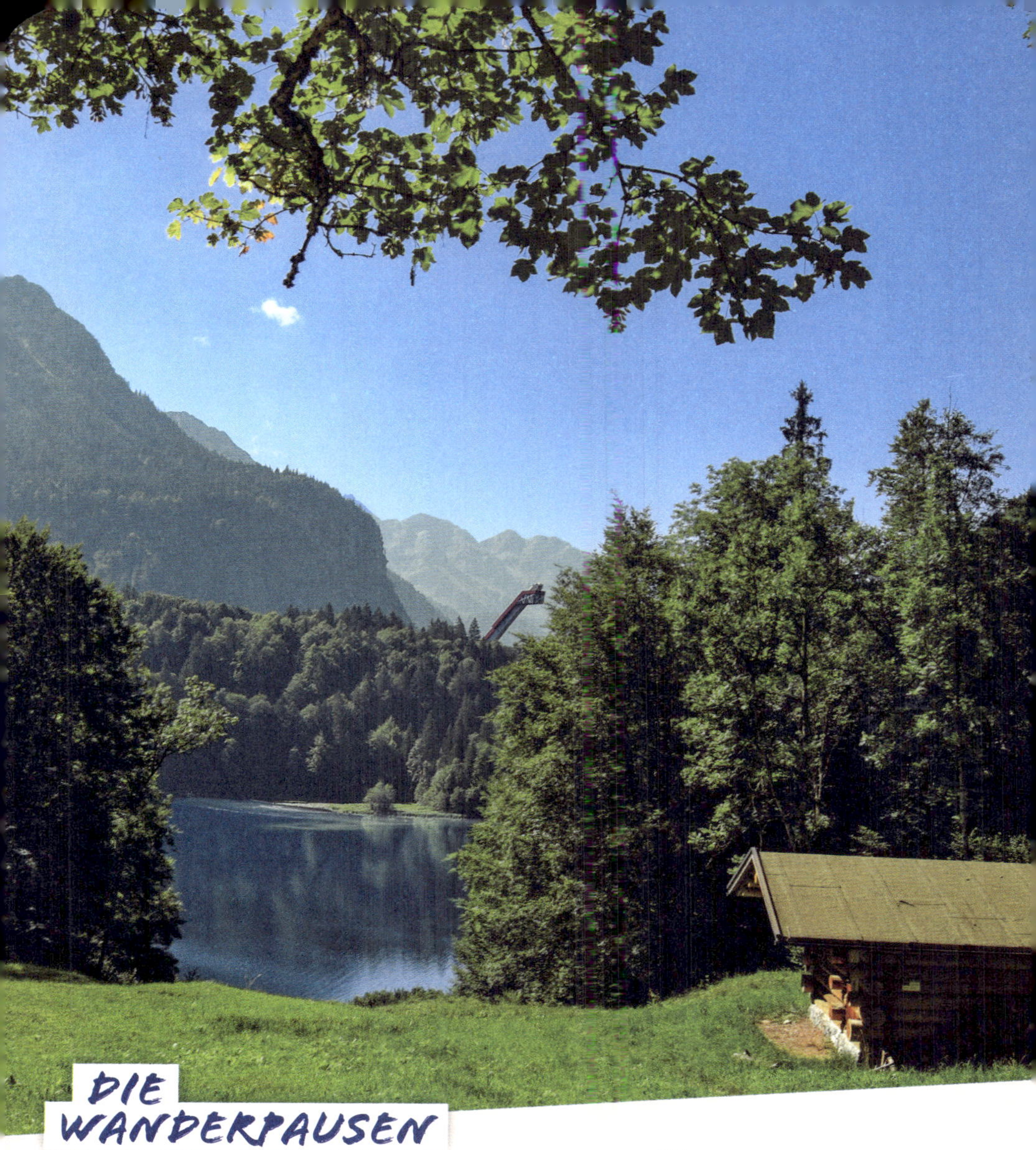

DIE WANDERPAUSEN

» START
Bushaltestelle Walserbrücke Oberstdorf

KM 2

1 Freiberg
Picknickbank mit Aussicht

KM 5,3

2 Skiflugschanze
Grandioser Weltmeisterausblick

KM 6,6

3 Freibergsee
Kühles Getränk am Ufer

19

SKISCHANZE MIT BADESPASS

Von Oberstdorf zum Freibergsee

Mit dem Schräglift auf eine Skiflugschanze hinaufsurren und kurz darauf in einen Gebirgssee eintauchen. Ganz entspannt ein paar Steintürmchen am Fluss bauen und Kaiserschmarrn mit Beeren genießen.

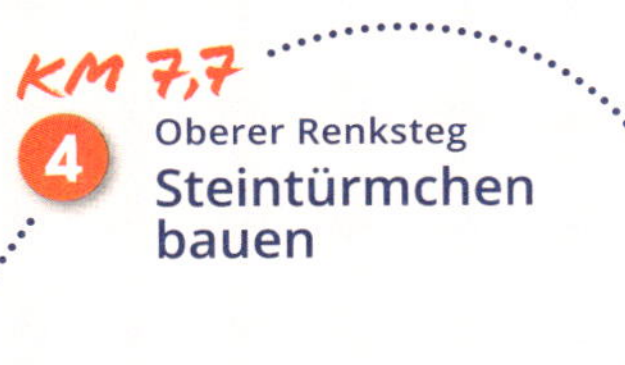

KM 7,7

4 Oberer Renksteg

Steintürmchen bauen

KM 9,4

5 Ziegelbachhütte

Beerigen Kaiserschmarrn naschen

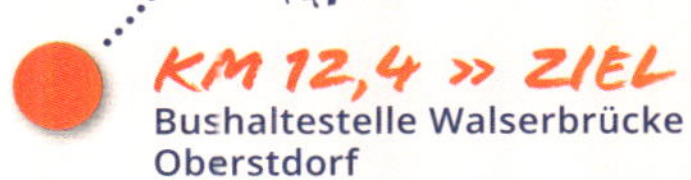

KM 12,4 » ZIEL

Bushaltestelle Walserbrücke Oberstdorf

RAUF AUF DEN BERG ...

... geht es! Doch erst mal dürfen Flachlandfans den Augenblick auf der grünen Wiese bei Oberstdorf genießen. Da spaziert man ganz gemütlich neben der plätschernden Stillach durch den weiten Talkessel. Der Weg ist breit und eben, die Augen dürfen daher mitwandern – zu den Bergspitzen oberhalb. Das Ganze gibt es dann auch vom Hang aus – aus der Vogelperspektive – zu bestaunen. Wer sich erst mal ins Lot bringen will: Ein privater Energieplatz wartet am Weg (Schlüssel im Naturhotel Waldesruh nebenan).

Danach wird es richtig grün: Im Wald gluckern Quellen und Wasserläufe, auf einer Lichtung wird die **Brotzeit auf einer Sitzbank** ausgepackt. Ab dem Gasthof Bergkristall gesellen sich weitere Wandernde vom Lift hinzu. Mitten im Wald betreiben die Naturfreunde Berlin ein großes Haus: ein guter Anhaltspunkt, dass man auf dem richtigen Weg ist und dass sich der Weg auch von weither lohnt.

IMMER WENN GEZACKTE BERGE AUFTAUCHEN, IST DAS PANORAMA BESONDERS SCHÖN – ALSO NICHT GERADE SELTEN ...

Der Wald bleibt schattiger Begleiter: Links fällt der Hang ab, rechts steigt er empor. Am Wegrand: meterhohe knorrige Wurzeln am Hang und Gesteinsschichten, die wirken, als seien sie mit einem Skizzenbleistift schraffiert worden.

Oben auf dem Freiberg blitzt die **Skiflugschanze** hoch über Baumkronen hervor. Da geht es kurz hinauf, denn die Aussicht ist grandios! Eine Abkühlung danach, im **Freibergsee,** muss sein – beim Baden oder bei einem gekühlten Getränk.

Bald schon steigt der Waldweg kurvenreich bergab. Wer an heißen Sommertagen unterwegs ist, sieht Badetaschen und aufblasbare Gummitiere bergan steigen. Wer ins Naturbad will, muss nämlich am Bergfuß beim **Renksteg** parken und die Sachen 20 Minuten steil hinauf tragen. Am Oberen Renksteg schäumt die Stillach und der Wanderweg führt am Wasser entlang bis zum Unteren Renksteg – beides hübsch überdachte Brücken. Da ist die Ziegelbachhütte auch schon angeschrieben! Pause! Zurück kommt man zuerst von schattigen Bäumen begleitet, dann wieder durch das weite Tal – und schon bald tauchen die roten Ziegeldächer am Ortsrand von Oberstdorf auf. «

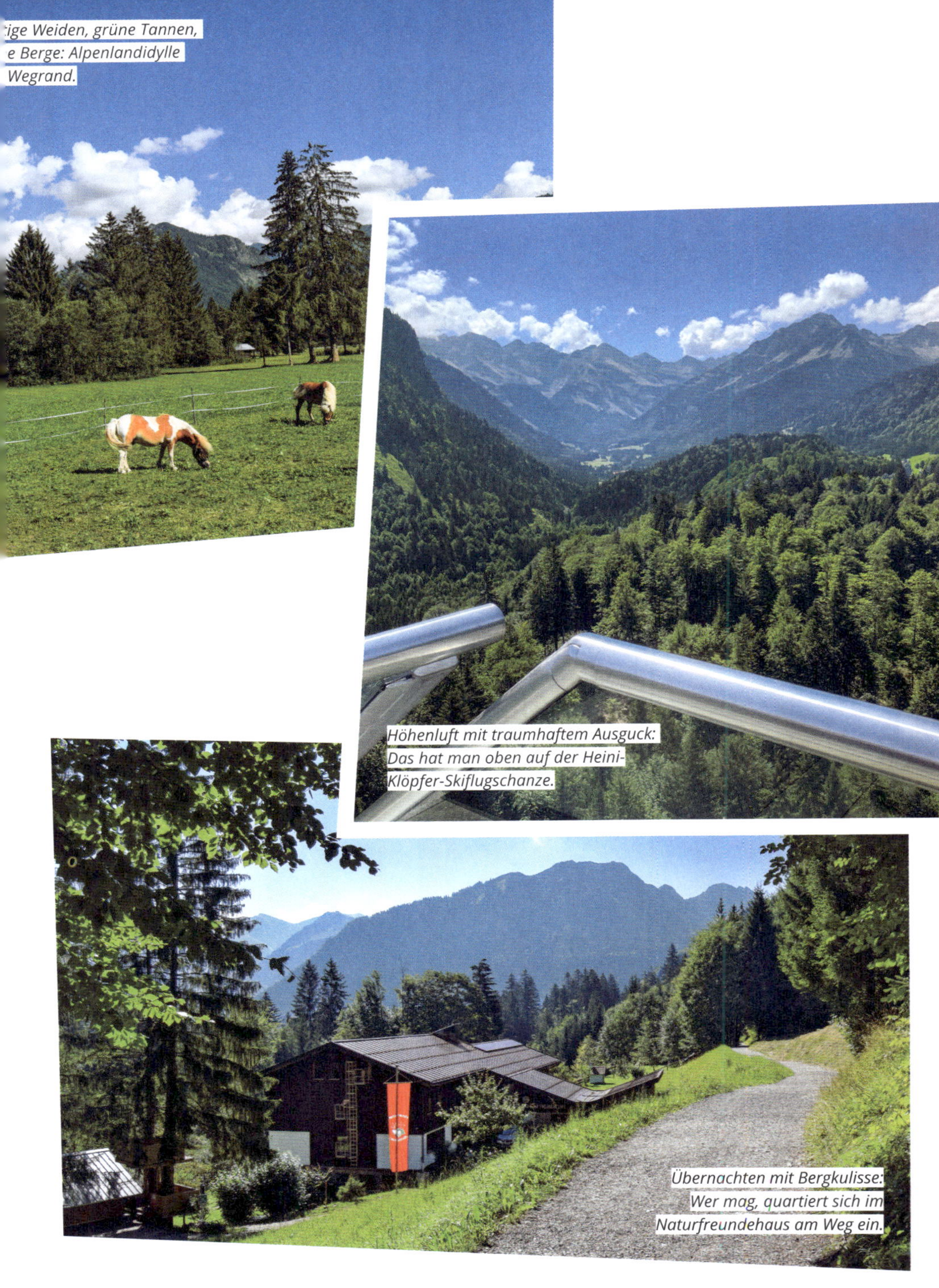

…ige Weiden, grüne Tannen, …e Berge: Alpenlandidylle … Wegrand.

Höhenluft mit traumhaftem Ausguck: Das hat man oben auf der Heini-Klöpfer-Skiflugschanze.

Übernachten mit Bergkulisse: Wer mag, quartiert sich im Naturfreundehaus am Weg ein.

WANDERN & GENIESSEN

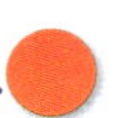

»START

Bushaltestelle Walserbrücke Oberstdorf

Von der Stadt kommend, vor der Brücke und dem Kreisverkehr den Wanderweg Richtung Rappenalptal/Stillachtal nehmen. An der Brücke in Richtung Freibergsee/Waldesruh die Straße überqueren und den Weg hinauf links durch den Wald bis zur ersten größeren Lichtung folgen.

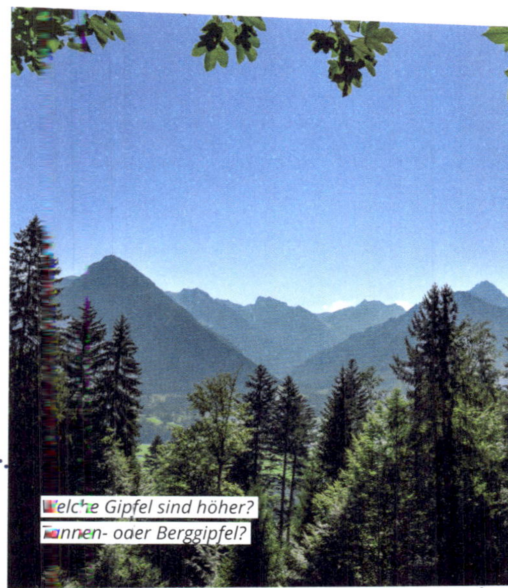

Welche Gipfel sind höher? Tannen- oder Berggipfel?

KM 2

Freiberg

Picknickbank mit Aussicht

Für die einen ist es nur eine schnöde Holzbank am Weg, für die anderen der perfekte Sonnenscheintankplatz zum Entschleunigen. Einfach die Brotzeit auspacken und das Kauen vor lauter Entspannung nicht vergessen: Wiese und Wald auf dieser Lichtung am Freiberg wirken wie gemalt. In der Ferne zeichnen sich die Alpengipfel wie eine Fototapete ab und erinnern an eine dreieckige Kultschokolade. Ja, genau die mit den Honigkrokant-Stückchen. Alles ist so unaufgeregt und entspannt hier, dass man einfach noch gerne die Beine eine Weile baumeln lässt – auch wenn das Picknick längst schon verputzt ist.

Dem Weg folgen, am Berggasthof Kristall links halten, der Beschilderung »Freibergsee« immer durch den Wald folgen, an der größeren Gabelung mit Bank in Richtung Skisprungschanze hinauf rechter Hand folgen.

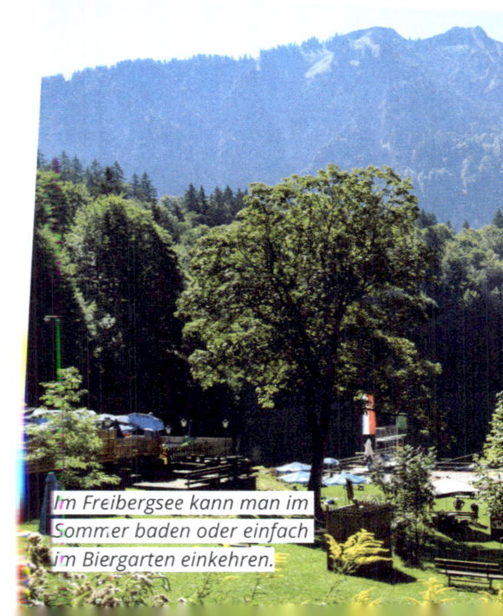

Im Freibergsee kann man im Sommer baden oder einfach im Biergarten einkehren.

KM 5,3

2

Skiflugschanze

Grandioser Weltmeisterausblick

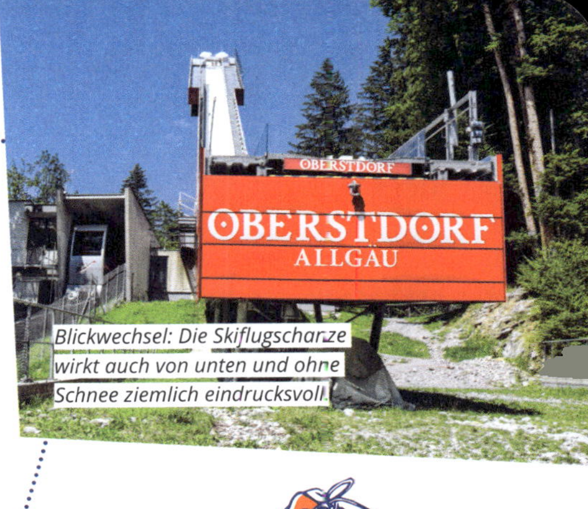

Blickwechsel: Die Skiflugschanze wirkt auch von unten und ohne Schnee ziemlich eindrucksvoll.

Eine schräge Sache ist die Heini-Klopfer-Skiflugschanze: Mit dem Schrägaufzug geht es 288 Meter hinauf. Die Aussicht von oben ist wirklich grandios: grau gezackte Alpengipfel und der Freibergsee, der einem zu Füßen liegt. Die drittgrößte Skiflugschanze der Welt selbst mal hinunterpirschen? Das geht mit einer Virtual-Reality-Brille am Balken der Schanze. Ein Erlebnisweg führt an der Megapiste entlang ins Tal, die von unten genauso beeindruckend wirkt. Im Foyer ist das Shirt, das Karl Geiger beim Eröffnungssprung der Schanze trug, ausgestellt. Mit einer Ausnahmegenehmigung durfte er die Piste einen Tag vor seinen Mitstreitern testen. Übrigens beträgt die durchschnittliche Flugdauer eines Skispringers acht Sekunden. Unten gibt es einen Spielplatz und Kiosk.

Dem Fußgängerweg rechter Hand hinab folgen, zum Naturfreibad Freibergsee, dann linker Hand abbiegen am See.

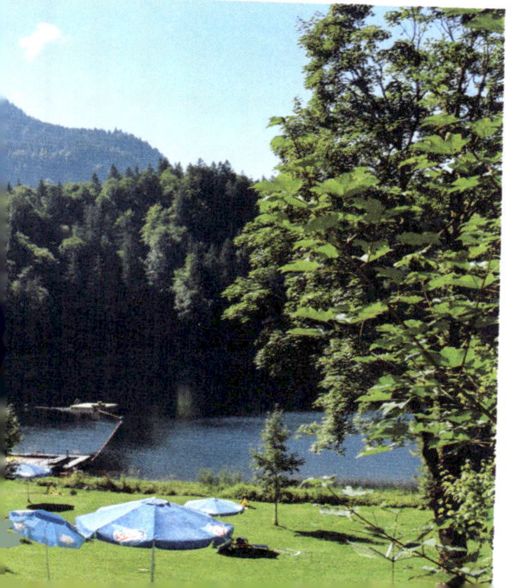

KM 6,6

3

Freibergsee

Kühles Getränk am Ufer

Mit Adjektiven sollte man ja eher sparsam umgehen. Allerdings ist der Freibergsee wirklich wunderschön! Mit seinen 18 Hektar gilt er als der größte Hochgebirgssee im Allgäu. Trotz seiner Lage in 931 Metern Meereshöhe wird das Wasser hier im Sommer 25 °C warm. Für den Adrenalinkick sorgt ein 3-Meter-Sprungturm. Liegewiese und Sonnenterrasse garantieren Bequemlichkeit. Zwei Eingänge führen hinein: einer ins Naturbad am See, der andere daneben, direkt ins Restaurant mit schönem Biergarten am Wasser. Dort kann man sich bei einem kühlen Radler erst mal anschauen, was die anderen so draufhaben: Köpfer, Bauchplatscher oder mit dem Hinterteil voraus? Welche Fraktion überwiegt? Erst schauen, dann selbst ausprobieren! Oder lieber ein Tretboot mieten?

Immer auf dem Weg bleiben und dabei durch den Wald bergab gehen.

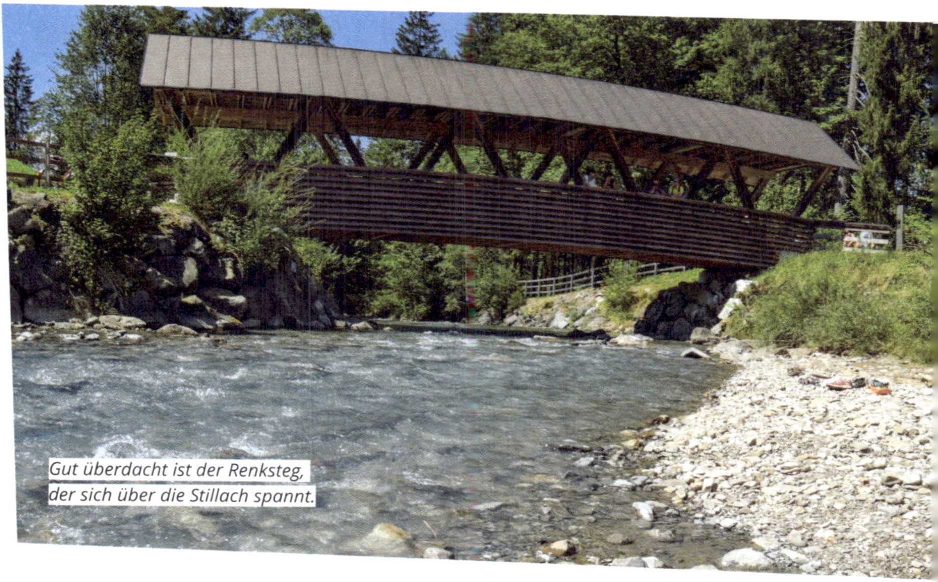

Gut überdacht ist der Renksteg, der sich über die Stillach spannt.

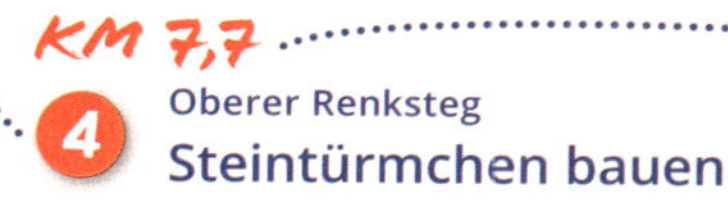

4 Oberer Renksteg

Steintürmchen bauen

Schön schattig ist es am Oberen Renksteg: Der ist überdacht, führt über den Fluss und sieht auch auf dem Foto einfach gut aus. Gefühlt bleibt jeder stehen, um sich genau hier vor der Linse zu verewigen. Das kann man übrigens auch direkt unterhalb des Stegs: mit Steintürmchen. Ganz flach müssen die Steine sein, dann Stein auf Stein aufeinanderschichten – das beruhigt ungemein. Daneben plätschert das Wasser, bahnt sich seinen Weg hinunter bis zum nächsten Steg, der auch ein Dach verpasst bekommen hat.

Den Oberen Renksteg überqueren, links abbiegen in Richtung Stillachtal und Unterer Renksteg, dann dem Schild »Ziegelbachhütte« immer am Wasser entlangfolgen, Straße und Brücke überqueren, links halten.

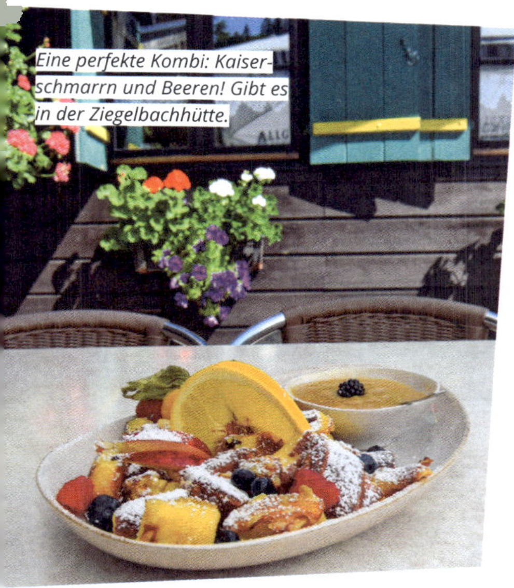

Eine perfekte Kombi: Kaiserschmarrn und Beeren! Gibt es in der Ziegelbachhütte.

KM 9,4

5 Ziegelbachhütte

Beerigen Kaiserschmarrn naschen

Kaiserschmarrn bekommt man ja immer auf großen Tellern serviert. Dazu gehören Apfelmus und Puderzucker. Damit kann man nicht viel falsch machen. In der Ziegelbachhütte (ziegelbachhuette.de) kommt der Kaiserschmarrn allerdings mit Himbeeren, Blaubeeren und Brombeeren dekoriert auf den Tisch, nebenan blühen Blumen am Fenster, ein Wagenrad – alles urig, aber auch liebevoll. Die Ziegelbachhütte ist definitiv ein Must-see. Und hat man sich erst mal eine Portion Kaiserschmarrn bestellt, schielen die anderen auch her – und bekommen wenig später das Gleiche serviert.

Richtung Oberstdorf der Beschilderung durch ein Wäldchen und durch das weite Tal an der Stillach zum Startpunkt folgen. Wer ins Zentrum oder zum Bahnhof möchte, sollte sich rechter Hand halten.

EXTRA INFOS:

Brotzeit, Kaiserschmarrn nach Familienrezept, Saisonales und Regionales wie auch Veggi-Gerichte gibt es im ● **Berggasthof Bergkristall** (berggasthof-bergkristall.de). Ende September/Anfang Oktober bei Einbruch der Dämmerung erlebt man – mit ein wenig Glück – auf der Lichtung die Paarungszeit der Hirsche.

Im gemütlichen ● **Café Restaurant Karatsbichl** (karatsbichl.de) schaut man auf die Berge. Donnerstags und samstags gibt es Kässpätzle.

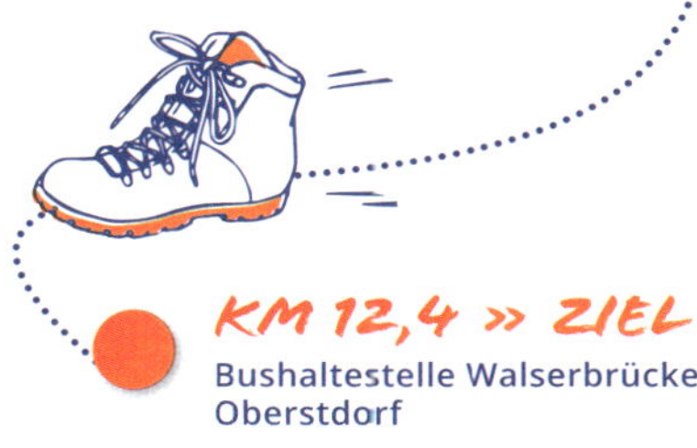

KM 12,4 » ZIEL

Bushaltestelle Walserbrücke Oberstdorf

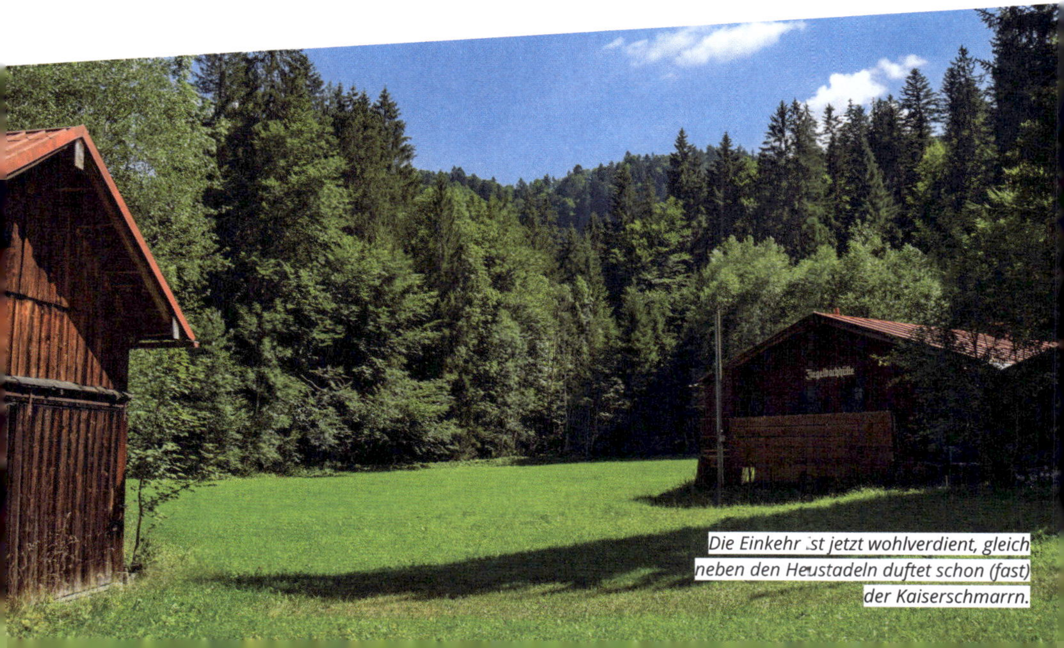

Die Einkehr ist jetzt wohlverdient, gleich neben den Heustadeln duftet schon (fast) der Kaiserschmarrn.

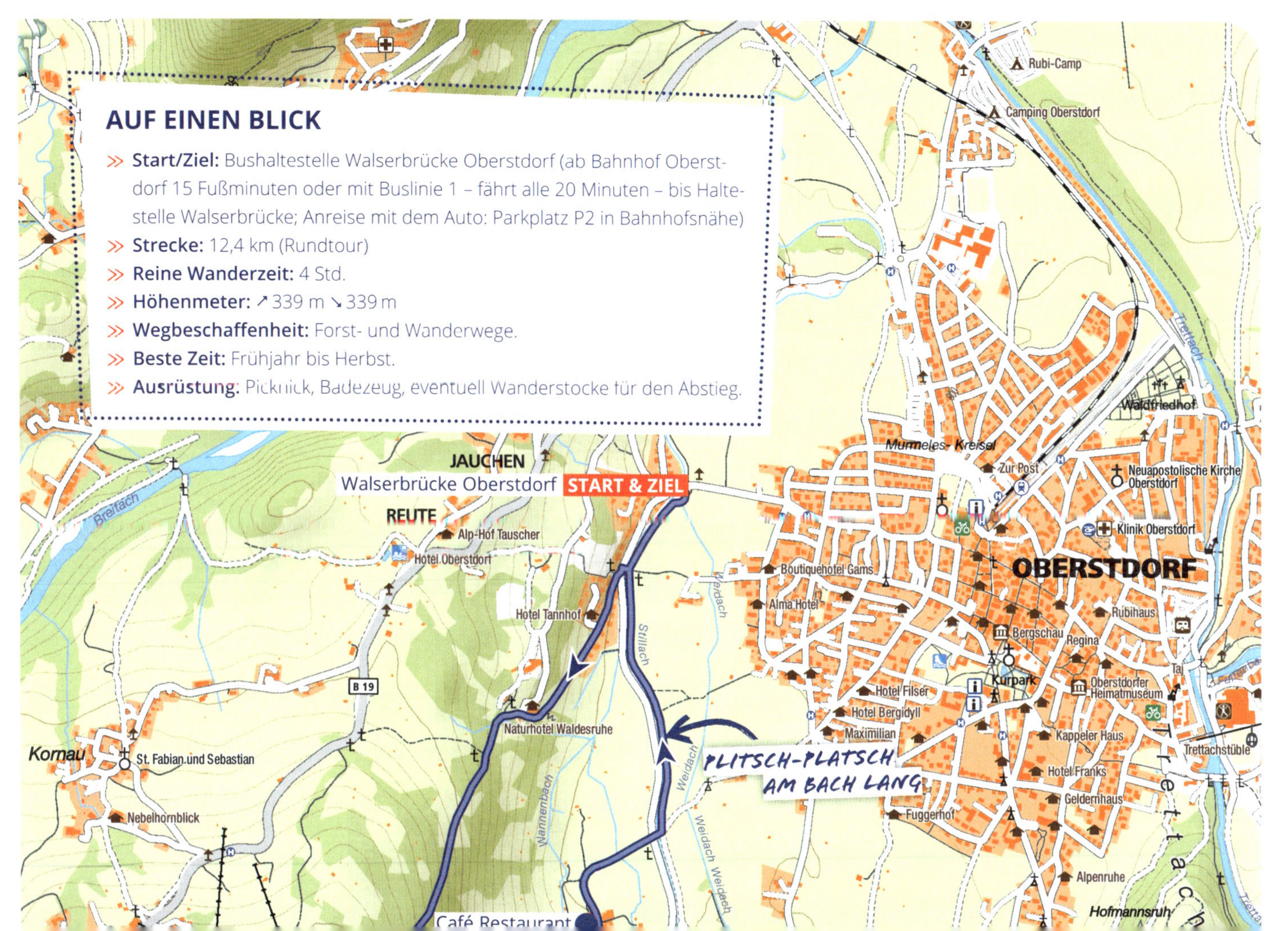
AUF EINEN BLICK
» Start/Ziel: Bushaltestelle Walserbrücke Oberstdorf (ab Bahnhof Oberstdorf 15 Fußminuten oder mit Buslinie 1 – fährt alle 20 Minuten – bis Haltestelle Walserbrücke; Anreise mit dem Auto: Parkplatz P2 in Bahnhofsnähe)
» Strecke: 12,4 km (Rundtour)
» Reine Wanderzeit: 4 Std.
» Höhenmeter: ↗ 339 m ↘ 339 m
» Wegbeschaffenheit: Forst- und Wanderwege.
» Beste Zeit: Frühjahr bis Herbst.
» Ausrüstung: Picknick, Badezeug, eventuell Wanderstocke für den Abstieg.
Walserbrücke Oberstdorf
START & ZIEL
PLITSCH-PLATSCH AM BACH LANG
OBERSTDORF
JAUCHEN
REUTE
Kornau
Rubi-Camp
Camping Oberstdorf
Waldfriedhof
Murmeles-Kreisel
Zur Post
Neuapostolische Kirche Oberstdorf
Klinik Oberstdorf
Boutiquehotel Gams
Alma Hotel
Rubihaus
Bergschau
Regina
Kurpark
Oberstdorfer Heimatmuseum
Hotel Filser
Hotel Bergidyll
Maximilian
Kappeler Haus
Trettachstüble
Hotel Franks
Geldernhaus
Fuggerhof
Alpenruhe
Hofmannsruh
Alp-Hof Tauscher
Hotel Oberstdorf
Hotel Tannhof
Naturhotel Waldesruhe
St. Fabian und Sebastian
Nebelhornblick
B 19
Breitach
Trettach
Stillach
Weidach
Wannenbach
Café Restaurant

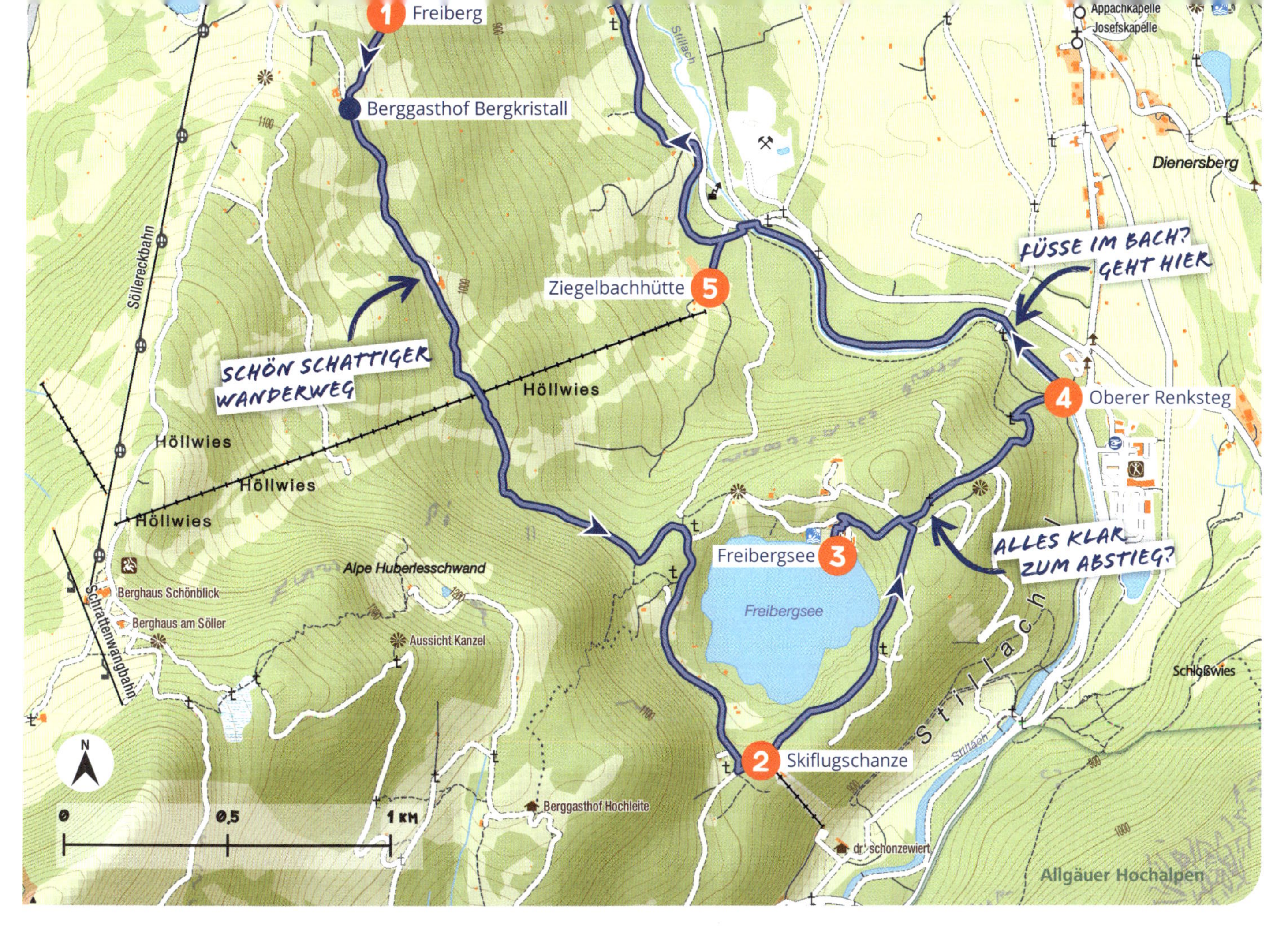

1 Freiberg
Berggasthof Bergkristall
2 Skiflugschanze
3 Freibergsee
4 Oberer Renksteg
5 Ziegelbachhütte
Freibergsee
Stillach
Höllwies
Höllwies
Höllwies
Höllwies
Söllereckbahn
Schrattenwangbahn
Berghaus Schönblick
Berghaus am Söller
Alpe Huberlesschwand
Aussicht Kanzel
Berggasthof Hochleite
Dienersberg
Appachkapelle
Josefskapelle
Schloßwies
Allgäuer Hochalpen
SCHÖN SCHATTIGER WANDERWEG
FÜSSE IM BACH? GEHT HIER
ALLES KLAR ZUM ABSTIEG?
0
0,5
1 KM
N

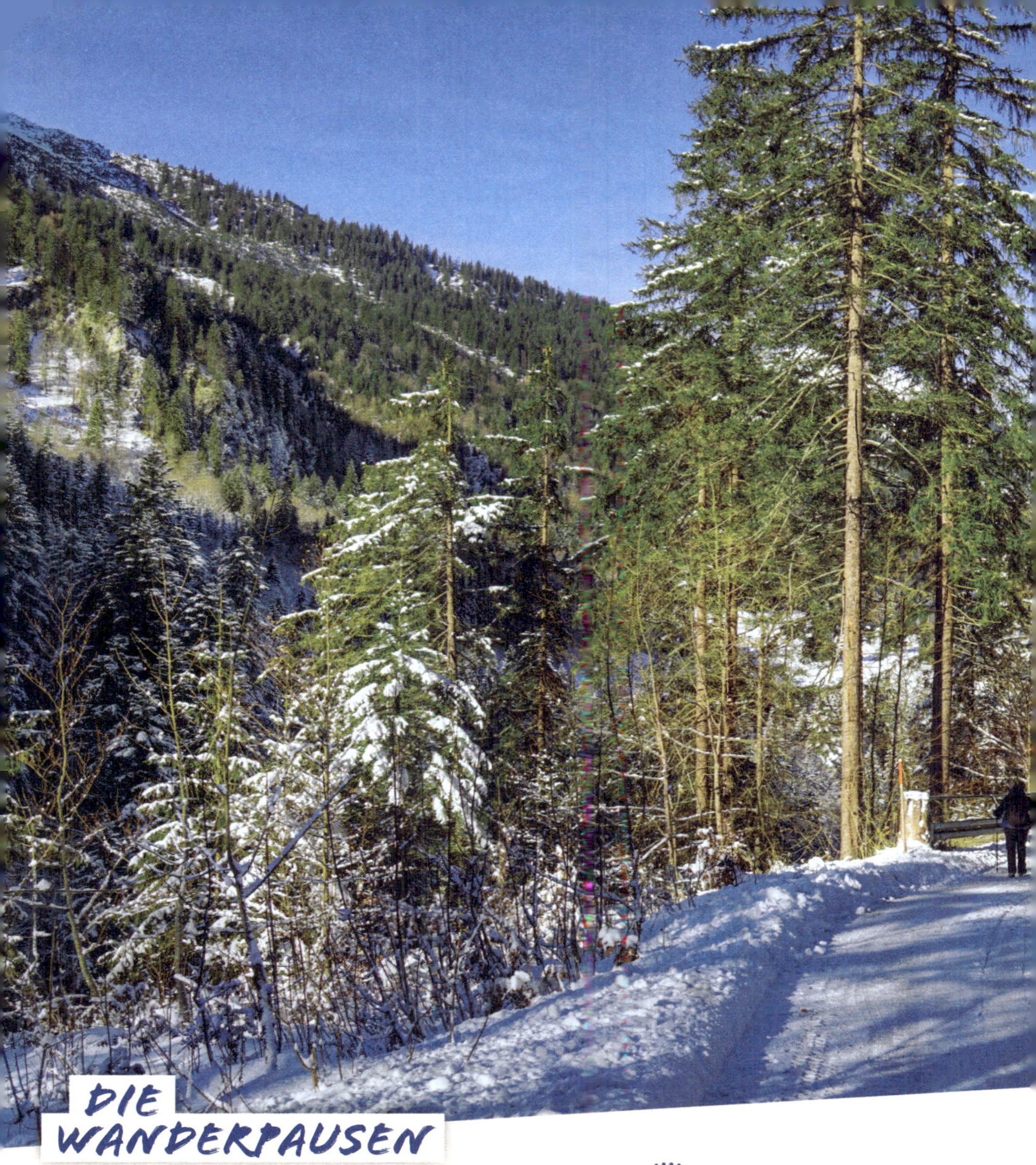

DIE WANDERPAUSEN

» START
Bushaltestelle Birgsau

KM 0,2
1 Wendelinskapelle
Ein Viehhirte als Heiliger

KM 2
2 Steinschlagverbauung
Kurz Schutz suchen

KM 2,4
3 Katharinenkapelle
Von hier an weiße Wildnis

WEISS VER-SCHNEITE BERGWELT

Winterwanderung nach Einödsbach und zum Bacherloch

Einödsbach ist der südlichste dauerhaft bewohnte Ort Deutschlands und verfügt zum Glück über einen Gasthof, denn ansonsten macht die Siedlung ihrem Namen alle Ehre! Abgesehen von den mächtigen Felswänden der Hauptkette der Allgäuer Hochalpen ist absolut nichts los.

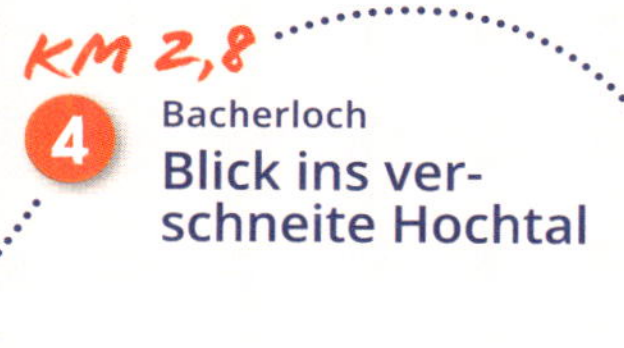

KM 2,8

4 Bacherloch

Blick ins verschneite Hochtal

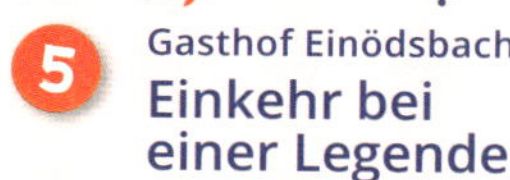

KM 3,2

5 Gasthof Einödsbach

Einkehr bei einer Legende

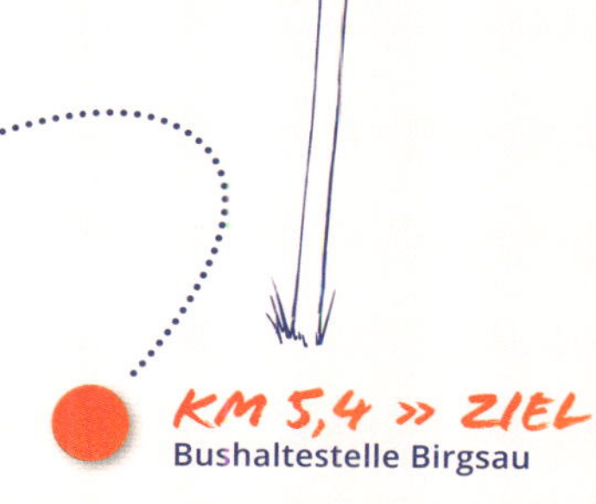

KM 5,4 » ZIEL

Bushaltestelle Birgsau

DIE MACHT DER BERGE …

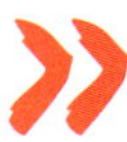

… ist im Winter noch viel intensiver zu spüren als während der eigentlichen Wandersaison. Zum einen weil dann erheblich weniger Leute unterwegs sind, zum anderen weil die gesamte Bergwelt erstummt im Winterkleid vor einem liegt, die Luft noch klarer riecht und Minustemperaturen den Radius empfindlich einschränken. Deshalb sollte eine Winterwanderung kurz ausfallen und – logisch – die Wärmestube eines Gasthauses zum Ziel haben. Was jetzt nicht heißen soll, dass man im Tal bleiben muss!

Einödsbach liegt am Eingang zum sogenannten Bacherloch auf über 1000 Metern und eine halbe Stunde von der letzten Busstation entfernt. Den Flecken erreicht man gut von Birgsau und der **Wendelinskapelle** über die stetig ansteigende Zufahrtsstraße. Eine Lawinen- und **Steinschlagverbauung** zeigt an, in welches Terrain man sich begeben hat: Schnell wird der Einschnitt der Stillach zur rechten Hand immer tiefer und man blickt schließlich hinunter wie in eine Schlucht. Aber noch interessanter ist der Blick hinauf zum Bergpanorama, das sich ergibt, sobald man auf die Lichtung hinaustritt und am Ende der Straße den **Einödsbach-Gasthof** sieht.

UMWERFEND, WENN TRETTACHSPITZE, MÄDELEGABEL UND HOCHFROTTSPITZE WIE EINE WAND VOR EINEM ERSCHEINEN

Man hat den Hauptkamm der Allgäuer Alpen nicht kommen sehen, nicht mit dieser Wucht, und jetzt baut er sich direkt vor einem auf. Schnell begreift man, dass Einödsbach ein gesegnetes Fleckchen Erde sein muss, bei so viel Feng-Shui! Es ist verlockend, jetzt schon aus der Kälte in die Gaststube zu fliehen, aber ein paar Schritte an der **Katharinenkapelle** vorbei und hinein ins **Bacherloch** müssen schon sein. Erst wenn man das letzte Gehöft der Ansiedlung passiert hat, macht sich ein Blick entlang des tiefeingeschnittenen Hochtals auf und die Berge erscheinen noch höher. So ist das mit der Perspektive: Zu ihrer wahren Größe erstrecken sich die Bergmassive erst, wenn man selbst höher steigt.

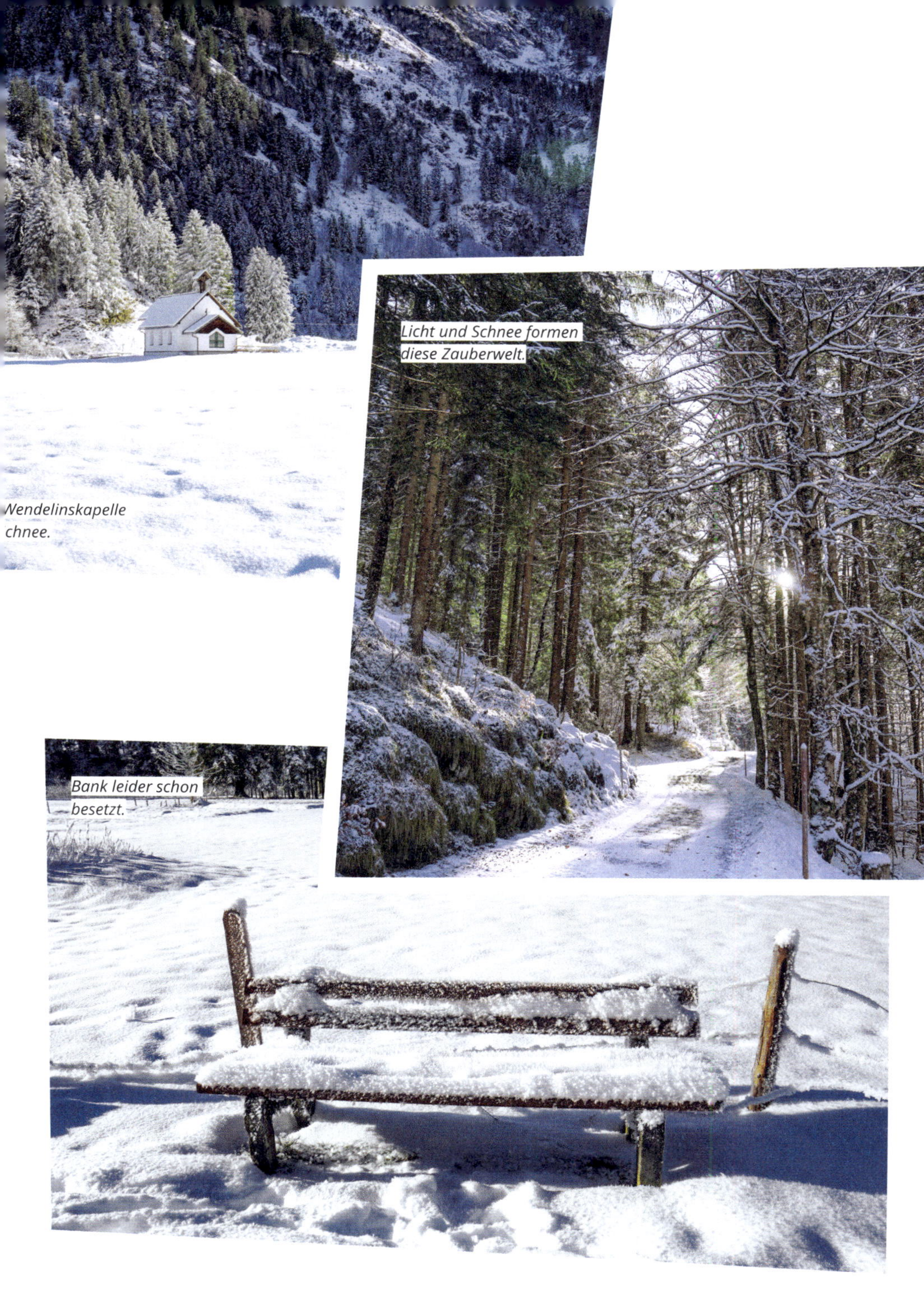

Licht und Schnee formen diese Zauberwelt.

Wendelinskapelle
chnee.

Bank leider schon besetzt.

WANDERN & GENIESSEN

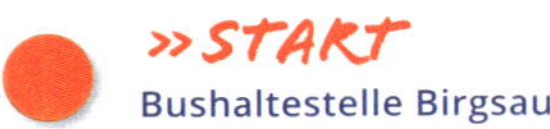

Bushaltestelle Birgsau

Birgsau ist die vorletzte Busstation der Linie 7. Einfach dem Weg von der Straße ab zu den Gehöften folgen und dort rechts abbiegen. Die Kapelle ist von Anfang an in Sichtweite.

KM 0,2

1 **Wendelinskapelle**

Ein Viehhirte als Heiliger

Wegkapellen, Kruzifixe und Bildstöcke (die sogenannten Marterl) wurden unabhängig von der Kirche errichtet oder aufgestellt und gelten als Ausweis von Volksfrömmigkeit. Die Wendelinskapelle von Birgsau stammt sogar von 1680 und wurde damals zunächst der Jungfrau Maria geweiht. Erst mit dem Neubau 1848 erfolgte eine Umwidmung auf den Heiligen Wendelin. Der Legende nach war Wendelin zeitweilig als Viehhirte beschäftigt – mag sein, dass hierin das Motiv der Umbenennung bestand, denn zeitgleich breitete sich die Viehhaltung im Oberallgäu aus und immer weitere Alpen wurden der Weidewirtschaft zugänglich gemacht. Die Kapelle ist im Winter verschlossen, aber auf das Innenleben kommt es gar nicht an, eher auf die spektakuläre Lage am Rande der Allgäuer Hochalpen. Sehr fotogen! Direkt gegenüber steht übrigens ein Marterl: nicht in Gedenken an einen Heiligen, sondern »nur« an einen Jäger.

Anschließend führt der Weg zurück zur Straße, diese teilt sich hinter der Wendeplatte und nach links geht es hoch zum Einödsbachhof.

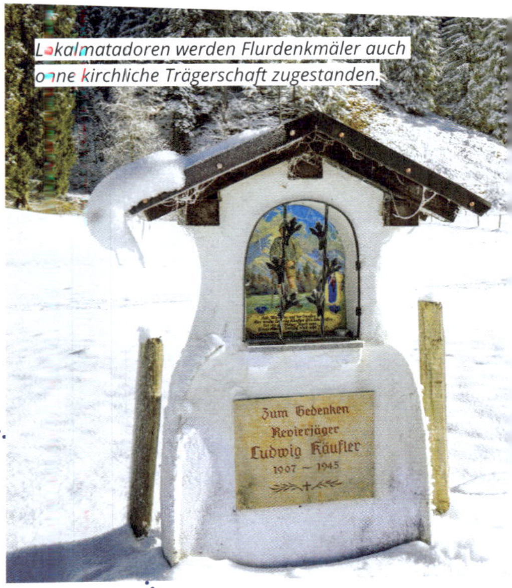

Lokalmatadoren werden Flurdenkmäler auch ohne kirchliche Trägerschaft zugestanden.

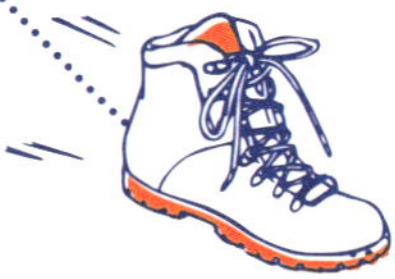

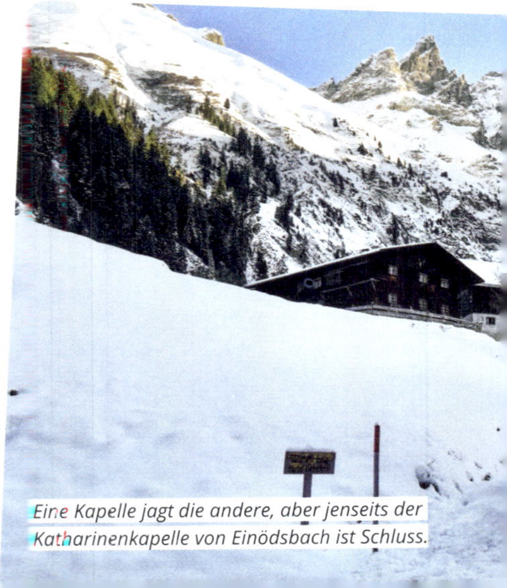

Eine Kapelle jagt die andere, aber jenseits der Katharinenkapelle von Einödsbach ist Schluss.

KM 2

2 Steinschlagverbauung

Kurz Schutz suchen

Der Fahrweg steigt stetig, aber – von ein paar Kurven abgesehen – nicht sonderlich steil an. Mit jedem Schritt wird es allerdings wilder und man spürt förmlich die Abgeschiedenheit, in die man hineinläuft. Es lohnt sich, die Stillach im Blick zu behalten, denn der Abgrund zur Rechten wird immer tiefer. Schließlich kommt man an eine Art Tunnel, eine Lawinen- bzw. Steinschlagverbauung. Mit einer solchen Einfassung werden Straßenabschnitte geschützt, die regelmäßig in Mitleidenschaft gezogen werden. So steil wie es zur einen Seite hinabgeht, steigt auf der anderen der Berg an. Löst sich oben ein Felsbrocken, dann hält diesen kaum etwas auf, noch nicht einmal die Bäume. Da muss Beton her – oder für Wanderer vor allem bei windigem Wetter eine vorübergehende Zuflucht.

Nach wenigen Hundert Metern auf dem Weg erscheint eine Lichtung.

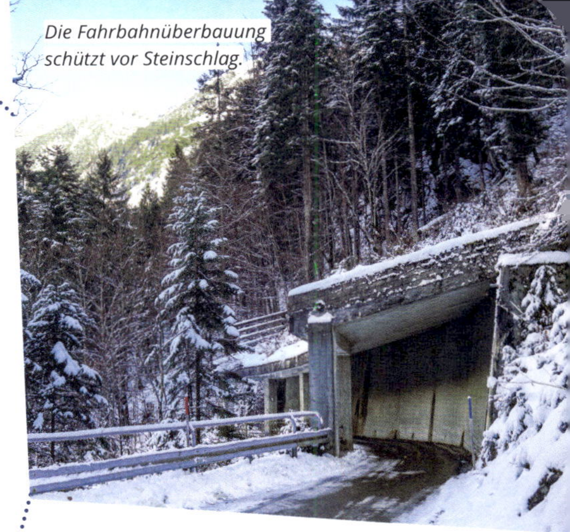
Die Fahrbahnüberbauung schützt vor Steinschlag.

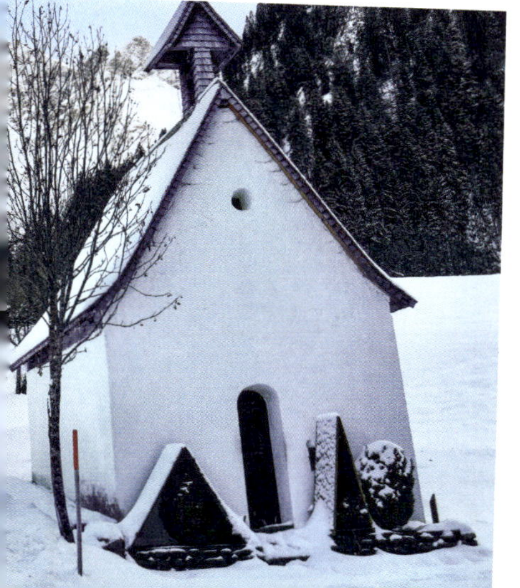

KM 2,4

3 Katharinenkapelle

Von hier an weiße Wildnis

Wenige Schritte auf die Lichtung oder durch die Bergwiesen und linker Hand öffnet sich der Blick zu den Gipfeln. Bei der vorgelagerten Doppelspitze handelt es sich um die Berge der Guten Hoffnung – und ganz kurz sieht man zu deren Füßen das Waltenbergerhaus, eine Berghütte des Deutschen Alpenvereins auf 2084 Metern. Der Gasthof Einödsbach liegt noch nicht so hoch, aber immerhin schon auf 1100 Metern – samt der kleinen, der Märtyrerin Katharina gewidmeten Kapelle, an der der Fußweg ins Bacherloch abzweigt. Der Bau fällt winzig aus und scheint kaum dafür ausgelegt zu sein, einen größeren Gottesdienst abzuhalten – eine Messerlaubnis besteht aber nachweislich seit 1695. Wenn der Schnee schon zu hoch ist, wird der Weg ab hier ungleich mühsamer: Kein Mensch räumt den Wanderpfad in das Bacherloch.

Durch eine kleine Allee geht es weiter hinauf und am letzten Gehöft von Einödsbach vorbei ins Bacherloch. Mag der Schnee inzwischen auch höher sein, bis dahin schafft man es noch!

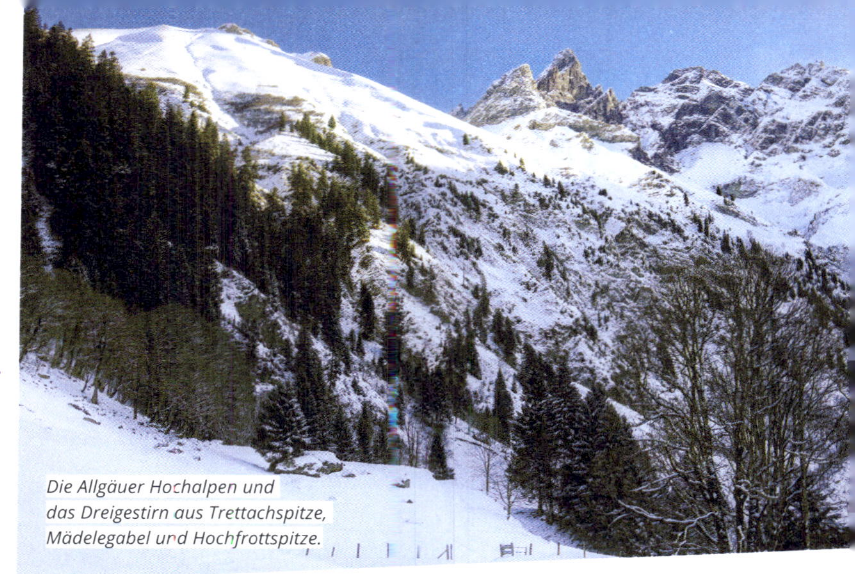

Die Allgäuer Hochalpen und das Dreigestirn aus Trettachspitze, Mädelegabel und Hochfrottspitze.

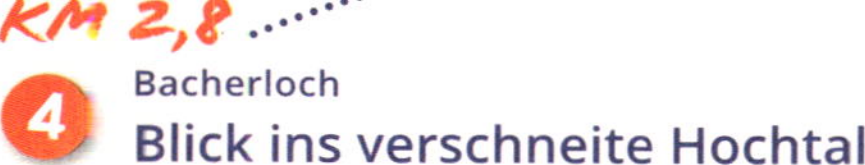

4

Bacherloch

Blick ins verschneite Hochtal

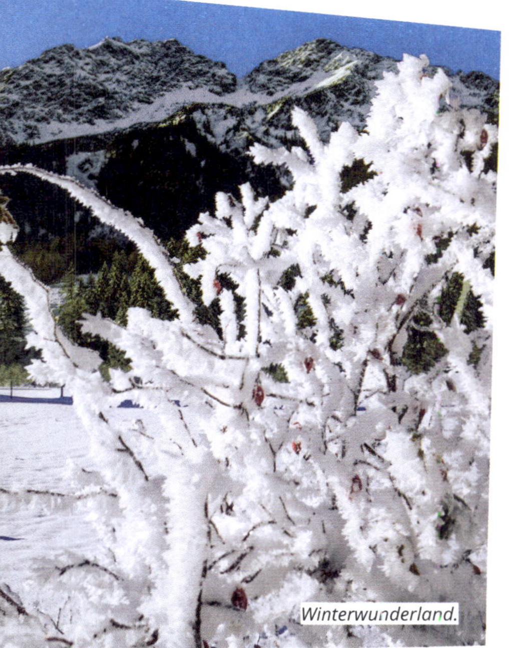

Winterwunderland.

Die paar Schritte hinauf machen einen riesigen Unterschied, denn erst hinter dem sonnenverbrannten Wohnhaus mit Schuppen sieht man wirklich in das Hochtal hinein – mit mächtigem Effekt, zumal die Bergkette nochmal überwältigender wirkt, als sie ohnehin schon ist. Früher stand am Wegrand ein Holzstoß und die Bergsteiger wurden gebeten, jeweils ein Scheit mit hinauf zu nehmen – zum Waltenbergerhaus, als dieses noch nicht solar betrieben wurde. Im Winter aber führt dort kein Weg mehr hin, denn am Ende des Bacherlochs wartet mit dem Wändele eine Steilstufe. Wenn die Witterung es zulässt, kann man aber gut noch weiter hineinlaufen – zumindest so lange, bis es zum ersten Mal steiler wird.

Anschließend einfach umdrehen, den eigenen Fußstapfen zum Gasthof Einödsbach zurückfolgen.

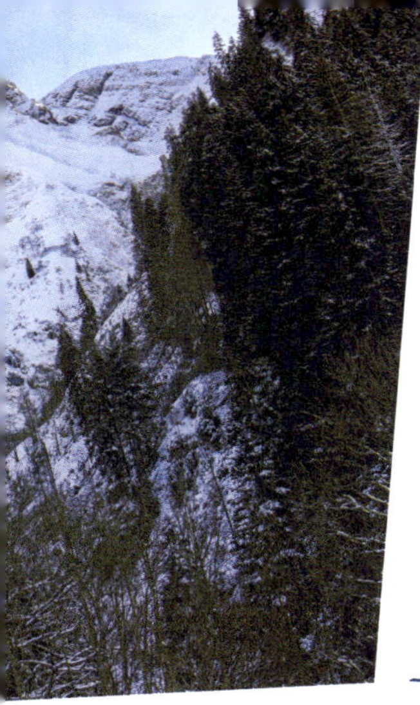

EXTRA INFOS:

Direkt ab Einödsbach führt ein markierter Waldpfad erst hinunter zum Bacherloch-Bach, dann hinüber ins Rappenalptal. Von dort kommt man auf der Fahrstraße zurück zur Sennalpe Eschbach und der Endhaltestelle der Linie 7 – ein Umweg von etwa zwei Kilometern.

Wer wirklich runterkommen will, der quartiert sich für ein paar Nächte im **Gasthof Einödsbach** (einoedsbach.de; siehe auch Stopp 5) ein. Netz und Fernsehen sind beide Fehlanzeige und digitales Detox passiert hier ganz von alleine.

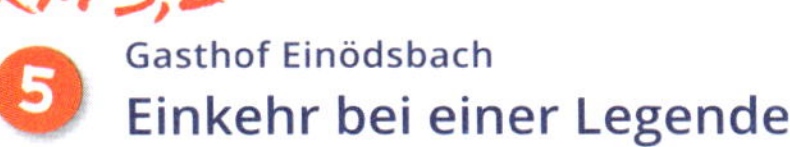

KM 3,2

5 Gasthof Einödsbach

Einkehr bei einer Legende

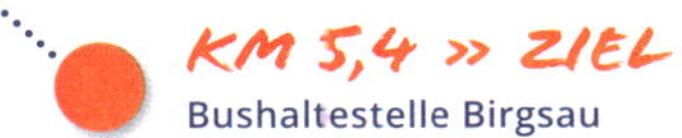

KM 5,4 » ZIEL

Bushaltestelle Birgsau

Der Gasthof (einoedsbach.de) wird seit 150 Jahren von derselben Familie betrieben und wurde zuletzt sehr vorsichtig renoviert, sodass das schmucke Gesamtensemble erhalten blieb. Von dort stammt mit Johann Baptist Schraudolph ein wahrer Ahnherr des Alpinismus: Der Bergbauer führte vor 1900 bergaffine Kundschaft auf die Mädelegabel oder sogar die Trettachspitze und war am Bau der ersten Berghütte dort oben maßgeblich beteiligt. Heute dient der Gasthof der Beherbergung und Verköstigung von Gästen und Ausflüglern gleichermaßen. Betrieben wird er das ganze Jahr über, allerdings nicht in den Wochen vor Weihnachten, sodass man sich vor Aufbruch dringend kundig machen oder anmelden sollte. Von Birgsau führen im Winter zudem regelmäßig Fackelwanderungen zum Hof.

Zurück zum Bus geht es auf dem gleichen Weg wie hinwärts. Alternativ kann man auch nur bis zur Haltestelle Sennalpe Eschbach zu laufen, also ein paar Hundert Meter vor Birgsau.

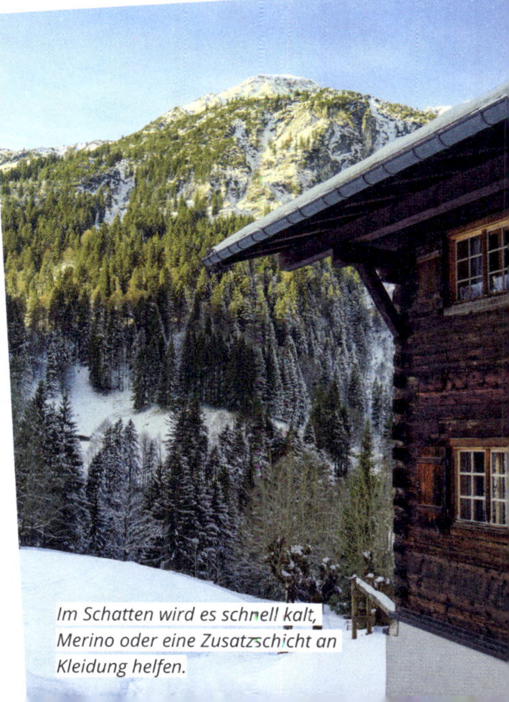

Im Schatten wird es schnell kalt, Merino oder eine Zusatzschicht an Kleidung helfen.

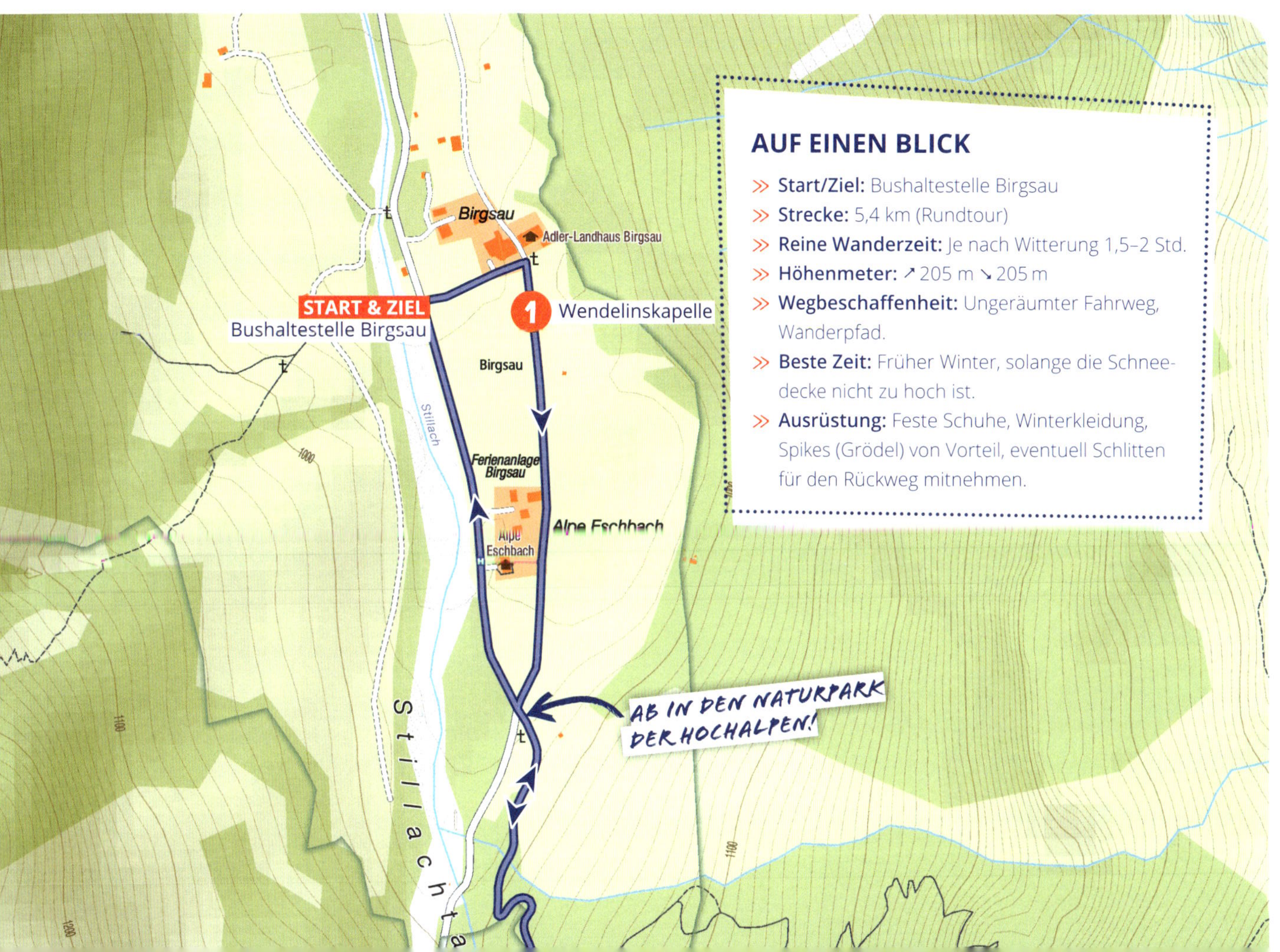

AUF EINEN BLICK

- **Start/Ziel:** Bushaltestelle Birgsau
- **Strecke:** 5,4 km (Rundtour)
- **Reine Wanderzeit:** Je nach Witterung 1,5–2 Std.
- **Höhenmeter:** ↗ 205 m ↘ 205 m
- **Wegbeschaffenheit:** Ungeräumter Fahrweg, Wanderpfad.
- **Beste Zeit:** Früher Winter, solange die Schneedecke nicht zu hoch ist.
- **Ausrüstung:** Feste Schuhe, Winterkleidung, Spikes (Grödel) von Vorteil, eventuell Schlitten für den Rückweg mitnehmen.

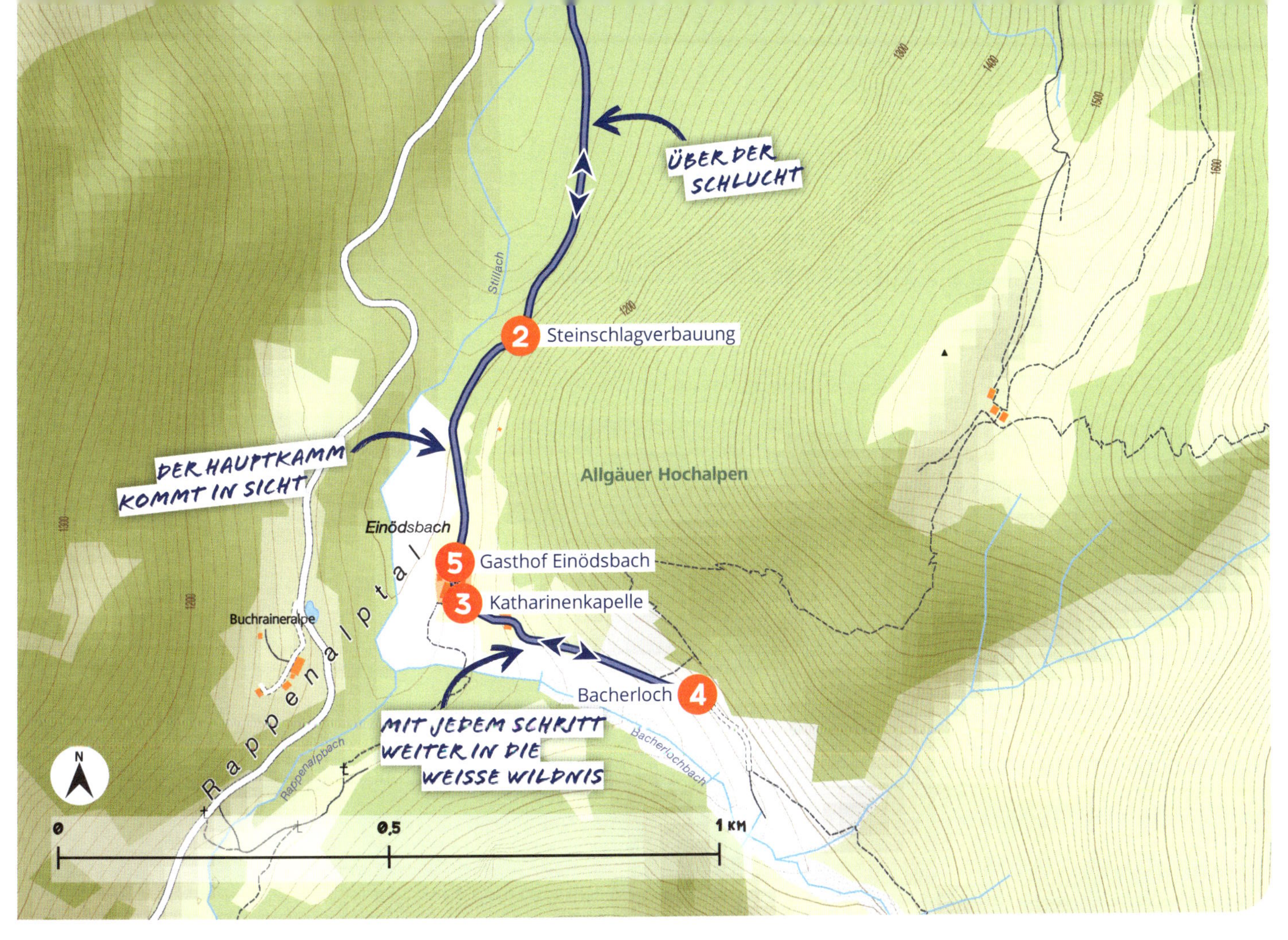
ÜBER DER SCHLUCHT
Stillach
2 Steinschlagverbauung
DER HAUPTKAMM KOMMT IN SICHT
Allgäuer Hochalpen
Einödsbach
5 Gasthof Einödsbach
3 Katharinenkapelle
Buchraineralpe
Rappenalptal
4 Bacherloch
MIT JEDEM SCHRITT WEITER IN DIE WEISSE WILDNIS
Bacherlochbach
Rappenalpbach
N
0
0,5
1 KM

AUCH NOCH GANZ NÜTZLICH

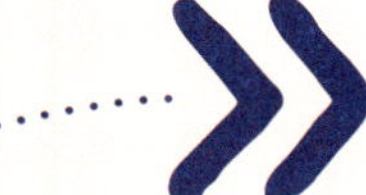

ORTSREGISTER

IMPRESSUM

» **Text:** Veronika Wengert und Jörg Dauscher

» **Cover- und Buchgestaltung:**
Carolin Weidemann, Köln, www.weidemann-design.com

» **Lektorat & Produktion:** Nazire Ergün, Köln

» **Projektmanagement:** Susanne Heimburger, Tamara Siedler

» **Fotos:** Jörg Dauscher (6 or, 6 ur, 7 ul, 7 ur, 10 l, 10 or, 11 Mitte l, 11 ur, 14–51, 74–78, 80, 124–141, 174–191, 204–211); Janneke van der Linden (2 r, 81); Sebastian Schneider (2 l); Shutterstock.com / Mary Baratto (79); Shutterstock.com / Thorsten Link (Titelfoto); Veronika Wengert (6 ol, 6 ul, 7 or, 10 ur, 11 o, 11 ul, 54–71, 84–121, 144–171, 194–201, 219)
(l = links; r = rechts; o = oben; u = unten)

» **Kartografie:** ©KOMPASS-Karten GmbH, kompass.de unter Verwendung von
© OpenStreetMap Contributors, osm.org/copyright

» **S. 222 / 223:** Marie Geißler (Illustration), Jens Bey (Text)

Printed in Poland

1. Auflage 2024

ISBN 978-3-616-03228-3

www.dumontreise.de

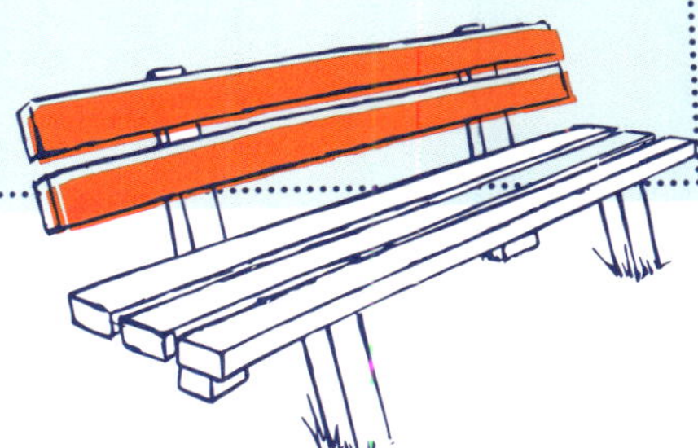

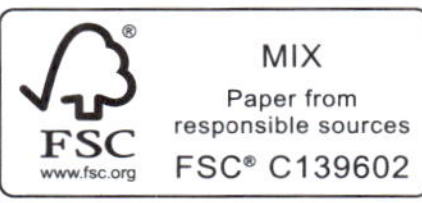

RECHTS ODER LINKS? IMMER WISSEN, WO'S LANGGEHT!

» TOURENVERLAUF
GPX-Daten zum kostenlosen Download
www.dumontreise.de/wanderzeit/allgaeu

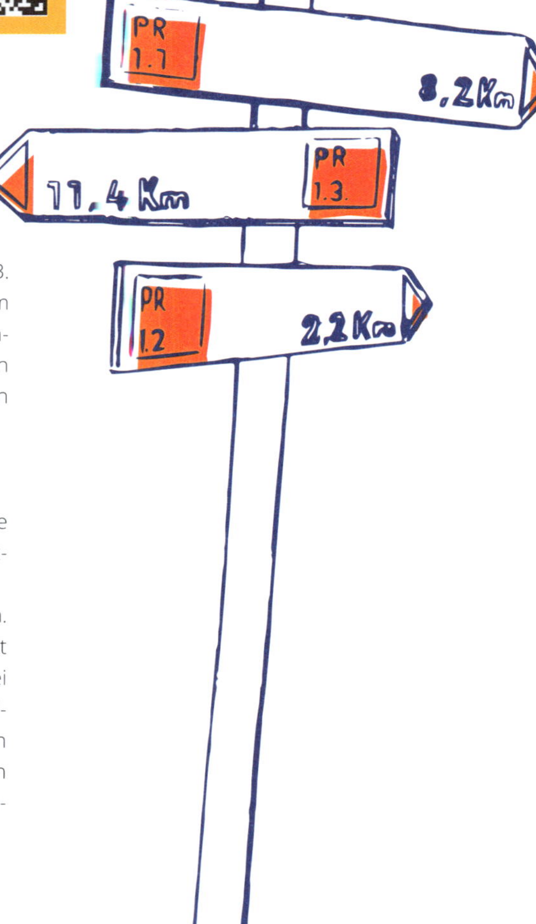

GPX-DOWNLOAD AUFS SMARTPHONE – SO GEHT'S

» Voraussetzung:

Eine Outdoor-App muss installiert sein, z. B. KOMPASS, Outdooractive oder Komoot. Zum Einlesen des QR-Codes benötigen ältere Android-Geräte eine QR-Code-App. Bei neueren Android- und iOS-Geräten ist diese Funktion in der Kamera integriert.

» Daten downloaden:

1. Den QR-Code einlesen oder die Webadresse im Browser eingeben, um auf die Wanderzeit-Website zu gelangen.
2. Die gewünschte Tour zum Download anklicken.
3. Bei iOS-Geräten werden die GPX-Daten direkt mit der vorab installierten App verknüpft. Bei Android-Geräten muss ggf. noch ein Weiterleiten-Button geklickt werden (z. B. oben rechts im Display). Manche Apps zeigen den Tourverlauf starr an, andere haben eine Navigationsfunktion dabei.

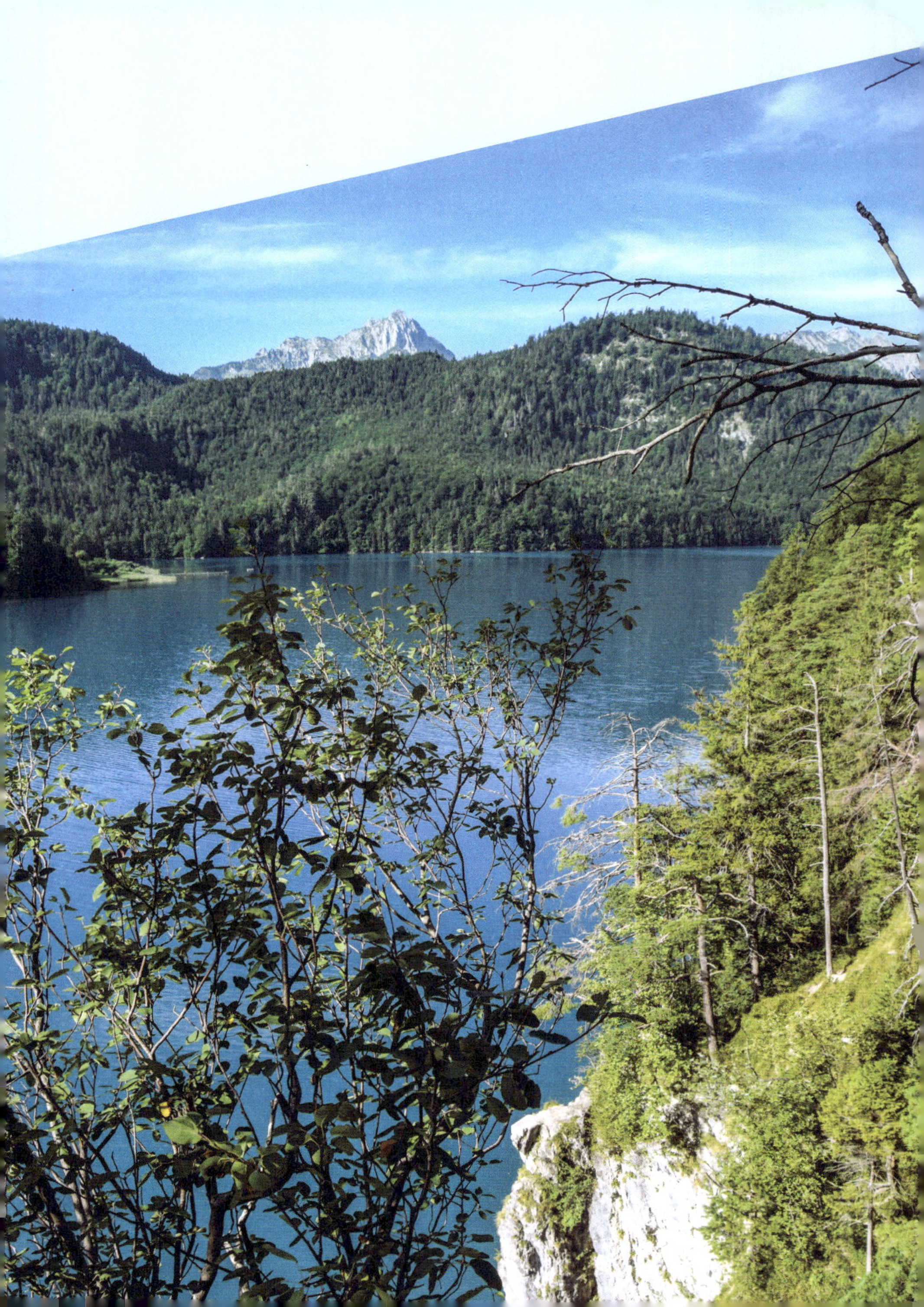

WEITERWANDERN …

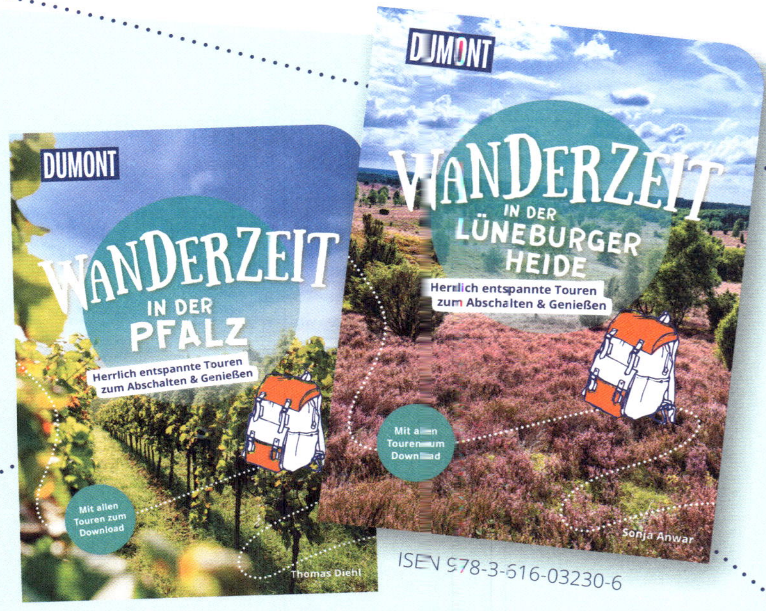

ISBN 978-3-616-03230-6

ISBN 978-3-616-03233-7

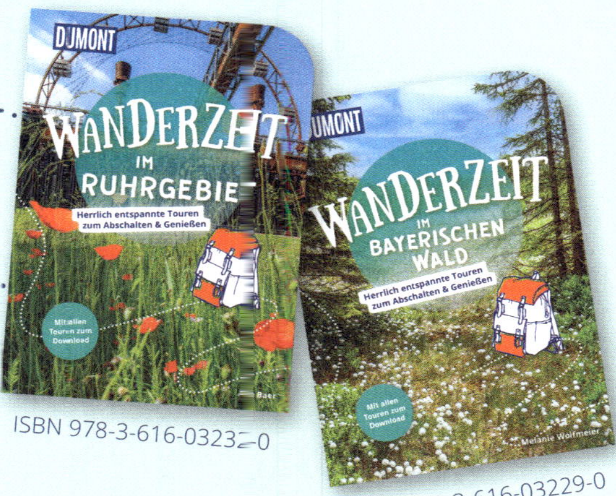

ISBN 978-3-616-03232-0

ISBN 978-3-616-03229-0

… ODER LIEBER MAL RADELN?

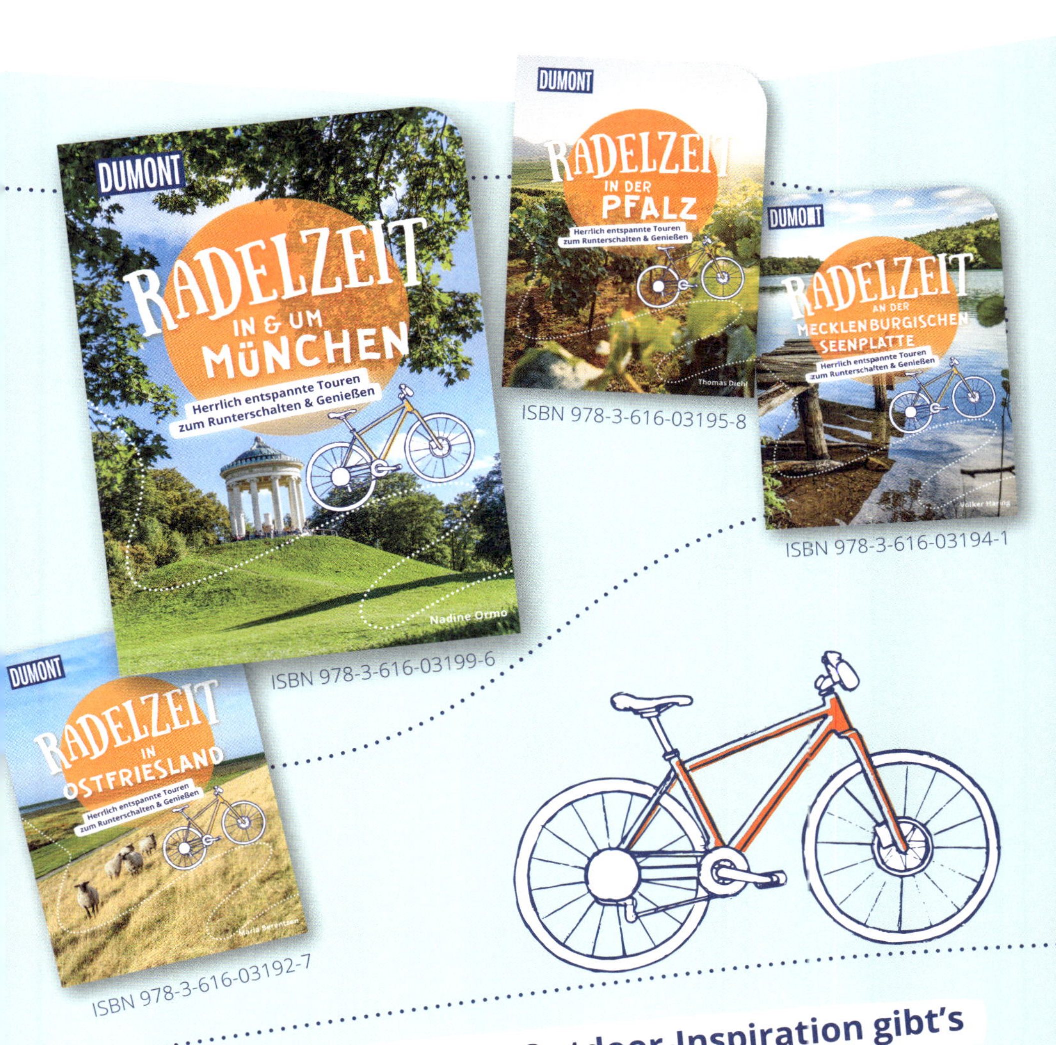

Noch mehr Outdoor-Inspiration gibt's im gut sortierten Buchhandel und unter www.dumontreise.de

ANTI-RUCKSACK-AUTSCH-ÜBUNGEN

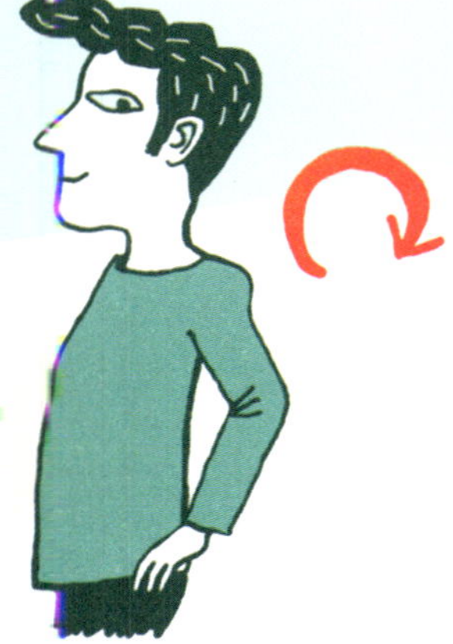

1. Kreise 30 Sekunden mit den Schultern nach hinten und unten.

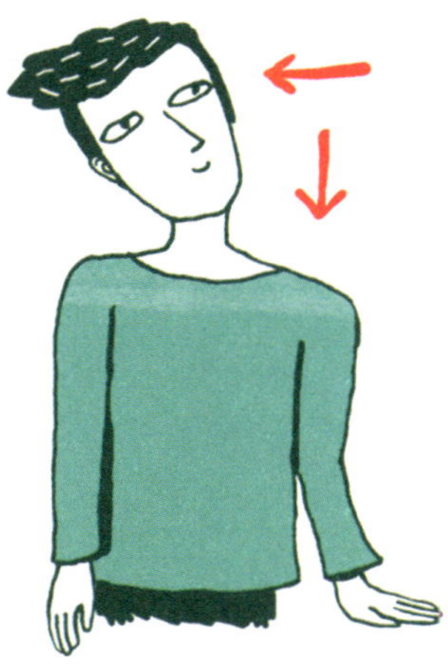

2. Den Nacken ziehst du in Form, indem du den Kopf langsam, ohne ihn zu verdrehen, zur rechten Schulter neigst. Den linken Arm schiebst du dabei langsam nach unten, die Handfläche zeigt zum Boden. Ruhig atmen, 15 Sekunden halten, dann wechselst du die Seite.

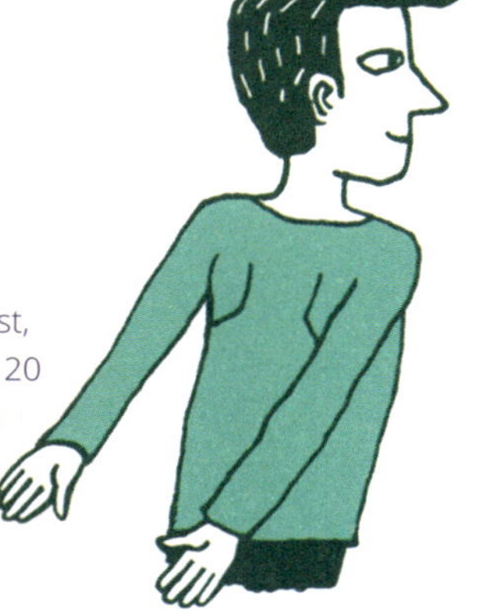

3. Die Brust entspannt sich, wenn du deine Arme seitlich nach hinten bewegst, mit den Handflächen zur Decke. 15 bis 20 Sekunden lang in der Dehnung bleiben und dabei kein Hohlkreuz machen.

4. Die Schulterbrücke stärkt den Rücken. Lege dich auf einer Matte auf den Rücken, stelle die Beine hüftbreit auf, die Arme liegen gerade am Boden. Dann hebst du das Becken an, sodass der Körper eine gerade Linie bildet. Absenken und wieder anheben.

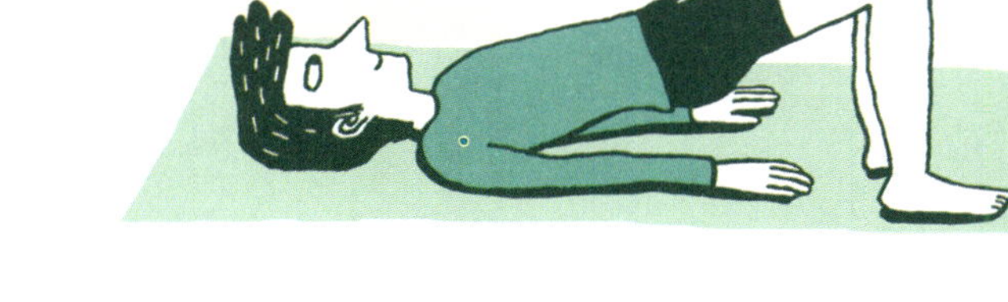

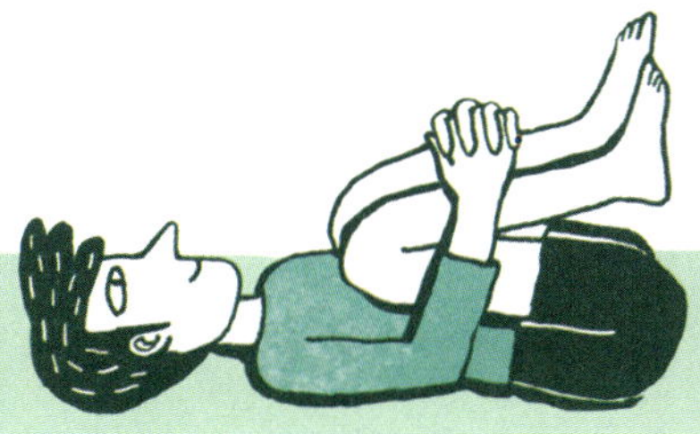

5. Prima Päckchen: Ziehe die Knie zur Brust heran, umfasse sie mit den Händen und atme aus. Lockere die Knie etwas und ziehe sie wieder heran. Das dehnt die Muskulatur an der Wirbelsäule und macht dich wieder beweglicher.

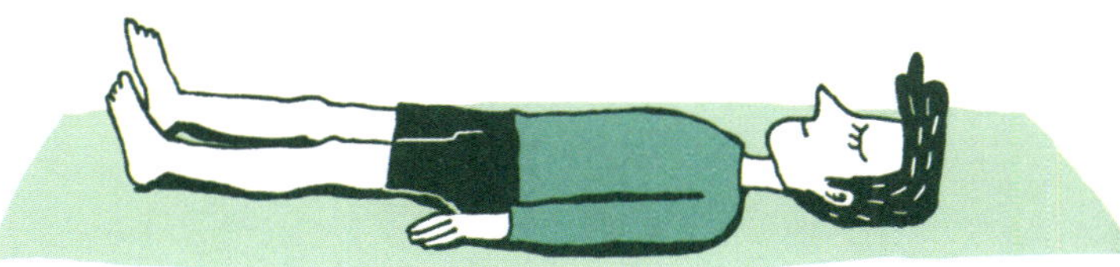

6. Zum Schluss entspannst du ein paar Atemzüge auf dem Rücken, Arme und Beine locker von dir gestreckt.

DIE PERFEKTE TOUR …

#FÜR SONNENHUNGRIGE

Die Beine baumeln aus dem Sessellift, der Körper tankt Sonnenschein bei dieser Schönwettertour auf den Mittagberg. Dabei bleibt man immer weit oben.

» TOUR 16, S. 164

#FÜR NEUGIERIGE

Top-Sehenswürdigkeiten wie Marienbrücke und Schloss Neuschwanstein in Augenschein nehmen, aber quasi falschrum und damit gegen den Strom: vom Tegelberg kommend!

» TOUR 7, S. 74

#FÜR WASSERRATTEN

Die Füße ins eiskalte Kneipp-Becken dippen? Das ist nur der Auftakt. Quer durchs »Tal der Sinne« bei Füssen geht es zu vier Badeseen.

» TOUR 9, S. 94

#FÜR LECKERMÄULER

Besser kann eine Einkehr nicht liegen. Zurück von der Alpspitz und noch vor dem Wasserfallweg wartet auf halber Höhe die Kronenhütte mit hausgemachten Kässpatzen auf.

» TOUR 12, S. 124

#FÜR FAULE

Mit göttlichem Beistand geht es ab der Basilika von Ottobeuren in den Bannwald, wo sich auf dem Planetenweg Lichtjahre auf wenige Kilometer verkürzen.

» TOUR 5, S. 54

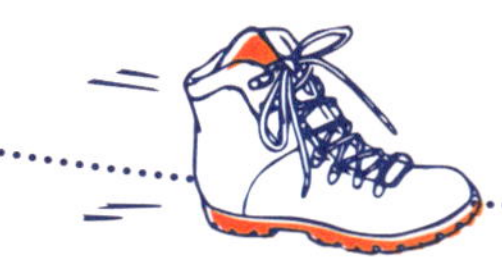